岩波講座　東アジア近現代通史　第7巻
アジア諸戦争の時代　1945-1960年

岩波講座

東アジア近現代通史

7 アジア諸戦争の時代

1945–1960年

岩波書店

刊行にあたって

「韓国併合」一〇〇年(二〇一〇年)と辛亥革命一〇〇年(二〇一一年)を迎える東アジアは、今新しい時代に突入しようとしている。かつて中国は、清帝国崩壊後の混迷に乗じた日本の侵略によって亡国の危機にあった。しかし、今や驚異的な発展をとげ、日本が東アジアにおいて第一の経済大国であった時代は終わりを告げた。そして、世界経済の相互依存関係が強まるなかで、国民国家を超えたネットワークが東アジア各地の社会や文化を急速に変貌させつつある。

その一方、ソ連崩壊と冷戦構造の解体が地域統合を加速させたヨーロッパとは異なり、分断国家さえ存在する東アジアでは、植民地主義や戦争・冷戦の傷跡がなお癒えず、かえって歴史認識問題や領土問題が発生し、対立感情がかきたてられている。各国の歴史学は自国史の枠組みにとらわれ、「和解と協力の未来」を構想し得るような歴史認識を構築することは、依然として困難な課題であり続けている。グローバリゼーションの進展が、皮肉にも「閉ざす力」として機能し、ナショナリズムを鼓吹している状況もある。

そのような政治的・知的状況にある今だからこそ、侵略と闘争、支配と抵抗の局面を見すえつつも、和解と協力を展望しうる、一国史をこえた東アジア地域史の視座が求められている。本講座は、このような問題意識の上に立ち、新時代の歴史認識に向かって開かれた、二一世紀における東アジア近現代史のアカデミック・スタンダードを示すことを目指す、東アジア通史の初めての試みである。

本講座では、東アジア諸国が盛期を過ぎ動揺を見せはじめる一八世紀末頃を起点とし、冷戦構造が揺らぎ共同体構想が模索される現代にいたるまでの東アジア世界を追う。ここでいう東アジアとは、東北アジアや東南アジアはもとより、極東シベリアや南アジアなども包摂している。各巻は、通史・通空間論題・個別史／地域史の三部から構成され、現時点における研究の到達点を、全体と個別の両面にわたって読者に分かりやすく示してゆく。別巻では、アジア研究の来歴と展望を語り、通史ではカバーできない主題や新たに浮かび上がってきた課題などを考究する。

本講座が、未来に向けた歴史認識と国境や民族を超えた対話の可能性を切り開く出発点となることを願っている。

二〇一〇年八月

和田春樹
後藤乾一
木畑洋一
山室信一
趙景達
中野聡
川島真

目　次

個別史／地域史

Ⅰ 「大東亜共栄圏」の崩壊と脱植民地化

トピック・コラム

人物コラム

通史

アジア諸戦争の時代　一九四五—一九六〇年

木畑洋一

第二次世界大戦の終結によって日本帝国が解体し、東アジアは急激な変動の時代に入った。変動の最大の要因は、帝国主義列強の支配下にあった地域のあいつぐ独立、すなわち脱植民地化の動きであった。ヨーロッパ列強が支配力の回復を目論む中で、こうした脱植民地化の動きはスムーズには進まず、インドネシアやインドシナでは独立をめぐる戦争が起こったが、列強による帝国主義的な国際秩序の再建は成らなかった。

中国では、共産党勢力と国民党勢力の間の対立が内戦となり、一九四九年秋の共産主義者側の勝利によって中華人民共和国の成立にいたった。ヨーロッパで始まっていた東西両陣営間の冷戦は、この中国革命を契機としてアジアでも本格的に展開することになった。五〇年に始まり中国も介入した朝鮮戦争によって、アジアでの冷戦は「熱い戦争」という様相を呈していった。

脱植民地化と冷戦が交錯する中で、新しく独立した国々の間では、帝国主義支配の下で作りあげられてきたそれまでの国際秩序に代わるアジアの姿を生み出そうとする模索が始まった。そうした気運は、一九五五年のバンドン会議にも示されていた。

大戦で敗れた日本は、アジア諸国の脱植民地化の動きに距離をおく形で戦後復興を進め、アメリカによって冷戦下の西側陣営に組み込まれていったが、そのことは、アジアで進行していた新たな国際秩序を作りあげようとする動きと日本の姿勢の間に、大きなずれを生み出していった。

年表

一九四五	8・13 ベトナムで一斉蜂起決定。8・14 中ソ友好同盟条約締結。8・15 日本、無条件降伏発表。8・17 インドネシアで独立宣言。9・2 日本、降伏文書調印。ベトナム民主共和国独立宣言。10・10 中国で双十協定締結。12・27 モスクワ三国外相会議、朝鮮に対する信託統治方針公表。
一九四六	5・5 イギリス内閣使節団とインド側の間で独立に向けたシムラ会談開始。6・26 中国の内戦拡大開始。7・4 フィリピン共和国独立。12・19 第一次インドシナ戦争開始。
一九四七	2・28 台湾で反国民政府の暴動。3・12 トルーマン・ドクトリン公表。3・23 ニューデリーでアジア関係会議開始。7・19 ビルマでアウンサン暗殺。8・15 インドとパキスタンが分離独立。
一九四八	1・4 ビルマ独立。2・4 セイロン(スリランカ)独立。2・19 カルカッタ(コルカタ)で東南アジア青年会議開始。2・28 インド共産党第二回大会開始。3・28 ビルマ共産党武装蜂起。4・3 朝鮮の済州島で南朝鮮単独選挙に反対する島民の蜂起。6・18 マラヤ全土で「非常事態」開始。8・15 大韓民国成立。9・9 朝鮮民主主義人民共和国成立。9・18 インドネシアのマディウンで共産党の蜂起。
一九四九	1・20 ニューデリーでインドネシア共和国を擁護するアジア諸国会議開始。4・4 北大西洋条約調印(8・24 北大西洋条約機構発足)。10・1 中華人民共和国成立。12・8 中国国民政府、台北への遷都決定。12・27 オランダ、インドネシア連邦共和国に主権移譲。
一九五〇	1・9 コロンボで英連邦外相会議開始、コロンボ・プラン提起。2・14 中ソ友好同盟相互援助条約調印。3・29 フィリピンでフク団の一斉蜂起。6・25 朝鮮戦争開始。10・19 中国軍、朝鮮戦争に参戦。
一九五一	5・2 イランで石油国有化法発効。7・10 朝鮮戦争休戦会談開始。9・4 サンフランシスコで対日講和会議開始。

一九五二	**4・28** 対日講和条約発効、日本の独立。日華講和条約調印。**6・9** 日印講和条約調印。
一九五三	**3・5** スターリン死去。**7・27** 朝鮮戦争休戦協定調印。
一九五四	**3・1** 日本漁船第五福竜丸、アメリカのビキニ水爆実験で被曝。**3・13** ディエンビエンフーの戦闘開始。**4・26** 朝鮮戦争・インドシナ戦争に関するジュネーヴ会議開始。**4・28** コロンボで東南アジア五カ国首脳会議開始。**6・28** 周恩来とネルー、平和五原則を確認。**7・21** ジュネーヴ会議終了。**9・6** マニラ会議開始、東南アジア条約機構（SEATO）の設立決定。**11・5** 日本とビルマの講和条約、賠償協定調印。
一九五五	**4・18** 第一回アジア・アフリカ会議（バンドン会議）開始。**7・9** ラッセル・アインシュタイン宣言。**7・18** ジュネーヴ巨頭会談開始。
一九五六	**2・14** ソ連共産党第二〇回大会開始、スターリン批判が行われる。**5・9** 日本とフィリピンの賠償協定調印。**10・19** 日ソ国交回復共同宣言。**10・29** スエズ戦争開始。**12・18** 日本、国連加盟決定。
一九五七	**5・20** 日本の岸首相東南アジア歴訪開始、アジア開発基金構想提示。**8・31** マラヤ連邦独立。
一九五八	**1・20** 日本とインドネシアの賠償協定調印。**2・15** スマトラ島で反政府派が「インドネシア共和国革命政府」樹立を宣言。**8・17** 中国共産党政治局拡大会議、人民公社設立を決定。
一九五九	**3・12** チベット独立宣言、反中国暴動。**3・23** 中国軍、チベットのラサ占領。**6・3** シンガポール自治権獲得。
一九六〇	**1・19** 新日米安全保障条約調印。**4・16** 中国の『紅旗』ソ連批判論文を掲載、中ソ論争の本格化。**4・19** ソウルで学生・市民の反政府デモ（四・一九革命）。**6・23** 新日米安全保障条約発効。**12・20** 南ベトナム解放民族戦線結成。

一　戦争直後のアジアと日本

第二次世界大戦が終わった後、ヨーロッパでは一九四七年頃から冷戦が展開したが、それは文字通り「冷たい戦争」に終始した。実際の戦闘が行われることはなく、「長い平和」[ギャディス 二〇〇二]と呼ばれる状況が継続したのである。しかしアジアでは、戦争終結時から、植民地独立のための戦争や、冷戦下での東西両陣営の対立に密接にからまった戦争が、次々と生じていった。本巻を「アジア諸戦争の時代」とする所以である。注目すべきは、この状況のもとで、アジアの諸国が帝国主義支配下のそれまでの時代とは異なる新たな地域の姿を作るための模索を開始したことである。本巻は、一九四五年から六〇年頃までの時期を対象として、そうした戦後アジアの変動と、そのなかでの日本の位置を描くことを目的としている。そのために、まず戦争終結の様相と、戦争直後における日本人のアジアとの関わり方とを概観するところから始めてみたい。

ヨーロッパでの第二次世界大戦は、一九四五年五月八日、連合国に対するドイツの降伏によって終わりを迎えた。しかしアジアではそれからさらに三カ月以上戦争が続いた。日本の敗色はすでに濃く、ドイツ降伏直後の五月一四日に開催された最高戦争指導会議の決定に従って、六月初めからは戦争終結への有利な仲介の依頼を含む対ソ交渉が開始されるなど、戦争の終了を視野に入れた動きも始まったものの、交戦継続姿勢はあくまでも強かった。

その間に日本側の犠牲は増え続けた。日本本土では東京、大阪、名古屋をはじめ、多くの都市に対する空襲がやまなかったし、沖縄においては、三月末から始まった沖縄戦が六月末まで継続した。沖縄戦だけで死者は日本軍九万人強、沖縄住民九万四千人以上にのぼった。

沖縄での組織的な戦闘が終わったのは、六月二三日のことである。その三日後の六月二六日には、アメリカ合衆国のサンフランシスコで、連合国五〇カ国によって国際連合憲章が調印された。世界の大勢がこのように戦後の新しい国際体制の構築に向けて歩みはじめるなか、日本ではなお戦争続行の姿勢が支配的であり、七月一七日から始まったポツダム会談の結果日本の降伏を求めて二六日に出されたポツダム宣言(戦争の終結条件と戦後処理に関する米英中三国の共同宣言)を、日本政府は「黙殺」する姿勢を示した。

八月六日、九日の広島、長崎に対する原子爆弾の投下は、日本によるこうした戦争継続姿勢のもとで起こり、日本の戦争犠牲者はさらに増すことになった。原爆による死者は、投下時およびその直後の死者だけで、広島で九万人から一二万人、長崎で六万人から七万人と推定されている。

この原爆投下は、第二次世界大戦を特徴づけた、多くの一般民衆の犠牲を伴う都市への戦略爆撃のクライマックスであり、日本人にとっては、大戦での被害の象徴ともいうべき出来事となった。しかし、日本の支配下、占領下にあったアジアの各地域の多くの人々の眼には、この原爆投下は戦争続行に固執する日本の敗北を決定的にするものと映った。

日本による侵略行動に蹂躙されてきたアジアの各地では、一日も早い日本の降伏と、それによる自分たちの解放を待ち望む気持ちが広がっていた。そのようなアジアの人々は、昭和天皇による「大東亜戦争終結の詔書」(八月一四日)の公表(八月一五日のいわゆる「玉音放送」によって行われた)を、歓喜して迎えた。一九一〇年以来、日本の植民地となっていた朝鮮では、その後八月一五日が光復(解放・独立)の記念日として位置づけられることになる。とはいえ、解放の事実はすぐに実感されたわけではなかった。当時の京城放送局記者によると、八月一五日のソウルの街角には、万歳を叫び大極旗を振る人々どころか人影もなかったが、その状況は翌一六日に一変し、朝鮮独立万歳を叫ぶデモ行進などがくりひろげられたという[川島・貴志編 二〇〇八、八五頁]。

後に再説するが、ベトナムではそれよりも早く八月一三日にホー・チ・ミンの指導するベトミンが一斉蜂起方針を決定していたし、インドネシアではスカルノとハッタによる独立宣言が八月一七日に出された。このようにアジア太平洋での第二次世界大戦の終結は、それまで帝国主義支配のもとに置かれつづけてきた人々の、解放をめざす激しいエネルギーを解き放つことになったのである。

ただし、八月一五日をもって、ただちに戦争が止んだのでないということにも、注意しておく必要があろう。戦争期間中の大半は日ソ中立条約のもとで日本と交戦していなかったソ連は、ヤルタ会談での連合国間の約束に基づく形で、ドイツ降伏後三カ月が経過した八月八日に日本に対して宣戦布告を行っていたが、一五日を過ぎてから南樺太、千島への武力侵攻を行った。八月二二日にようやく停戦協定が成立したが、その直後にも南樺太の中心都市豊原に対する空襲が行われた[加藤 二〇〇九、二一一頁]。ソ連軍はさらに、九月五日にかけて千島列島の占領を行っていった。

アジアの他の各地でも、戦争終結の状況が貫徹するには時間がかかった。それでも日本軍の武装解除は進み、軍人と民間人は日本に帰還していった。帰還した人々の数は、一九四五年九月から翌四六年にかけて五一〇万人にのぼり、さらに、四七年に七四万人、四八年に三〇万人、四九年に一〇万人という規模に達した[成田 二〇〇六、一八〇頁]。日本に戻った人々の多くは苦しい生活を強いられたが、引揚げをすることができず、海外で死んでいった人々も数十万人にのぼった。満洲だけでも、一七万九千人の一般市民と六万六千人の軍人が、降伏のあとの混乱と厳冬のなかで命を落としている[ダワー 二〇〇一、四五頁]。

引揚げができないまま現地で生き延びた人々も、さまざまな体験をした。満洲からは、約六〇万人の日本人がソ連軍によって連行され、シベリアに抑留されて強制労働に従事させられた。終戦時にソ連極東軍総司令官の副官として日本人抑留に関わった人物の証言によると、スターリンは、第二次世界大戦で大量の労働力を失ったソ連の経済復興に用いるため、ドイツ人などとならんで日本人を抑留する方針を早くから固めており、日本の降伏直後の八月二三日に、日本人捕虜の抑留を命じた極秘指令を発していた[栗原 二〇〇九、三四―三五頁]。抑留された人々は、広大な地域に散らばった二千に及ぶ収容所で労働に従事させられた。彼らの帰還は徐々に進んだが、シベリアからの最後の帰還船が日本に着いたのは、日ソ国交回復後の五六年一二月末のことであった。

ソ連によるシベリア抑留に比べるとあまり知られていないが、同じように、降伏後帰還するはずの日本兵が連合国側によって留めおかれ、労働力にされた例として、イギリス軍による日本降伏軍人 Japanese surrendered personnel の使用がある。戦争が終わった時、イギリスのマウントバッテン卿を司令官とする東南アジア軍司令部の管理下に入った領域(英領マラヤやシンガポールといった東南アジア軍本来の管轄地域に加えて、インドネシアや北緯一六度以南のインドシナも含まれることになった)には、七四万人弱の日本軍人がいたが、そのうち約一〇万人が東南アジアに留めおかれたのである。四五年暮れに出された指令に「日本軍の降伏軍人を労働のために最大限に活用すること」とあったように、イギリスは日本に蹂躙されていた東南アジアにおける植民地の再建のために、日本人労働力を用いようとした。それにとどまらず、日本降伏軍人は、インドシナへのフランスの復帰やインドネシアへのオランダの復帰をイギリスが助けるためにも使われた[木畑 二〇〇三、一九二—一九三頁]。彼らの日本への帰還が終わったのは、一九四七年一〇月であった。

一方、終戦後日本に戻ることを望まず、自ら進んで現地に残った日本人も少なからず存在した。ソ連側の資料によると、一九四九年一二月までで、ソ連にとどまってソ連国籍への変更を望んでいた者が一八六九人いた[栗原 二〇〇九、一三二頁]。帰還しても家族がいなかったり、帰還後の生活の厳しさを危惧する者もいたが、多くの人々は政治教育の効果もあり、ソ連の共産主義建設に加わることを望んだのである。

中国では、共産党軍と戦っていた国民党の閻錫山《えんしゃくざん》軍に約二六〇〇人の日本人が加わった例(二〇〇六年に彼らを主題とする「蟻の兵隊」というドキュメンタリー映画が作られた)が有名であるが、自発的残留者に加えて日本軍の軍命と理解して残留した者も少なくなかった。それに対し、共産党軍(人民解放軍)に加わった日本人も三千人ほどいたことが知られている。当初は生活のために共産党軍に参加した人が大半であったが、行動をともにして共産党軍の規律に感心したりするなかで、政治意識を深めていく者も多かった［古川 一九八四］。また中国では、日本人の親と死別したり、親から引き離されたりして、中国人に養われる子供たち（中国残留孤児）も、多数生じた。

東南アジアでも、独立をめざす戦いを行う民族解放運動に加わる日本兵たちがいた。インドネシアでは、オランダに対する独立戦争に推定七八〇人の日本兵が参加したという（本巻後藤論文）。その多くは死んでいったが半数は生き残ってインドネシアで暮らす道を選んでいった。マラヤでも、戦争中に対日抵抗の軸となったマラヤ人民抗日軍（中国系住民を中心とするゲリラ組織）に加わった日本兵が二〇〇―四〇〇人いたと推定されている。しかし、後述するようにマラヤでは戦後すぐにはイギリスに対する独立戦争は起きなかったため、それを不満として去るものも出てきた。人民抗日軍の中核であったマラヤ共産党（やはり中国系住民が主体）が四八年にゲリラ活動を活発化させ、それに対してイギリス側が「非常事態」（本巻鈴木論文）をしいた頃には、蜂起勢力に一〇〇人ほどの日本人が加わっており、軍事面で重要な役割を演じていた［原 一九九一］。

二 脱植民地化過程の始動

日本の植民地・占領地であった地域をはじめアジアの諸地域では、戦争終結によって生まれた新たな政治空間のなかで、自立と解放をめざす脱植民地化の歯車が回りはじめた。脱植民地化とは、帝国主義支配のもとで従属的な位置に置かれていた地域が、政治的に独立して主権を獲得する過程をさす。これは、経済面での独立や文化面での自立が達成されてはじめて完全なものとなるが、軸となるのはあくまでも政治的な独立であり、その動きがいっせいに始まったのである。それは、各地域の内部における政治勢力間の対立や、さらに各地域での支配権の復活をねらう域外列強の介入によって、熾烈な闘争を伴った。朝鮮や中国においては、戦後の国際社会における二大超大国として姿をあらわしたアメリカ合衆国とソ連の力が大きかったし、東南アジアにおいては、日本に奪われていた植民地の回復をめざすヨーロッパ帝国主義列強の活動が活発化したのである。

朝鮮では、日本の敗戦確定とほぼ時を同じくして、日本軍の武装解除のために北緯三八度線で米ソの占領地域を分割する案がアメリカ側から提起され、ソ連もそれを受け入れた。この米ソによる分割占領下で、朝鮮の戦後の変容が始まった。終戦から間もない九月六日には、国の内外で活動していた民族運動家たちによって朝鮮人民共和国の樹立が宣言されたが、アメリカからもソ連からも承認をえることができなかった。ただし、この頃はまだアメリカとソ連の対立も、また朝鮮内部の左右両翼の対立も鮮明ではなく、米ソともに相互協力と妥協による問題解決の可能性を求めていた[姜編 二〇〇五、二九五頁]。一九四五年一二月にモスクワで開かれた米英ソ三国外相会議が、大戦中に示されていた朝鮮を対象とする信託統治案(独立に至るまで米英ソ中の四カ国による信託統治を行い、それに米ソ両軍司令官による共同委員会が助力を与えるという案)を採択すると、それに賛成する勢力(左派)と反対する勢力(保守派・右派、即時独立を望む人々の多くも反対)の間での対立が強まったものの、四六年段階では左右合作運動が展開されるなど、状況はいまだに流動的であった。

その状態は、四七年になってヨーロッパでの冷戦が始まり、米ソの対立が固定化するなかで変化していった。アメリカは、四七年秋の国連総会で国連監視下での南北朝鮮の総選挙実施を提案した。それが承認されたことによって朝鮮に送りこまれた国連朝鮮委員団の北朝鮮への立ち入りをソ連側が拒否すると、委員団は南朝鮮だけでの単独選挙などの案を提示し、アメリカはその準備に着手した。非合法化されていた左派の南朝鮮労働党などはこの方針に激しく反対したが、それに対する弾圧は厳しさを増し、とくに済州島では、四八年四月、選挙実施に反対して警察署の襲撃などを行った住民蜂起に、軍と警察が過酷な弾圧を加え、島の人口の五分の一にあたる五万人以上の住民が犠牲になるという事態が生じた(四・三蜂起)。こうした状況下で、朝鮮の南北分断は決定的となり、四八年八月に大韓民国(韓国)が、九月に朝鮮民主主義人民共和国(北朝鮮)が成立した。

朝鮮と同じように日本の植民地という位置から脱した台湾の場合は、脱植民地化の様相が相当に異なった。すなわち、一九四三年一一月のカイロ宣言の「満洲、台湾及《および》澎湖島の如き日本国が清国人より盗取したる一切の地域を中華民国に返還すること」という規定(これはポツダム会談でも確認された)に従って中華民国に組み込まれることとなっていた台湾は、自立・独立するのではなく、中華民国の一部として戦後の歩みを始め、一九四九年末以降は、大陸での中華人民共和国の成立によって中華民国政府が台湾に移ってきたことで、中華民国そのものとなったのである。若林正丈はその経緯を、四五年から四九年までの間に「中華民国が二度台湾にやって来た。一度目は、台湾をその一部とする中華民国として、二度目は、事実上台湾のみを支配する「中華民国」として」と、表現している[若林 二〇〇一、六〇頁]。

台湾の人々は、当初日本による支配の終焉と中華民国への復帰を歓迎したが、中華民国からやってきた官僚や軍人(外省人)は、統治能力に欠け、社会は混乱していった。外省人が、自治を求める台湾住民(本省人)の声を無視し、抑圧する姿勢をとったことに対する本省人の不満は、一九四八年の二・二八事件(本巻トピック・コラム「台湾二・二八事件」)として爆発した。この事件で中華民国軍による弾圧の犠牲になった人々の数は、一万八千人から二万八千人と推定されている。二・二八事件は、本省人と外省人との間の亀裂を深めたが、その亀裂は、国民政府の台湾移転後固定化していった。台湾の住民の立場に立った場合、日本敗戦後のこの推移を、「中華民国による新たな植民地化の下で、日本に対する脱植民地化をおこなった」ものとみなすことができるという見解が生まれてくる所以である[川島ほか 二〇〇九、二七頁]。

中国では、大戦期に中国への関与を深め、国民党と共産党の間の対立激化を望まなかったアメリカ合衆国の調停によって、四五年一〇月一〇日に国共両党が、「平和的で民主的な中国統一」「内戦の回避」などをうたった「双十協定」を結ぶなど、大戦直後には国共間の協調という様相も見られた。しかし、その協調関係はきわめて脆弱なもので、四六年六月、国民政府軍が華中の共産党支配地域に攻め入ったことを皮切りに、内戦が始まった。内戦の当初は、軍事力の差もあって、国民政府軍が優位に立っていたが、四七年半ばになると共産党軍による国民政府軍への反抗が激化し、四八年には国民党軍を各地で駆逐していった。政治面でも、国民党の腐敗がめだったのに対し、共産党は民主化運動支援や農村での土地革命などによって支持を広げ、優位に立った。この状況はその後も変化することなく、四九年になると、北京、南京(中華民国の首都であった)、上海といった主要都市が次々と共産党の支配下にはいっていき、一〇月一日、共産党は中華人民共和国の成立を宣言したのである。半植民地としての性格をもっていた中国の、この新たな歩みの開始も、脱植民地化の一環として位置づけることができる。

しかし、中国のなかにあって植民地化されていた香港は、大戦後の脱植民地化の流れに乗ることがなかった。イギリスに支配されていた香港の回収を中国側が望んでいたことは確かであり、日本敗戦の翌日四五年八月一六日に中華民国政府は、香港の日本軍の降伏を受け入れる旨の姿勢を表明したが、香港支配の継続をめざすイギリス側は降伏受け入れは自国が行うとした。内部での見解の相違はあったもののアメリカが結局イギリス側に与したこともあって、香港での日本軍の降伏受け入れは英軍が行うことになり、イギリスはすぐに軍政をしいた。そして四六年五月からは香港政庁による植民地経営を再開することになったのである。その後の国共内戦下では、香港の中国への回収を試みる力は国共いずれの側ももたなかった。

四九年の中国革命時には、中国共産党政権による香港回収の動きがあっても不思議ではなかったが、実際にはそのような動きは起こらなかった。新中国政府は、香港に対して「長期打算、充分利用」という姿勢をとり、「長期的な視野に立って、香港の特殊性を充分に認識し、その利点を利用する」ことにした〔谷垣 二〇〇七、一七六頁〕。香港の特殊性、利点とは、中継貿易基地として香港がもっていた経済的価値であった。中国は香港を奪回することによって、そこからの利益の還流がとだえることを懸念し、実利を選んだのである。イギリスにとっても、中国のこのような態度は重要であり、中国革命後、イギリスが西側陣営のなかでもいち早く新中国政府の承認に踏み切った(五〇年一月六日)大きな要因は、この香港問題であった。

香港同様の、ヨーロッパ帝国主義列強による植民地支配再開の動きは、東南アジアの各地で展開された。しかし、その動きは各地で民族運動の激しい抵抗に遭遇し、とくにインドシナとインドネシアでは、植民地独立戦争が勃発した。

例外的に、平穏に脱植民地化が進展したのはフィリピンであった。一九三三年、アメリカの植民地となっていたフィリピンに関して、アメリカ議会は独立法を承認した。しかし、フィリピンの指導者たちが、独立後の基地使用問題などをめぐり、真の独立を実現するものではないとしてその受諾を拒否したため、翌三四年に、アメリカは独立後の陸軍基地の放棄明文化などの修正を加えた新たな独立法を制定した。フィリピン側もそれを承認したため、自治政府発足から一〇年間の移行期間を経た後に独立するというプロセスが始動し、第二次世界大戦での日本軍による占領を経て、四六年七月にフィリピン共和国として独立したのである。このフィリピンの場合には、独立記念式典でロハス初代大統領が、「星条旗はこの土地にもはや翻ることはありません。しかし、一八〇〇万フィリピン人の心のなかで〔中略〕星条旗は史上未だかつてなく勝利に満ちて翻っているのです」〔中野 一九九七、三一三頁〕と述べたことによく示されるように、それまでの宗主国との協調のもとに、それに寄り添う形で脱植民地化が進行した。

一方、インドシナの支配国であったフランスも、インドネシアの支配国であったオランダも、ともに、戦争で荒廃した自国の復興と、世界のなかでの重要な地位の確保のためには、植民地支配の再建が不可欠であるという姿勢をとっていた。当時オランダにおいて、インドネシアを失ってしまうと自国は「デンマークなみになってしまう」という声が聞かれたことは、その不安をあらわしていた[Goscha & Ostermann eds. 2009, p. 69]。しかも、これらの国々の植民地統治関係者の多くは、植民地での支配権回復が容易であるとの幻想を強く抱いていた。しかし、インドシナにおいてもインドネシアにおいても、大戦期に成長した民族運動(それは時として日本への「協力」という形をとるなかで力をつけていった。本講座第六巻参照)は、日本の降伏後、旧支配国が軍事力をもって復帰してくるまでの権力の空白期間に、独立に向けた体制を作りあげた。インドネシアでは八月一七日に独立宣言が発せられたし、インドシナでは九月二日にベトナム民主共和国の独立が宣言されたのである。フランスもオランダも、それを認めようとせず、その間の対立が戦争へと拡大していった。

そのそれぞれについての詳細は、インドネシア独立戦争についでは本巻後藤論文を、第一次インドシナ戦争については平野論文を参照していただきたい。このような第二次世界大戦後のヨーロッパ帝国主義列強の植民地への復帰の動きは、「二度目の植民地征服」と呼ばれることがあり、それは最初の植民地征服よりも過酷なものであったという見方もある。この行動は、ヨーロッパの植民地支配国側にも多大の負担を負わせることになった。たとえば、インドネシア民族運動抑圧のために動員されたオランダ兵の数は一四万人に及んだが、軍務適齢のオランダ人男性が一七五万人であったことを考えると、その負担の大きさが分かる[Bayly & Harper 2007, p. 193]。大戦中に日本軍に捕虜として捉えられていた兵士が、終戦によって捕虜収容所を出た後、インドネシアに送られてまた戦闘に従事させられるという例も多かった。

また、すでに触れたように、フランスやオランダの植民地への復帰を、帝国主義支配国としての仲間であったイギリスが支援したことも重要である。イギリスの行動は、名目的には東南アジア司令部の任務となった日本軍の武装解除のためであったが、インドネシアの民族運動家タン・マラカ(第三巻人物コラム)は、「イギリスがここに来たのは、日本軍の武装解除のためではなく、インドネシア人の武装解除のためである」と看破していた[Djiwandono 1996, p. 28]。

ヨーロッパの帝国主義支配国は、共同戦線をはってアジアでの植民地支配の再建を図ったのである。

それに対するアメリカ合衆国の反応は複雑であった。アメリカは、第二次世界大戦中、ローズヴェルト大統領がヨーロッパ諸国の植民地支配、とりわけフランスのそれに対して強い批判姿勢をみせ、またフィリピンの独立をいち早く認めるなど、ヨーロッパ列強とは一線を画する政策をとっていた。しかし、ヨーロッパを皮切りに冷戦の進行が始まると、冷戦の論理に基づきながらアジアでの脱植民地化のうねりに対応していくことになった。

インドネシア独立戦争の場合は、一九四八年九月のインドネシア共産党の蜂起(マディウン蜂起)を、ハッタやスカルノが率いる共和国政府が鎮圧したことによって、アメリカ側はインドネシア共和国の独立を支持する方向を明確にし、オランダ政府に対して、インドネシアでの軍事行動をやめなければマーシャル・プランによる経済援助を打ち切るという圧力をかけはじめた。こうした事態が、一九四九年におけるオランダのインドネシア独立承認につながっていった。

インドシナでは、アメリカは全く異なる道を選ぶことになった。ベトナムの独立運動を指導していたホー・チ・ミンは、四五年九月の独立宣言の冒頭に「すべての人は生まれながらにして平等な権利をもっている」で始まるアメリカの独立宣言の文言を引くなど、アメリカを重んじる姿勢を示し、ベトナムの独立は大西洋憲章の精神の体現であるとして、アメリカの支持を求める書簡をトルーマン大統領に繰り返し送った。しかし、アメリカがそれに積極的に応じることがないまま、ホーの率いるベトナム民主共和国がソ連陣営との結びつきを強めたため、アメリカは第一次インドシナ戦争の間にフランスに代わる形でインドシナにコミットする方針をとることになった[Ryan & Pungong eds. 2000, p. 132]。

アメリカは、イギリスの植民地としての位置から独立して建国したという自国の歴史のゆえに、植民地支配を批判する姿勢を建前としていたが、実際のところは、アジアにおける脱植民地化の動きの意味を充分に理解する眼はもたず、各地の民族運動を、冷戦の眼鏡を通して眺め、対応していったといえよう。

そのアメリカは、イギリスの植民地には、介入することを控えていた。アメリカは、戦後アジアの地域秩序構築に際して、イギリスの既得権益や勢力圏はイギリスに任せることにしていたのである。

日本の降伏後、イギリスはマラヤとシンガポールへの速やかな復帰を図った。しかし、ただちにそれを行えないことは、はっきりしていた。日本降伏の直前、八月一一日に東南アジア軍司令部からマラヤの人民抗日軍の支援活動をしていた特殊部隊一三六部隊に送られたメッセージには、「連合国軍の正規軍が到着するまでには何日間かはかかるだろう。その間の時期には、抗日軍と日本軍が衝突しないようにすることと、抗日軍による権力の掌握を防ぐことがぜひとも必要である」と記されていた［木畑 一九九五、八二頁］。イギリス領で終戦後の権力の空白期に独立への動きが起こることを、イギリス側も警戒していたのである。しかし、戦争終結直後、抗日軍の主体であったマラヤ共産党は権力の掌握を試みなかった。その理由については、マラヤ共産党の側の軍事力不足という要因や、共産党の中心的指導者であったライ・テクなる人物が実は日英双方の二重スパイであったことが指摘できる。また、マラヤ共産党を構成していた中国系住民が依然中国を祖国として感じており、マラヤをみずからの祖国とみなしてその変革をめざす姿勢をもっていなかった、という点も重要であった［後藤ほか編 二〇〇二、二〇四頁］。

これらの要因が重層するなかで、イギリスはフランスやオランダと異なって、マラヤやシンガポールで独立戦争に直面することなく、四五年九月からの軍政を経て、四六年四月からは植民地としての統治を再開することができた。しかし、イギリスの植民地への復帰も決して円滑なものではなかった。四八年から始まる「非常事態」（本巻鈴木論文）のもとで、イギリスはマラヤ共産党などの反英ゲリラ闘争に手を焼いて、大量の軍隊を投入しなければならなくなり、その過程で、マラヤへの独立付与をそれまで考えていたよりも早く行うことを余儀なくされたのである。たとえば、一九五〇年六月のイギリス閣議では、マラヤへの独立付与の見通しについての現地関係者の見解として二五年先という数字があげられていたが、実際の独立は五七年夏に実現したのである。この「非常事態」での犠牲者は、イギリス政府側の統計によっても、「蜂起勢力」側六七一一人、「治安維持勢力」側一八六五人、民間人の死者・行方不明者三二八三人にのぼった。このことは、イギリスの植民地の脱植民地化が、フランスなどと比較してしばしばいわれるような平和的ものであった、とはとてもいえないことを示している[木畑　一九九六、第二部]。

その点は、インドの独立についてもいうことができる。イギリス帝国の要ともいうべき位置を占めていたインドは、独立をめざす民族運動が最も早く展開した地域であり、第二次世界大戦期、国民会議派は、イギリスが独立付与を約束しない限りイギリスへの戦争協力は行わないという方針をとっていた。当初イギリス側はそうした約束をすることを拒否していたが、一九四二年春、日本のインド侵攻が近づいているとの懸念がひろがるなか、クリップス使節団を派遣して、戦争終結後の独立付与を認めるにいたった。戦後になってからの独立付与という条件は会議派を満足させず、会議派は戦争への非協力を貫いたが、戦争が終わると、イギリスとしては独立付与の約束を実現しなければならなかった。ただし、クリップス使節団の約束が存在しても、イギリスの政治指導者にとってインド独立の方向は決して確固たる既定方針とはなっていなかった。四五年七月の選挙に敗れ野党党首となったチャーチルなどは、イギリスのインド領有継続に固執する態度を隠そうとせず、インド独立をめぐるイギリスでの政治的合意は脆弱なものだったのである[Bayly & Harper 2007, pp. 97–98]。

それでも、イギリス政府としては、インド独立をめぐる民族運動側との交渉を行わないわけにはいかず、インド独立は一見、戦争などを伴わず平和的な交渉の内に「権力の移譲」が行われた過程であるとの様相を呈した。しかし、この交渉による「権力移譲」も、大きな犠牲を伴いながら進行したことを忘れてはならない。交渉がなかなか進展しない間に、反英感情はヒンドゥー教徒とイスラーム教徒の間での争いに転化し、たとえば、四六年八月から一〇月にかけてのカルカッタ(コルカタ)での両教徒間の衝突では、六千人もが死亡したと推定されている。イギリス政府は、こうした事態がさらに拡大することを恐れて、四七年二月に最後の総督マウントバッテンを任命して独立付与の過程を急がせることにした。

マウントバッテンは、東南アジア司令部最高司令官として対日戦を指導した人物であったが、植民地の民族運動にもある程度の理解を示していた。彼が総督に任命された時の使命は、四八年六月までにインド独立を実現することであったが、彼はその過程を早め、独立は四七年八月一五日に実現した。その間にイギリスは、自国の影響力維持のために好都合であるとしてそれまで重視していたインド亜大陸一体としてのインド独立を、独自の国家樹立を求めるムスリム連盟の要求の前にあきらめ、ムスリム国家としてのパキスタンと、ヒンドゥー教徒が多数派ながら世俗国家としての性格をもつインドとの間の分離独立を認めたのである。国境線で隔てられることになったインドとパキスタン(東パキスタン、西パキスタンという二つの部分から成る国家として成立)の人々の間では、その後著しい規模の移住の動きがみられ、その混乱のなかで多くの人々が命を落としていった。独立戦争こそ起こらなかったものの、このようにしてイギリス帝国の脱植民地化も、植民地の人々の莫大な犠牲を伴ったことを忘れてはならない。

イギリスの領土としては、この他に四八年一月にビルマが、翌二月にセイロン(スリランカ)が独立した。これらは共に交渉の結果としての独立であり、とりわけセイロンの独立過程は、「帝国全体のなかで最もスムーズであった」と評価されている[McIntyre 1998, p. 29]。

ビルマの場合、周辺の少数民族を独立ビルマに組み入れていくことが、独立過程における一つの大きな問題であったことに注意したい。とくに、カレン人は、自分たち独自の国を作るという選択肢ももっていた。独立ビルマにカレン人が組み込まれることによって、その選択肢の可能性はなくなったが、それ以降にもカレン人のなかには分離独立(カレニスタン樹立)をめざす動きが残り、四八年秋には同じく少数民族であるモン人を巻き込んだ蜂起が起こった。またビルマ共産党による武装反乱も独立後のビルマ政治を大きく揺るがした。セイロンの場合は、独立直後は安定した政治状況がみられたが、一九五〇年代半ばからシンハラ人とタミール人の間の対立が浮上してくることになる。

三　冷戦の到来

この間、一九四七年からはヨーロッパで冷戦が本格化していった。四七年三月のアメリカ合衆国大統領トルーマンによるトルーマン・ドクトリンの公表、六月のマーシャル・プラン発表、ソ連側陣営におけるコミンフォルムの結成(九月)が、それを示す指標となった。

ソ連の関心の重点がヨーロッパに置かれていたこともあり、アジアでの冷戦はヨーロッパよりも遅れて始まった。その兆しがまずみられたのは、四八年二月に反帝国主義闘争を進める目的でインドのカルカッタで開かれた東南アジア青年会議と、その直後に同じカルカッタで開催されたインド共産党の第二回大会においてである。東南アジア青年会議に際しては、約三万人の民衆が、会議に集まったマラヤ、ベトナム、ビルマ、中国の代表とともにカルカッタの街を行進した[Bayly & Harper 2007, p. 405]。また、インド共産党第二回大会では、武装闘争路線が採択された。

ちょうどこの頃、アジアの共産主義者の間で、革命的な雰囲気が強まっていったことは確かである。四八年には、ビルマ(三月)、マラヤ(五―六月)、インドネシア(九月)と、各地で共産党による武装蜂起が起こり、またフィリピンでは、大戦中に抗日ゲリラ組織として作られ、独立後も武力闘争を含む反政府運動を展開してきたフクバラハップ(フク団)がフィリピン共産党と提携して、勢力を拡大した。

ただし、これらの動きを国際的冷戦のなかに位置づけるについては、注意が必要である。たとえば、マラヤにおいて「非常事態」を招来することになったマラヤ共産党の活動は、四八年五月から六月初めにかけて、ゴム・プランテーション経営者襲撃などの頻発という形で活発化したが、この活動激化をインド共産党第二回大会に結びつける見方が、かつては有力であった。カルカッタにおいて、マラヤ共産党が民族解放という名目での武装蜂起政策の採用を指令された、とする見解である。しかし、マラヤ共産党の動きをこのような国際的指令という要因から説明する説は具体的な根拠を欠く。合法的路線を軸としていたマラヤ共産党が抗英武装闘争に踏み切ったのは、マラヤ共産党内部の要因によるところが大きかった。植民地支配の再建を図るイギリスが、共産党の抑圧など非民主的な支配方式をとるなかで、マラヤ共産党内の革命的部分が浮上したのである［木畑 一九九六、一六〇―一六一頁］。

インドネシアの場合には、一九二六年にオランダ支配に対する共産主義者の反乱を企図して失敗した末にソ連に亡命していた筋金入りの共産主義者ムソが、四八年八月に戻ってきて、共産党の指導権を握ったことが蜂起につながったことから、武装蜂起と国際共産主義運動とのつながりが直接的であったようにみられる。しかしムソにしても、モスクワからの指令のもとに動いたとは考え難い［Gouda with Zaalberg 2002, p. 276］。

このように、アジアにおける四八年の緊張激化は、ソ連や国際共産主義運動組織の直接的指令に基づく形で生じたわけではなかった。

蜂起に走った各地の共産党勢力と異なり、すでに権力を握っていた共産主義者の場合でも、四八年段階では、冷戦への本格的な組み入れという状態はまだみられなかった。古田元夫は、ベトナムにおいて、国際的冷戦の展開がインドシナ共産党による革命の性格規定に影響を与え、四八年八月には社会主義革命までをも視野に入れた「人民民主主義革命」論が採用されることになったものの、ホー・チ・ミンが現実にはフランスを相手とする民族解放のための国民の団結を重視していたと指摘している［古田 一九九六、一三七頁］。

とはいえ、共産主義者を中心とする一連の動きが、ヨーロッパから広がってきた東西両陣営間の対立状況と密接に結びついていたことは、否定しがたい。アジアでの冷戦は、こうして四八年に助走を始めた。そして、中国における国共内戦で共産党が勝利をおさめて中華人民共和国を樹立した一九四九年に、アジアでの冷戦は本格的な展開を開始した。

四五年八月一四日に国民政府との間で中ソ友好同盟条約を結んでいたソ連のスターリンは、中国での内戦の間、一方で共産党軍に軍事的支援を行いながらも、国民政府の承認を継続していた。その半面、スターリンと毛沢東の関係は希薄だったのである[下斗米 二〇〇四、四一頁]。しかし、共産党軍の勝勢が確かになると、スターリンの共産党側への全面的支持姿勢は、明確になっていった。それに応える形で、発足後の中国政権は、冷戦における米ソ両陣営の対峙という構造を所与のものとしてソ連陣営の側に立つという、「向ソ一辺倒」の政策を打ち出した。この路線は、四九年半ばからすでに提示されていたが、政権樹立後の外交のなかで具体的に追求され、四九年一二月から五〇年二月にかけての毛沢東によるモスクワ訪問(途中で周恩来も加わった)の結果、中ソ友好同盟相互援助条約が結ばれるに至った。この条約締結によって、中ソの間で「日本または日本の同盟国」に対する軍事同盟が作られるとともに、中ソ友好同盟条約で中ソが共同使用することになっていた、中東鉄道、旅順、大連港の、中国への返還が決まった。ヨーロッパでの冷戦開始後もアジアで存続してきていた戦後体制は、こうして最終的に崩壊した。

アジア冷戦の本格化は、朝鮮半島にも大きな変化を及ぼした。四八年に誕生した南北両国家のいずれの指導部も、武力によって朝鮮半島を統一しようとする意向を抱いており、国境線での軍事的な小競り合いも起きていた。しかし、そのような朝鮮側の意向に対しては、アメリカもソ連も、消極的態度を示し、武力衝突を抑えようとする姿勢をとった。とりわけ北朝鮮の金日成首相と朴憲永副首相という両首脳の、南に向けた武力侵攻の願いは強かったが、四九年段階では、スターリンはそれへの同意を与えようとはしなかった。しかし、中国での共産党政権成立と、その「向ソ一辺倒」路線のもとでの中ソ関係の緊密化は、スターリンの対朝鮮政策に変化をもたらした。五〇年四月にモスクワに赴いて改めて南に対する軍事行動の承認を求めた金日成と朴憲永に対し、スターリンは、攻撃許可を与えたのである。その際スターリンは、中国共産党が勝利したこと、中国共産党が関心とエネルギーを朝鮮支援に振り向けることができるようになったこと、などをあげ、中国の支持をとりつけることが必要であると指示した〔和田 二〇〇二、一一〇頁〕。翌五月、金日成と朴憲永は中国を訪れて、毛沢東から軍事行動への了承をえて、攻撃開始準備を加速化していった。こうして、五〇年六月二五日、朝鮮戦争が始まったのである。

朝鮮戦争は、日本による植民地支配から脱却した後の新たな国家建設をめざす朝鮮内部の戦争として、脱植民地化過程での内戦という性格をもっていたといってよいが、このように、開戦に至る過程がアジアでの冷戦の開始と密接に結びつくことによって、冷戦の主要な一環としての性格を帯びたのである。アジアの冷戦は、このような形で本格化していったことから、ヨーロッパと異なり、「冷たい戦争」ではなく、「熱い戦争」を含みこむ様相を呈すことになった。

冷戦の本格化による変化は、ベトナムにおいてもあらわれた。五〇年一月、ホー・チ・ミンはベトナム民主共和国による中国承認を発表したが、中国側もそれに応える形で、ベトナム民主共和国を世界で最初に国家承認した。その直後、ホーは中国経由でモスクワに赴いてソ連の支援を要請したが、スターリンはソ連による直接支援は断り、ベトナム支援は中国の仕事であるとした。折しも前述したように毛沢東などが訪ソ中であったが、その後三月に毛とホーは北京で中国のベトナム支援をめぐる合意に達したのである〔古田 一九九六、一四四頁〕。こうして、ここでも脱植民地化のためのインドシナ戦争が、冷戦と深く交錯するようになっていった。

また、この時期の変化は、日本にも大きな影響を及ぼした。戦後日本は連合国軍(アメリカ軍と英連邦軍)によって占領されていたが、占領政策の方向を決めたアメリカは、当初日本の民主化、平和化をめざして、平和憲法の制定推進、財閥解体、農地改革など、さまざまな改革の後押しをした。しかし、アメリカの占領政策は、四八年以降いわゆる「逆コース」という様相を呈し、それまでの民主化政策を否定する方針がとられはじめた。また冷戦の開始は、日本の革新陣営の側にも大きな影響を及ぼしていった。中国共産党勝利後の四九年秋、ソ連は、日本共産党が野坂参三の指導のもとにそれまでとってきた「平和革命」路線を強く批判する姿勢をとり、対決・武装闘争路線をとるよう指示したのである。

四　新たな地域秩序の模索

このように冷戦はアジアに濃い影を落とし、アジアの国々の体制と、各国間の関係を大きく左右した。しかしアジアの地域秩序をめぐっては、それと異なるベクトルをもった動きもまた進行しはじめていた。ここでいう地域秩序とは、地域(その範囲は固定的ではなく、歴史的条件のもとでさまざまに変わりうる)を構成する政治主体が、基本的な目標と利益感覚を共有しながら、目標を達成するための諸制度を備えた一定のまとまりを作りあげている状態のことである。

一九世紀後半以降の帝国主義の時代において、アジアは世界の他の地域と同様、植民地獲得競争の場となり、西欧や日本、さらにはアメリカ合衆国も加わった帝国主義列強の支配下で、その地域秩序の形が決められてきた。それは、地域秩序の構成主体がそこを支配する外部の勢力であったことから、「上からの地域秩序」であったといってよい。そのような地域秩序のもとでは、地域内部の人々は互いに切り離され、相互の連帯は存在しなかった。

日本は、ヨーロッパ列強の影響力をアジアから排除することをめざして、「東亜新秩序」構想、さらには「大東亜共栄圏」構想を唱えていったが、これも、ヨーロッパ「近代」の超克を唱えながら、自らがヨーロッパ列強にとって代わるという「上からの地域秩序」形成構想に他ならなかった。その日本による東アジア支配が敗戦によって終わるなかで、アジアにどのような地域秩序を形成するかをめぐって、さまざまな思惑が交わることになったのである。

一つの大きな動きは、日本によって一時的に植民地支配の力を奪われていたヨーロッパ帝国主義列強による、アジアでの帝国主義的地域秩序再建の試みである。ここでは、東南アジアという現在では普通に用いられている地域名称も、そうした動きのなかで生まれてきたことにも留意しておきたい。東南アジアという言葉は、一九四三年に連合国軍の側で東南アジア司令部 Southeast Asia Command（略称SEAC）が設立されたことによって、国際政治のなかで用いられるようになり、地域名称として固定化していったのである。東南アジア司令部における東南アジアという言葉は、そこから日本勢力を放逐すべき地域としての性格を帯びており、積極的な地域的アイデンティティを示す言葉ではなかった［Charrier 2001, pp. 319-320］。SEACという東南アジア司令部の略語は、「イギリスのアジア植民地を救え（Save England's Asiatic Colonies）」に他ならないという冗談が、米軍内でよく聞かれたということも、意味なしとしない。そして実際、すでに本稿でも紹介したように、東南アジア司令部は、イギリスのみならず、フランスやオランダの植民地支配回復にも、大きな役割を演じたのである。

東南アジア司令部は、あくまでも軍事的必要に応じて作られたものであったが、この地域を何らかの形でまとめあげていこうとする政治的構想も、イギリスで戦争中から戦争直後にかけて抱かれていた（本講座第八巻木畑論文）。こういったイギリス側での地域協力推進姿勢のなかでは、現地の民族運動との協力が必要であるとの認識が次第に出てくるようになったものの、支配する側からの、「上からの地域秩序」構築という性格は拭い去りがたかった。

それに対し、第二次世界大戦後のアジアでは、脱植民地化によって独立した、あるいは独立しようとしている国々による、地域のなかからの、「下からの地域秩序」構築に向けた動きもみられはじめた。たとえば、インドのネルーが主導して一九四七年と四九年に開催した二つの会議に、そのような動きをみることができる。

一九四七年三月末から四月初めにかけて、インドのニューデリーでアジア関係会議が開催された。この時インドはまだ独立前であり、独立の日程も決まっていなかった。しかし一方でインドは、国際連合の創設当初からのメンバーとして認められ、対外使節も派遣するなど、国際関係の主体としての役割をすでに演じつつあった。そのインドが中心となって、各国の独立後の連帯の可能性を探るための会議が開かれたのである。この会議には、アジア諸国から約二〇〇人の代表（政府関係者も加わったものの民間の代表による会議という形をとった）が参加し、アジア以外の国々からの人々をも含めてオブザーバーの数は一万人に及んだ。代表たちはニューデリーへの到着後インド総督公邸で華々しいもてなしを受けたが、オブザーバーの一人のアイルランド人によると、彼らは「自分たちが、ニューデリーにおいてだけでなく大陸全体で、輝く日没の最後の別れの光を目撃しているかのような感を抱いた」[Bayly & Harper 2007, p. 325]。主催国インドがイギリスを無用に刺激しないようにしたこともあり、反植民地主義の姿勢が強く打ち出されることはなかったが、この会議はアジアの自立と連帯による新しい地域秩序を展望する意味をもつ会議となった。「われわれアジア人は、余りに長いあいだ、西欧の宮廷や宰相たちに対する請願者でありつづけた。いまや、このような話は過去のものにすべきである。自分自身の足ですっくと立ちあがり、おたがいに協力する用意をしようではないか。われわれは、他人の玩弄物であることを望まない」というネルーの開会演説には、その意気込みがよく示されていた[岡倉編 一九八六、二七頁]。

四九年一月にニューデリーで開催された二つ目の会議は、オランダに対する独立戦争を戦っていたインドネシアを支援するという目的をもって開かれ、一五カ国が代表（この会議は政府間会議という形をとり、政府代表が参加した）を送り、四カ国がオブザーバーを送った。この会議は、主要目的であったインドネシア問題についてオランダによる内政干渉の停止とオランダ軍の撤退を求める決議を行った他、会議参加国が国連の枠内で協議・協力を行っていくことをうたった「アジア・アフリカの団結に関する決議」を採択した。

この二つの会議のいずれにおいても、アジア諸国間の協力のための何らかの常設機構を作るという問題が議論されたことは、戦後の新たな息吹をあらわしていた。しかし、そうした構想はこの時点では具体化をみることはなかった。五〇年代に入ると、「上からの地域秩序」再編に向けた動きとして、コロンボ・プランが始動した。コロンボ・プランは、一九五〇年一月にセイロンのコロンボで開かれたコモンウェルス(一九四〇年代まではブリティッシュ・コモンウェルスすなわち英連邦と呼ばれていたが、インドが共和国として独立して加わった後、単にコモンウェルスと呼ばれるようになった)外相会議において提案され、イギリスやオーストラリアが中心となって推進された、東南アジア・南アジア諸国の経済開発援助のための仕組みである。常設の事務局をもたなかったこと、経済援助(資本援助と技術援助の二本の柱からなっていた)が援助国と被援助国の二国間で行われたことなどから、きわめて緩やかな性格の地域機構であった。それを推進したイギリスにとって、このプランがもつ大きな意味は、コモンウェルスの紐帯をかため、ひいては「南アジア・東南アジアにおいてイギリスが主要な役割を演じつづけること、また演じていると見られつづける」ところにあった(イギリス外相など覚書「コロンボ・プラン」イギリス内閣文書 CAB129/48)。

このコロンボ・プランの推進にあたっては、アメリカ合衆国の資金がもった意味がきわめて大きかった。このプランは、冷戦が進行するアジアにおいて、共産主義の影響力の進展を抑えるための手段としての経済援助という性格を帯びていたことから、冷戦とも密接な関連をもっていたのであり、アメリカの役割には、第二次世界大戦後のアジアで、かつての覇権国イギリスに代わって覇権国としての役割を演じはじめていたアメリカの姿が、よくあらわれていた。また、コロンボ会議の時から一貫して、オーストラリアがプランに積極的に関わったことにも注意したい。オーストラリアはまだ白豪主義をとっており、「ヨーロッパの出先」ともいうべきアイデンティティに固執していたが、コロンボ・プランはオーストラリアがアジアへの関与を深めていく手掛かりとなった[Oakman 2004]。

コロンボ・プランが本格的な展開をはじめていた一九五四年四月、コロンボでいま一つコロンボ会議として知られる会議が開かれた。セイロン首相コテラワラのイニシアティブによって開催されたこの会議には、彼の他、インド、ビルマ、パキスタン、インドネシアの首脳が参加し、主に当時喫緊の課題となっていたインドシナ問題について討議を行った。ちょうどその頃、インドシナ戦争は、三月からベトナム民主共和国軍がはじめたディエンビエンフー攻撃がつづいており、一方では休戦をめざした国際会議がジュネーヴで開かれるなど、国際政治の焦点になっていたのである。コロンボ会議はインドシナ戦争について、主要関係当事国間の直接交渉の必要性を強調し、ジュネーヴ会議でフランスがインドシナの完全独立を約束することを求めた。

それと同時にコロンボ会議でインドネシアのサストロアミジョヨ首相が強調したのが、アジア・アフリカ諸国による会議の開催である。それに対し、会議における他の四カ国の首脳の反応は芳しいものでなかった。しかし、サストロアミジョヨの熱心な説得の結果もあり、コロンボ・グループと呼ばれることになるこの五カ国首脳は、五四年の年末にジャカルタ郊外のボゴール宮殿に集まり(ボゴール会議)、アジア・アフリカ諸国の親善と協力を推進し、アジア・アフリカの人々がとくに関心をもつ諸問題について討議するために、アジア・アフリカ会議を開催することを決定した。それに基づいて、五五年四月、インドネシアのバンドンにおいて、第一回アジア・アフリカ会議(バンドン会議)が開催された(本巻都丸論文)。

バンドン会議には、コロンボ・グループの五カ国の他二四カ国、計二九カ国(アジア一六カ国、アラブ九カ国、アフリカ四カ国)が参加した。各国は、経済協力を扱う経済委員会、文化協力を扱う文化委員会、人権や自決問題・従属人民の問題・世界平和と協力の促進を対象とする政治委員会に当たる参加国代表団長会議において議論を行い、その結果は平和一〇原則を含む最終コミュニケにまとめられた。

バンドン会議で世界の注目を最も集めたのは、政治問題をめぐる会議の姿勢であった。そのことは、会議の当事者ではなかったアメリカやイギリスが、会議の準備過程から深い危惧の念をいだき、いろいろな国への働きかけを行ったことによく示されている[Ampiah 2007]。アメリカ政府は、中国などの動きによって会議が冷戦下の西側陣営批判の場となり、西側の影響力がきかないアジア・アフリカブロックが形成されることを懸念していたし、イギリス政府は会議が植民地主義批判の場となることを恐れたのである。

しかし、会議の結果は、イギリスやアメリカを安堵させるものであった。植民地主義をめぐっては、ソ連による東欧諸国の支配をも含意する植民地主義批判の文面が紛糾をよんだものの、妥協が成立し、英仏などが批判の矢面に立たされることはなかった。また中国の周恩来は巧みな態度をとりつづけ、東西の緊張を会議に持ち込まなかった。会議終了後、イギリスの駐インドネシア大使は、会議での「論議の調子には反西欧的バイアスがなく、植民地主義やまだ解放されていない地域の苦しみについての発言は思ったよりおだやかなものであった」と評したし[木畑 一九九六、二六九—二七一頁]、アメリカの国務長官ダレスは、予測していたほどアメリカと自由世界の利益を損なうことはなかったとの判断を下した[Tan & Acharya eds. 2008, p. 35]。

本稿の課題との関係で重要であるのは、脱植民地化が進みつつあった当時の世界において、新しい地域秩序をめぐってバンドン会議がいかなる地平を切り開いたかという点である。その点をめぐっては、最近の研究のなかでどちらかというと消極的な評価も目立つ。たとえば、『バンドン再訪』という論文集では、地域秩序を作りあげるための努力としてバンドン会議を理解できるだろうか、との問いが立てられた上で、会議後の経緯はアジアでの実現可能な地域秩序なるものがいかに捉え難いものであったかを示している、と否定的な回答が与えられているし、またマラヤが招待されなかった点などを強調しつつ、東南アジアの地域秩序という観点からすれば、バンドン会議は「後ろ向きの一歩」であったという評価も下されている[Tan & Acharya eds. 2008, pp. 7, 24–25]。しかし、このような評価は、後に実際に具体的な形をとる枠組みに引きつけすぎた議論であるといわねばならない。たとえば、マラヤは独立前で「非常事態」下にあり、その不参加を強調してインドネシアとの亀裂を指摘することは、六〇年代のマレーシア紛争などから遡った事後的評価といわざるをえない。脱植民地化の過程において展望されつつあった新たな地域秩序にとっては、それまで植民地支配によって分断されていた各地域間のつながり、連携をいかに作りあげていくかということがまずは課題だったのであり、その点におけるバンドン会議の意味は、改めて強調すべきであろう。

そのことを考える上で、ちょうど同じ時期の、冷戦の文脈のなかで「上からの地域秩序」を作ろうとした動きであった東南アジア条約機構(SEATO)形成の様相と比較してみることも、有用であろう。SEATOは、五四年九月に英米が中心となって開かれたマニラ会議で創設が決定され、バンドン会議準備中の五五年二月に誕生した地域的な集団安全保障機構である。その創設にあたって、イギリスは自国の影響力が及ぶアジアの国々をこの組織に参加させて、アジア諸国が主導的役割を演ずる組織という外見を作りたいと考えていた。しかし、それに応じたのは、パキスタンのみであった。イギリスが働きかけた国以外では、タイとフィリピンが加入し、アジアから三つの国が参加することになったとはいうものの、SEATOはアジアの新しい地域秩序を展望するどころか、アジアの分断につながったのである。

それに対し、バンドン会議は、具体的な形をもった地域秩序の構築に直接結びついたわけではなかったが、新しいアジア地域秩序形成に向けての基盤作り、すなわち植民地支配のもとで分断されていた諸地域間の連携創出に向けて貢献した。矢野暢はかつて東南アジア諸国連合(ASEAN)創設に至る系譜を次のように表現した。「SEATOとは別に「東南アジア諸国連合」の結成に導いた契機は、超大国の関与を拒絶するある種の〈精神〉であった。その〈精神〉の根は、まぎれもなくある時期の精神が培ったものなのである」[矢野 一九八六、二〇五頁]。こうした精神は、バンドン会議できわめてよく示されたのである。

五　新生アジアのなかの日本

このバンドン会議は、一九五二年四月の対日講和条約発効によって占領下から脱し、国際社会への復帰を行おうとしていた日本が参加する初めての大規模な国際会議となった。

大きく変化しつつあるアジア情勢に日本がどのように入っていったのかという点を、講和時にさかのぼって概観してみよう。

一九五一年九月に開かれた対日講和条約締結のためのサンフランシスコ講和会議においては、講和へのアジア諸国の関与の仕方が問題となった。とくに重要であったのは、講和会議における中国とインドの不在である。

中国の参加については、対日講和条約作成の中心となったアメリカとイギリスの間で見解が対立した。中華人民共和国誕生後いち早くそれを承認していたイギリスは、対日講和にも中国を参加させることを望んだが、アメリカはそれに反対し、台湾の国民政府を講和に加わらせようとしたのである。英米間の交渉の結果、中国に関しては、大陸、台湾いずれの政府をも講和会議に招請しないという妥協が成立し、講和会議は中国の代表不在のまま開かれることになった。日本が行った戦争が、まずは中国を相手とするものであり、日本の行動によって中国の人々が被った被害が莫大なものであったことを考えると、これはきわめて大きな問題をかかえる事態であった。しかし、日本は講和条約調印後もこの点について自主的な姿勢をとることなく、アメリカに追随して翌五二年台湾の国民政府と講和のための条約を結んでいった。その方針を示した、五一年暮れのいわゆる「吉田書簡」も、首相吉田の名を冠しながらも実際はアメリカ側の主導によって起草されたものであった。以後、一九七〇年代初めまで、日本は中国と距離を置く姿勢をとりつづけていくことになる。

一方、会議に招請されたインドの不参加は、インド側の判断が鍵となった。イギリスは、対日講和がアジアの国々の意向を反映した真に国際的なものであるというイメージを打ち出すためにはインドの参加が必須であるとして、インドに働きかけた。しかしインド政府はイギリスの要請に耳を傾けず、沖縄・小笠原が日本に、台湾が中国に返還されるべきであること、講和後の日本にアメリカの軍隊が置かれるべきでないこと、を強く主張して、そのような条件が満たされない講和会議には参加しないという決断を下したのである[渡辺・宮里編 一九八六、二三五、二四六—二四七頁〕。インドとの講和条約は、やはりサンフランシスコ講和条約発効後の五二年六月に別個に締結されることになる。

このような問題含みで始まった国際社会への日本の復帰の大きな一歩となったのがバンドン会議への参加であったが、バンドンにおける日本の役割は、大きく変動するこの時期のアジア情勢のなかでの日本の立ち位置をよく示すものとなった。

先に触れたように、バンドン会議の準備過程で、イギリスは会議が植民地支配国を標的とする反植民地主義の集中的な表明の場になることを何よりも危惧していた。またアメリカも、会議が冷戦下の西側陣営と対立するブロックを作りだしはしないかという懸念を強く抱いていた。その両国は、かつての植民地保有国としては唯一の会議参加国であり、また冷戦下の西側陣営の一員である日本に、期待をかけたのである。日本側は、アジアの一員としての自国の立場を示したいという気持ちと、アメリカとの関係を重視する姿勢との狭間に立って、会議においては低姿勢に終始しつつ、英米側の意向に寄り添う態度をとった。たとえば、一つの大きな争点となった植民地主義批判をめぐっては、「古い植民地主義」だけでなく「新しい植民地主義」（東欧でのソ連の政策）をも批判するトルコ提出の決議案を支持するなど、英米の思惑をくむ形の役割を演じたのである。ただし、それはアメリカ側が期待したほどの意味をもたなかった。会議終了後、アメリカ国務省は会議でアメリカの利益を擁護してくれた国々にメダルを渡すとすればどの国になるかという検討を行ったが、「会議における日本の役割は特筆するに足る積極性をもったとは考えられない」として、日本はその対象に入らなかった[Ampiah 2007, p. 101]。

一方、アジアの国々との関係での日本の位置も、不明確なものにとどまった。その点を、会議直後の『朝日新聞』（一九五五年四月二五日）は次のように表現している。「植民主義はこの会議の中心議題であった。〔中略〕日本の政治的発言は重視されず、わずかに日本の経済的位置が注目されたに止まった。〔中略〕このことは戦後の日本の地位というものを改めて認識させ、自ら独立をかち取ったアジア・アフリカの諸国の誇りがいかに高いものであるかを深く感じさせた」。近年の日本における研究では、日本のバンドン会議参加を日本独自のアジア外交の先駆けとして評価する見解が存在する。たとえば、宮城大蔵は、バンドン会議を機とした日本とアジアの関係について、「一方では消極的ながらも自由主義陣営の側に立つことで中立主義とは一線を画することをアメリカに示し、他方、アジアに対しては政治的立場をできるだけあいまいにすることで、冷戦によって引き裂かれたアジアの一方を選択することを回避」した、と論じている[宮城 二〇〇一、一九五頁]。それは確かに一つの方向性ではあったものの、新たな地域秩序を模索するアジアという動きから隔絶したところに日本は位置していたのである。

この頃、日本が始めようとしていた具体的なアジアへの関与は、賠償の支払いであった。英米など主要な連合国は対日講和準備の過程で、また台湾政府とインドもそれぞれ五二年に結ばれた個別の講和条約において、日本に対する賠償請求権を放棄していたが、賠償を求めていた東南アジア諸国との交渉は難航した末、五四年一一月のビルマとの賠償協定締結を皮切りに、フィリピン(五六年五月)、インドネシア(五八年一月)と、賠償協定が締結されていくことになる。賠償は、直接の資金引き渡しではなく、求償国との協議による役務賠償の形をとったため、賠償支払いそのものが東南アジアへの日本の経済進出の大きなてことなっていった。

賠償支払いが始まるなか、一九五〇年代後半になると東南アジアへの日本の政策は積極性を増していった。とくに、五七年二月に首相の座についた、かつてのA級戦犯岸信介が打ち出したアジア開発基金構想は、主としてアメリカに資金の出資を求めアジア諸国が運営を行う基金を設立するという構想で、実現はみなかったものの、アジア経済に対する日本の提言として注目を集めた。岸は、講和時の首相でその後の日本外交の方向を決める上で大きな役割を果たした吉田茂が対米協調を重視していたのに対し、対米協調、国連中心、東南アジア外交を外交の三本柱にすると述べ、東南アジアへの関与を進めようとしたのである。ただここで注意すべきは、岸の発想が戦前からの大アジア主義的発想を基盤としていたことである。岸は、一九八〇年代初め、インタビューに答えて、「私のアジア諸国に対する関心は、大川〔周明〕さんの（大）アジア主義と結びつきますよ。もちろん、私が戦前満洲国に行ったこととも結びついていますす。一貫しとるですよ」と述べている〔原編 二〇〇三、三五五頁〕。このような発想は岸に限られていなかったが、それと五〇年代のアジアで進行していた変化との間には、バンドン会議でも明らかになったような、大きなずれがあった。この岸の姿勢にみられるように戦前のアジア支配と敗戦までの経緯に歴史的な反省を加えない指導者をいだきつつ、日本が賠償をてことしながら経済高度成長下で経済外交を強めていったことは、アジア諸国との間にさまざまな軋轢を生みだしていくことになった。

六　冷戦と脱植民地化の交錯

日本の国際社会への復帰が始まった一九五〇年代は、アジアにおける脱植民地化の動きと冷戦とが複雑に交錯していく時代であり、朝鮮戦争とインドシナ戦争も、そうした状況のなかで展開していった。

朝鮮では、一九五〇年秋に中国人民義勇軍が参戦した後、一進一退の戦況が続き、戦局打開のためにアメリカ首脳が核兵器の使用を検討するという事態まで生じた。しかし、アメリカも戦争の長期化は望まず、五一年七月から休戦会談が開始された。会談は、停戦ライン設定問題や捕虜交換問題をめぐってなかなか進展をみなかったが、五三年三月のスターリンの死後、彼の後継者たちが戦争終結のための圧力を強め、五三年七月に休戦協定が結ばれるに至った。これによって朝鮮戦争はとりあえず終結を迎えたものの、五四年のジュネーヴ会議に韓国と北朝鮮が共に出した朝鮮統一案についてはもの別れに終わり、朝鮮の南北分断は固定化されることになった。その時の停戦協定体制が二一世紀の現在でも続いている。脱植民地化過程の内戦として始まった朝鮮戦争は、「熱戦となった冷戦」とでも呼びうる対立構造に呑み込まれることによって、南北双方がめざしていた統一した独立朝鮮とは完全に異なった朝鮮半島の様相を生み出したのである。

インドシナでは、一方で、一九五〇年二月にアメリカがフランスの要請に応じてバオダイ政権を承認し、その後戦費援助を開始したことと、同じ頃ホー・チ・ミン指導下のベトナム民主共和国を中国とソ連が承認し、支援の姿勢をとったこととにより、脱植民地化と冷戦の絡み合いが決定的になった。ベトナム民主共和国に対する中国の支援は、ベトナム人民軍への顧問団派遣という形をとり、朝鮮戦争が停戦となった後活発化した［朱 二〇〇一］。一方アメリカの側は、五四年のディエンビエンフーの戦闘の際には、フランス支援のために米軍の投入をも検討するなど、フランスにとって代わる形で介入の度を深めていった。

ジュネーヴ会議で、ベトナムは北緯一七度線で分割された。この分割はあくまで暫定的なもので、二年後にベトナム全土で総選挙を実施して、国の将来を決めることになったが、アメリカは全土統一のための総選挙を定めた最終宣言には加わらなかった。アメリカは、この地域が共産化していくとその影響が東南アジア全体に及ぶことになるという「ドミノ理論」のもとで、ホー・チ・ミン政権に有利になると思われたベトナムの統一策を支援しようとしなかったのである。その後南ベトナムでは、アメリカの庇護のもとでゴ・ジン・ジエムが実権を握ってバオダイを引退させ、独裁的権力をふるいはじめた。そして、アメリカとジエム政権の否定的な姿勢のもと、五六年七月に予定されていたベトナム全土統一のための総選挙は、実施されないままになってしまった。ここでも、冷戦は脱植民地化の様相をゆがめ、分断国家が生まれる結果となった。ベトナムの場合には、一九七六年に統一国家が実現することになるが、ベトナムの人々はそれまでにベトナム戦争による莫大な犠牲を払わねばならなかった。

バンドン会議を主催し、外交面で存在感を示すことはあったものの、政治的に安定していなかったインドネシアにも、冷戦の文脈のなかでアメリカは関心を深めた。インドネシアでは独立後、議会制民主主義の建前がとられ、五五年九月に最初の総選挙が行われた。その選挙の結果、得票率がほぼ拮抗した四つの政党が並立することになり、そのなかに共産党も含まれていた。スカルノ大統領は、共産党との連携を重視し、五六年秋にはソ連を訪問して、両国の考えに共通するところが多いことを強調した共同声明を発表したが、このようなインドネシア政府の姿勢に、アメリカ側は懸念を深めた。そのようななか、ジャワ人の政治的優越への反発などから、ジャワ島以外のインドネシア各地で中央政府に反旗を翻すさまざまな動きが起こりはじめた。五八年二月に反政府派がスマトラで「インドネシア共和国革命政府」の樹立を宣言するに当たっては、スカルノ体制の東側陣営への傾斜を危惧するアメリカが、反乱を支持してくれるとの目算が働いていた。事実、アメリカは兵士の訓練を助けるなど反乱の準備に具体的に手を貸すとともに、「革命政府」が樹立されるとその直後にダレス国務長官が実質的にそれを容認する姿勢を示した[Goscha & Ostermann eds. 2009, p. 371]。しかし、アメリカ側が予期していたように反乱政府への支持が広がることはなく、それまでスカルノに批判的であった政治家の多くも、独立を勝ち取って築き上げようとしている国家の存亡が脅かされているという危機感からスカルノ支持に回り、反乱は失敗に終わった。

フィリピンでも、フク団の活動に対するアメリカ主導の反ゲリラ活動が五〇年代に活発化し、フク団の活動は抑え込まれた。それに際して重要な役割を演じたアメリカ人軍事顧問エドワード・ランズデールなどは、後に南ベトナムでも活動するようになる[ウェスタッド　二〇一〇、一二四頁]。

五〇年代、アメリカのアジアへのコミットメントはこのように強まっていったが、アメリカが直接介入しないところでも、冷戦と脱植民地化過程は絡み合った。マラヤでは、共産主義者を中心とする反英ゲリラ闘争鎮圧が、「非常事態」下でもイギリス側の思うような形では進まず、五〇年後半から五一年にかけてのマラヤ情勢はイギリスにとって最悪のものとなった。ゲリラ闘争を展開していたマラヤ共産党はほぼ中国系住民から成っていたが、この頃になると、マラヤの早期独立へ望みを募らせはじめたマレー系住民も、イギリスが対応を誤ればイギリスから離反していく可能性があるとの危惧まで生じてきた[木畑　一九九六、一八三頁]。そのため、イギリスは蜂起鎮圧姿勢をさらに強めるとともに、それまで考えていたよりも早期の独立付与へと舵をきった。その結果、マラヤでの共産党勢力の活動は五五年頃には抑え込まれ、五七年八月に独立した後のマラヤ連邦は、イギリスとの密接な関係を維持しつつ国家建設を進めていった。ここでは、マラヤ連邦がイギリスと軍事協定(英マラヤ防衛協定)を結びながらも、イギリス側が望んだSEATOとの連携を拒みつづけたことに注目しておきたい(本講座第八巻木畑論文)。冷戦に巻き込まれるなかで脱植民地化を進めたマラヤは、冷戦への関わりをさらに深めることには消極的だったのである。

イギリスとの軍事同盟を維持しながらもマラヤがこのような姿勢をとった背景には、バンドン会議において打ち出された非同盟路線の広がりがあった。冷戦下の両陣営の双方から距離を置こうとする非同盟は、冷戦の圧力によって脱植民地化後の国家建設の方向が曲げられることを恐れる多くの新しい国々をひきつける路線となっていたのである。それを推進した中心人物はインドのネルーであり、この時期インドは冷戦下のいずれの陣営にも属することなく、米ソ双方からの経済援助を受けつつ、経済計画を進めていた。アジアでの脱植民地化の先頭を切ったインドは、こうして新しい国々の間での一つのモデルとなっていったが、五〇年代後半に外貨準備減少などによる経済困難に陥るなど、その実態は困難さをかかえていた。また、アフリカに主な場を移しつつ進行していった脱植民地化の流れのなかでのネルーの位置も、微妙であった。一九六一年に第一回非同盟諸国首脳会議が開かれた際、ネルーは、同じく非同盟運動の推進者であったユーゴスラヴィアのチトー大統領とともに、世界戦争の危険を避けるための平和追求こそ緊急の課題であると主張しつつ、植民地主義の時代は基本的に終わったとの考えを示した。その考えは、「植民地主義と帝国主義、さらに新植民地主義はあらゆる犠牲を払っても排除しなければならない悪である」と論じて植民地主義の問題にはまだ決着がついていないとした、ガーナのエンクルマに代表されるアジア-アフリカ諸国の急進的指導者の姿勢とは乖離していたのである[吉田 一九八八、二八〇頁]。こうした状況のもとで、新しく独立した国々の間でのインドの位置は相対的に低下していった。

インドの位置の変化は、それまで一体として語られることが多かった東南アジアと南アジアとがこの頃から区別されて論じられるようになったことにも示されていた。この変化のなかで、東南アジアでは地域秩序をめぐる新たな動きが生じた。

それは、SEATOに入ることを拒んだマラヤ連邦が主導して、SEATOに加盟していたフィリピンとタイとともに、東南アジア連合(ASA)という組織を作りあげたことである。ASAは、経済・社会・文化・科学・行政の各分野での友好的協議・協力・相互援助を確立することを目的として、六一年夏に創設された。このような地域協力機構の必要性をまず考えはじめたのは、マラヤ独立後初代首相となったラーマンであったが、フィリピンのガルシア大統領もそのような構想をいだいており、それにタイも賛同してASAは発足した。一時はこれに関心を示したインドネシアは結局参加せず、ビルマ、カンボジアはこの組織に反共、親西欧色を読みとって協力しようとしなかったが、他方で、参加に積極的であった南ベトナムはあからさまな反共国家であるとして排除された。こうして、この機構は冷戦のなかで西側陣営の一員となっていた少数の国々に限られるものとはなったが、アジアの地域秩序という点では、その創設は大きな意味をもっていた。いち早くその点に着目した山影進の表現を用いれば、「異なる宗主国に支配されてきた東南アジア諸国は、ようやく自らの意志で「遠い」隣国と交流するようになった」のである［山影 一九八〇、一一頁］。

ASAの結成に至る交渉がアジア諸国の間で進んでいる間、この地域での「上からの地域秩序」形成を試みてきたイギリスは、それに関心をもちつづけた。しかし、すでにこうした動きを左右する影響力をイギリスはもちえなかった。ラーマンのイニシアティブが始まった時、イギリスはそれに驚いたし、イギリスのある外交官の言によれば、イギリスの態度は「長期的に東南アジアの人々に何の変化ももたらさない」反面、「彼らにとってのイギリスの位置には影響を及ぼすことは確実である」と、考えられたのである［Tarling 2006, p. 109］。

ＡＳＡ自体はその後六三年から六六年にかけてのマレーシア紛争で機能不全に陥り、みるべき具体的成果はあげなかったが、六七年に成立した東南アジア諸国連合（ＡＳＥＡＮ）の先駆としての意味をもつ組織となった。帝国主義列強による支配のもとで作りあげられていたアジアの地域秩序が脱植民地化で変容するところに冷戦がかぶさるというアジアにおける戦後の国際政治過程のひとつの帰結を、この展開に求めることもできよう。

この間、アジアにおける冷戦の構図のなかでは、中ソ間の関係に変化が出始めていた。五〇年代半ばの中ソ間は蜜月の時代と評されるほどであったが、五六年二月のソ連共産党第二〇回党大会におけるフルシチョフの「スターリン批判」に対して、中国共産党はその後留保を表明し、イデオロギー面での相違が浮上してきた。また、平和共存路線をとるソ連と、ソ連の核を政治的な威嚇材料として利用したいとする中国との間の政治・軍事路線の矛盾も明確となった。その結果、五九年六月、ソ連は中国との間の国防新技術協定を破棄するに至った〔川島・服部編 二〇〇七、二六〇―二六一頁〕。こうして、一九六〇年代のアジアの国際政治は、未完の課題をかかえる脱植民地化と冷戦に加え、中ソ対立という新たな条件のもとで展開することになった。

【文献一覧】

ウェスタッド、O・A 二〇一〇『グローバル冷戦史――第三世界への介入と現代世界の形成』佐々木雄太監訳、名古屋大学出版会

岡倉古志郎編 一九八六『バンドン会議と五〇年代のアジア』大東文化大学東洋研究所

加藤聖文 二〇〇九『「大日本帝国」崩壊――東アジアの一九四五年』中央公論新社

川島真・貴志俊彦編 二〇〇八『資料で読む世界の八月一五日』山川出版社

川島真・清水麗・松田康博・楊永明 二〇〇九『日台関係史――一九四五―二〇〇八』東京大学出版会

川島真・服部龍二編 二〇〇七『東アジア国際政治史』名古屋大学出版会

姜萬吉編 二〇〇五『朝鮮民族解放運動の歴史――平和的統一への模索』法政大学出版局

木畑洋一 一九九五 「ヨーロッパから見たアジア太平洋戦争」中村政則他編『戦後日本 占領と戦後改革 一 世界史のなかの一九四五年』岩波書店
木畑洋一 一九九六 『帝国のたそがれ──冷戦下のイギリスとアジア』東京大学出版会
木畑洋一 二〇〇三 「「西欧文明」への挑戦? 日本軍による英軍捕虜虐待の歴史的背景」木畑洋一他編『戦争の記憶と捕虜問題』東京大学出版会
ギャディス、ジョン・L 二〇〇二 『ロング・ピース──冷戦史の証言「核・緊張・平和」』五味俊樹ほか訳、芦書房
栗原俊雄 二〇〇九 『シベリア抑留──未完の悲劇』岩波書店
後藤乾一ほか編 二〇〇二 『岩波講座東南アジア史 八 国民国家形成の時代』岩波書店
下斗米伸夫 二〇〇四 『アジア冷戦史』中央公論新社
朱建栄 二〇〇一 『毛沢東のベトナム戦争──中国外交の大転換と文化大革命の起源』東京大学出版会
谷垣真理子 二〇〇七 「香港の中国回帰」木畑洋一編『イギリス帝国と二〇世紀 五 現代世界とイギリス帝国』ミネルヴァ書房
ダワー、ジョン 二〇〇一 『敗北を抱きしめて──第二次大戦後の日本人』上、三浦陽一・高杉忠明訳、岩波書店
中野聡 一九九七 『フィリピン独立問題史──独立法問題をめぐる米比関係史の研究(一九二九―四六年)』龍溪書舎
成田龍一 二〇〇六 「「引揚げ」と「抑留」」『岩波講座アジア・太平洋戦争 四 帝国の戦争経験』岩波書店
原彬久編 二〇〇三 『岸信介証言録』毎日新聞社
原不二夫 一九九一 「マレーシアの残留日本兵」『アジア研究』三八－一
古川万太郎 一九八四 『凍てつく大地の歌──人民解放軍日本人兵士たち』三省堂
古田元夫 一九九六 『ホー・チ・ミン──民族解放とドイモイ』岩波書店
宮城大蔵 二〇〇一 『バンドン会議と日本のアジア復帰──アメリカとアジアの狭間で』草思社
矢野暢 一九八六 『冷戦と東南アジア』中央公論社
山影進 一九八〇 「東南アジア連合成立過程の分析」『東南アジア研究』一八巻一号
吉田修 一九八八 「「非同盟」と「アジア」」『法政論集』(名古屋大学)一二一号
若林正丈 二〇〇一 『台湾──変容し躊躇するアイデンティティ』筑摩書房

和田春樹 二〇〇二 『朝鮮戦争全史』岩波書店
渡辺昭夫・宮里政玄編 一九八六 『サンフランシスコ講和』東京大学出版会
Ampiah, Kweku 2007, *The Political and Moral Imperatives of the Bandung Conference of 1955: The Reactions of the US, UK and Japan*, Folkestone, Kent.
Bayly, Christopher & Harper, Tim 2007, *Forgotten Wars: Freedom and Revolution in Southeast Asia*, Cambridge, MA.
Charrier, Philip 2001, "ASEAN's inheritance: the regionalization of Southeast Asia, 1941–61", *The Pacific Review*, 14–3.
Djiwandono, J. Soedjati 1996, *Konfrontasi Revisited: Indonesia's Foreign Policy under Soekarno*, Jakarta.
Goscha, Christopher E. & Ostermann, Christian F. (eds.) 2009, *Connecting Histories: Decolonization and the Cold War in Southeast Asia, 1945–1962*, Washington, DC.
Gouda, Frances with Zaalberg, Thijs Brocades 2002, *American Visions of the Netherlands East Indies/Indonesia: US Foreign Policy and Indonesian Nationalism, 1920–1949*, Amsterdam.
McIntyre, W. David 1998, *British Decolonization, 1946–1997: When, Why and How did the British Empire Fall?*, Basingstoke.
Oakman, Daniel 2004, *Facing Asia: A History of the Colombo Plan*, Canberra.
Ryan, David & Pungong, Victor (eds.) 2000, *The United States and Decolonization: Power and Freedom*, Basingstoke.
Tan, See Seng and Acharya, Amitav (eds.) 2008, *Bandung Revisited: The Legacy of the 1955 Asian-African Conference for International Order*, Singapore.
Tarling, Nicholas 2006, *Regionalism in Southeast Asia: To Foster the Political Will*, London and New York.

トピック・コラム

チベット 併合から動乱まで

林 孝庭
（中文翻訳 小林亮介）

第二次世界大戦の終息と、これにともない到来した新たな国際秩序は、チベットの政府・民衆にとっても新たな衝撃と思考をもたらし、さらなる適応を迫るものであった。即ち、チベットと隣接諸国の関係、とりわけ中国及びイギリス（インド）との関係を今後どのように調整すべきかということが、一九四五年以後のチベット政府内部の指導者層の間で最も重要な一議題となったのである。当時、チベットにおける事実上の最高権力者であった摂政タクタ・リンポチェは、対外関係において一貫して親英・親西洋的立場をとっており、チベットが積極的に国際社会へと参入すべきことを強く主張していた。四六年初め、タクタは連合国祝賀のための使節団を派遣し、彼らはラサを出立してインド・中国を訪問した。四七年三月には、別のチベット代表団がラサからインドのニューデリーに赴き、「アジア関係会議」に参加した。しかし、チベット代表はこの会議に独立国家の名義にて出席できるよう努めたにもかかわらず、結局は中国代表団によってこれを阻止されてしまったのである。

第二次大戦後における、チベットの将来的な対外関係の方向性に対するこうした模索と適応は、かなりの程度において、四七年春のラサにおける内戦を惹起した一つの要因といえるものであった。タクタの親西洋政策は、前任摂政のラデンとその宗教的派閥の大きな挑戦に遭遇したのである。ラデンは三四年から四一年にかけて摂政を担当していたが、任期内にチベットと国民政府の関係が大変密接になったことから「親中派」あるいは「伝統派」の中心人物としてみなされ、タクタの「親英派」・「国際派」との間に立場・路線をめぐる争いが生じていた。四七年初め、ラデンとタクタの間の権力闘争は激化し、四月にタクタはラデンに「謀反」の意思があるものとみなし、チベット政府の軍隊をラデンの本営に派遣してこれを拘束した。これに対してラデン支持派の数百名の僧侶は武装してラサへと進撃し、チベット政府軍との間に激戦を交え、双方ともに数百名の死傷者を出した。しかし、結局ラデン派の僧侶らは衆寡敵することなく、ラデン本人が獄死させられたばかりでなく、その属下の寺院も政府に接収されるに至った。さらに、ラデンと密接な関係を有していたその他諸寺院及び僧俗高官はみな連座させられ、チベットにおける中国の影響力も一層減退したのである。

タクタが第二次大戦終結以来積極的に推し進めてきたチベットの国際的承認獲得のための努力は、一定の程度において、中国共産党の新政権成立当初の毛沢東による、軍事的及び政治的なチベット問題解決の追求を促進する方向で作用するものであった。一九五〇年三月、共産党政権の解放軍の勢力は西康地区にまで到達し、同年一〇月にはチベット東部の重鎮チャムド(昌都)を掌握し、続けてラサへと進撃せんとしていた。当時一五歳にすぎなかったダライラマ一四世は、すでにインド・チベット境界地帯に到達しており、いつでも亡命できるよう準備を整えてインドに赴いた。しかしながら、当時のチベット内部では、こうした局面において一体いかなる政策をとるべきであるのかについてもまた激論が交わされており、最終的には摂政タクタの退任とダライラマ親政の開始、さらには代表団の北京派遣による中国共産党との交渉を決定した。五一年五月、代表団は北京において中国共産党との間にいわゆる「一七カ条協定」を締結し、中国のチベットに対する主権は法理上の強化を獲得することとなった。

ラデン・ホトクト

「一七カ条協定」は、一面ではダライラマとパンチェンラマの伝統的な地位と権力を尊重していたが、他方では中国共産党の軍・政両勢力のチベットに対する段階的浸透を可能にするものでもあった。この二つの異なるベクトルが相互に激しくゆさぶりあう中で、衝突はさらに不可避のものとなっていった。一九五六年、中国共産党はラサにて「チベット自治区準備委員会」を成立させ、各方面においてより一層チベットを掌握しコントロールしていくための準備に着手した。これと同時に、中国の統治に反発するチベット人達は、まずチベットに近接する四川地区において武装闘争を発動した。武装抵抗組織は中国西南部の各地でも積極的に活動を開始し、中国共産党の地方当局に対する攻撃は次々に発生し尽きることは無かった。一九五九年三月、チベットの武装勢力は「ダライラマの保護」を理由にラサ駐在の中国共産党の各機関・団体に攻撃を加えたため、情勢は制御不能なものとなり、ついに解放軍は武力鎮圧を決定するに至った。三月一七日、ダライラマとその従者は南へ向けて逃走してインドに亡命するとともに、声明を発表してチベットの独立を主張するに至った。他方で中国共産党は即座にダライラマの主導するチベット政府の解散を発表し、先に成立していた「自治区準備委員会」がチベット地区の政務を接収し、その職権を行使しはじめ、同時に一連のチベットの土地制度及び社会制度の改革を推進した。これを画期としてチベットの伝統的様相は急激に変容し、その政治・外交上にもたらされた事態は今日にまで影響を及ぼしており、その余波は収束してはいないのである。

人物コラム

ジャワーハルラール・ネルー

(Jawaharlal Nehru)

井坂理穂

ジャワーハルラール・ネルーは、一八八九年、北インドの都市アラーハーバードに生まれた。バラモンのエリート家庭に育ち、若くしてイギリスに留学し、弁護士資格を取得する。帰国後はインドの自治・独立を求める動きに加わり、まもなくガーンディーの影響下で、農民への関心を深め、非協力・不服従運動に参加し、投獄経験を重ねた。やがてインド国民会議派を代表する指導者となった彼は、一九四七年のインド・パキスタン分離独立以降、新生国家インドの首相兼外相に就任し、六四年に他界するまでその地位を保持した。一人娘のインディラー・ガーンディー、その息子のラージーヴも、のちに首相の座に就いている。

ネルーの政治思想やインド観は、監獄で執筆した『自叙伝』『インドの発見』『世界史瞥見』(邦訳タイトルは『父が子に語る世界歴史』)や、膨大な数に及ぶ演説・書簡のなかで雄弁に語られている。そこには彼の経歴を反映するかのように、西洋近代の諸概念、ガーンディーの思想、社会主義など、様々な要素がみられる。独立後の国家建設にあたって、ネルーはこうした自らの思想に立脚しつつ、当時のインドにあっては画期的で、一部からは理想主義的とも評された政策を次々と打ち出していく。一九五〇年にはインド憲法が施行され、民主主義、連邦制、セキュラリズムなどの基本理念が固められる。五二年には初の成人普通選挙――規模や非識字者層の占める割合において、世界に例をみないものであった――が実施され、連邦・州レベル双方で会議派が勝利を収めた。カースト差別の撤廃・女性の地位向上などの社会改革を促すための法制度が導入され、貧困からの脱却や国家主導の開発の必要性が強調された。外交面では米ソ陣営に属さない非同盟政策がとられ、中国との協定のなかで掲げられた「平和五原則」や、バンドン会議(本巻都丸論文参照)などでの活躍は、ネルーを世界の注目の的とした。当時、日本においてもネルーに対する関心は高く、五七年の訪日の折には、政財界はもとより、民間レベルからも大きな歓迎を受けた。

しかし、ネルーの掲げる政策が、様々な矛盾をみせていたことも事実である。たとえば、民主主義の理念とは裏腹に、インド東北部で起こった自治・独立を求める運動は軍隊による取締りを受け、選挙で誕生した南部のケーララ州の共産党政権は大統領布告より解散させられた。また、ヒンドゥー教徒に対しては社会改革が強く促されたが、マイノリティ保護を理由に、ムスリムの「伝統」には不介入の姿勢がとられた。このことは、宗教コミュニティ間の平等という理念に反するとの批判を招いた。国家の計画・統制下での経済開発は、一定の成果をあげる一方、国際収支の悪化、貧困・土地問題など、多くの課題を抱えていた。外交面では、カシュミールの帰属問題をめぐる印パ対立の長期化に加えて、国境をめぐる中国との戦争における敗北(一九六二年)により、政権は大きな痛手を蒙った。こうした実態から、ネルーの政治手腕は低い評価を受けることも少なくない。

ここでは、個々の政策やその成果とは別に、長年にわたりインドの「顔」であったネルーが、民主主義や自由・平等の理念を語りつづけ、「多様性」を重んじる姿勢をみせていたことが、独立後のインドにとっていかなる意味をもっていたのかを考えてみたい。

ネルーとインディラー・ガーンディー(1957年, 上野動物園.『毎日新聞』10月8日夕刊)

その政治理念のなかで、とりわけ印象深いのは、宗教コミュニティ間の平等、セキュラリズムの堅持を一貫して主張する彼の態度である。印パ分離の直後、宗教コミュニティ間の暴動、難民の発生、大規模な人の移動などの混乱の中で、インド国内で反パキスタン、反ムスリム感情が高まっていたときも、ネルーは宗教による差別を繰り返し批判し、ムスリム保護を声高に訴えている。独立の二カ月後の一〇月一五日に州首相たちに宛てた書簡には、以下のようにある。「パキスタンからどのような挑発があろうとも、かの地で非ムスリムにどのような侮辱や恐怖が与えられようとも、我々はこのマイノリティ〔インド国内のムスリム〕に理性的に接しなければならない。彼らの安全を確保し、彼らに民主主義国家における市民の権利を与えなければならない。それができなければ、我々は深刻な傷を負うことになり、それはやがて国家全体を害し、おそらく破滅させるだろう」。当時、会議派の内部にさえ、ヒンドゥー教徒を中心とした国家像を掲げる政治家がいる中で、ネルーはインドが多様なコミュニティからなる国家であることを、公私にわたり繰り返し強調した。こうしたネルーの姿は、政府の外にあって宗教コミュニティ間の融和に尽力し、ヒンドゥー教徒の凶弾に倒れたガーンディーの姿とともに、インドのセキュラリズムや「多様性のなかの統一」という理念に、一定の現実味を与えていたと思われる。彼の死から約半世紀が過ぎた今、ネルーの掲げた理念や理想は、現実との乖離や実現の失敗という側面からだけではなく、インドのナショナル・アイデンティティのあり方を方向づける上で果たした役割という側面から、改めて検討する価値があるように思われる。

通空間論題

東アジアにおける冷戦

菅　英輝

欧州における冷戦は五〇年代半ばには膠着状態に陥るが、東アジアにおける冷戦は、それとは異なる展開を見せた。戦後の東アジア秩序は流動的かつ不安定であり、この地域では米ソの意図を超えた力学が働いていた。なかでも、東アジアの冷戦を論じる場合には、民族解放戦争としての第二次世界大戦の側面が重要である。植民地・従属地域の多くは、この戦争において、反ファシズムという点では、帝国主義諸国と立場を共有していたが、半面、植民地支配からの解放という点では、帝国主義諸国とは対立する関係にあった。しかも、これら帝国主義諸国は大戦中も戦争終結後も、植民地支配を継続しようとしたことから、植民地・従属地域の人々は、自立と独立を求めて民族解放闘争を繰り広げることになった。また、米ソ冷戦は基本的には、秩序形成ないしは体制選択をめぐる対立として理解できるが、脱植民地化闘争が目指すものは、独立、自立、近代化であり、そこでは、冷戦とは異なる論理と力学が働いていた。脱植民地化運動は、植民地支配に対する抵抗にくわえて、米ソ中心の冷戦統合に対する挑戦という性格を有しており、ヤルタ秩序（大国間政治）の再編を目指すと同時に、独自の国際秩序を追求するものであった。

はじめに

米ソ冷戦は基本的には、秩序形成をめぐる対立として理解することができよう。それは第二次世界大戦後の秩序の基礎となる理念、規範、行動のルールをめぐる争いであり、それゆえ米ソは、それぞれが信奉する体制を外に向かって拡大する政策を追求した〔菅 二〇〇四、五六―七六頁〕。ワシントンとモスクワは、それぞれ「自由の領域」の拡大と「社会正義の領域」の拡大を目指し、ともにそのイデオロギー的普遍性を競って第三世界に介入したが、両国が用いた手段や方法は帝国主義諸国のそれと非常に類似していた、とウェスタッドは述べている〔Westad 2005, pp. 4-5, 397, chap. 1 & 2〕。

米ソ対立は、イデオロギー対立に権力政治的要因が複雑に絡んだことで激化した。ファシズムの挑戦を退けた米ソは、旧秩序に代わる新たな秩序の構築を目指すなかで、四五年末から四六年にかけて、戦後処理をめぐって対立を深めていった。四七年三月に冷戦の公式宣言といわれるトルーマン・ドクトリンが発表され、さらに同年六月五日にマーシャル・プラン（欧州復興計画）が発表されるなか、欧州は東西両陣営に分断された。その後、四九年四月に米国主導で北大西洋条約機構（NATO）が結成されたのに対抗して、ソ連主導のワルシャワ条約機構（WTO）が五五年五月に組織された。これ以降、欧州における冷戦は膠着状態に入った。

東アジアにおける冷戦は、欧州におけるそれとは異なる展開を見せた。戦後の東アジア秩序は流動的かつ不安定であり、この地域では米ソの意図を超えた力学が働いていた。東アジアでは、東西の分断線は朝鮮半島を除けば明確ではなく、米ソによる冷戦統合は、帝国主義的秩序の存続に抵抗する脱植民地化の力学によって大きく規定されることになった。

東アジアの冷戦を論じる場合には、第一に、民族解放戦争としての第二次世界大戦の側面が重要である。植民地・従属地域の多くは、この戦争において、反ファシズムという点では、帝国主義諸国と立場を共有していたが、半面、植民地支配からの解放という点では、帝国主義諸国とは対立する関係にあった。しかも、これら帝国主義諸国は大戦中も戦争終結後も、植民地支配を継続しようとしたことから、植民地・従属地域の人々は、自立と独立を求めて民族解放闘争を繰り広げることになった。第二に、脱植民地化闘争が目指すものは、独立、自立、近代化であり、そこでは、冷戦とは異なる論理と力学が働いていた。脱植民地化運動は、植民地支配に対する抵抗にくわえて、米ソ中心の冷戦統合に対する挑戦という性格を有しており、二重の意味で、ヤルタ秩序(大国間政治)の再編を目指すと同時に、独自の国際秩序を追求するものであった。

一　東アジアにおける冷戦の開始とヤルタ秩序の再編

中国における内戦と国共調停の挫折

東アジアにおいて、フランクリン・ローズヴェルト政権は、戦後秩序の重要な担い手として、中国に期待をかけていた。いわゆる「中国大国化」構想である[菅　一九九二、五〇─六五頁]。同構想が実現するためには、深まる国共対立の調停が不可欠だったが、ローズヴェルトが四五年四月に死去したのちも、情勢は深刻化していった。四五年末には内戦が公然化し、調停にあたっていたパトリック・ハーレー駐華大使はハリー・トルーマン大統領に相談することもなく、一一月二六日突然辞任を発表する始末であった。その後、国共調停の任務は、ジョージ・マーシャル将軍に委ねられた。

マーシャル特使派遣の訓令書から明らかなように、トルーマン政権の「連合政府」構想は、国民党政府および中国共産党内の極右勢力と極左勢力を排除し、「リベラル中道」勢力の育成を目指した[Lyman ed. 1976, *Documents*, II, pp. 517–518, 520]。だが、蔣介石の非妥協的態度が原因で調停が挫折した場合でも、蔣政権を支持することが確認されたことは、トルーマン政権が、親米政権の維持を民主化や腐敗の除去よりも優先したことを意味する。米国の冷戦秩序はしばしば、経済的自由主義が民主化よりも優先される秩序であった。また、蔣介石に対する援助を停止すれば、「分割された中国」とソ連の満洲支配という「悲劇的な帰結」を招くとみなされた(*FRUS*, 1945, VII, pp. 767–769)。トルーマン政権内では、ソ連は中共を介してその影響力を中国に拡大してくるとの見方が有力であり、蔣政権への支持は、ソ連の中国への影響力拡大を阻止するためにも必要だとの判断であった。

だが、戦争終結から四七年頃までのソ連は、四五年二月のヤルタ会談でスターリンが獲得した諸権利を保持することを優先したため、海外の共産党や左派勢力に対する支援には慎重であった。スターリンは、イデオロギーよりも地政学的観点や安全保障上のニーズを優先させた[Pechatnov 2010, pp. 91–94; 下斗米 二〇〇四、一五一一八頁]。モンゴル人民共和国の現状維持、大連港の国際化とソ連の優越的権益、ソ連の海軍基地としての旅順港の租借、東清鉄道および南満洲鉄道の共同運営、といった中国の主権にかかわる権益については、中国側の合意を取り付ける必要があったが、スターリンは蔣介石政権を中国の正統政府として承認し、四五年八月中ソ友好同盟条約を締結した。同条約によってヤルタ合意の極東条項の多くを具体化したソ連は、中国共産党への限定的な援助を行ったものの、表立った支援には慎重な態度を示した。中共もまた、マーシャル調停期間中に協調的な態度をとることによって、米国による大規模な蔣介石支援を回避するよう心がけた[Sheng 1997, pp. 115–116, 143–144, 155–157]。

にもかかわらず、中国の国内状況は米ソの意に反する展開をたどった。国共内戦は四六年一月に「停戦協定」が合意されたことで、まず中国本土で停戦が成立し、六月六日には、東北地域にも拡大したが、七月になると内戦が中国本土で再燃し、その後華北、東北に拡大していった[松村 二〇一〇、二一一頁]。

中国内戦におけるマーシャルの調停は深刻なディレンマを内包していた。蔣介石は米国が中共を支持することはありえないことを見抜いていた。蔣は反共イデオロギーを前面に出し、米国からの援助を引き出す一方で、内戦の平和的解決と民主化努力を求める米政府の要求を無視し続けた。それだけでなく、四六年六月末には、武力方針を明確にし、停戦に条件を付け、中共がそれを受け入れるまでは戦闘を継続する方針をとった。他方、中共側も、国民党軍から攻撃を受けた場合には、「断固として自衛手段をとる」〔松村 二〇一〇、二一六頁〕との方針で臨んだ。

このような状況下で、マーシャルの調停は四六年末には完全に行き詰まり、トルーマン大統領は四七年一月三日、マーシャルの本国帰還を命じた。トルーマン政権はその後も、蔣介石政権という非民主的政権に対する援助を継続するが、内戦は国民党政権に不利に展開していった。マーシャル調停の挫折は、米国が中国の国内情勢に及ぼしうる能力の限界を示した。

対日占領政策の転換と増大する東南アジアの重要性

戦後東アジア秩序の主要な担い手と期待されていた中国であったが、中国から帰国したマーシャルが国務長官に就任し、国務省内にも中国情勢に悲観的な見方が広まった。その結果、日本が注目を集めるようになった。それはまた、敗戦国である日独を秩序の重要な担い手として位置づけるという点で、ヤルタ秩序の再編という意味合いを持っていた。

四七年五月八日に行われたアチソン国務次官のクリーヴランド演説は、こうした政策の変化を示すものであった。同演説の中で、アチソンは、欧州やアジアの大半の地域が「物理的破壊」と「経済的混乱」の状況にある点を重大視し、経済援助の緊急性を米国民に訴えた。さらに、長期的観点から、「欧州とアジアの二大工場」(日独)の再建を推進すべきだと主張した。なぜなら、「アジアと欧州の両大陸の究極的復興は、この二国に大きく依存している」からであった（*Department of State Bulletin*, XVI, May 18, 1947, pp. 991–994）。

国務省内に新設されていた政策企画室（ＰＰＳ）の室長ジョージ・ケナンは、八カ月に及ぶ検討結果をまとめ、同年一〇月、国務長官に提出した。同覚書の中で、ケナンは、中国情勢へのこれ以上の深入りを避け、代わって日本をアジアにおける米国の安全保障の要とすべきだと主張し、この観点に立って、「懲罰的講和」から「寛大な講和」への対日占領政策の転換を進言した（*FRUS*, 1947, VI, pp. 537–542; *ibid.*, pp. 770–777）。ケナンの考えは、一一月七日の閣議にも反映された。マーシャル国務長官は、「今後、われわれの政策の目的は欧州とアジアにおける勢力均衡の回復でなければならないし、すべての行動はこの目的に照らして検討されるだろう」と発言し、ジェームズ・フォレスタル国防長官もマーシャルに同調した［Millis ed. 1951, p. 340］。

以上のことは、この頃までに、日独の復興は、安全保障および世界経済の再建のために不可欠だとの考えが、米政府内で支配的になっていたことを示している（*FRUS*, 1947, VI, pp. 184–196, 209–215; Borden 1984, pp. 15–16）。

一方、四八年に入って、中国の内戦は急速に中共側に有利に展開していった。このため、ワシントンでは、日本の復興にとって不可欠な市場と原料資源の供給地として、中国に代わって、東南アジアに注目が集まった［菅 一九九二、二〇三頁］。

米政府の東南アジアに対する関心の増大は、中国革命の影響にくわえて、ドル・ギャップ問題が絡んでいた。日本はドル不足のため米国から年間三・五億から四億ドルの救済援助を受けていた。これは、日本が六六％をアジア諸国と植民地に輸出しながら、その輸入の九〇％を米国に依存し、米国への輸出は一二％に止まっているという貿易構造に問題があった。したがって、米政府は、日本の対米輸入依存度を減らすべきだと考えた［Schaller 1985, pp. 81–82］。

ドル・ギャップ問題は世界的な広がりを持っており、東南アジアは西欧諸国のドル不足解消という観点からも重視されるようになった。マラヤの錫とゴムは英国の重要なドル収入源で、四八年度のマラヤ産ゴムと錫の輸出額は、ドル価格で英国の全輸出額を上回っていた[Rotter 1981, pp. 98, 109; Borden 1984, pp. 11–12]。同様に、フランスはインドシナから、オランダはインドネシアから、それぞれかなりの投資収益を得ていた。

四九年に入ると、中国情勢は米国にとって絶望的なまでに悪化し、同年五月、アチソン国務長官は、「極東全体が中国における共産主義の衝撃を感じている」とし、とくにそれが日本に及んでいることを憂慮していた。日本が、「非共産主義諸国との友好的関係」に向かうか、「アジアの共産主義体制との連携」に向かうか予断を許さない状況が生まれつつあった。アチソンは、「平和的日本が引き続き自由民主主義世界との友好的態度をとり続ける唯一の希望」は、太平洋の「非共産圏諸国」との「平和的な経済的・社会的関係の発展」にあると考えた。日本の中立化傾向が懸念される状況下で、これ以上の中国市場への依存の増大は避けなければならないし、そのためにも東南アジアと日本の結合の強化が痛感されるようになった(*FRUS*, 1949, VII, pp. 736–737)。

アジア情勢の流動化を前に、国務省政策企画室は四九年三月、東南アジア政策の包括的再検討の結果をまとめた報告書(PPS 51)を完成した。七月一日に NSC 51 として大統領の承認を得た同報告は、植民地主義と過激な民族主義のいずれも支持できないという米政府のディレンマを再確認するものであった。東南アジアにおける「当面の重大な問題」は、インドシナとインドネシアにおける「好戦的ナショナリズム」であるが、この問題は、オランダやフランスの帝国主義への全面的支援によっても、また「好戦的ナショナリズム」への無制限の支持によっても、解決できないと述べていた(*PPS Papers* 1949, III, pp. 32–56, esp. 52–53)。

同報告は、日本、インド、西欧の自立化という米国の目標達成のためには、「原材料の供給地としての東南アジア」と「完成品の供給地としての日本、西欧およびインド」との「経済的相互依存」の促進が重要だと強調した。また、東南アジアのナショナリズムへの対応は、オランダやフランスの国内的政治危機や「大西洋共同体の結束力」への悪影響を考慮して行わなければならない、と述べていたことも注目される(*PPS Papers* 1949, III, pp. 34–35, 42–43, 54)。

PPS 51の策定者たちは、東南アジアに地域全体としてアプローチすべきことを強調したが、それにはもう一つ、重要な理由があった。それは、地域としての東南アジアが「クレムリンによって明らかに指揮され、統合された攻撃の目標となった」と政府内で受け止められたことである。中国に続いて、東南アジアが「共産化」されれば、その政治的敗北の影響は世界中に及ぶと考えられた。というのは、東南アジアは日本からインド半島にまたがる「封じ込めラインの不可分な一部」を構成しているからであった。この意味で、PPS 51は、その後の東南アジアに対する米国の軍事介入の論拠となる見方を示すものとして注目される（*PPS Papers* 1949, III, pp. 33, 38–39）。

PPS 51で示された見解や勧告の多くは、米国のアジア政策の包括的再検討を行った国家安全保障会議報告書NSC 48/1に反映された。NSC 48/1は四九年一二月、大統領の承認を得た（NSC 48/2）。NSC 48/1は、台湾への軍事不介入、戦略物資を除く対中貿易の限定的容認、中ソ離反戦略による中国の「チトー化」政策の採用、といった方針が盛り込まれており、台湾への援助増大と積極的介入、対中禁輸の強化を主張する統合参謀本部（ＪＣＳ）や国防総省の路線よりも、国務省の立場が主として反映されていた。同報告はまた、アジアのナショナリズムへの共感を示しているが、同時に欧州同盟諸国の弱体化を回避する方向での対応の必要性も強調されており、両者は相容れない関係にあった。「極右」でも「極左」でもない「中道」政権の育成、垂直分業に基づく地域統合の必要性を勧告していた点も注目される（Department of Defense 1971, VIII, pp. 226–272）。

二　朝鮮戦争と激化する米中対立

四九年末から五〇年初めにかけて、米国の冷戦政策は、それまでの政治的・経済的性格のものから、より軍事色の濃い性格のものへと大きな変化を遂げた。そうした転換をもたらしたのが、五〇年六月に勃発した朝鮮戦争であった。

それはNSC 48/1からNSC 68への政策転換となって現れた。NSC 68の策定者たちは、四九年八月のソ連による核実験の成功に続き、同年一〇月共産主義政権が中国に誕生したことで、米国の対外政策の再検討を迫られた。五〇年四月トルーマン大統領に提出されたNSC 68は、大規模な軍拡路線を提唱することで、増大すると予想されるソ連の核攻撃力に対処することを提唱した。トルーマン大統領が求めていた五一財政年度国防予算のシーリングは一三九億ドルであったが、彼らは五〇〇億ドルという大軍拡予算を提案した。予算局と大統領は朝鮮戦争の勃発直前まで、この軍拡予算には反対の立場をとっていたが、戦争勃発後は、防衛力増強を求める声が政府内からだけでなく、議会にも急速に広がり、議員たちは、五一年一月までに、総額四二九億ドルにのぼる国防費を承認した。

それ以外にもトルーマンは、欧州に数個師団の米軍部隊を派遣して、北大西洋条約機構を強化する一連の措置に着手した。ドイツ再軍備を積極的に進め、日本との間には五一年に対日平和条約ならびに日米安保条約を締結し、本格的な日本再軍備に乗り出し、日独双方を西側の防衛体制に組み入れていった。また、NSC 48/1にみられた台湾への軍事不介入方針は変更され、その後台湾防衛やインドシナへの支援を強化していくことになった。さらにアイゼンハワー政権の下で、五三年一〇月一日、米韓相互防衛条約が締結され、ワシントンは韓国防衛にもコミットしていくことになる。

NSC 68の情勢分析で注目すべきは、ソ連の軍事的脅威への対処にくわえて、ドル・ギャップ問題が世界経済に及ぼす影響とその安全保障上の含意についての見解である。この冷戦文書は、「現在の対外経済政策と計画では、国際的な経済的不均衡の問題、なかんずくドル・ギャップ問題の解決はできないだろうし、多くの重要な自由諸国における政治的安定に資する経済的基礎を作り出すことができないだろう」と分析した。彼らは、「自由民主主義体制」が「歴史上かつてないほどの危機に陥っている」と捉えていた。しかも、この危機は「たとえソ連が存在していなくても」われわれが直面するものであり、「諸国家間の秩序の欠如はますます耐えがたいものになりつつある」との認識が示されていた点でも注目される。
したがって、大規模な軍事援助は、ドル不足に悩む西側同盟諸国へのドル還流策としても重要であった。NSC 68の策定責任者であったケナンの後任、ポール・ニッツェは、NATO諸国の再軍備を検討するにあたって、兵器の供給だけでなく、再軍備のためのドル援助をすることによって、輸入原材料の負担増支出が可能となり、軍需生産に伴う輸出力低下を防ぐことができる、と考えた(*FRUS*, 1949, I, pp. 160-161, 164)。ニッツェの念頭にあったのは、再軍備―ドル供与―ドル・ギャップ問題の解消という処方箋であった。

朝鮮戦争の勃発は、NSC 68が提唱していた大規模軍拡予算の議会通過を可能にし、トルーマン政権が直面していた世界的危機を乗り切るのに貢献した。朝鮮戦争がアチソンにとって「天佑」だと受け止められたのは、そのような意味においてであった。

朝鮮戦争がアジアにおける冷戦の行方に及ぼした影響の中で最も重要な出来事は、中国の参戦とその帰結としての米中対立の激化であった。ダグラス・マッカーサー指揮下の「国連軍」が北上して中国国境の鴨緑江に迫るなか、中国志願軍もまた一〇月一九日に入朝し、二五日には最初の戦闘に突入した。

毛沢東は四九年七月一日、「人民民主主義独裁」論を発表し、「向ソ一辺倒」の方針を明らかにしていたが、五〇年二月一四日には中ソ友好同盟相互援助条約を締結し、中国にとっての主要な敵は米国(及び日本)とみなされるようになっていた。中国の参戦に大きな影響を与えたのは、第一に、米軍が朝鮮半島に軍事介入したこと、第二に、インドシナへの米国の関与を強めたこと、第三に、台湾海峡に第七艦隊を派遣し、台湾防衛に対するコミットメントを強めたことであった。なかでも、第七艦隊による台湾海峡の封鎖によって、毛沢東政権は、台湾解放による中国の統一という目標を当面断念せざるをえなくなった。そのことはまた、台湾解放の任務を担っていた人民解放軍部隊を中朝国境に移動させることを可能にした[Niu 2010, p. 238]。

中国の朝鮮戦争への参戦は、米中対決を決定的にした。米国はソ連に対する封じ込め政策を、中国に対しても適用し、強化していった。

三　第一次インドシナ戦争からバンドン会議へ

インドネシアの独立とオランダの退場

連合国側が第二次世界大戦の戦争目的に自決の原則を掲げたことで、戦争終結後は植民地住民の間に独立への期待が高まり、民族解放運動が活発に展開された。平和的な権力の移行の事例も見られたが、植民地宗主国側が植民地支配を放棄しようとしなかったため、その多くは武装闘争の形をとった。

インドネシアは日本降伏後の四五年八月一七日独立を宣言したが、米政府は当初、インドネシアの民族解放闘争には不介入の態度をとり、他の多くの事例と同様に、欧州の復興を優先するという観点から、宗主国オランダの主張を支持する政策を追求した。

インドネシアとオランダとの間には、四六年一一月に休戦協定が締結された。だが、四七年七月オランダ政府は再び、武力による問題解決に訴えたため、両者間に全面的な戦闘が再開された。米英両政府とも調停に乗り出すのに消極的であったことから、インドとオーストラリアはこの問題を国連安保理の協議に持ち込み、七月三一日から安保理協議が開催された。この間ワシントンはオランダ寄りの姿勢をとったため、四八年一月に締結された休戦協定はオランダの支配地域を既成事実として承認する内容であり、インドネシア側にとって屈辱的な敗北となった。

四八年四月三日の経済協力法(ＥＣＡ)の成立によりマーシャル・プランの実施に当る経済協力局が設置されたが、米政府はこの時期、欧州復興を最優先する観点からアジアの脱植民地化運動に対応しており、東南アジアにおける英、仏、蘭の植民地権益の維持は、ドル・ギャップ問題の解決と欧州の復興にとって不可欠だと考えていた。米政府は、四八年春に米議会で承認された欧州復興計画に基づく援助額のうち、オランダに五億六〇〇〇万ドルを供与し、うち八四〇〇万ドルはインドネシアの復興のために使用するものとされていた[McMahon 1981, p. 228]。インドネシアにおける戦闘において、米政府は事実上オランダを支援する側に立っていた。

そうした情勢下で、米政府のインドネシア政府に対する見方を大きく変える事件が発生した。四八年九月一八日ジャワ東部のマディウンでインドネシア共産党勢力が武装蜂起したが、インドネシア政府は一〇月末までにはこの蜂起を鎮圧することに成功した。政府による共産主義勢力の鎮圧は、インドネシア政府指導者たちが、穏健な民族主義者であることをワシントンの政策形成者たちに確信させた(*FRUS*, 1948, VI, pp. 618–620)。ワシントン政府は、この事件を契機に、インドネシア政府への対応を徐々に変えると同時に、逆にオランダ政府の非妥協的態度に批判を強めていくことになった。

おりしも、四八年一二月、オランダは、国連の仲介により四八年一月に成立したレンビル休戦協定を破り、再び武力行使に出た。オランダの武力行使に対しては、インド、パキスタン、セイロン、ビルマなどアジア諸国の間からだけでなく、アラブ連盟からも非難の声が上がった。国連のインドネシア代表部のスミトロ Sumitro Djojohadikusomo は、欧州復興計画にもとづく米国のオランダへの財政援助がインドネシアのオランダ軍の戦闘に回されていると非難した(*New York Times*, 1948.12.21; *FRUS*, 1948, VI, pp. 59–592)。インドやオーストラリアなどは、欧州復興計画資金の供給停止を米政府に求めたが、国務省はこれには反対であった[McMahon 1981, pp. 257–259, 267]。

だが、国務省としても四九年に入って、オランダの武力行使を非難する国際世論と国内世論の圧力の前に、次第に軌道修正をはからざるをえなくなった。なかでも憂慮すべきは、米議会内でオランダに対する欧州復興援助計画資金供給の全面停止を求める決議案が提出されたことである[*Ibid.*, pp. 268–269, 276–277]。トルーマン政権にとっての懸念材料は、この決議案が欧州復興計画の延長法案に対する付帯決議として提出されたことである。くわえて、同年一月二八日にオランダ政府の反対にもかかわらず、国連安保理決議が圧倒的多数で可決されたが、同決議は戦闘行動の即時停止を求めていた。米政府は同決議を受け入れるよう説得を続けたが、オランダ政府は頑なにこれを拒否した。

オランダ政府の国連決議無視は、欧州復興計画の延長問題に悪影響を及ぼし始めただけでなく、東南アジアへのソ連や中国の影響力の拡大の危険を増大させている、とワシントンは受け止めた。四九年三月二九日に国務省によって作成されたPPS 51は、東南アジア全体がクレムリンの攻勢の対象になったことは明白だとしたうえで、この地域を支配するのがソ連の究極の目的だと断言した。さらに、そうした情勢下では、「一九世紀的帝国主義は革命的な状況にある植民地においては共産主義に対する解毒剤とはならない。むしろそれは、共産主義のウィルスを育てるのに理想的な培養菌だ。好戦的なナショナリズムを満足させることは、スターリン主義に対する抵抗のためにまずなにより必要不可欠である」と述べ、フランスとオランダの政策を厳しく批判した。他方、国務省は、インドネシア共和国の指導者たちは、「基本的には穏健な人たち」であり、彼らの反共主義は四八年九月のマディウン武装蜂起を鎮圧したことによって証明された、との評価を下していることが注目される。したがって、インドネシアで「目下そして長期的に見て破壊的要素となっている」のは、むしろオランダである、とした。

PPS 51の分析と提言を受けて、アチソン国務長官は四九年三月、オランダ外相ダーク・スティッカーと会談し、オランダの武力行使に対する米国民と議会の強い不満ゆえに、オランダに対する欧州復興援助の延長は重大な危険に晒されるようになったこと、くわえて、早急に問題を解決しなければ、議会がオランダへの武器の供与を可能にする資金を承認する見込みはない、と警告した（*FRUS*, 1949, IV, pp. 258–261）。

欧州復興援助計画の打ち切りと軍事援助の停止を示唆されたオランダ政府は、ついにこれまでの非協力的な姿勢を転換せざるをえなくなった。その結果、四九年一二月にはインドネシアの独立を承認する協定が調印された。

第一次インドシナ戦争とフランスの退場

この時期の脱植民地化運動の中で最も重要な事例として、第一次インドシナ戦争が挙げられる。ホー・チ・ミンが率いるベトナム民族解放運動に対するワシントンの対応は、マラヤ共産党のそれと共通点が認められる［木畑 一九九六、一三五—一三六頁／Stockwell 2000, p. 199; 菅 二〇〇九、一一八頁／*FRUS*, 1952–1954, XII, pt. 1, p. 376］。それは、運動の主体が共産主義勢力だという点だ。トルーマン政権がフランスに対する支援を強化していく過程では、ホーが共産主義者であると見なされていたことが重要であった［Williams et. al. 1985, pp. 95–96］。五〇年二月に策定されたNSC 64は、共産主義の「これ以上の東南アジアにおける膨張を防ぐために実行可能なあらゆる手段を講ずることが合衆国の安全保障にとって重要である。インドシナは東南アジアの枢要な地域であり、差し迫る脅威にさらされている」との結論に達した（*FRUS*, 1950, VI, pp. 747, 780–785）。

NSC 64が以上のような結論を出した三カ月後、トルーマン大統領はフランスのインドシナ戦争への軍事援助を決定した。その結果、米国の対仏軍事援助は増大し、五四財政年度には、一〇億六三〇〇万ドルに達し、フランスのインドシナ戦費の七八％を占めるようになった［菅 二〇〇九、一三二頁／McMahon 1993, p. 34］。

五〇年六月の朝鮮戦争勃発後は、朝鮮半島と欧州のＮＡＴＯ軍強化のために米軍のかなりの部分を投入している状況の下で、インドシナで「もう一つの朝鮮戦争」を抱え込む余裕はなかった。したがって、フランスはインドシナに留まり、戦争遂行の第一義的責任を担わなければならない、とされた（Department of Defense 1971, VIII, p. 402）。

また、インドネシアにおけるオランダ植民地主義の場合と違って、フランスは欧州大陸における最も重要な同盟国であり、ＮＡＴＯ内での結束に悪影響を与えないよう配慮しなければならなかった。五〇年九月、トルーマン大統領はドイツ軍一二個師団の創設と西ドイツのＮＡＴＯ加盟を提案したが、パリはこれに強く反発し、ドイツ単独の再軍備の代案として、仏独伊およびベネルクス三国から成る欧州防衛共同体(ＥＤＣ)創設を提唱した。その結果、五二年五月、関係各国はパリでＥＤＣ設立条約に調印したが、五四年八月、フランス議会がＥＤＣ批准を拒否することになる。

米国のディレンマは、フランスの植民地主義を支持し続ければインドシナから敗退することになるかもしれないと懸念しながらも、かといって共産主義からインドシナを防衛するためには、フランスにその任務を遂行してもらう以外にないという点にあった。

アイゼンハワー政権もトルーマン政権のディレンマを継承することになったが、インドシナ戦争はフランスに不利に展開した。フランス軍はディエンビエンフーでベトナム人民軍に大敗北を喫し、五四年五月七日に降伏、この間、四月二六日からインドシナ休戦に関するジュネーヴ会議が開始された。

ジュネーヴ交渉は難航したが、交渉決裂を恐れた中ソが、ホーに譲歩を迫った結果、五四年七月、ラオス・カンボジアからの全部隊の撤退、北緯一七度線でのベトナムの南北分割、五六年七月の総選挙の実施などを定めたインドシナ休戦協定が成立した。

休戦交渉中のフランスの対応とジュネーヴ協議の行方に強い懸念を抱いた米政府は、ラオス、カンボジア、南ベトナムの防衛に全面的に乗り出す一連の決定を行った。第一に、五四年八月、それまでフランス政府を経由して行っていた経済・軍事援助をインドシナ三国への直接援助に切り替えた。第二に、五五年二月には、ゴ・ジン・ジエムに白羽の矢を立て、米政府が影響力を行使できる新たな政治勢力(コラボレーター)の育成に乗り出した。第三に、五四年一二月にはエリ＝コリンズ協定をフランスと締結し、南ベトナム国軍の訓練をフランスに代わって米国自ら行う決定をした。その結果、フランス軍は五六年四月インドシナから全面撤退することになる[菅 二〇〇九、一三六―一三七頁]。

フランスの追い出しをワシントンが決断したのは、フランスの戦争遂行が不首尾に終わり、このままでは、この地域への共産主義の影響力の拡大を食い止めることはできないと判断したからだが、同時に米政府が重視したのは、インドシナ三国の独立であった。アイゼンハワーやダレスは、フランス軍の存在は植民地主義の象徴であり、このような負の遺産を抱えたままでは、ベトナムに安定政権を樹立することは困難だと考えた(*FRUS*, 1952–1954, XIII, p. 548)。ここには、植民地主義的秩序に代わる「自由主義的・資本主義的」秩序の建設なしでは、インドシナを共産主義の脅威から守ることはできないと考える米国流の秩序観が示されている。その結果、五五年一〇月、バオ・ダイの退位に伴い、ジエムはベトナム共和国樹立を宣言した。

しかし、フランスの追い出しによって、フランス植民地主義の汚名からは解放されることになるが、他方、米国がジエム政権を支援し、国軍の建設に全責任を負う形で関与を深めていくことになれば、米国自身が新たな植民地主義者と見られる危険性があった。そのためダレスが考案したのが、東南アジア条約機構(SEATO)の創設であった。米政府は単独介入の印象を薄めるために、集団的防衛の衣を着せることにしたのである。ダレスはインドシナへのコミットメントの条件として、これら三国の独立にくわえて、英仏豪のほか、タイ、フィリピンなどアジア諸国が参加する「共通の努力」を強調した(*FRUS*, 1952–1954, XIII, pt. 1, pp. 1279–1280; *ibid.*, XII, pt. 1, pp. 771, 773)。ダレス国務長官はまた、SEATOの設立を通してインドシナを共産主義の脅威から守るという方法は危険を伴うことも認識していた。それは、「米国がほとんど統制力をもっておらず、情勢も決して明るいとはいえない地域で米国の威信をかける」ことになるからであった。しかし、そのような危険を冒さなければ、「闘うこともなくこの地域を完全に放棄することになる」。したがって、これら三国をSEATOに含めることは、「二つの悪のうち、より少ない悪」の選択であった[*FRUS*, 1952–1954, XIII, pt. 2, p. 1953]。

ダレスはまた、もう一つの不安を抱えていた。彼は五四年五月、ホワイトハウスでの非公式協議の場において、次のように語った。「問題の本質」は、これらインドシナ三国は国を治める人材も指導者も有しておらず、独立を享受できる状況ではない。したがって、「もしこのまま独立するようなことにでもなれば、すきっ腹のライオンの檻に赤ん坊を入れるようなものである」。そうなれば、「その赤ん坊はたちまち呑み込まれてしまうだろう」。このことは、形式的な独立の問題ではなく、むしろ「共産主義者たちにたちまち引っ手繰られることのないようにどの程度の独立を認めるか」という問題である。SEATOはそうした問題への対応措置として、五四年九月八日に成立した。

しかし、中国内戦における国民党政権の場合と同じく、ゴ政権は民主的とは程遠い政権であり、その支持基盤の拡大は容易ではなかった。その結果、米政府はこの非民主的政権への介入を深めていく中で、米国自らも、「泥沼」と称されるような新たな戦争に巻き込まれていくことになる。

バンドン会議と独自の国際秩序の模索

中国における共産主義政権の樹立(四九年一〇月)、インドネシアのオランダからの独立(四九年一二月)、インドシナからの仏軍の完全撤退、マラヤの英植民地からの独立(五七年八月)といった脱植民地化運動の成果は、戦後のアジアにおいて、米ソ両超大国や植民地宗主国が管理できない大きな力学が働いていたことを示している。その象徴的出来事が、五五年四月インドネシアで開催されたアジア・アフリカ会議(バンドン会議)であった。この会議は、それまで西欧列強諸国に支配されてきた、アジア・アフリカの新興独立諸国が開いた世界史上初の国際会議であった。

ワシントンは、中華人民共和国が参加するこの会議に重大な関心を寄せ、とくに会議で中国が中立主義諸国と協力して米国の同盟政策を批判し、台湾の武力解放への同意を取り付けることを怖れていた。SEATOの設立に反発した中国は、中国本土と台湾との分断が固定化されることを恐れ、五四年九月三日、国民党統治下にある金門・馬祖島に攻撃を加えたため、当時台湾海峡は緊張していた(第一次台湾海峡危機)。

他方、SEATOへの参加を拒否した中立主義諸国は、米ソ冷戦とは一線を画し、独自の秩序形成を目指していた。

ネルーと周恩来首相は、ジュネーヴ会談に出席中、中印間の外交関係の基礎として「平和五原則」(領土保全と主権の相互尊重、相互不可侵、相互の内政不干渉、平等互恵、平和共存)を再確認した。とくにネルーは平和共存の原則に「付随的な解釈を与えることで」、米国の冷戦政策を否定しようと試みていた[佐野 一九九九a、一二六―一二七頁]。

中印の動きは、米国の同盟政策への加担を拒否する中立主義諸国と共産主義陣営とが提携する可能性を意味し、ワシントン首脳に強い警戒心を呼び起こした[Ampiah 2007, p. 67]。ダレスらは、バンドン会議が恒常化し、中印を中心とする国々がブロックを形成し、それが欧米と対立することを特に警戒した(*FRUS*, 1955–1957, XXI, pp. 1–5, 11–16; *ibid*., XXIII, pt. 1, p. 14)。

そこで米国は、親米アジア諸国が協力して共産主義側に対抗し、会議が建設的な結果を生み出すように努力するという役割を彼らに期待した[*FRUS*, 1955–1957, XXI, p. 23]。

米国はバンドン会議に冷戦の論理を持ち込み、「平和五原則」に敵対する行動をとった。第一に、「平和五原則」にいう「平和共存」の原則は、中立主義諸国の間では、異なる体制間の共存、すなわち脱冷戦という意味合いを持つものとして理解される向きがあり、NATOやSEATOのような同盟政策批判につながる可能性があった。それゆえ米国は、会議で同盟批判がなされた場合には、共産主義の脅威から自国の安全を守るためには同盟は必要であるとの反論を用意し、さらに「平和五原則」そのものについては、国連憲章の諸原則を含んでおり、国連憲章の確認で足りるとの見解を表明することを親米諸国に期待した。

実際、会議では、インド、ビルマ、エジプト、インドネシアなど中立主義諸国は「平和五原則」を確認することの重要性を指摘し、SEATOなど西側の集団的防衛体制を批判したのに対して、トルコ、パキスタン、フィリピンなど親米諸国は、共産主義の脅威が存在する限り、集団防衛体制は必要であるとして、「平和五原則」を批判した。

第二に、植民地主義の問題に関して、米国は、東欧諸国などソ連の支配下にある国々の事例を持ち出し、西欧植民地主義の問題を相対化する戦術に訴えた[佐野 一九九九a、一三一、一三四、一三七頁/Ampiah 2007, p. 71]。親米諸国は、東欧諸国が共産主義型植民地であるとのセイロンの主張に同意し、「あらゆる型の植民地主義」が非難されるべきであると発言した。中国や北ベトナムは、共産主義型植民地主義の存在を否定した。インドのネルーもまた、国連加盟国である東欧諸国を植民地とすることは問題である、と指摘した。結局、周恩来が、「植民地主義はすべての形の現われにおいて」すみやかに根絶されるべきであるとの表現であれば反対しないという譲歩を行ったことで、この問題での決裂を回避することになった。

バンドン会議は、戦後日本のアジア復帰を画する初の国際会議であり、日本外交の方向性を占ううえでも重要な意味をもっていた。日本は五一年に日米安保条約を締結し、すでに「西側陣営の一員」としての道を歩み始めていたとはいえ、アジア諸国との関係をどう構築していくのか、またその場合、米国との距離をどうとるのかという点では、いまだ明確な方針が確立されているとはいえなかった。

インドネシア駐在の倭島英二公使は、「日本はアジアの独立国としてアジアの命運を相共に切り開いていく気でいるのか、それとも西欧の手先として目前の利益を追う気でいるのか」が問われているとして、「平和五原則のごときもの」に対して、「如何なるガイディング・プリンシプルを標榜するか」、きちんと考えておく必要があるとの意見を本省に寄せていた[宮城 二〇〇一、七八—七九頁]。

しかし、日本政府は、ワシントンや在日米大使館との緊密な協議の下、米国と同一歩調をとりながら、アジア復帰を果たそうとした。植民地主義をめぐる議論では、セイロン、パキスタンなど親米勢力の主張に賛同する発言を行った。また、「平和五原則」問題では、「バンドン会議平和宣言」を提出し、「平和五原則」に依らなくても国連憲章の精神で平和を達成、維持できるとの立場をとった[宮城 二〇〇一、一三〇—一三四頁]。米国務省は、米国を除外したアジア諸国によるブロック結成を強く警戒しており、中立主義諸国の影響の下、「平和五原則」が脱冷戦を志向するのを阻止する必要があると考えていた。ダレスらはそのため、「平和五原則」を国連憲章の諸原則に置き換えることで、中印の動きを封じる戦略を立てた[*FRUS*, 1955–1957, XXI, pp. 50–54; 佐野 一九九九b、一一四頁]。それゆえ、日本の発言は、基本的に米政府の意向に沿うものであった。

にもかかわらず、バンドン会議での日本の役割に対する米政府の評価は低かった。アジア諸国の要求と米国の意向とを両立させようとした結果、政治問題では積極的行動を控え、経済問題で積極的な貢献をすることを目指したからである。バンドン会議での日本の行動は、その後も日本外交が直面することになるディレンマ、すなわち日米関係とアジア諸国との関係をいかに両立させるかという問題を浮き彫りにするものであった。

そうした困難な状況下にあって注目されるのは、日本政府代表団の主席代表を務めた高碕達之助の存在である。高碕は元来経済人でもあり、アジア諸国との経済関係の構築に意欲を見せた。彼は経済審議庁長官の職にあったが、日中貿易に日頃から強い関心を持ち、バンドン会議では周恩来首相との会談に強い意欲を示していた。外務省は乗り気ではなかったが、高碕は私的な資格として、周との会談にこぎつけ、日中貿易の促進を訴えた。この会談はその後の日中貿易の足がかりになり、六二年にはLT方式とよばれる貿易協定が締結されることになる。

バンドン会議は、参加諸国の利害や政治的思惑が複雑に絡み、具体的な問題で足並みを揃えることが容易でないことを示した。しかし、共産主義諸国、中立主義諸国、親米諸国が一同に会し、異なるイデオロギーを乗り越えて「平和十原則」を採択したことは、アジア・アフリカの新興独立諸国が冷戦秩序とは異なる、独自の秩序形成を目指す強い意思を示したという点で歴史的な意義を持つものであった。それは、米国が目指す自由主義的・資本主義的秩序でもなく、またソ連が目指す社会主義的秩序でもなく、いわんや帝国主義的秩序でもなかった[Bradley 2010, p. 480]。「平和五原則」、「平和十原則」は国際社会に新しく登場した理念とは言えないが、歴史的に見て、帝国主義列強だけでなく、米ソ両超大国もまた、現実の政策や行動において、これらの原則を必ずしも尊重してきたとはいえない。その意味で、新興独立諸国が「平和十原則」を、遵守すべき国際政治の行動規範として掲げ、米ソと一線を画する秩序形成を模索し始めたことは重要である。

その後、「バンドン精神」や「平和十原則」は非同盟諸国運動に受け継がれ、六一年には、二八カ国がベオグラードに参集し、第一回非同盟諸国会議が開催された。ベオグラード会議は、東西対立の解消と新・旧植民地主義の除去、平和共存を訴えた。七三年には非同盟諸国は国連加盟国の過半数を占めるようになり、米ソ両超大国もその影響力を無視できなくなるのである。

四　激化する中ソ対立と冷戦秩序の変容

第二次世界大戦終結から毛沢東政権の誕生までの中ソ関係は良好とは程遠い状況にあった。国共内戦中、毛沢東勢力へのソ連の援助は限定的であったし、スターリンは国民党政府の下での統一を進言していた。四九年一月の段階になっても、スターリンは内戦を平和的に解決するよう北京に打電し、毛沢東に拒否されている[Niu 1998, pp. 64–65]。しかし、毛の「向ソ一辺倒」政策と、それに続く中ソ友好同盟相互援助条約の締結以降、中ソ両国は、アジアと欧州の両地域で密接な協力関係を維持してきた。北京は、「米帝国主義」に対する対抗力および軍事援助の提供者としての役割をモスクワに期待した。毛沢東らは、台湾、韓国、ベトナムの三方向から米国が軍事介入してくる可能性を恐れていた[Chen 1994, pp. 93–94, 113–121; Zhai 2000, p. 20]。それゆえ、ソ連の協力は米国の脅威に対処するために不可欠だと考えられた。彼らはまた、中国における社会主義建設のモデルとしてのソ連の経験と支援に期待した。中国に共産主義政権が誕生すると、モスクワは、北京の要請に応じて、大規模な経済・技術援助を行い、両国間の科学者や学生の交流も活発化していった[Lüthi 2008, pp. 35–41]。

だが、両国の協調的関係は長続きしなかった。その重要な転機となったのは、五六年二月のフルシチョフによるスターリン批判演説であった。この演説は以下の三点で重要であった。第一に、スターリンが無謬であるという神話が崩壊したことで、毛沢東は、スターリンの対中国政策の是非を再検討し、独自の社会主義への道を歩むことが可能となった［ツァイ 二〇一〇、二四三頁］。第二に、毛はフルシチョフのスターリン批判のやり方を問題にし、友党諸国と事前に協議することなくスターリン批判が行われたために、他の共産主義政党間で混乱と不安が生じた、と批判した。この点は、ソ連の「大国ショービニズム」批判として、その後も繰り返されることになる。第三に、スターリン評価をめぐる対立である。毛によると、スターリンは依然として偉大なマルクス主義者であり、功績が七〇%、過ちが三〇%というものであった［ツァイ 二〇一〇、二四四頁］。

脱スターリン化の動きは、早くも東欧諸国に現れた。五六年六月にはポーランドのポズナンで労働者の反乱が、さらに一〇月にはハンガリーで学生と労働者の暴動が発生した。

中国はポーランドの事件は主として反ソ的、ハンガリーの事件は基本的に反共主義的だとして、両者を区別した。北京はポーランドへのソ連による介入の動きを「大国的ショービニズム」だとして批判したが、ハンガリー危機に対しては、モスクワの軍事介入を支持した。これらの事件は、ソ連指導部が東欧問題で中国指導部の意見を聞いたという点で、共産主義陣営における中国の発言力の高まりを示すものであった。また、こうした中ソ関係の変化は、中国の社会主義の将来に対する自信を毛沢東に与えることになった。

毛沢東の自信は中国の社会主義建設において、それまで重視してきたソ連モデルの修正の動きとなって現れた。毛は五五年後半から五六年前半にかけて、農業集団化キャンペーンと商工業の社会主義化を実施するとともに、ソ連の第一次五カ年計画の成果を研究したうえで、五六年四月、「十大関係論」を発表した。この論文は、ソ連が犯した過ちを繰り返さずに中国の社会主義を建設していく意図を明確にしたものであり、五八年五月に開始された「大躍進」

政策につながっていった。「大躍進」政策は、中国経済を深刻な混乱に陥らせることになったが、欧米に追いつくことを目指しただけでなく、ソ連モデルの放棄を意味したため、モスクワとの激しい路線闘争を招いた。毛沢東は、モスクワの批判に対して、中国モデルがソ連モデルより優れていることをソ連指導部は恐れているなどと反論するにいたった[Zhang 2010, pp. 361–362; Lüthi 2008, pp. 43–45, 81–90]。

対外政策の分野でもまた、毛沢東は、フルシチョフの「平和共存」路線に対して、米国と対決する道を選んだ。五七年にソ連が人工衛星スプートニクの打ち上げに成功し、また国際共産主義運動内における北京の地位の向上に自信を深めたこともあって、毛沢東は「東風が西風を圧倒している」との世界情勢認識を抱くようになった。毛は、米国は力を世界に拡大しすぎているので、「首に縄を巻く」戦略によって、米国と対決することが可能だと主張し、民族解放闘争への支援を強化していった。五八年八月に始まる金門・馬祖島の爆撃(第二次台湾海峡危機)は、米国の首に巻かれるさらなる縄、台湾への圧力、それに「米帝国主義」に対するフルシチョフの弱腰外交に向けられたものであった[ツァイ 二〇一〇、二五〇—二五二頁]。

第二次台湾海峡危機は、核戦争の危険に対する毛沢東の無頓着さを示すものとして、フルシチョフの不信を増幅し、五九年六月には、ソ連が中国に原子爆弾製造の技術データを供与することにした五七年の協定を破棄した。この措置に対抗して、北京は六〇年一月、核の独自開発を決定した。核をめぐる不信の増幅もまた、中ソ対立を助長することになった。

また、五六年のチベット動乱での人民解放軍による鎮圧に続き、五九年三月に再びチベットで騒乱が発生したが、チベット市民と人民解放軍部隊が対峙するなか、ダライ・ラマ一四世がインドに亡命し、チベット臨時政府樹立を宣言したことで、中印関係は嫌悪なものとなり、同年八月には中印国境で武力衝突事件が発生するにいたった。毛の強硬路線は、パキスタンとの関係を別にすれば、周辺諸国との緊張要因となった。

フルシチョフは五九年九月一五日、ソ連の指導者としては初めて訪米し、アイゼンハワーとキャンプ・デービッド会談を行った。この会談で、米ソ首脳は、核戦争の回避並びに紛争が発生した場合の対話の継続を確認した。その直後、九月三〇日から一〇月四日まで北京を訪問したフルシチョフは、台湾海峡危機について苦言を呈したうえで、台湾への武力行使を断念するよう毛の説得を試みた。また、中印国境紛争に関して、インドを東側陣営に引き込むために、中国側の譲歩と妥協を求めた。これに強く反発した中国指導部は、フルシチョフを「日和見主義者」と呼び、厳しい反論を加えた。

この北京会談以降、毛沢東のフルシチョフ批判は一段と厳しさを増した。同年一二月の党内論議で、毛は、「米帝国主義者」、インドの反動主義者、チトーのような修正主義者に加担し、「反中国で足並みを揃えた」、とフルシチョフ非難を繰り広げた。さらに毛は、フルシチョフが「二つの懸念を抱いている」、すなわち「帝国主義だけでなく、中国式共産主義を恐れている、なぜなら東欧その他の共産主義政党が彼らではなく、われわれを信用することを怖れているからだ」と語った[ツァイ 二〇一〇、二五四—二五五頁/Zhang 2010, pp. 368-369]。

毛沢東は六〇年四月には、ソ連指導部との論争を公然化させたが、同年六月にブカレストで開かれたルーマニア労働党(六五年より共産党)第三回大会で、両者は激しい非難の応酬を繰り広げた。フルシチョフは、西側との平和共存路線を擁護し、中国の政策に全面的な攻撃を加えた。他方、中国共産党代表団側は、フルシチョフはマルクス=レーニン主義に背いていると激しく論駁した。

中ソ対立が激しさを増すなか、マルクス=レーニン主義の理念が、第三世界諸国の人びとにとって、次第に色褪せたものになったことは否めない。また、中ソ対立は米ソ対立の構造にも大きな変容をもたらすとともに、冷戦の脱イデオロギー化を促すことになった。長期的に見れば、社会主義陣営内における中ソ対立の激化は、米国が主導する西側陣営に有利な形で冷戦が展開していく決定的な要因となった。

【文献一覧】

秋元英一・菅英輝　二〇〇三　『アメリカ二〇世紀史』東京大学出版会

菅英輝　一九九二　『米ソ冷戦とアメリカのアジア政策』ミネルヴァ書房

菅英輝　二〇〇四　「アメリカの世界秩序形成と米ソ冷戦」『冷戦史の再検討』（科学研究費補助金研究成果報告書、研究代表者　毛里和子）

菅英輝　二〇〇九　「アメリカ「帝国」の形成と脱植民地化過程への対応」北川勝彦編著『イギリス帝国と二〇世紀　第四巻　脱植民地化とイギリス帝国』ミネルヴァ書房

木畑洋一　一九九六　『帝国のたそがれ——冷戦下のイギリスとアジア』東京大学出版会

佐野方郁　一九九九ａ　「バンドン会議とアメリカ——戦後アジア国際関係の新展開という文脈の下で」『史林』八二巻一号

佐野方郁　一九九九ｂ　「バンドン会議と鳩山内閣」『史林』八二巻五号

下斗米伸夫　二〇〇四　『アジア冷戦史』中公新書

ツァイ、チャン　二〇一〇　「深まる中ソ対立と世界秩序」菅英輝編著『冷戦史の再検討』法政大学出版局

マクマン、ロバート　二〇一〇　「安全保障か自由か?」菅英輝編著『冷戦史の再検討』法政大学出版局

松村史紀　二〇一〇　「アメリカと中国内戦」菅英輝編著『冷戦史の再検討』法政大学出版局

宮城大蔵　二〇〇一　『バンドン会議と日本のアジア復帰——アメリカとアジアの狭間で』草思社

Ampiah, K. 2007, *The Political and Moral Imperatives of the Bandung Conference of 1955*, Kent.

Borden, W. 1984, *The Pacific Alliance: United States Foreign Economic Policy and Japanese Trade Recovery, 1947–1955*, Wisconsin.

Bradley, M. P. 2010, "Decolonization, the Global South, and the Cold War, 1919–1962," Leffler, M. P. & Westad, O. A. (eds.), *The Cambridge History of the Cold War*, Vol. 1, Cambridge, pp. 464–485.

Chen, J. 1994, *China's Road to the Korean War: The Making of the Sino-American Confrontation*, New York.

Department of State, *Foreign Relations of the United States*, Washington. *FRUS*と略記する。

Lüthi, L. M. 2008, *The Sino-Soviet Split: Cold War in the Communist World*, Princeton.

Lyman, V. S. P. (ed.) 1976, *Marshall's Mission to China: Documents*, I & II., Arlington, Virginia.
McMahon, R. J. 1981, *Colonialism and Cold War: the United States and the Struggle for Indonesian Independence, 1945–49*, Ithaca.
McMahon, R. J. 1993, "Harry S. Truman and the Roots of U. S. Involvement in Indochina, 1945–1953," D. L. Anderson (ed.), *Shadow on the White House: Presidents and the Vietnam War, 1945–1975*, Lawrence, Kansas.
Millis, W. (ed.) 1951, *The Forrestal Diaries*, New York.
Niu, J. 1998, "The Origins of the Sino-Soviet Alliance," Westad, O. A. (ed.), *Brothers in Arms: The Rise and Fall of the Sino-Soviet Alliance 1945–1963*, Washington D.C., pp. 47–89.
Niu, J. 2010, "The Birth of the People's Republic of China and the Road to the Korean War," Leffler, M. P. & Westad, O. A. (eds.), *The Cambridge History of the Cold War*, Vol. 1, Cambridge, pp. 221–241.
Pechatnov, V. O. 2010, "The Soviet Union and the World, 1944–1953," Leffler, M. P. & Westad, O. A. (eds.), *The Cambridge History of the Cold War*, Vol. 1, Cambridge, pp. 90–111.
Rotter, A. J. 1981, "The Big Canvas, 1948–50," Ph D dissertation (Stanford University).
Schaller, M. 1985, *The American Occupation of Japan: the Origins of the Cold War in Asia*, Oxford.
Sheng, M. M. 1997, *Battling Western Imperialism: Mao, Stalin, and the United States*, Princeton.
The State Department Policy Planning Staff Papers 1949, III, New York. *PPS Papers* 1949, III と略記する。
Stockwell, A. J. 2000, "The United States and Britain's Decolonization of Malaya, 1942–57," Ryan, D. and Pungong, V. (eds.), *The United States and Decolonization*, London.
U. S. Department of Defense 1971, *U. S.-Vietnam Relations, 1945–1967*, VIII, New York.
Westad, O. A. 2005, *The Global Cold War: Third World Interventions and the Making of Our Times*, Cambridge.（佐々木雄太監訳 二〇一〇 『グローバル冷戦史』 名古屋大学出版会）
Williams, W. A. et. al. (eds.) 1985, *America in Vietnam: A Documentary History*, New York.
Zhai, J. 2000, *China and the Vietnam Wars, 1950–1957*, Chapel Hill.
Zhang, S. G. 2010, "The Sino-Soviet Alliance and the Cold War in Asia, 1954–1962," Leffler, M. P. & Westad, O. A. (eds.), *The Cambridge History of the Cold War*, Vol.1, Cambridge, pp. 353–375.

通空間論題

敗戦・引揚と残留・賠償——帝国解体と地域的再編

浅野豊美

東アジアにおける日本の敗戦直後、朝鮮半島の三八度線を越えて、そして玄界灘と黄海を越えて、帝国の解体に伴う大規模なヒトの移動が展開された。引揚は、周辺地域からのヒトの移動のみならず各国内社会への再統合の問題でもあった。そしてそれは戦後日本人だけの問題ではなかった。引揚を遂行したアメリカは、日本帝国の地域的再編というプランのもとに、日本人の全面引揚のみならず、朝鮮人・台湾人・琉球人の帰還も推進していた。引揚は、旧帝国の解体と、日本内地・華北・旧満洲における植民地的生活社会空間の地域への再編の問題であった。そして、引揚によるヒトの移動には、帝国の時代に蓄積された様々な財産と債権債務の清算が伴ったために、引揚は戦後日本と周辺地域での社会経済的諸関係の再編と連動し、東アジア地域の戦後秩序形成の直接の契機ともなった。

はじめに

引揚は各民族的集団ごとのマクロ的人口移動とそれに伴う様々な財産の清算を意味した。その意味で引揚は帝国と植民地支配の終着点であると同時に、戦後の東アジア地域形成の原点でもあった。さらに、引揚は、アメリカのアジアへの全面的関与の幕開けでもあった。アメリカの強制的初期引揚政策の目的は、在外日本人が生活基盤とした主要な産業資本設備を現地に残置させ賠償に充てることにあった。やがてアメリカは、現地の経済発展に貢献すべき資本設備がヒトの介在する技術なしに利用され得ず、共産主義の拡大を阻止するためにも、日本経済の復興を最優先とするという方向に政策を転換するが、「敵産」として現地に残された在外財産と、戦争動員や引揚で失われた生命に付着した異なる民族的感情は、国交正常化交渉の場で衝突し、今日の歴史認識問題の起源の一つが生みだされていくことになる。

本章は、引揚が有していた様々な歴史的意味を中心に、戦後東アジア世界の起源を素描せんとする試みである。

一　敗戦の衝撃と全面引揚政策——連合国の初期占領政策の中で

占領の基本方針

アメリカが主導した居留民の全面引揚と財産残置による日本帝国の解体は、非軍事化されアメリカによって管理・コントロールされる「民主化」された戦後日本と、「強い」中国の誕生を志向した。この方針は、遡ること四〇年前、二〇世紀初頭のイギリスとアメリカが、ロシア帝国に対抗し得る存在として、勢力均衡の観点から近代日本の帝国的拡張政策を支持し助長したことへの反省と、その支持が近代日本の大陸への膨張を生み出したという、にがい歴史的教訓を反映したものであった[1]。そうした歴史認識の下で、再膨張の歯止めとしてアメリカが選択した戦略的手段こそ、日本周辺地域への米軍駐留であった。大陸への連結地帯ともいうべき南朝鮮と、南の海洋世界への入り口としての沖縄に対する米軍駐留は、少なくとも初期において、アジアへの戦後日本の再拡張を防止する保障であった[2]。

アメリカによる日本管理は、管理すべき領域の四島嶼への制限と、日本社会の「民主」的変革という二つの課題から開始された(JCS 1380/15, 3 November 1945, RG331, Box 3650 F-JCS Basic Directives, NARA)。そして、両者は「平和」を愛する日本の再生という意味を付されることで統合されていた。つまり、日本の領域と主権が四島嶼に制限されたことは、「暴力と貪欲」〔カイロ宣言の文言——浅野〕による領土獲得に明け暮れ「平和」を乱したことに対する、「文明の審判」の受諾と国民的反省の象徴となったといえる。こうした反省を受け入れた側は、「民主」主義的価値を、その領域的空間喪失の代償として受け入れナショナリズムと結合させた。例えば、国際連合通信社は、一九四八年九月の年鑑の序論で、「過去十数年に亘って、大陸に或《あるい》は又太平洋上に、干戈を揮って侵略戦争を敢てした日本が、史上を曠《むな》しうする惨敗を喫したことは、日本及び日本人を根底から更生せしめる転機」であり、敗戦は東洋「文明」を掲げてきた「独善と悪徳の清算」の契機であったと締めくくった〔庄司 一九四八、二頁〕。反省を象徴したものこそが、領土制限を冒頭に盛り込んだポツダム宣言の受諾、そして、敗戦と陸海軍の否定を前提に生まれた日本国憲法であった。

他方、そうした処分への反発は、沖縄復帰運動や北方領土返還運動となって、「民主」と共に貴いはずの様々な伝統的価値と共に戦後日本社会に伏流し、思想言論界の国内冷戦的状況を生み出すこととなる。日本人の生活空間を日清戦争前の姿に戻した領土制限は、帝国主義への反省の上に立った「民主」と「平和」という新たな価値の基軸として、一方では受諾され、他方からは反発されながら、そうした価値の受容程度を他者が推し量る踏み絵の役割を果たしていくこととなる。

初期の引揚と日米協力枠組み

領土制限を具体化したものこそが、周辺地域への連合軍進駐と、四島嶼と周辺を結ぶ結節地帯からの日本人引揚であった。日本の降伏受諾直後の占領によって、北の樺太と北海道東方の千島列島にはソ連軍、小笠原から伊豆七島と沖縄奄美にかけては米太平洋艦隊、そして朝鮮半島南部には米陸軍第二四軍団という形で、連合国はすみやかな進駐を展開した。日本本土は、その周辺とつながる結節地帯、いわゆる「四つの口」を占領された状態となった。その結節地帯から日本人を除去し真空化(収容を含む)する作戦の一環として一九四五年年末までの初期引揚は展開され、その次に、より遠くの中国大陸に取り残された日本人居留民が、四六年に入って一気に本土へと大量に送還されていくことになる。

終戦直後から一九四五年年末まで、日本の民間人の引揚の責任は日本政府の行政に任され、その引揚費用も日本政府の負担であった。大陸との最有力な結節地帯、三八度線以南の南朝鮮に居住した日本人人口は、「日本人世話会」組織によれば、四五年九月二三日の時点で四三万五千人と推定されている[浅野 二〇〇七a、八一―八三頁]。また、北朝鮮地域には、二二万余人の在朝日本人と、旧満洲からの避難民六万余人、合わせて二八万人が取り残された。終戦直後、日本人は南朝鮮から国家を介しない自発的な移動という形で、おそらく相当の財産搬出を伴って引揚げた。ソ連が参戦した八月九日直後から日本人の自発的な脱出は開始された。同月二四日午後六時以後になると、朝鮮海峡の海上交通は米軍によって制限され、連絡船を除く一〇〇トン以上の船の航行は禁止されたが、それでも非正規の引揚は止まらなかった。非公式の引揚は、機帆船と呼ばれた小型船舶によって行われ機雷に触れたり海賊にあったりする危険を伴ったが、慶尚南道在住の九万人の日本人中の三割、三万人前後はその機帆船によって一〇月末までに「内地」に引揚げた[森田 一九六四、一二五頁]。機帆船は朝鮮人によって運行され、日本からの帰り道は在日朝鮮人をその財産と共に乗せた。一一月一七日まで四万八千人の朝鮮人が、日本から南朝鮮に帰還した［浅野 二〇〇七a、一〇一頁］。

一九四五年九月初旬の米軍の南朝鮮進駐以後、米軍は朝鮮軍として駐屯していた日本陸軍の送還を最優先の戦略目標として志向した。一方、引揚を求めて釜山等の港に殺到し帯留した民間人に対しては、日本人世話会と米軍政庁United States Army Military Government in Korea（ＵＳＡＭＧＩＫ）との間の了解によって、引揚を統制するための日米間協力枠組みが作られた。その具体的表れが、京城から始まり地方にも雨後の筍のように拡大された日本人世話会の結成であった。世話会は、引揚者名簿の作成、引揚の優先順位決定、特別なケースに対する「乗車船証明書」交付願の受付けに当たり、米軍との窓口となった。引揚証明書は米軍政庁が発行し、軍政庁交通局によって二二五〇名ごとに一列車を割り当てる方式が一〇月一〇日から開始され、財産持出しや引揚順位の点で、秩序ある引揚が日米の実務的協力により遂行されていった［森田 一九六四、三五一―三六一頁］。

こうした南朝鮮現地での日米協力枠組みは、特に衛生事業を契機として深められた。京城の日本人医師会、旧京城帝国大学、京城医科大学、女子医専の教授と講師・助手たちによって移動医療局が結成され、それを米軍政庁が「喜んで」承認しワクチン証明書を発行することで、衛生管理業務が共同遂行された。引揚特別列車第一号が京城から釜山に向け出発した際には、病院車が連結され日本人医師一人と医学助手四人の一班が乗り込み、チフスと天然痘の予防にあたった。移動医療局は列車や船中の患者を世話する移動病院であり、引揚援護局が置かれた九州の仙崎と博多の支部病院と日本側では位置づけられていた［森田 一九六四、三六九―三七六頁／浅野 二〇〇七a、七八、八六―九七頁］。日本人引揚という帝国最後の業務を遂行するために、引揚業務についてのみ、日本の属人的医療行政権が米軍の承認した範囲で南朝鮮に延伸されたのである。

こうした現地での実務的な日米協力の枠組みによって、日本人引揚は飛躍的な規模で遂行されていった。四五年末の時点で、南朝鮮に残留した日本人は二万八千四三五人のみとなり、日露戦争直後の日本人総数四万人をも下回った〔森田 一九六四、三九一頁／浅野 二〇〇七ａ、八五、九四頁／浅野 二〇〇八、一六七頁〕。わずかな残留日本人には、朝鮮の経済立て直しや引揚業務に留用された人々（一二月の時点で、米軍二六八七人、軍政庁六五一人、民間その他合わせ合計六三一一名）、特別な事情から公式定住を希望していた一三〇七人が含まれていた。

しかし、南朝鮮への日本人残留と引揚をめぐる日米協力枠組みは、朝鮮人からの米軍政に対する強い批判の対象となった。その結果、四五年一二月六日に米軍政庁は軍政令三三号を発出し、日本人の私有財産を含めた一切の財産を管理（vest）し、その所有権（title）を軍政庁に所有（own）させる旨の布告を出した。翌年一月二日には、ＧＨＱの民間情報局のスタッフが外地在住日本人の強制引揚を日本人世話会に明言し、同月二二日になると、米軍政庁外事課長が、留用者とその家族四千名を除いた強制引揚を指示した〔森田 一九六四、三九一頁〕。さらに、同月二九日、ＧＨＱから日本政府に宛てたSCAPIN 677「若干の外郭地域の日本から政治上及び行政上の分離に関する覚書(3)」によって、日本人引揚業務のために延伸されていた日本政府の行政権は、周辺地域から完全に排除され、恐らく通信回線も使用禁止となった。このＳＣＡＰ指令によって、前述の移動医療局は、米軍政庁の直接監督下の「日本人世話会医療班」に改められ、日本本土の援護行政当局からは領域的に分断された。

全ての日本人を海外から強制的に米軍の主導によって引揚させることを、その手段も含め正式に米軍が決定したのは、一九四六年一月一五日から一七日に、後述する極東委員会成立を意識して米軍内部関係者を一堂に集めて開かれた東京会談であった（RG331, Box384c, NARA）。それまでの民間人に対する日本政府の責任による引揚という路線は、米軍の責任による強制引揚へと転換されたのである。

当時、占領地行政に関する政策決定においては、三省調整委員会（ＳＷＮＣＣ）や四省調整委員会State, Army, Navy, Airforce Cordinating Committee（ＳＡＮＡＣＣ）が組織されることで、アメリカ政府内での国務省の影響力が低下し、軍の発言権が増大していた[Meade 1951, p. 2-4]。戦争末期の一九四四年三月末、戦後計画委員会において朝鮮占領計画の詳細が議論された際、国務省は日本人技術者の残留なくして朝鮮経済を維持することは不可能であり、残留を認めることによる政治的不都合は、実際上の必要によって相殺されると主張し、その見解の上に、日本人の私有・公有財産の処分方法、戦後朝鮮経済の規模、鉱山、交通通信設備、工場設備の稼働計画を議論していた('Korea: Occupation and MG Japanese Technical Personnel,' PWC-126, CAC-138, March 29, 1944, RG407, Box1665, NARA)。

しかし、南朝鮮に進駐したアメリカの陸軍は、こうした国務省の議論を無視する形で、将来日本が復興した場合、最初に経済的政治的浸透の対象となるのは朝鮮であると予測しながら、日本の再拡張を予防すべく在朝日本人の強制的一掃を遂行していったのである[Gane Capt. 1945]。朝鮮占領への準備が不足していたのは、単に占領の直接当事者であった米陸軍であり、日本人留用を念頭に朝鮮占領計画を用意していた国務省の発言力が失われることで、南朝鮮での米軍政は混乱に陥り共産主義の拡大と民族主義との衝突による治安の悪化を引き起こしていったのである[森田一九六四、三八三―三八八頁]。

朝鮮人の帰還とナショナリズム

一九四五年一二月末まで、南朝鮮から日本軍人一七万六千人余と、民間人四七万人が引揚げた一方、日本から南朝鮮には年末までに、八〇万四千人[浅野 二〇〇七a、一二八頁]の朝鮮人が帰還した。のみならず、華北と満洲から南朝鮮へ帰還した朝鮮人は、三八度線以北の北朝鮮からの亡命者も加えると、翌年三月二日の時点で、五四万八八五二人に達していた(Displaced Persons Office Weekly Report 24 Feb－2 March, March 4, USAFIK 24CORPS G2, RG554, Box33, NARA)。六四万人の日本人が出て行ったあとに、その倍以上の一三四万人の朝鮮人が日本と華北・満洲から南朝鮮に流入したことになる。四六年四月以後になると中国から引揚・送還の全面展開が行われたことで、同年七月二日時点での中国と北朝鮮からの帰還者総数は八九万七三五七人に急増した。わずか四カ月の間に、さらに三五万人が追加されたことになるが、この中には北朝鮮から脱出した日本人八万人が含まれる。その時点の南朝鮮への朝鮮人帰還者数合計は、日本本土からの帰還者追加分を含め南朝鮮人口の一割以上に該当する一六六万人となった(USAMGIK, Office of Foreign Affairs, Seoul, Korea, 2 July 1946, Box34, RG 554, NARA)。

こうした大規模な人口移動が、独立を契機とする朝鮮ナショナリズムの高揚をさらに一層加速していった。隣人は南朝鮮の帰還民に知らぬ振りをし、帰還者は社会的に疎外されていた。住宅事情は悪化し、帰還した三五万世帯の中で、元来の自宅や親戚や友人宅、もしくはかつての日本人住居に入居できたのは一七万世帯に過ぎなかった。日本人の旧宅への入居には家賃が必要で一八万世帯には公式の住居がなかった。朝鮮人救済団体は乱立し、「不透明かつ道徳上の問題をはらむ」問題が発生した[浅野 二〇〇七a、一〇八—一一二頁]。一九四六年初頭には、既に収用許容限度の限界に達しているとの報告が全土から寄せられていた。

戦災者と難民で溢れかえる南朝鮮の状況は、引揚をためらう日本人への排撃運動となって民族主義的感情を喚起し[浅野 二〇〇七a、一五頁]、わずかな日本人残留希望者を一掃する契機となった。ソウルの街頭に四五年一〇月頃に張られたビラには、日本人の「完全撤退」と「帝国主義亡国民たるの自己認識」要求が、以下のように綴られていた。

美衣・美食・文化住宅に一家団らんのはかなき四十年間の夢よりさめよ。この疆土は大韓民国なり。韓国幾百万の戦災同胞を、または貧民を、路傍に、仮収容所に、諸君の軒下に、袖をぬらし、ボロをまとい、飢餓線上にいつまで彷徨せしむべきや。無条件に住宅を明け渡し、撤退の途につくか、適当な広場に集団生活を営めよ。十月二十六日を期し、国都に蝟集せる百万の戦災者貧民は、暴力をもって、緊急避難を遂行するであろう。

四六年春から七月にかけて、北朝鮮在住日本人約八万名が南へと「脱出」し、その脱北は秋になるまで続いた。それまでソウルから潜入した日本人連絡要員は、朝鮮労働党幹部や日本人有力者と接触して脱出のチャンスをうかがっていた。日本人の脱北が加速された大きなきっかけは、朝鮮人難民が陸路で華北と満洲から北朝鮮に脱出してきて大量に流入を始めたことであった。北朝鮮内部での避難者の収容のために、日本人脱出が黙認されたのである。北朝鮮地域には工場が集中していたものの、企業は活動を停止し、人民委員会の財源は貧弱で予算を立てることさえ困難な状況が生まれていた［森田 一九六四、九四九頁］。金日成と妻の金正淑、そしてユーラという幼名の金正日［和田 一九九二、三二三頁］が暮らす平壌の旧日本人大邸宅の家政婦をしていた日本人女性の証言によれば、金日成自体、「今の朝鮮は多くの避難民をかかえて経済的にも治安上も非常に苦しい。逃げ出してくれることはむしろ歓迎している気持ちだ。しかし、表向きは取り締まらねばならない」と述べた［毎日新聞社編 一九七〇、一二二頁］。また、その同志でありかつて満洲で東北抗日聯軍第二路軍の参謀長をしていた崔庸健も、(4) 同趣旨の発言を父兄救済の為密入国してきた日本人学生に対して行っている［金勝 一九八〇、五九一頁］。

しかし、北から脱出してきた日本人難民を迎えた南の朝鮮民衆からは、米軍が難民収容所で日本人に優先的に配給物資を与えているとして抗議が寄せられた［森田 一九六四、七〇三頁］。南朝鮮では四六年三月以後、日本からの肥料途絶と食糧不足により米価が高騰し、デモが頻発しており［金勝 一九八〇、六八二頁］、三月から七月にかけての同時期には、二七万人の朝鮮人も八万人の日本人と共に朝鮮人地主や対日協力者とされた人々を中心に三八度線を越えて北から脱出してきていた。恐らく秋にかけて南朝鮮には二百万人以上の帰還民が、南の日本と北の大陸から押し寄せていたと推測される［浅野 二〇〇七a、六頁］。

南朝鮮における急激な社会変動とそれに伴う民族主義勃興を刺激したのは、人口の急速な膨張のみならず、引揚げた日本人が残した家屋や土地等の日本人私有財産であった。米軍政庁は四五年九月二五日の軍政令第二号において、日本人の国有・公有財産を没収する命令は出したが、私有財産についてはその所有権を尊重し民間人相互の譲渡も有効と一旦認めた。米軍政長官も国際法に基づき日本人の私有財産を尊重する旨を日本人世話会の代表に語り、それが所詮は在朝鮮日系財産のわずかを占めるものでしかないことも指摘していた［森田 一九六四、九四〇―九四三頁］。しかし、日本人住宅の朝鮮人ブローカーによる買い占めが横行し始めたのみならず、ソ連が社会主義建設のスローガンのもとに「将来の財産補償に対する何らの保障も与えずに日本人を北朝鮮から引揚・送還」したことで、南での米軍政への不信は高まっていった。南朝鮮での日本人私有財産尊重政策は、それを搾取の産物とみなした朝鮮人世論を「激高」させたのである。(5) こうした状況下、米軍政は方針を大きく転換し、一二月六日に発令された前述の米軍政令三三号は、同年八月九日に遡及する効力をもつとして、八月九日以後の一切の日本の民間人の私有財産取引の無効を宣言し、それを軍政庁に帰属(vest)させた。その売得代金への日本人所有者からの請求権が認められるか否か、そもそも帰属の対象とされた財産の地理的時間的範囲はどこまでか、こうした問題が在日資産と船舶をめぐる日韓会談の大きな争点となる［浅野ほか 二〇一〇a、vi頁／李 二〇〇九／浅野ほか 二〇一二］。

南朝鮮からの日本人強制退去が留用者も含め公式に布告されたのは、四六年三月八日のシーツ准将布告によってであった［森田 一九六四、三九七頁／浅野ほか 二〇一〇a、一三七頁］。その直前の二月一五日には一斉に南朝鮮で戸口調査が行われ、五千人余の日本人残留者が把握された。この戸口調査は、日本本土でその二日後の二月一七日に指令(SCAPIN 746)され三月一八日に実行された「非日本人」に関する引揚希望調査と対応していた。日本本土での非日本人は、朝鮮人、中国人、琉球人、台湾人の四種に分けられ、「本国(native land)での住所」、日本での住所、引揚希望有無、希望者の本国での行き先が登録された。日本本土から朝鮮人を一掃する処置は、南朝鮮から日本人残留者を追放する処置と一体であった。しかし、経済的社会的裏付けを伴わないヒトの移動による外科的な分離は、経済の混乱、残留した在日韓国・朝鮮人の国籍問題、残された財産と制度の清算、未払い給与・恩給等をめぐる請求権問題を生むのである。

南の海洋世界への出口としての沖縄県民の帰還

南の海洋世界へと続く結節地帯、沖縄・小笠原の状況も、日本人の強制引揚問題を軸に展開した。ただ、沖縄県民は「日本人」ではなく日本から独立すべき「琉球人」と見なされ、占領初期には旧南洋群島での残留が認められており、台湾からの引揚でも同様であった［浅野 二〇〇七b、三〇五—三一三頁］。

こうした独立民族待遇と引揚免除は、戦略的な考慮とも密接な関係を有していた。四六年二月以後、旧南洋群島が国際連合の戦略的信託統治地域に指定されるまで、そこに「琉球」をも含めるかどうかは、朝鮮全体の国連信託統治問題ともからんで、アメリカ国務省と統合参謀本部との間の深刻な対立点であった［エルドリッヂ 二〇〇三、第四章］。

先島諸島から奄美群島に至る「琉球」地域は日本本土から分離され、日本「内地人」の引揚は、軍民合わせて四五年一〇月一四日から開始された（Repatriation of Japanese from the Ryukyus, SCAPIN 138, 14 October 1945）。日本軍人・軍属は、捕虜になった兵と、先島や奄美に駐留した六万五千人であり、四六年一月には一万四千人を残すのみとなり、教師や営林署の職員等、わずかに残存した民間の「内地人」約三千人も、本土へと追放された。小笠原諸島でも、日本守備隊の軍人・軍属、および白人の血をひかない日本人島民一般の総引揚が命令され、四五年一二月には完遂された［厚生省援護局 一九七七、八七頁］。

マリアナ地域からの日本人引揚が、四五年一二月に民間人送還へと及んだ際、マッカーサーは自ら指令して「琉球人」や白人の血をひく小笠原住民を日本内地人と区別した（WX89900, 22 December 1945, RG331, UD1147, Box384c, F-Policy file）。「琉球人」の旧南洋群島への残留は本人の意思に当初委ねられたが［浅野 二〇〇七b、三一〇頁］、残留を一万人近くの「琉球人」が希望すると、戦争で破壊されたテニヤンやサイパンのサトウキビ等の産業復興に必要な予算はないと判断され、最終的には全面的な引揚が沖縄県民にも実行された(6)。

一方、帰還した沖縄県民の間からは講和条約直前の時期においてアメリカ勢力圏内に移民を送り込み、「祖国日本」

に人口圧力という負担をかけるべきではないとする、復帰論者を説得するための琉球独立論が台頭した。仲宗根源和は「百万人の琉球人が広い天地に手足をのばして新しく〔南洋を〕開拓し日本を平和的に援助しようという意気があってこそ、真の日本人としての優秀性を示しうる」、「日本復帰論者諸君、諸君が若しも真に気ガイある日本民族の一人としての自覚があるならば諸君は起って我等と共に日本からの分離を叫び、自ら国を建てて立派な文化を育成していく方向に諸君の熱意を傾けるべきではありませんか」と訴えた〔仲宗根 一九五一、九頁〕。これは、琉球が独立することで沖縄人が旧南洋に再移民し「祖国日本」に貢献できるという一民族二国家論、あるいは大和民族の第二国家建国論に基づくものであった〔浅野 二〇〇七b、三二七頁〕。沖縄の独立は再移民による「南洋の未開拓地の開拓」と連動され、日本人としての民族主義とも矛盾しないと訴えるものであった。南の海洋世界への接壌地域でも、引揚と再移民問題は領土帰属、経済復興、そして国家建設問題と密接な関係にあった(*United States Naval Administration of the Trust Territory of the Pacific Islands*, vol. 2, p. 40)。

二　戦後東アジア戦略の中の引揚問題

アメリカの引揚方針転換と急進的強制引揚の実施

民間人をも含めた強制引揚政策の背後には、旧帝国の結節部分の奥に横たわる中国大陸情勢の誘導、及び、日本の非軍事化の保障という問題に関するアメリカの戦略的配慮があった。

本土の占領がスムースに全面的に完了した段階の一九四五年一二月二七日、モスクワで開催された英国・米国・ソ連の三国外相会談では、極東評議会(FEAC)を改組して中国を加えた四大国一致の原則によって運営される極東委員会(FEC)を設置することが決定された("Regime of Control," 28 April 1950, RG59, Lot 56D225, Box1, Briefing Papers for

Dulles, NARA)。この極東委員会発足を前に、マッカーサーが軍備放棄を盛り込んだ日本国憲法を日本政府に認めさせ、侵略を発動しかねない軍隊自体が存在しないことを国際社会に示すことで、天皇制を象徴として維持し占領コストを軽減せんとしたことは有名であるが［古関 二〇〇九］、同じ既成事実化政策の一環として、四六年一月二九日の前述のＳＣＡＰ指令によって、引揚の都合から在外日本人にのみ延伸されていた日本政府の属人的行政権は完全に失われ、極東委員会が、本州・四国・九州・北海道の四つの島嶼からなる「日本」を国際共同管理し、それとは別に周辺地域では米ソ中が単独で直接管理を行う体制が形成された。ここで旧帝国は完全に領域的に分割されたのである。そして、極東委員会による日本本土占領管理体制を前提に、接壌地域以遠の中国大陸部の在外日本人が、四六年二月から本土へと全面的に根こそぎ送還されることが前述の東京会議で決定された。

占領政策の転換と引揚・賠償問題

日本側は、敗戦直後、中国大陸の日本人居留民に対して現地残存方針をとった。これは、中国大陸からの引揚が簡単には実行できないという状況、産業設備が破壊され焦土となった日本本土に大量の失業者を受け入れないようにする必要性、そして「平和的アジア再進出」への隠された思惑から出たものであった。日本外務省は、外地で「平和産業」を「経営存続」させるという「建前の下に其の従事者」に「踏留《ふみとど》まるよう指導」していた。また、賠償を意識して「重工業等に対しては其《そ》の将来性不明確」であっても、「可能なる限り平和産業転換の準備を為《な》し或ひは形勢を静観しつつ事態の推移を待たしむる」と指示していた［外務省 二〇〇〇］。「在支居留民は成るべく支那に帰化」させ日系中国人への「差別待遇」のないように現地政権の了解を取り付け、「現地本邦系事業は賠償の一部として公正なる算定を為し且つ支那側接収後も本邦人企業者及従業員等は之《これ》を其《そ》の儘《まま》支那側にて使傭」させるというのが、現地定住方針の目的であった(7)。

こうした日本側の思惑に基づいて船舶の不足を表向きの理由として遠方の中国大陸からの引揚がほとんど進展しない状況下、それを一変させたのが、四六年二月から本格的に開始された、アメリカ輸送船団を導入した大量かつ急速な中国からの引揚であった。天津等中国の港からの送還に使われた船はアメリカの輸送船と揚陸艇であり、乗船の検査にあたったのは連合軍の命令によって従事した丸腰の日本軍将校、港まで移動する途中の鉄道の警備に当たったのは中国国民党の兵士、そして、乗船する船の船長と船員は、日本共産党志賀義雄の影響力の下にあった日本海員組合員の船員たちであった。日本海員組合は日本共産党の応援を得て、賃金三倍値上げを実現し、空襲や遭難で失った船員の衣服、日用品の配給をアメリカ「海運総局」(SCAJAP)と交渉して実現し、全国の組合員に呼びかけて四六年三月七日には総数一万七千五百名以上を、米船舶に乗込ませた[全日本海員組合 一九四六、二頁]。

中国大陸の日本軍は、終戦後も国共対決の狭間にあって治安維持を国民党から任されていたが、四六年一月一〇日には武装解除された[厚生省援護局 一九七七、八八頁]。四六年元日の天皇の人間宣言から始まり、「民主」的憲法が日本政府に受諾され、接壌地帯から日本人が除去され戦争犯罪人逃亡を防止できる体制が形成されたことをもって、アメリカは中国大陸からの大量引揚を、日本政府に代わって自ら一気に計画的に遂行していった。占領初期は、ソ連のみならずアメリカも、日本の軍隊が北海道等の集団農場に密かに隠されており、それが講和以後の再軍備につながることを警戒していたが[ゲイン 一九五一、一三四—一三八頁]、米軍から見れば、引揚民が軍事的なセクターへと移転しないことへの保障こそが、同年二月に立案が進められた日本での憲法改正と、それによる日本陸海軍廃止の制度化であった。

計画的大量引揚に一定の枠をはめたのは、日本本土と南朝鮮・中国の港の一日当たりの収容能力であった。旧満洲や華北からの朝鮮人と日本人の帰還・引揚、そして日本と南朝鮮間での残された引揚が、同時に進められた。中国からの輸送計画は、南朝鮮駐留米軍司令官の助言を得ながら、連合国軍最高司令官のマッカーサーと中国司令官蔣介石との協議で決められた(G-3Report on Mass Repatriation in the Western Pacific, RG331, Box 382, NARA)。マッカーサーが、アメリカ占領地区内での船舶割り当てを決める権限を持ったことで、第二段階の中国からの日本人・朝鮮人の引揚はアメリカの主導であった。一艘に三千人程度を乗船させ、実際はコレラ等の発生で計画は乱れがちとなったが、華北中心に中国本土から朝鮮人五万人、日本人軍民四九万人が、一九四六年年末までに送還された［厚生省援護局 一九七七、八八頁］。また、旧満洲地区からの引揚は、アメリカ軍と国民党軍、共産党軍、それぞれとの間の送還協定が四六年五月と八月に成立して実施され、各々、七七万七千人、二三万七千人の計百万人余が四六年年末までに一気に送還された［同、九二頁］。

本来は中国大陸からの送還と同時並行して、ソ連地区からの引揚も予定されていた。ソ連地区には終戦時前後、五七万人余が連行されていた。それが滞る間に、台湾からの日本人四〇万人の引揚も行われた。ソ連地区からの引揚は、四六年年末にようやく米ソ協定が結ばれ徐々に実行されていったが［厚生省援護局 一九七七、九七頁］、抑留問題として顕在化し、一九五六年の国交正常化まで続くシベリア抑留者の引揚問題を生み、それは国内での引揚者尋問・監視へと続くことになる。

アメリカは、中国大陸からの日本人大量引揚政策を、中国国民党軍の移動支援と一体のものとして展開した。アメリカの輸送船は治安維持にあたっていた日本軍人のためだけではなく、中国国民党軍の配置転換のためでもあった。一九四六年四月七日以後、米軍内部では、中国陸軍の輸送が第一優先とされており、米第七艦隊のＬＳＴは日本人引揚業務から撤退し国民党兵士の輸送にあたった。引揚に従事した日本船舶さえも中国軍の輸送目的に従属するとされ、必要な際には、引揚用の日本船舶も、中国陸軍の維持と物資補給にあたることとされた(Agreements reached at conference on repatriation 15–17 January 1946 Tokyo, Japan, RG331, Box 384c, NARA)。

当初、日本側では、残存した海軍船舶、商船、そして沿岸航路に就航していた船舶を活用していたが、大陸からの大量引揚は、終戦処理費用の一環として、輸送船を有料でアメリカから借用するという形式で遂行された。日本の役割と費用分担は、船員、食糧、必要物資の船舶への供給であったが、緊急の場合には、燃料、食料、医薬品、修理部品を米国の陸海軍が提供した。アメリカ船舶傭船料と物資代金は、合計三五〇〇万ドルで、終戦処理費用から支払われた。また、日本側から南朝鮮当局へと「貸与」(「返還」——韓国側)された引揚用の大型客船は、南北が分断されたことで石炭の不足する南朝鮮に北海道や九州からの石炭を運んだ。その持ち出された石炭は「朝鮮債権」とされ、アメリカに負った日本の債務であるガリオア復興援助資金返済分(占領期間の総額で約二〇億ドル)から控除された。

三　折りたたまれた帝国の地域的再編

日本在外資産活用による脱植民地化とそのための引揚

引揚は賠償と帝国解体、そして地域への再編のためにアメリカが採用した決定的な手段であった。その意味において引揚に伴う財政・金融処置は重要な問題と位置付けられていた。

日本人引揚者が周辺地域から引揚げるに際して、持ち込みの認められた金額は、円に換算して、民間人一〇〇〇円、官員五〇〇円、軍人二〇〇円であったが、その金額は在日朝鮮人の帰還でも同様であった。朝鮮銀行、満洲銀行、台湾銀行券は、交換比率一対一により日本銀行券と交換され、琉球など朝鮮・満洲・台湾地区以外は「B」という附表の張りつけられた日本銀行券が、附表なしの通常のそれと交換された。また、この制限以内であれば、日本、朝鮮、台湾、関東州、華北の郵便局で発行された円建ての郵便貯金通帳、保険証書、円建ての為替証書(華北の場合)、日本政府発行の国債、軍事郵便貯金通帳、横浜正金銀行の送金証明書を持ち込むこともできた。しかし、この制限金額を超えた分の証拠書類は現地の税関により保管され、株券や社債等の他の金融証書と宝石・貴金属類は、現地から持ち出すことが認められず、現地の税関に保管された。ただし、郵便貯金通帳だけは、のちに南朝鮮からの携帯が認められた[森田 一九六四]。

極東委員会での賠償全般に関する議論が、引揚に際しての所持金持ち出しを左右した。日本人が政治権力を背景に特権的に保持していた株券・社債・保険証書・国債等の金融証券は現地に残置させられ、工場設備に対する日本人の経営権や株主権は一切排除された[浅野 二〇一〇]。

引揚は脱植民地化政策の重要な手段であった。実際、南朝鮮の米軍政報告では、七〇万人にのぼった在朝日本人が、朝鮮全人口の三%に過ぎない存在でありながら、官公吏の四四%を占め、商業、産業、通信における重要ポストを掌握していたと指摘され、独立する朝鮮から強制送還されなければならない理由とされた。また、日本人によって虐待されていた朝鮮人が日本人の残留を望んでいないこと、政府の役職、技術者等が朝鮮人によって代替されたため、職を失った日本人自らが帰国を希望したこと、日本人が朝鮮との貿易で朝鮮人と競争する意志もなかったことも、送還理由とされた[Gane 1945]。

引揚によって残された日本人の国有・公有・私有財産をもって、連合国・中立国・分離された周辺国の賠償に充当するというのが、アメリカの包括的な対日賠償政策の根幹をなした。満洲や北朝鮮に存在した重工業設備に、資本賠償によって日本から撤去される賠償設備を合体させることで、中国や朝鮮の急速な近代化を図るという、いわば帝国の地域的再編構想が存在した。これは、第一次大戦後のヤング案・ドーズ案の政策に関わりマクロ経済学の権威として有名となったケインズに起源を有し、オーウェン・ラティモア博士を理論的な支柱とする構想であった(8)。それは米ソが合同して日本帝国を解体し、統一朝鮮国家を独立させると共に、急速に工業化された強力で民主的な中華民国を中心に、東アジアを地域として形成せんとした計画でもあった。台湾や旧満洲国を中華民国が回収し、残存した日本の在外資産・工場設備を稼働させることで、中国の急速な工業化を推進する。それによって、中華民国は国際連合常任理事国として相応しい大国として迎えられるはずであった。急速に近代化された新生中華民国が、東アジアの新たな国際秩序の要となることで、ソ連の発言力は抑えられると期待されていたのであろう（詳しくは、［浅野 二〇一〇］を参照）。

ポーレー使節団

トルーマン大統領が派遣した、テキサスの石油王であったポーレーを団長とする賠償調査団は、実際、こうした構想を元に報告書をまとめていた。ポーレーは、ソ連軍の旧満洲からの撤退がほぼ終わり内戦が勃発し始めた時期の四六年五月末から北朝鮮と旧満洲地区を訪問し、金属・化学・電力を中心に満洲重工業設備を調査した。製鉄、ボールベアリング、農業用機械施設等を日本から撤去し朝鮮・旧満洲に移転させることで、現地の農業基盤の強化と工業育成も計画された。ポーレー使節団が侵略された国々の生活水準より、戦後日本の生活水準をその下に置こうとしたのは、(9) 周辺地域の住民の生活水準を引き上げて戦前の日本並みにするためであった［朝海 一九七八］。移転された工業設備による日本周辺地域の経済発展を目標とする賠償理念は、帝国の強制的再編による水平的地域統合政策の一環であった。日本本土の「中間賠償」は、こうした引揚と在外財産の活用による帝国の地域的再編構想の一部であった。

しかし、一九四七年から本格化していった中国内戦は、こうした構想の前提を掘り崩していった。四九年に入ると共産党の勝利は決定的となったが、冷戦によって日本の重要性が増したのみならず、ヨーロッパにおけるマーシャルプラン的地域復興のモデルは東アジアに適用できないという理論も影響力を持った（*Next step in Asia*, Harvard University Press 1949）。例えば、ジョンソン政権時代にＮＡＴＯ大使を務めることとなるクリーブランド Harlan Cleveland は、一九四九年末の論文中で、ヨーロッパでは一世代前から、自由貿易と産業社会が存在していたのに対して、アジアにはそれがないため、埋もれている労働力を訓練し新たな社会を創出する必要があることを指摘していた。日本が戦前においてアメリカの金融支援によって近代化を進めてきたように、労働力の訓練には政府の安定と内発的な成長が不可欠であるにもかかわらず、東アジアでは、たとえ植民地的であろうとも存在してきた貿易が、日本人社会の消滅と中国内戦によって断絶したことが指摘されていた。食料等の生活必需品と化学製品を中心とした経済的スタグフレーションと政治的不満高揚により、こうした漸進的工業発展の道は閉ざされかけているとされた。つまり、地域内在的な原因としてのアジアにおける技術協力の重要性と、そのために日本の復興を優先させる必要を、クリーブランドは示唆していた。

強い民主的な中国の育成に代わってアメリカの選択した政策こそが、「再教育」され民主化された戦後日本を再生させ、復興が決定的となった日本からの経済協力をアメリカが制御することで、大陸周辺に残された西太平洋の自由主義諸国の経済発展を進めるという路線であった。反共防波堤としての戦略的位置の上に、アメリカの制御の下で戦後日本は誕生したのである。

そうした政策の一環として、賠償は在外財産の一方的な放棄にとどめられ、資本賠償として遂行されるはずであった日本本土からの機械設備の搬出は中止された。それを表現したのが、一九五一年に調印されたサンフランシスコ講和条約第一四条であった。これは在外財産と賠償との相殺という枠組みにより、連合国所在の在外日本資産の没収を日本政府が承認する代わりに、日本からの戦争賠償を免除したものであった。第一次大戦の教訓を生かし復讐戦争を避ける意味から、賠償の上限がポツダム会議以来の大きな課題となっていたが、連合国間のセクター比率が極東委員会で決定不能に陥る中、講和条約は、在外資産の総額を賠償の上限として設定する一方［浅野 二〇〇九、六九―八七頁］、将来日本の復興が確実になった際には、二国間協定に基づいた役務と生産物によって追加的賠償を要求することをいつでも可能とするものに落ち着いた［浅野ほか 二〇一一］。

おわりに

最後に、引揚・帰還をめぐる歴史記述の有する可能性について、現代の歴史認識問題との関連から述べてみたい。「引揚」は、帝国周辺地域に在住してきた日本人の移動に対して使われるが、敗戦と共に有利な社会的職業から追われることで半ば必然的、半強制的に戦後日本へ移動した事実を指す言葉である。また、「引揚」には「悲惨」な「労苦」の日本人の記憶が付着しているが、韓国などの人々から見れば、引揚者こそ「植民者」として「搾取」「抑圧」した側の存在であり、むしろ朝鮮人・韓国人の「帰還」に関心は注がれる。そして「帰還」は、帝国が開始した戦争に植民地から「強制」的に「連行」された人々が、「解放」され故郷へと戻ったことを指す言葉となっている。

引揚も帰還もヒトの移動であるにかかわらず、呼び名が異なることに象徴されるように、該当する集団とその移動起源は大きく異なる。のみならず、それらの複数集団の移動と帰国を歴史的意味の上で整合的に解釈する枠組みに関して、さまざまな断層が横たわっている。引揚・帰還が歴史記述の主な対象とされてこなかったのは、ヒトの生命・財産の変動・喪失の直接体験であるがために、その解釈や意味をめぐって、各国内政治と外交において、道徳一般にさえ係わる激しい感情的議論が展開されてきたからである〔浅野 二〇〇八、五九二頁〕。何を歴史として認識しどう解釈すべきなのか、対象選択と評価の問題を含めた歴史認識論争は、相手の内面的価値とモラル、そして論争上の友敵関係を推し量る踏み絵としての機能を未だに有し続けている。

しかし、本稿は米国側の史料に依拠することで、引揚・帰還が同じ空間、同じ船舶と同じ港を使って米軍の統制により展開されていたことを明らかにした。また、十分には提示できなかったが、詳細に見れば、官吏と民間人、大企業と中小企業、商社と製造業、建設業に理髪店など、従事していた職業により移動や再定住の形態は異なり、その

「抑圧」も「労苦」も多種多様となる。朝鮮人「帰還」者についても、戦時動員で来た人々が大量に帰還した半面、恐らく自主的に日本内地に移住した人の中には、戦後日本で「鉱山」さえ所有していた例もあった〔浅野ほか 二〇一〇b、一八一、二六八頁〕。

米国による引揚・帰還政策の戦略的視点から、集団的移動が交錯した空間を透かし見ることにより、日本と周辺地域がいかに分離され、今に至るも認識上の争点となっている諸問題がいかに派生したのかを、国民的感情とは切り離された「熱なき光」(朝河貫一)が照らし出してくれたということができよう。例えば、極東委員会成立前の既成事実として日本人引揚を実行しアジア諸国の将来動向への不安定要因を除去せんことが意識されていたこと、日本が周辺と接壌する重要地域を直接占領地とし、日本人引揚を実行してから大陸中国からの引揚が大量実行されたこと、その際に国民党軍の旧満洲への移動支援を米国は同じ船で行っていたこと、引揚後に現地に残された財産を中国の急速な近代化のための経済基盤として活用する予定であったことなどが明らかとなった。

こうした引揚・帰還という柱の周りには、国家と社会の双方の次元での大変動がどのような生活と感情の激変をもたらしたのか、国民間や国内で緊張をはらんできた現代人の記憶や感情に係わる問題を歴史として検証し、地域史を構築していくために不可欠な重要な材料が豊富に数多く横たわっている。国民史自体の成立と戦後の定着を歴史的に検証するために、そして国民間の「反省」・「謝罪」・「和解」のあり方や、国民的感情と歴史との結び付きを冷静に考えるためにも、その存在はますます重要性を増していくであろう。国民史・民族史に還元されない過去の材料が、引揚・帰還・財産・賠償という問題には豊富に存在するからである。

しかし、各々の戦後史において封印されてきた、危険であると同時に、地域史の可能性に開かれた豊かで魅力ある素材に対し、真の「熱なき光」を当てるためには、歴史自体の価値的道徳的機能や地域的公共性をも踏まえた、方法論の探求も同時に重要である。危険であり豊かな歴史への探求と、方法論の探求が双方向に結ばれ深まってこそ、国境を越えた地域史として、近代史を「ともに」構築していくことが可能となるであろう。その意味で、引揚・帰還・賠償問題は、地域史の共同構築へと向かう重要な入り口の一つであることを疑わない。

（1） 講和条約に備えたダレス文書には日本のコントロール体制についての文書が残されている。'Regime of control,' RG59, E1228 Japanese Peace Treaty (Lot 56D225), Box1, Folder 'Briefing Papers for Dulles 1950, National Archives of the United States at College Park in Maryland (以下「NARA」とのみ略記). ダレスは、石井・ランシング協定によって満洲特殊権益を事実上認めたランシング国務長官の甥であった。

（2） マッカーサーの胸中にも、かつてアメリカの海軍提督ペリーが一八五三年に江戸の鎖国の扉を開けてビンから解き放った近代日本を再びビンの中へ戻し、「怪物」を「妖精」の姿に戻すかのように、軍国主義を生み出した社会的「土壌」を改革することで、東アジアの各国民に平和と民主主義の恩恵を回復させるのだという信念が存在していたとされる。ジョン・ダワー『敗北を抱きしめて 上』岩波書店、二〇〇一年、四—五頁。

（3） 旧日本の勢力圏の中でアメリカが単独で占領した地域を、国際連合の信託統治地域化する問題については、一九四六年の一一月のニューヨークでの外相会議前、トルーマン大統領の調整により、委任統治領であった南洋群島のみを、国際連合の戦略的信託統治領として提案することに決着した。敗戦国の領土処分を講和会議まで行わないというモスクワ会談の決議があったためと思われる。一方、千島列島と南樺太の帰属に関して、日本との将来の講和会議の場における、ソ連の主張をアメリカは支持するという言質を、バーンズ国務長官はモロトフソ連外相に対し与えており、そのことにより、旧南洋への信託統治協定に関するアメリカの提案は、拒否権なしで安保理で可決されたとバーンズは認識していた。James F. Byrnes, *Speaking Frankly*, New York: Harper and Brothers Publishers, 1947, p219–221.

（4） 崔庸健は、朝鮮の民族主義者、曺晩植校長の下でキリスト教学校に学び、三一独立運動にも参加した人物で、一九〇〇年生まれであった。一九二二年に中国に渡り、黄埔軍官学校の教官となり、二八年からは満洲にきて、朝鮮共産党火曜派に入り、満洲総局軍事部長も務めた［和田 一九九二、二一九頁］。

（5） この報告書と軍政令第三三号をアメリカ政府が正式に追認したのは、一九四七年一月二二日に決定されたSWNCC 265

であった。SWNCC 265 の公開をめぐって六二年にアメリカ政府内で執筆された以下の文書による。Disposal of Japanese Property in Korea, October 4, 1962, in *Confidential U.S. State Department central files. Japan, 1960–January 1963; internal and foreign affairs*, Microfilm 2000/77, Reel 33–76 at the Library of Congress in the United States.

(6) *United States Naval Administration of the Trust Territory of the Pacific Islands*, vol. 2, p. 34–41. マリアナにおける居住期間一〇年未満の「琉球人」は九二九五人であったが、一〇年以上居住した琉球出生者と、現地出生者のみが残留を認められた。一〇年以上居住の琉球人はマリアナだけで一万二九四五人にのぼったが、残留を希望したものは琉球人の四分の三の約九千人と朝鮮人二二人であった。一九四六年二月の段階での残留希望は六五〇〇人、テニヤン島への移動を受け入れたものは三六〇〇人で、三月になると残留希望は一〇八八人にまで減少した。残留希望者は、土着の先住民がいないテニヤン島に移動して島の開発に当たるべきとされたが、慣れない土地への移動にはためらいがあった。SWNCCは五月になって、全ての琉球人の強制送還を決定した。

(7) 暗号解読によってこの種の指令はアメリカ側に筒抜けになっていたと考えられる。「(3)終戦による在外居留民前後措置並びに引揚措置要領等の諸決定〔昭和二〇、八、一四、三カ国宣言条項受諾に関する在外現地機関に対する訓令を含む〕」[外務省 二〇〇〇]。

(8) ポーレーミッションでは、戦後の東アジア復興計画が賠償をテコに練られた。*Manchurian report*, RG59 Entry: 1106H, Box83, Records of the Pauley Reparations Missions, 1945–48, NARA. ラティモアについては以下を参照。長尾龍一『オーウェン・ラティモア伝』信山社出版、二〇〇〇年。

(9) 日本の復興をアメリカが支援し東アジアの重工業地域と位置づけ、そこに周辺地域の経済発展を結び付けようとしたアメリカの地域統合政策については以下を参照。李鍾元『東アジア冷戦と韓米日関係』東京大学出版会、一九九六年。

【文献一覧】

朝海浩一郎 一九七八 『初期対日占領政策――朝海浩一郎報告書 上』毎日新聞社
浅野豊美 二〇〇七a 『日本学術振興会科学研究費補助金報告書 基盤研究(B)脱植民地化プロセスとしての戦後日本の対アジア外交の展開と国内制約要因』課題番号15330035
浅野豊美 二〇〇七b 『南洋群島と帝国・国際秩序』慈学社

浅野豊美 二〇〇八 『帝国日本の植民地法制――法域統合と帝国秩序』 名古屋大学出版会

浅野豊美 二〇〇九 「日韓国交正常化の際のヒトと法人の請求権」『中京企業研究』 第三一号、二〇〇九年一二月

浅野豊美 二〇一〇 「ポーレー・ミッション――賠償問題と帝国の地域的再編」 小林道彦・中西寛編 『歴史の桎梏を越えて――二〇世紀日中関係への新視点』 千倉書房

浅野豊美・吉澤文寿・李東俊 二〇一〇a 『日韓国交正常化問題資料 基礎資料編 第二巻』 現代史料出版

浅野豊美・吉澤文寿・李東俊 二〇一〇b 『日韓国交正常化問題資料 第一期 第二巻』 現代史料出版

浅野豊美・李鍾元・木宮正史 二〇一一 『歴史としての日韓国交正常化』 法政大学出版局

エルドリッヂ、ロバート・D 二〇〇三 『沖縄問題の起源――戦後日米関係における沖縄一九四五―一九五二』 名古屋大学出版会

外務省 二〇〇〇 「極秘外地在住内地人に対する当局の人心安定方策(案)内務省管理局 二〇・八・二六」『太平洋戦争終結による在外邦人保護引揚関係』 第一巻(K'7-1-0-1)(「戦後外交記録」 第一六回外交記録公開、K'0002)

金勝登 一九八〇 「北鮮潜入記 東京大学農学部学生、在外父兄救出学生同盟」森田芳夫・長田かな子編 『朝鮮終戦の記録 資料編第二巻』 巌南堂

ゲイン、マーク 一九五一 『ニッポン日記 上』 井本威夫訳、筑摩書房

厚生省援護局 一九七七 『引揚げと援護三十年の歩み』 厚生省

古関彰一 二〇〇九 『日本国憲法の誕生』 岩波書店

庄司一夫 一九四八 『政治経済日本再興史』 国際連合通信社

全日本海員組合 一九四六 「ふなのり」『アカハタ』 一九四六年五月一五日

仲宗根源和 一九五一 「琉球独立論」『琉球経済 特集「琉球帰属論」』 第一〇号

引揚援護庁 一九五〇 『引揚援護の記録』 引揚援護庁(クレス出版、二〇〇〇年復刻)

毎日新聞社編 一九七〇 『在外邦人引揚の記録――この祖国への切なる慕情』 毎日新聞社

森田芳夫 一九六四 『朝鮮終戦の記録――米ソ両軍の進駐と日本人の引揚』 巌南堂

李東俊 二〇〇九 「日韓船舶請求権交渉の展開 一九四五―六五年」 中京大学 『中京企業研究』 第三一号、二〇〇九年一二月

和田春樹 一九九二 『金日成と満州抗日戦争』 平凡社

Gane Capt., William J. 1945, 'Repatriation, 25 September 1945 to 31 December 1945, 'RG554 Box34, NARA.
Meade, E. Grant 1951, *American military government in Korea*, New York: Columbia University, p. 2–4.

通空間論題

アジアの共産主義革命とソ連——スターリンとアジアの突撃隊

石井　明

第二次世界大戦後、対外関係に関してスターリンの主要な関心は、自陣営の強化と国際共産主義運動の内部固めに向かった。それがどうして金日成の南進策を容認し、朝鮮戦争の隠れた参戦者になったのか、東アジアの共産党の動向と絡みあわせながら検討する。中共はユーゴ共産党のコミンフォルム除名後、スターリンの「チトー化」の疑念に対処するため、繰り返し「向ソ一辺倒」を表明し、スターリンに忠誠を誓った。その一方で、武装闘争を中心とする「毛沢東の道」が植民地・半植民地の一般的な闘争戦術であることを認知させた。平和革命論を取ってきた日共は中ソ両党に批判され、屈服した。それまで金日成の南進統一策を退けてきたスターリンは一九五〇年春、南進策にゴーサインを出す。かくてソ共、中共、朝鮮労働党、日共が武装闘争路線で足並みをそろえた。同年一〇月、中国人民志願軍参戦。一九五二年一〇月、スターリンはソ共第一九回大会で、中国・朝鮮を新しい突撃隊として讃えた。

はじめに

一九四三年六月一〇日、国際共産主義運動の司令塔を標榜してきたコミンテルンが解散した。それに先立ち、同年五月一五日、コミンテルン執行委員会幹部会は、すでに一九三五年のコミンテルン第七回大会が、国際情勢と労働者階級の運動の双方に変化が生じたことによって、各支部(すなわち各国共産党)が当面する諸問題を解決するにあたっては最大の柔軟性と自主性が要求されているということを考慮にいれつつ、コミンテルン執行委員会に対し、各国の具体的条件と特殊性から発生した労働者階級の運動の全問題を解決することについては、各共産党内部の組織的問題についての干渉を避けることを原則とする必要のあることを強調していたことを想起したうえで、コミンテルンの解散を提案した[コミンテルン執行委員会幹部会 一九七五、四〇六—四〇七頁]。

中国共産党はこの五月一五日付けの提案を歓迎した。陝西省延安の中国共産党中央委員会は五月二六日、コミンテルン執行委員会幹部会のコミンテルン解散についての決定を下した。そこでは、中国共産党がコミンテルンの援助を受けたことには言及しているが、ずっと以前から、中国共産党はまったく独自に、自己の民族の具体的な状況と特殊な条件に基づいて、自己の政治的な方針・政策および行動を決定できるようになっている、と指摘している。そのうえで、中国共産党が創造した各種の革命勢力は、抗戦以来、敵の後方において、歴史上未曾有の苦難な闘争を行っており、これらの革命勢力は完全に中国共産党が徒手空拳で、どんな外部の力も借りずに、独自でつくりだしたものだ、と自賛している[中共中央 一九七五、四〇九—四一〇頁]。同日夜、中国共産党の中央書記処は幹部大会を召集し、中共中央政治局主席毛沢東が報告を行った。毛沢東は、コミンテルンという革命の組織形態は、すでに闘争の必要に適合しなくなっている、として、中国共産党を含め、各国共産党が一層民族化して、一層反ファッショ戦争の必要に適応するよう求めている〔毛 一九七五、四一四頁〕。

以後、コミンテルン執行委員会が中国革命を含め、東方の革命を指導する機関をつくることはなく、アジアの共産主義組織は独自に発展する機会を得た。中国共産党は毛沢東の主張通り「民族化」への道を歩む。早くもコミンテルン解散の直後、七月六日付け『解放日報』に、劉少奇は、中国共産党結成二二周年を記念して書いた「党内のメンシェヴィズムを清算せよ」を発表し、党史が二つの路線、すなわち陳独秀・彭述之、李立三路線、内戦期の「左」翼日和見主義路線(第一次王明路線)といったメンシェヴィズムの路線と、毛沢東を中心とするボルシェヴィズムの路線の闘いであった、と分析し、毛沢東の学説・思想を学ぶよう訴えた。党内で毛沢東の政治的権威は高まり、一九四五年四月から六月にかけ、延安で開かれた中国共産党第七回大会で採択された党規約には「毛沢東思想」という言葉が盛り込まれるに至る。

その後、中国共産党は第二次世界大戦後の国民党との内戦に勝利し、中華人民共和国の建国に向かうのだが、建国の準備段階では、社会主義国の先達、ソ連の指導を仰ぐ姿勢を見せる。本稿は、第二次世界大戦終結期以降のソ連の東アジア政策の変遷に触れた後で、ソ連共産党・スターリンが中国共産党をはじめとするアジアの共産党の革命闘争にどう向かい合ったのか検討を加える。

一　第二次世界大戦終結期のソ連とアジア

第二次世界大戦終結期、スターリンは日本軍国主義が復活する、と信じていた。復活するであろう日本軍国主義に、中米英三国と結んで立ち向かおう、と考えていた。一九四五年七月二日、中ソ友好同盟条約締結交渉のためモスクワ滞在中の、中国政府代表団長の宋子文に、スターリンは次のように述べている。

日本に対するソ連の戦略的地位を強化するため、ソ連は中国と同盟を結ぶことを提案する。両国の軍事力に、アメリカ、イギリスの力を加えれば、我が方は永遠に日本に打ち勝つことができる。旅順、中東鉄道、クリール島南部及び外モンゴルに対する我が方の要求は、均しく我が方の日本に立ち向かうための戦略的地位を強化するためである(『中華民国重要史料初編——対日抗戦時期第三編　戦時外交(二)』五七九頁)。

一九九〇年に公刊されたソ連の外交文書では「両国の軍事力に、アメリカ、イギリスの力を加えれば、我が方は永遠に日本に打ち勝つことができる」という部分は削除されるのだが、一九四五年当時のスターリンにとっては日本の軍国主義復活阻止の態勢を組み立てるのが優先課題で、そのための米英との連携は排除すべき選択肢ではなかった。同年九月二日、日本は降伏文書に調印し、第二次世界大戦は終わった。世界大戦終結後、ソ連は一般に欧州の問題では、自己の主張を貫く姿勢をみせたが、東アジアではアメリカと対決姿勢をとってまで、自己の主張を通そうとはしていない。

例えば、朝鮮半島では、ソ連軍は対日参戦とともに急速に南下していったが、アメリカが北緯三八度線を境にして、米ソ両軍が日本軍の武装解除をしようと提案すると、ソ連は何ら反対することなく、受け入れ、ソ連軍は三八度線で進撃を止めた。沖縄駐留米軍がまだ一兵も朝鮮半島に上陸させていないにもかかわらずである。

朝鮮の戦後処理については、一九四五年一二月のモスクワでの米英ソ三国外相会議で話し合われ、同月二七日、モスクワ協定が発表された。臨時朝鮮民主主義政府の樹立、米ソ両軍司令部代表による米ソ合同委員会の設置と民主的政党・社会団体との協議、四大国による五年間の信託統治の実施が主たる内容であった。このモスクワ会議により、朝鮮半島問題を解決するための国際的な枠組みができたのであり、実際、モスクワ協定に基づき、一九四六年三月二〇日、ソウルで第一回米ソ合同委員会が開かれた[鐸木　一九八七、一五〇頁]。

この委員会は、信託統治反対を叫ぶ政治グループの取り扱いを巡って紛糾し、彼らの排除を求めるソ連と、それに反対するアメリカの折り合いがつかず、同年五月六日、決裂してしまった。翌一九四七年五月、第二回米ソ合同委員会が開かれた。第一回と同様、民主的団体の範囲について、米ソの見解が対立し、七月、米ソ合同委員会は再度、決裂してしまった。この結果、国際的な枠組みの下で、朝鮮問題の解決をはかることの困難性が明らかとなった。朝鮮問題に関してアメリカは、モスクワ会議のラインに沿った解決方式を完全に放棄し、国連の討議に委ねる方針に転換した。国連は一九四八年三月までに朝鮮政府を構成する議会の選挙を実施することを決める。一方、ソ連側も、アメリカの攻勢を受け、アメリカとの共同行動により朝鮮問題を解決する方式を放棄し、三八度線以北の北朝鮮の強化を図る。ソ連にとって有利な情勢として働いたのが、ソ連・北朝鮮に隣接する中国東北地方における中国共産党の軍事的勝利であった。ソ連・北朝鮮は有力な後背地を獲得したのである。その後、一九四八年八月一五日、アメリカの後ろ盾により、南朝鮮に大韓民国が樹立された。北朝鮮でも国家建設の動きが進み、同年九月九日、朝鮮民主主義人民共和国が樹立された。一九四九年一月一三日、ソ連は北朝鮮との外交関係の樹立を公表し、北朝鮮の後ろ盾となることを明らかにした。

二　建国直前の中国共産党の対ソアプローチ――劉少奇の訪ソ

一九四八年六月二八日、コミンフォルムは独自の道を歩もうとしたユーゴスラビア共産党を除名し、国際共産主義運動の隊列から排除した。ユーゴの除名は中国共産党に衝撃を与えた。同年七月一〇日、中国共産党中央委員会は「ユーゴ共産党問題に関する決議」を発出し、チトーらのユーゴ共産党指導グループがブルジョア民族主義とブルジョア政党の泥沼に陥り、マルクス・レーニン主義に反する内外政策を実行した、と非難した。中国共産党はなぜコミンフォルムの決議を支持したのか。当時、中国共産党は自力で国民党との内戦を勝利しつつあり、スターリンの、中国が「チトー化」するのではないか、という疑念に対処しなければならなかったのである。

この決議を敷衍するために書かれたのが、党内で毛沢東に次ぐ事実上のナンバー2の地位を固めた劉少奇の「国際主義と民族主義」であった。同年一一月一日付け『人民日報』に掲載されたこの論文は、二大陣営論——世界は敵対する二つの陣営に分かれている——という見方に立って、次のように指摘している。

一方は、アメリカ帝国主義と世界各国におけるその手先——各国の反動派——である。これは世界の帝国主義陣営である。他方は、ソ連および東欧新民主主義国、中国および東南アジア諸国、ギリシャ等の民族解放運動と世界各国人民の民主主義勢力である。これが世界の反帝国主義陣営である。アメリカ帝国主義は、世界反動勢力のとりでとなっており、ソ連は、あらゆる進歩的勢力のとりでである［劉 一九六四、三三八—三三九頁］。

劉少奇は、このように二つの陣営が対立している時、中立はありえない、と言い切り、さらに議論を中国に引きつけて、次のように主張している。「まさに毛沢東同志が『新民主主義論』のなかではっきりと説明しているように、ソ連と提携するか、それとも帝国主義と提携するか、二つのうち一つをえらばなければならないのである」［劉 一九六四、三四一頁］。ここにはすでに明確な向ソ一辺倒論が見られる。

この長文の劉少奇論文を『プラウダ』は一九四九年六月七日、八日、九日と三回に分けて訳載した。当時、すでに北京では建国の準備に追われていたが、建国にあたり、対ソ関係の調整はどうしても為さねばならない重要事項であり、中共中央は五月はじめに劉少奇を頭とする中共中央代表団を派遣し、スターリンと建国問題を協議することを決めていた。「国際主義と民族主義」の『プラウダ』転載は、劉少奇の訪ソ計画に対する好意的なシグナルである。

六月二一日、劉少奇は高崗（中央政治局員、中央東北局書記）、王稼祥（中央委員候補、東北局宣伝部長代理兼統一戦線工作部長）を伴い、訪ソの途についた。二六日、モスクワ着。二八日、スターリン、モロトフ、マレンコフらが中共中央代表団と会見。七月一日、『人民日報』は毛沢東の「人民民主独裁を論ず——中国共産党二八周年を記念して」を掲載した。この論文のポイントは、中国人民は帝国主義の側に片寄るか、社会主義の側に片寄るかのいずれかであり、第三の道はない、と断言し、向ソ一辺倒政策を打ち出していることである。中国共産党の最高指導者として、重ねてチトー化を否定し、ソ連の側に立つことを確約しているのである。この毛沢東論文は、ソ連の国際問題専門雑誌『ノーボエ・ブレーミャ(新時代)』一九四九年第二九号(七月一三日付け)が全訳ではないが、かなり詳しく内容を紹介している。

さて、劉少奇は北京の毛沢東の指示を仰いだ後、七月四日、中共中央を代表してソ共中央ならびにスターリンあてに書面報告を提出した[『建国以来劉少奇文稿』第一冊一一一八頁。以下『劉少奇文稿』と略記]。この報告はまず、中国の当面の情勢について、中国の人民革命戦争が基本的に勝利し、まもなく完全に勝利を勝ち取るとし、台湾についても、来年(一九五〇年)には占領できるが、国民党の軍隊が内応するので占領が繰り上がるだろうと述べるなど、楽観的な見通しを示し、中国革命の勝利は疑問の余地がない、と断言している。

書面報告は続けて、世界のプロレタリアートと人民民主主義勢力、ソ連の援助が勝利を勝ち取る決定的な条件であった、と指摘したうえで、中国革命の経験について触れている。中国革命において、反帝国主義民族統一戦線を成功裏に組織した経験、土地革命の経験、農村で長期間武装闘争を行い、都市を包囲し、しかる後に都市を奪取する、さらに都市で秘密活動と合法闘争を進めて武装闘争を呼応させた経験、中国のような国でマルクス・レーニン主義の共産党を建設した経験を列挙し、こうした経験は他の植民地・半植民地国で役に立つだろう、と述べている。

劉少奇が自己主張しているのは、中国革命の経験を列挙したこの部分だけで、書面報告のトーンは全体として、ソ共中央とスターリンに教えを乞うという姿勢で貫かれている。

外交政策に関しては、劉少奇は、各国が新中国を承認した後、我々は国連及びその他の国際機関、とりわけ日本に関わる様々な国際機関に参加するつもりであり、国際活動の政策においては我々はソ連と一致していなければならない、と記し、対日占領・講和活動に積極的に取り組む姿勢を見せている。

ソ共中央とスターリンに対する服従の姿勢が一層顕著なのが、次のソ中両党関係について述べた個所である。劉少奇は毛沢東と中共中央の見解として、次のように記している。ソ共は国際共産主義運動の統帥部であり、中共は一方面軍の司令部にすぎない。局部の利益は世界の利益に従うのであり、我々中共はソ共の決定に従う。たとえコミンテルンがなくなっていて、中共がコミンフォルムに参加していなくても。何らかの問題でもし中共とソ共の間に論争が起きた場合は、我々中共は我々の見解を表明した後、ソ共の決定に従うとともに断固として執行するつもりだ、と。

スターリンは七月一一日夜、クレムリンにソ共政治局員を集め、中共代表団と会談し、その席上、劉少奇の質問と要請に答えた。七月一八日、劉少奇、高崗、王稼祥が連名で中共中央と毛沢東あてに打った電報〔『劉少奇文稿』二二—二八頁〕によると、スターリンは、中ソ友好同盟条約については、この条約は不平等なものだが、それは当時、国民党を相手にしていたため、そうせざるを得なかったのだ、と述べたうえで、同条約に基づき、ソ連軍が旅順に駐留している問題については、次のような論理で正当化した。アメリカが日本に駐留させている兵力は多く、蔣介石もアメリカと結託しており、ソ連が旅順に兵力を駐留させているのは、米・蔣の武装力の勝手な行動を抑え込んで、ソ連を守り、同時に中国革命の利益を守るためだ、と。前述の通り、一九四五年の条約締結当時は復活するであろう日本軍国主義に立ち向かうため、旅順を確保するという論理を使ったが、今やアメリカに対抗するため、という論理に変えたのである。

この旅順に関する条項をどうするか、という問題に関しては、スターリンは次のような考えを明らかにした。すなわち、以前、ソ共中央は内部的には、対日平和条約が結ばれ、アメリカが日本から撤退すれば、ソ連は旅順から撤退してもよい、という決定を下した。もし中共が政治上、より多くの機動性を獲得するためには、ソ連が直ちに旅順から撤退した方がよい、というのであれば、ソ連軍は今や旅順から撤退してもよい、と。劉少奇はスターリンから、逆に中共は旅順問題をどう考えるのか、ソ連軍が撤退してもよいのか、問題を突き付けられたかたちだ。実際、翌一九五〇年の毛沢東訪ソ時、毛沢東の側から引き続き、旅順のソ連軍が駐留してほしい、と要請することになる。

ソ中両党の関係については、スターリンは、劉少奇報告中の、中共がソ共に服従するという決定は不思議に思える、として、ある一国の党が別の国の党に服従するということはこれまでもなかったし、許されるものではない、両党はともに自らの人民に責任を負うものであって、問題があれば互いに協議し、困難があれば互いに助け合うのであって、どちらかがもう一方に服従するなどというのは問題外だ、と答えた。

実は、スターリンのソ中両党関係についての発言だけは、劉少奇が七月一一日の会談の翌日一二日、毛沢東あてに打電していた。七月一八日の電報と同じ内容と考えてよいだろう。七月一四日、毛沢東は劉少奇に返電してきた。その内容は次の通り[『劉少奇文稿』二一—二二頁]。すなわち、諸君が両党関係について提起した仕方は、現在、両党間にコミンテルンやコミンフォルムのような機関がなく、現在、このような機関を復活あるいは設立するのが適切ではないという状況下において、実際上必要としているが、形式的には必要としない措置あるいは態度であり、このような処置あるいは態度は、文章化して決議あるいは記録とする必要は全くなく、党内外に宣布すべきでもない。諸君は、スターリン及びマレンコフと協議し、もし彼らがそうする必要があるというのであれば、書面報告中で提起した文章を削除してもよい。但し、我々が実際にそのようにするのは、共産主義運動の発展に利するためである。以上、適切かどうか、スターリン及びマレンコフに決定してもらうこと。毛沢東の返電は極めて回りくどい。ソ共に従属するという表現は、劉少奇が独断で書き込んだわけではなく、毛沢東の指示に基づいて書きこんだものだ。毛沢東は、書面報告から削除した方がよいのかどうかもスターリンか、その忠実な代理のマレンコフに決めてもらうよう指示してきたのだ。毛沢東の指示に基づき、劉少奇は相前後してマレンコフ、スターリン及びソ共中央のその他の責任者に説明に回った。

七月一一日の中ソ両党会談から半月あまりたった同月二七日、スターリンはモスクワ郊外のクンツェヴォの別荘に中共代表団を招いた。その際、劉少奇は国民党との戦いを振り返り、第一次国共合作時には国民党の裏切りに際し、準備ができていなかったので、大失敗をしたが、第二次国共合作時にははじめから、蔣介石が裏切った場合、どのように対処するか準備ができていた、と述べた。

この話を聞いたスターリンは、「これは敵があなた方に教訓を与えたのだ」と述べ、さらに「我々はあなた方を攪乱あるいは妨害しなかっただろうか」と言った。それに対し、劉少奇は「そんなことはありません」と答えた。このスターリンと劉少奇の談話記録は、劉少奇自ら校閲している〔『劉少奇文稿』三五―三六頁〕。通訳として同席した師哲は、両者のやりとりについて、率直に次のように回想している。「「我々は貴国に悪いことをしたのではないか」とスターリンは尋ねた。「いえ、別に」と劉は答えた。「いや我々は悪いことをした。我々は三〇年代に中国の革命について誤りを犯し、四〇年代にも誤りを犯した。我々は今も中国をよく知らないのだ」スターリンは真剣な声で悔やんだ」(「毛沢東・スターリン会談秘話」『アエラ』第二巻第二二号、一九八九、二二頁)。師哲は、スターリンは自己批判したというわけだが、劉少奇は、スターリンが自己批判したなどとは恐れ多くて書くのがはばかられたに違いない。このスターリンが自己批判したという話はその後、中国国内で流布していく。

劉少奇は書き残していないが、師哲によると、両者はもう一つ、重要な会話をしている〔『緬懐劉少奇』編輯組編 一九八八、二二四頁〕。

この宴会でスターリンは極めて尋常でない話をした。……彼は、世界革命の中心は次第に東に移っており、将来、中国は世界において、より多くの、より重要な義務をおわなければならない、と指摘した。彼は次のように述べた。「弟は兄に追いつくべきであり、学生は先生を追い越すべきだ。中国人民が力を奮って前進し、長兄に追いつき、追いこすよう望む」。

東方の革命の責任を中国共産党に負わせようという主旨の発言だが、当時、東方の革命とも関係があるアジアの労働組合等の国際会議が迫っており、劉少奇は帰国後、それらの会議開催に取り組むことになる。

八月一四日、劉少奇はスターリンあてに東アジアの民族革命運動の戦術問題についての報告(『劉少奇文稿』三九—四二頁)を提出して、モスクワを離れ、帰国の途についた。この報告は、一一月、中国で、アジア職員労働者代表会議及びアジア青年代表会議、アジア婦人代表会議の開催が予定されていることに関して、スターリンの指示を仰いでいた。劉少奇は、これらの会議を招集する主要な目的が、東アジアの各被圧迫民族の革命的大衆運動、すなわち安南、マレー、ビルマ、タイ、インドネシア、フィリピン、インドなどの革命的大衆運動を推し進めるためであるのなら、公開の代表会議という方式は、戦術的に適切ではない、と考える、と述べていた。公開の方式は敵前に自らを暴露することになり、大きな損失を被りかねない、というわけだ。中国側は、世界労連、世界民主婦女連合会、世界民主青年連合会に対し、もしもこれらのアジア代表会議招集の主要な目的が、アジアの上述の国々(それに日本)の労働者、婦人、青年のためであるなら、我々は会議の招集に賛成しない、これらのアジア諸国の労働者、婦人、青年にとって、これらの会議の招集は差し迫って必要というわけではなく、有害でもあり、悪い結果を招きかねない、と伝えた。にもかかわらず、世界労連、世界民主婦女連合会、世界民主青年連合会は今年、北京でそれぞれのアジア代表会議を開くことに決めたので、中国としてはこれらの会議の開催に同意することにした、と劉少奇は記している。そのうえで、どうすれば、これらの会議の結果が、上述の国々(それに日本)の大衆運動にとってマイナスではなく、プラスとなり、さらに戦術上の誤りを避けることができるだろうか、と問いかけ、スターリンの指示を仰いでいる。ここで、押さえておく必要があるのは、劉少奇が、日本の問題を安南、マレー、ビルマ、タイ、インドネシア、フィリピン、インドと同列に置いて見ている節があることだ。

三　中ソの日本問題への介入——武装闘争路線の押しつけ

一九四九年一一月一六日、北京でアジア・オセアニア労働組合会議が開会した（一二月一日閉会）。中華人民共和国建国後、北京で開かれた最初の国際会議で、アジア・オセアニア諸国の労働組合代表一一七人が参加した。中国で開催するのが適切ではないのではないか、とスターリンに訴えた劉少奇であったが、世界労連副主席・中華全国総工会名誉主席として大会主席（議長）に推され、開会の辞［日本国際問題研究所中国部会編 一九六九、九―一五頁］を述べた。

劉少奇は、中国で同会議が開催できたことに関し、中国人民の大革命が中国という広大な土地で決定的な勝利を獲得した結果でもある、と述べたうえで、アジア・オセアニアの植民地・半植民地の民族解放運動が一層強大に発展しつつある、と指摘し、次のように列挙している。すなわち、ベトナムの民族解放戦争はベトナム領土の九〇％を解放したし、ビルマとインドネシアの民族解放戦争は現在発展しつつある。帝国主義とその手先に対するマレーとフィリピンのゲリラ戦争は、長期の闘争を堅持しているし、インドでも、解放を勝ち取る武装闘争が発生している。日本では、進歩的な労働運動と、日本の植民地化をたくらむアメリカ帝国主義に反対する進歩的な人民の運動が発展しつつある。アメリカ帝国主義の傀儡李承晩に反対し、統一された朝鮮民主主義人民共和国の樹立を要求する運動は何者にも妨害されないほどのものとなっている。そのほか、タイ、近東諸国およびオーストラリアの労働運動と民族解放運動も発展しつつある、と。日本の運動も「植民地・半植民地の民族解放運動と労働運動」の範疇に入っていることが確認できよう。

劉少奇は続けて、中国人民が帝国主義とその手先に打ち勝ち、中華人民共和国を樹立した道は、多くの植民地・半植民地の人民が民族独立と人民民主主義を勝ち取るために歩まなければならない道である、と指摘し、武装闘争こそ多くの植民地・半植民地の民族解放闘争の主要な闘争形態であり、これこそ、中国人民が勝利を獲得するために国内で実行してきた基本的な道である、と断定している。そして、この道を「毛沢東の道」と名付ける。

なお、世界労連の執行部は、この劉少奇の帝国主義への武装闘争を呼びかける武力解放論に反論し、ソ連の労働組合代表L・ソロビヨフも当初この方針に反対したが、この対立を知ったスターリンは、大使を通じてソロビヨフの誤りを正すべきだと指示した〔下斗米 二〇〇六、八七頁〕。それに加えて、一九五〇年一月四日付け『プラウダ』がこの劉少奇演説を転載した。『プラウダ』がこの演説を転載したことは、「毛沢東の道」が植民地・半植民地の民族解放闘争において適用されるべき戦術としてスターリンによって認知されたことを意味しよう。

この論理に従えば、日本の運動も「毛沢東の道」を歩まなければならない、ということになる。『プラウダ』に劉少奇演説が転載された直後、一月六日、コミンフォルム機関誌『恒久平和と人民民主主義のために』が野坂参三(岡野進)の占領下平和革命論を批判した。この同誌オブザーバー論文の批判のポイントは、野坂の発明した「新」理論について、マルクス・レーニン主義の日本の条件下における「本土化」を図ったもの、という個所だ。「本土化」とは「民族化」、野坂の場合は「日本化」ということであり、チトー化批判の延長線上の批判である。同月一七日、『人民日報』は、「日本人民解放の道」と題する社説を掲げ、野坂の誤りは単純な、偶然起こったものではない、と厳しく批判し、議会は闘争における補足手段で、敵を暴露する演壇として使えるだけだと指摘し、コミンフォルム批判を受け入れるよう迫った。

この社説発出に関しては次のような経緯があった。一九四九年一一月二五日、中共中央政治局会議は毛沢東の訪ソ中、劉少奇が中共中央委員会主席並びに中央人民政府主席の任務を代理することを決めており〔『劉少奇年譜(一八九八―一九六九)』下巻、二三二―二三三頁〕、『人民日報』社説は劉少奇の裁可がなければ、発出できない。一月一四日午後四時、モスクワの毛沢東は中央人民政府新聞出版総署署長胡喬木あてに次のような電報を打った〔『建国以来毛沢東文稿』第一冊、二三七頁〕。「私は今晩九時、レニングラードに参観にでかける。三日したら帰ってこれるが、人民日報の社説の原稿及び日本共産党政治局の決議はまだ受取っていない。もし私が目を通すのを待つというのであれば、一七日になれば返電する。そうでなければ少奇同志が目を通したら直ちに発表してよい」。前年一二月一六日、毛沢東はモスクワに着いていたが、一カ月になろうというのに、中ソ友好同盟条約の改定交渉に入れずにいた。北京の周恩来に訪ソを指示し、周恩来のモスクワ到着の予定が一月二〇日で、毛沢東は時間つぶしにレニングラードに参観に出かけることにしたのだ。

毛沢東は電報に次のように書き加えている。「我が党は見解を発表すべきであり、コミンフォルムの刊行物の岡野進に対する批判を支持するとともに、日本共産党政治局がこの批判をいまだ受け入れられずにいることを残念に思う気持を表明し、日本共産党が適切な措置を取って岡野進の誤りを正すよう希望する」。

結局、一月一七日付け『人民日報』に日共批判社説が載り、それを読んだ毛沢東は一月一九日午後五時、劉少奇・胡喬木あてに電報を送り、「日本人民解放の道」は素晴らしく書けており、今、ロシア語に訳しており、スターリンに送って見てもらうつもりだ、と伝えた〔『建国以来毛沢東文稿』第一冊、二四五頁〕。毛沢東は、コミンフォルムの日共批判に賛同し、またもソ連の指揮棒に従うことを表明した、この『人民日報』社説をスターリンに捧げようとしたのである。荒木義修は、コミンフォルム批判は中国共産党と日本共産党のチトー化を阻止することにも重きがあったと見たい、と記している〔荒木 一九九三、二三四頁〕。一九五〇年一月の段階でもまだソ連側が中国共産党のチトー化を疑っていたかどうか、疑問もあるのだが、スターリンとの交渉に入れずにいる毛沢東としては、ソ連側の懐に入るためなら打てる手はすべて打とうとしたのではあるまいか。

こうしてコミンフォルム機関誌の批判に続き、追いうちをかけるように『人民日報』に批判社説が載り、野坂は自己批判を迫られた。チトー化の疑念を払うため中共の払った努力に比べ、日共の動きはあまりに鈍かったといわざるを得ない。その後、日共の党内の動揺は野坂の自己批判では収まらず、党は所感派と国際派に分裂する。所感派の野坂はレッドパージを受け、地下に潜行し、中国に密航。徳田球一とともに日本共産党在外代表部(北京機関)で、武装闘争路線を進めた。

中国共産党は対日戦争勝利五周年にあたる一九五〇年九月三日、『人民日報』に「今は日本人民は団結して敵にたち向かう時だ」と題する社説を掲げ、徳田らの「日共中央路線」に対する支持を表明するとともに、党内の団結を訴えた。国際派の袴田里見らは一九五〇年一二月初め、日本を脱出して北京に向かう。

北京で、対立する両派の面倒を見たのが王稼祥(中共中央対外連絡部初代部長)らであった。王稼祥は毛沢東の考えを徴し、ソ共中央の同意を得た後、四月下旬、自ら日共の両派をモスクワに連れていく。シベリア鉄道を別々の車両に乗せて。当時の模様を袴田は次のように回想している。「喧嘩をされては大変と思ったのか、特別列車に車両が一つ余計につながれた。一つの車両に徳田、野坂、西沢(隆二)。もう一つの方に王稼祥と李初梨、そして私。ほかに中国の防衛の人たちが乗る車両と、食糧などを積んだ車両がつながれ、四、五両編成の特別列車になっていた」[袴田 一九七八、八九頁]。

徐則浩の『王稼祥伝』には、一九五一年五月初め、王がスターリンに招かれた際のことが記されている。スターリンは、ソ共が理解しているのは主としてヨーロッパ、西方の状況であり、アジア、東方の状況はやはり中国の党がよくわかっている、として、あるアイディアを出した。すなわち、中国を主としてアジア社会主義連盟を作ったらどうか、というもので、その根拠は、小国は建設と防衛の面で多くの困難を抱えており、大国と連合してのみこれらの難題を解決できるから、というのだ。王は国際主義的立場に立ち、民族問題の深刻さをわかったうえで、「我々はそうすることはできません」と答えた[徐 一九九六、九〇七―九〇七頁]。このエピソードは、スターリンが東アジアの革命運動に対するサポートを中国共産党に押し付けようとしていたことを物語っている。

さて、袴田はモスクワでの生活が四カ月になろうとする八月に、スターリンに呼ばれる。劉少奇も招かれたモスクワ西郊のクンツェヴォの別荘だ。対立する徳田らも呼ばれていた。このソ日両党会談に王稼祥も同席していた。スターリンとの会談の模様については、袴田は次のように回想している。「最初、スターリンが、「コミンフォルム批判は、それなりの理由があって出したものである。あれは正しかったと思う」といった。……「袴田同志、あなたたちは、いま党中央に対して反対派をつくっている。これはよくない。……このテーゼ(五一年綱領)はわれわれも協力して仕上げたものである。この方針に基づいて、日本の党は前進してほしい」」〔袴田 一九七八、九七―九九頁〕。

袴田は五一年綱領を押しつけられ、そのうえスターリンから自己批判書を書くよう求められ、しぶしぶ応じる。袴田は「徳田や野坂、西沢、それに王稼祥たちは、会談を終えて間もなく北京に帰った。まるで、中国でねりあげた軍事方針をソ連で承認してもらうために来た、というように見えた」〔袴田 一九七八、一〇二頁〕と記している。袴田が同綱領は北京原産で、スターリンの裁可を得て提示された、という感触を得ていたことが窺える。同年一一月二九日、『人民日報』は同綱領を全文掲載し、支持を表明した。

しかし、同綱領に基づく活動は日本共産党に深刻な打撃を与えた。一九五二年一〇月の総選挙で日本共産党は惨敗し、衆議院の三五議席をことごとく失った。

四　朝鮮戦争の隠れた参戦者ソ連

一九四九年夏、北朝鮮指導部は正規軍による南進攻撃を検討し、スターリンの許可を得ようとしたが、拒絶されている。それがどうして一九五〇年四月に攻撃計画に最終的なゴーサインが出されたのか。この問題を検討した今野茂充は、スターリンが北朝鮮の攻撃計画を承認するにあたり考慮した国際環境は、①国際システムにおける米ソ両陣営のパワーバランス、②朝鮮半島における南北の軍事バランス、③中国要因、④アメリカの介入の可能性、という四つの側面に分けて考えることができそうである、と指摘したうえで、第四のアメリカの介入の可能性が、スターリンにとって唯一、不確実性の大きい要因であり、スターリンがアメリカ介入の可能性を誤認識したことにより、北朝鮮の対南攻撃に承認が与えられ、その結果、朝鮮戦争が起きてしまったと考えることができそうである、と主張している。今野は続けて、韓国をアメリカの「不後退防衛線」から外すことを明示しているアチソン演説が、スターリンの認識に与えた衝撃の大きさは容易に窺い知ることができよう、と記しており、スターリン自らこの演説を念入りに検証するとともに、当時モスクワを訪問していた毛沢東にもアチソン演説の翻訳を読ませて、その重要性を喚起している、というエピソードも紹介している〔今野 二〇〇三、一六五―一六八頁〕。

アチソン演説(一月一二日)に毛沢東がどう対応したかは、中国ではよく知られた史実であるが、「不後退防衛線」絡みではない。一月一七日、レニングラードから戻った毛沢東のもとをモロトフがアチソン演説の翻訳(ロシア語訳だろう)を持って訪ねてくる。毛沢東はロシア語通訳の師哲からその内容を聞くことになる。

当時の「非対等」な中ソ両党関係を分析した曾景忠(中国社会科学院近代史研究所)は、モロトフ日記に基づき、モロトフ・毛沢東間の次のような応酬を記している〔曾 二〇〇九、四二二頁〕。モロトフが毛沢東に、アチソンが、ソ連が中国の北部を併合しようとしていると攻撃したのに対して、中ソ両国政府が声明を出して反駁しようと提案した。毛沢東は、新華社に声明を出させるのがよいではないか、と言ったが、モロトフは、このような重要問題についてアメリカの国務長官が話したのだから、新華社ではなく、中華人民共和国外交部が出すべきだ、と言った。毛沢東は同意し、明日、中華人民共和国外交部声明の文案を起草して、ソ連側に渡して意見を求め、修正して、北京に電報を送り、外相の職権を代行している外務次官(周恩来は訪ソの途上)に声明を発表させる、と言った。このように毛沢東はモロトフの考えに賛同しておきながら、実際には新聞出版総署署長胡喬木の名義で発表してしまい、ソ連側は不満を抱いた、というのである。

曾景忠は、毛沢東が外交上のルール違反を犯したこのエピソードを、中共の指導者の外交能力と水準が稚拙で、ソ連側の外交手腕は老練であったことの例として挙げている。いずれにせよ、アチソン演説への対応をめぐり中ソの指導者間に新たな不協和音がでてきたことは事実である。なお、胡喬木の名義で書いたアチソン演説への反論原稿を毛沢東は、一月一九日、「日本人民解放の道」は素晴らしく書けている、と記したのと同じ電報で北京に送り、二一日付けの『人民日報』に載せた。その内容であるが、アチソン演説は一字一句ことごとくデマであるとして、あらゆる方法を使って中国にもぐりこんできて、中国をアメリカの植民地に変えることがアメリカの基本政策であると非難したうえで、ソ連が中国の北部を併合しようとしている発言もデマと決めつけている。

当時、アチソン演説にアメリカ外交の変化あるいは弱さを見出した中国側文献は見当たらないのだが、スターリンの国際情勢についての「誤認識」説を立証するためには、同様のロシア側文献の発掘が必要である。筆者はスターリンのゴーサインには複合的な要因があったのではないか、と考えているが、特に武装闘争を中心とする「毛沢東の道」が植民地・半植民地の一般的な闘争戦術であることを認知したことの意味は大きい、と考えている。一九五〇年はじめ、ソ共、中共、朝鮮労働党、日共は武装闘争路線で足並みをそろえたのである。日共に武装闘争への方針転換を迫りながら、朝鮮労働党にはそれを思いとどまらせるというのは論理一貫性を欠くことになる。中共の部隊も中国の南部で国民党の残存部隊との戦いをなお継続中であった。但し、これらの党の間に緊密な協力関係ができたとは言い難い。

二月六日、蔣介石の空軍が上海を爆撃した。驚いたモスクワの中国代表団はソ連側に航空兵力を送って守ってほしい、と要請する。スターリンは支援することに同意はしたが、そのかわり軍事同盟条約の「補充協定」の締結を要求してきた。中国東北地方と新疆では、外国人に経営権を渡したり、中ソ以外の第三国並びにその公民が直接・間接的方式で参与し、投資する工業、金融、商業及びその他の企業、機関、会社及び組織の活動を認めない、というもので、対等を装うため、ソ連の中央アジア・極東に関しても同様の規定が盛り込まれていたが、実際にはソ連が東北・新疆をソ連の勢力範囲に組み込もうという意思が明白だった。アチソンは中国北部に対するソ連の野心に言及したが、スターリンはそれ以上に新疆まで勢力範囲に入れることを要求してきたのである。毛沢東は屈服し、秘密協定にすることにして、この協定を受け入れた。このように中ソの同盟関係も当初から緊張をはらんだものだった。

一九五〇年六月、朝鮮戦争勃発。北朝鮮軍は釜山の近くまで進攻したものの、反撃に遭い、押し戻される。苦境の北朝鮮軍を支援するため、一九五〇年一〇月、朝鮮の戦場に現れた中国人民志願軍は当初は、米軍・韓国軍に甚大な打撃を与えたが、反撃にあい、一九五一年四月下旬から六月上旬の第五次戦役は、三八度線以北の敵数個師団を殲滅し、そのうえで再度敵陣深く進攻することを目指したものの、所期の目的を達成できなかった。かねてより東アジアでは米軍との直接の戦闘は避けねばならない、と考えてきたスターリンは、朝鮮戦争がエスカレートして、ソ連が戦争に巻き込まれるのを憂慮し、一九五一年五月、国連の場でアメリカ側と接触することを指示し、その結果、七月、ケソンで停戦交渉が始まる。朝鮮戦争は以後、交渉しつつ、戦うという局面に移行する。

一九五二年一〇月一四日、スターリンはソ共第一九回大会の最終日、世界六二カ国の外国友党の挨拶に答えた演説を行った。その中で、ロシア革命後、友党の代表者がソ共に世界の革命運動と労働運動の「突撃隊」という名称をあたえてくれたことを想起したうえで、次のように述べた。「いまでは、中国と朝鮮からチェコスロヴァキアとハンガリーにいたるまでの新しい「突撃隊」が人民民主主義国という形であらわれている。いまではわが党の闘いはまえよりらくになり、しごとはまえよりたのしくすすんでいる(ながくつづくあらしのような拍手)」〔ソヴェト研究者協会訳一九五三、一五頁〕。

後段はスターリンの強がりとしても、「突撃隊」の冒頭に、中国と朝鮮の名前を挙げ、朝鮮の戦場で戦っている両国を讃えた。同大会に中共からは劉少奇が、朝鮮労働党からは朴正愛婦人部長が出席していた。それから半年近くたち、一九五三年三月五日、スターリンは死去する。スターリンの死は停戦交渉のプロセスを加速し、七月二七日、朝鮮休戦協定が調印された。

ソ連は公式には朝鮮戦争の参戦国ではない。しかし、空軍を派遣して支援したことは周知の事実で、内戦以来のソ連赤軍の戦死者の統計集にも、戦死者二九九名(内、将校一三八、下士官・兵一六一)を出したことが記載されており、その一部は旅順の蘇軍烈士陵園の「飛行員」のブロックに葬られている。筆者の調査では、このブロックの墓の数は八〇で、一九五〇年の戦死者が七、五一年も七、五二年が四〇、五三年が二六であった。墓には氏名、生年、没年は刻まれていたが、朝鮮戦争と関連付けられる文言はない。わずかに「友の戦いのために死んだ」とか「友と同志の戦いのために死んだ」と刻まれた墓が一部にあり、「友」や「同志」という表現の中に、国際主義的任務を果たす途上、亡くなったことが示唆されているだけだ[石井 二〇〇九、一六頁]。

おわりに——平和共存路線に転換する中ソ

一九五三年九月二日、毛沢東、周恩来は連名で、抗日戦争勝利八周年に際し、マレンコフ、モロトフあてに電報を送り、朝鮮休戦協定調印は全世界の平和を求める成果である、と述べているが、注目されるのは、同時に、朝鮮の停戦が、「日本人民が極東諸国と正常関係を樹立するよう要求する努力の助けとなる」と指摘していることである。この電報は翌三日の『人民日報』に載っている。それまで中国の対日政策は基本的に、日本共産党を支援して日本のブルジョア政権打倒を目指してきたのだが、次第に日本人民が日本政府に対し中国との国交正常化を促す運動を支持する方向にシフトしていく。

ソ連側も中国の対日政策の転換に支持を表明している。一九五四年九月、フルシチョフが中国の建国五周年の祝賀行事参加のため訪中した。それまで中国の首脳はしばしば訪ソしていたが、ソ連の首脳が訪中することはなく、フルシチョフ訪中はポスト・スターリンの対等な中ソ関係をアピールするものであった。その際、一〇月一二日付けで、対日関係に関する中ソ共同宣言が出された。この宣言は、中ソ両国政府の対日政策は、社会制度を異にする国家も平和共存できるという原則に基づいている、と指摘するとともに、両国政府は、それぞれステップを踏んで日本との関係を正常化させたいと願っている、と述べていた。

平和共存とは、世界革命の夢破れた一九二〇年代のソ連の対外戦略で、ソ連を周辺の資本主義国、「帝国主義国」から守り、生き延びるためには平和共存を図る以外にない、という考え方に立っていた〔寺谷 一九七八、三八八―三八九頁〕。一九五〇年代半ば、中ソの側で平和共存を持出すようになったのは、朝鮮戦争も休戦となり、アジアで「攻勢」をかける段階が終わったことを認めたことを意味しよう。

では、「日本との関係正常化の願い」と、日本を仮想敵国と明記した中ソ友好同盟相互援助条約の規定との関係はどうなるのか。一九五五年二月一二日、同条約調印五周年に際し、毛沢東、劉少奇、周恩来は連名でウォロシーロフ、ブルガーニン、モロトフあてに祝電を送り、重ねて、中ソ両国は日本と正常関係を樹立したい、と表明した（翌一三日付け『人民日報』）。これは中ソ同盟がもはや日本に敵対するものではない、という意思表示であった〔劉 一九九八、八〇頁〕。その後、ソ連は日本との国交正常化の道を歩み、一九五六年一〇月一九日、鳩山一郎内閣の下の日本との国交を回復する。

中国も対日関係正常化に向けて攻勢を強めており、一九五四年一二月三〇日付け『人民日報』は「日中の正常関係回復を論ず」と題する社説を載せ、日中と正常な関係を樹立したい、と述べたうえで、日本の政治指導者に対し、迅速に日本の利益に合致する決定をなすべきだ、と訴えた。一九五五年一月二三日には周恩来が、村田省蔵（日本国際貿易促進協会初代会長)らと会見した際、「中国人民は決して日本の内政に干渉するつもりはなく、日本人民がどの党の政権を選択しようとも、我々は認める。中国人民は社会主義に賛成しているけれども、この制度を日本に輸出することはできない。革命は輸出できず、政治制度は人民が自ら選択すべきもので、国外の如何なる干渉も失敗する」(『周恩来年譜 一九四九―一九七六』上巻、四四三頁)と述べている。中国は日本の「革命」を輸出しようとしているのではないか、という危惧に答えたものだ。しかし、一九五〇年代初期の中国の対日工作が、日本の保守層に、中国は日本の内政に干渉してくるのではないかという、強い疑念を植え付けたことは疑いなく、それは国交正常化の慎重論の根拠となった。

【文献一覧】

荒木義修 一九九三 『占領期における共産主義運動』 芦書房
石井明 二〇〇九 「旅順ソ連軍烈士陵園参観記」『スラブ研究センターニュース』二〇〇九年春号
コミンテルン執行委員会幹部会 一九七五 「コミンテルン解散についての提案」日本国際問題研究所中国部会編『中国共産党史資料集』一一、勁草書房
今野茂充 二〇〇三 「「国際情勢の変化」とスターリン――誤認識と朝鮮戦争の起源」赤木完爾編著『朝鮮戦争 休戦五〇周年の検証・半島の内と外から』慶應義塾大学出版会
下斗米伸夫 二〇〇六 『モスクワと金日成 冷戦の中の北朝鮮 一九四五―一九六一年』岩波書店
『周恩来年譜 一九四九―一九七六』上巻、一九九七、中央文献出版社、北京
鐸木昌之 一九八七 「朝鮮戦争」小此木政夫・赤木完爾編『冷戦期の国際政治』慶應通信
ソヴェト研究者協会訳 一九五三 『ソヴェト同盟共産党第一九回大会議事録』五月書房
中共中央 一九七五 「コミンテルン執行委員会幹部会のコミンテルンの解散についての決定」日本国際問題研究所中国部会編『中国共産党史資料集』一一、勁草書房
寺谷弘壬 一九七八 「平和共存とソ連外交」西村文夫・中沢精次郎編著『現代ソ連の政治と外交』日本国際問題研究所

日本国際問題研究所中国部会編 一九六九 『新中国資料集成』第三巻、日本国際問題研究所
袴田里見 一九七八 『私の戦後史』朝日新聞社
毛沢東 一九七五 「コミンテルン解散問題についての報告(要旨)」日本国際問題研究所中国部会編『中国共産党史資料集』一一、勁草書房
劉少奇 一九六四 「国際主義と民族主義」日本国際問題研究所中国部会編『新中国資料集成』第二巻、日本国際問題研究所
『建国以来毛沢東文稿』第一冊、一九八七、中央文献出版社、北京
『建国以来劉少奇文稿』第一冊、一九九八、中央文献出版社、北京
徐則浩 一九九六 『王稼祥伝』当代中国出版社、北京
曾景忠 二〇〇九 「試論新中国成立前后中共対蘇外交中的非対等関係」関貴海他主編『中俄関係的歴史与現実』第二輯、社会科学文献出版社、北京
『中華民国重要史料初編──対日抗戦時期第三編 戦時外交(二)』一九八一、中国国民党中央委員会党史委員会、台北
『緬懐劉少奇』編輯組編 一九八八 『緬懐劉少奇』中央文献出版社、北京
劉建平 一九九八 「〝中間地帯〟理論与戦后中日関係」(上)『当代中国史研究』一九九八年第五期、北京
『劉少奇年譜(一八九八―一九六九)』下巻、一九九六、中央文献出版社、北京

トピック・コラム

日本共産党とコミンフォルム批判

加藤哲郎

一九五〇年一月六日、コミンフォルム(欧州共産党・労働者党情報局)の機関誌『恒久平和と人民民主主義のために』は、オブザーヴァー論文「日本の情勢について」を突如公表し、日本共産党政治局員野坂参三のアメリカ占領軍に対する解放軍規定・占領下平和革命論を名指しで批判した。「在日アメリカ占領軍が、あたかも進歩的役割を演じ、日本を社会主義への発展にみちびく、「平和革命」を促進するかのようにいう野坂の見地は、日本人民を混乱させ、外国帝国主義者が日本を外国帝国主義者の植民地的附属物に、東洋における新戦争の火元にかえることをたすけるものである」と。

この批判は当初外電で報じられ、日本共産党政治局はいったん一月八日付『アカハタ』で「党かく乱のデマをうち砕け」と国際批判そのものを否定したが、モスクワ放送及び一月七日付『プラウダ』記事を掲載した駐日ソヴェト代表部新聞課通信報を通じて内容を知ると、一月一二日付「「日本の情勢について」に関する所感」を発表し、「論者が指摘した同志野坂の諸論文は、不十分であり、克服されなければならない諸欠点を有することは明《あき》かである。それらの諸点については、すでに実践において同志野坂等と共に克服されている」と弁明して、むしろその発表の仕方に反論した。

しかし一月一七日、中国共産党『人民日報』紙が「日本人民解放の道」を掲載して「所感」を批判するに及んで、第一八回拡大中央委員会を開き、一月一九日にはコミンフォルムの批判を受けいれる態度を表明した。党内の対立は収まらず、党主流多数派の徳田球一・志田重男ら「所感派」と、よりコミンフォルム批判に忠実な宮本顕治・志賀義雄ら「国際派」とに事実上分裂した。

当時コミンフォルムの事務局は、四七年創設時にユーゴスラヴィアのベオグラードにあったものが、四八年六月のユーゴ除名によってルーマニアのブカレストに移されていた。ユーゴ除名の原因がソ連のスターリンとユーゴ首相チトーのバルカン政策の対立であったのと同様に、日本共産党批判の震源地、オブザーヴァー論文の作成地はモスクワだった。

旧ソ連「モロトフ文書」を精査した下斗米伸夫『アジア冷戦史』(中公新書、二〇〇四年)によれば、その原案起草者は北朝鮮の金日成の軍事顧問でソ連の日本・朝鮮問題専門家ワシリー・コヴィジェンコで、原案のタイトルは「破産した日本労働者階級の日和見的「理論」」だった。それがスターリン、モロトフにより加筆・改題されていた。つまり、コミンフォルム批判はソ連共産党による日本共産党批判を意味した。

コヴィジェンコは五〇年三月から東京勤務となる。

それは同時に、ヨーロッパのコミンフォルムに相当する東方コミンフォルムを、アジアでは組織的には作らないが、アジア諸国の共産党をソ連の世界戦略に統合する一環だった。『恒久平和と人民民主主義のために』日本語版は五〇年一月から、朝鮮語版は四月から刊行される。こうした動きはすべて、四九年一二月から五〇年二月の毛沢東のソ連滞在中に進められた。毛沢東は、中ソ友好同盟条約で新中国への経済援助をソ連から獲得し、代わりに朝鮮武力統一をめざす金日成の朝鮮労働党や日本共産党、ベトナム独立同盟等を、ソ連共産党の意向に沿って指導・調整することをスターリンに約した。五〇年六月の北朝鮮軍南進による朝鮮戦争勃発、中国人民解放軍の参戦はその帰結であった。

左から徳田球一，野坂参三，志賀義雄（1946年）

日本共産党は分裂したまま非合法地下活動に追いやられ、徳田球一、野坂参三らは中国に渡航し「北京機関」をつくり、日本には徳田らが指名した臨時中央指導部が残った。五一年一〇月の第五回全国協議会（五全協）で中国革命にならった軍事方針「日本共産党の当面の要求」（五一年綱領）を採択、「山村工作隊」「中核自衛隊」などの武装組織が全国各地で火焔瓶闘争を展開、米軍基地、警察署、裁判所などを襲撃した。国民の支持を失い多くの離党者を生んで、五二年の総選挙では公認候補が全員落選した。いわゆる「五〇年問題」で、政府はこれら武装闘争を取り締まるためとして、破壊活動防止法（破防法）を制定、分裂と混乱は五三年徳田の北京での客死後、五五年の第六回全国協議会（六全協）まで続いた。

背景には米ソ冷戦と中国革命があった。アジアの冷戦は中国内戦の帰趨によった。連合国の一翼を担った蒋介石の国民政府は、農民に依拠した毛沢東率いる中国共産党により台湾に追いやられた。朝鮮半島では四八年に南北分裂国家が成立し、四九年一〇月中華人民共和国の成立は、米国のアジア政策の転換を不可避にした。五〇年一月五日、トルーマン大統領は中国への非干渉政策を発表、翌日、つまりコミンフォルムの日本共産党批判と同じ日に、イギリスは新中国を承認した。中国は同日米国北京領事館の建物を接収、米国は国内マッカーシズムの展開、朝鮮戦争の中で台湾国民党政府に頼らざるをえなくなった。

日本共産党は米ソ冷戦の中で、ソ連・中国両共産党指導下での後方攪乱部隊としての役割を求められ、それを実行することによって、戦後占領下で築いた多くの陣地を失った。

人物コラム

ランズデールとマグサイサイ
(Edward Lansdale, Ramón Magsaysay)

中野　聡

第二次世界大戦から冷戦期にかけて急速に超大国化したアメリカでは、軍事・諜報・外交などあらゆる部門で人材が不足した。そのなかで、にわか仕立ての専門家たちがアメリカの国力を背景に未知の国々の運命に大胆にも深くかかわった。草創期のCIAが生んだ伝説の反共ヒーロー、エドワード・ランズデール(一九〇八—八七)も、そのようなアメリカ人のひとりである。

デトロイトで自動車販売業を営む中流家庭で生まれ育ち、大恐慌時代のニューヨークでジャーナリストを志したが挫折して広告会社を転々としていたランズデールの人生の転機は、第二次世界大戦下の一九四三年に訪れた。CIAの前身として知られる戦時情報機関OSSに採用され、日本降伏直後から一九四八年までフィリピンの米軍司令部に勤務して情報・宣伝工作に従事したのである。帰国後、発足したばかりのCIAに参加したランズデールは、一九五〇年、米軍事顧問団空軍大佐の肩書きを隠れ蓑に、CIA工作の現場指揮官としてフィリピンに舞い戻った。

一九四六年に米植民地から独立したフィリピンは、アメリカにとって冷戦下アジア諸国の赤化阻止のテスト・ケースとなった。左派系農民運動から生まれた抗日ゲリラ、フクバラハップの政治勢力が独立直前の選挙で獲得した議席を地主階級が独占する議会が強引に剝奪したことなどから、首都マニラに近い中部ルソン地方は独立直後から内戦状態となった(フク反乱)。一九四八年、親米路線を進める自由党マヌエル・ロハス大統領が急死すると、後任のエルピディオ・キリノは不人気で政治腐敗を批判され、対米関係でも摩擦が多かった。キリノが再選された一九四九年選挙は空前の不正を糾弾され、中華人民共和国の成立や朝鮮戦争で風雲急を告げるアジア情勢のなか、フク反乱も激しさを増し、フィリピンの危機をアメリカは見過ごせない事態となったのである。

この危機に対して、CIAとその協力者たちが取り組んだのは、その名から連想される闇工作ではなく、自由選挙による政権交代を演出することにより国民の民主主義・自由主義に対する信頼を回復させ、あわせてフク反乱を封じ込めるという、いわば冷戦の「白魔術」であった。その主人公に担ぎ出されたのが、ラモン・マグサイサイ(一九〇七—五七)である。サンバレス州の片田舎で育ち、大戦中は米軍指揮下の抗日ゲリラに参加して、戦後、下院議員に当選したマグサイサイは、地方有力家族の出身という点では既成の政治家と変わらなかったが、フィリピン人としては巨漢で、華人やスペイ

ランズデールとマグサイサイ

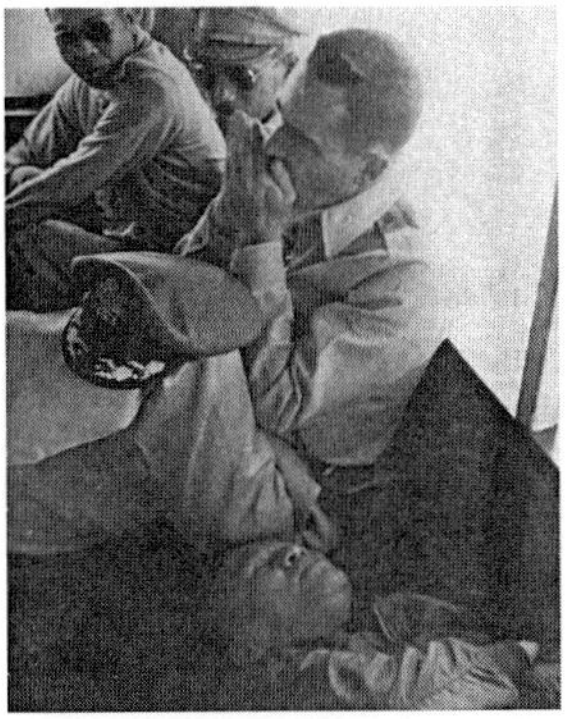
ハーモニカを吹くランズデールとマグサイサイ（1952年3月）

ン系メスティーソが多い中央政界ではマレー的な容貌と肌の色の持ち主であり、庶民的な魅力とカリスマ性に富み、新時代の大衆民主主義的な指導者を期待させる人物であった。一九五〇年に訪米してランズデールと出会い、肝胆相照らす仲となったとされている。アメリカの後援を受けてキリノ政権の国防長官に就任したマグサイサイは、フク反乱制圧の立役者を演じ、CIAが後援した自由選挙国民運動の選挙監視にも軍をあげて協力して、一九五一年中間選挙では野党の国民党が圧勝した。その後、国防長官を辞任して国民党から大統領候補に指名されたマグサイサイは、一九五三年大統領選挙で、「民主主義のお祭り騒ぎ」とも言うべき雰囲気の中で、自由党キリノに対して地滑り的勝利を収めた。

　マグサイサイの大統領への道をCIAが用意したことは当時すでに公然の秘密であった。しかし国民は彼を支持し、フク反乱は下火となった。そして、疲れ果てて眠るマグサイサイのかたわらで子守歌にハーモニカを吹くランズデールの写真は、アジアの友情を勝ち得たアメリカ冷戦戦士の肖像として流布し、アメリカでは、アジア農村に分け入り、民衆との「真心（ハーツ・アンド・マインズ）」の通じあいを反共心理戦の武器とする善意のヒーローとしてのランズデール像が増殖していった。

　しかし、神話が一人歩きする一方、その後のランズデールは「白魔術」でも「黒魔術」でも、現実には失敗続きであった。一九五四年から五六年まで南ベトナムに派遣され、第二のマグサイサイをゴ・ディン・ジエム首相に見いだし、五五年にはジエムの大統領選出をお膳立てした。しかし、ジエム政権の独裁と腐敗がもたらした混乱は、一九六三年のクーデターとジエム殺害を経て、ベトナム戦争の泥沼へとアメリカを引きずり込んでいく。キューバのカストロ政権打倒工作にも関与したが失敗に終わった。一九六五年から六八年に退役するまで、米大使顧問として再び南ベトナムに赴任したが、泥沼の軍事介入で戦闘が拡大するなか、「真心」の心理戦を語るランズデールは浮いた存在だった。

　一方、マグサイサイ大統領は、土地改革などに成果をあげることができないまま、一九五七年、飛行機事故で死亡した。そしてふたたび危機が慢性化するフィリピンでは、「第二のマグサイサイ探し」が続くなか、野心に満ちた若手政治家としてフェルディナンド・マルコスが台頭することになるのである。

個別史／地域史

Ⅰ 「大東亜共栄圏」の崩壊と脱植民地化

個別史／地域史Ⅰ

インドネシア独立と日本・国際環境

後藤乾一

はじめに

現住土民ニ対シテハ皇軍ニ対スル信倚観念ヲ助長セシムル如ク指導シ其独立運動ハ過早ニ誘発セシムルコトヲ避クルモノトス（傍点、引用者）

「大東亜戦争」勃発の三週間前一九四一（昭和一六）年一一月二〇日、大本営政府連絡会議は来たるべき東南アジア占領を想定し「南方占領地行政実施要領」を策定した。そこでは「差当リ軍政ヲ実施」するとの基本方針が示され、とりわけ「治安ノ恢復、重要国防資源ノ急速獲得、及作戦軍ノ自活確保」が目的であることが強調された〔早稲田大学大隈記念社会科学研究所編 一九五九、五三一頁〕。これがいわゆる「軍政の三大原則」といわれるものである。他方、日本は開戦に先立ち列強の植民地体制下にあった東南アジアに向け、日本軍の南進の目的は同地域の隷属状態を打破し、解放された諸民族と共に「大東亜共栄圏」という新秩序を樹立することであると喧伝した。こうした日本の南進エネルギーを自分たちの民族主義運動に取り込もうとする動きも東南アジアの一部、とりわけ蘭領東インド（現インドネシア）、英領ビルマにおいて顕著であった。しかしながら、彼らが独立という至上命題の達成のために利用せんとした日本は、冒頭の言葉（「南方占領地行政実施要領」）が示すように、独立問題に対しては峻厳な方針で臨むことを当初から確認していた。それどころか「軍政の三大原則」を実現するためには、「民生ニ及ボサザルヲ得ザル重圧ハ之ヲ忍バシメ」ることが不可欠であると強調されていた。

本稿は、「大東亜共栄圏」に組み込まれたインドネシアの独立を主題とするが、論述に際しては、右に見た独立問題をめぐる戦時期の日本側と現地指導者側の〝駈け引き〟――別言すればインドネシア側の「対日協力」――を概観した後、一九四五年八月一七日に発布された独立宣言以降のインドネシアの脱植民地化を国内的動態、日本との関係、そして国際的(とくに域内)文脈の三要素の交差の中で考察することを意図したものである。

一　日本軍政の独立施策

東南アジア全域の中で、日本が「重要国防資源ノ急速獲得」のための最重要地域とみなしたのが、いうまでもなくインドネシアであった。とりわけ一九三〇年代後半以降〝資源の中の資源〟と形容された石油がアメリカからの全面断油後インドネシアに求める以外、日本の戦争遂行は不可能であるとの認識が定着していった。それだけに日本はインドネシアを自らの支配下に掌握すると共に、その民心とくに民族指導者の対日姿勢が離反することのないよう、恩威併用すなわち「アメとムチ」の使い分け政策を必要とした。「アメ」とは「独立」付与の可能性を内外情勢を勘案しながら小出しに示すことであり、「ムチ」とは戦争遂行に必要な物的・人的資源の徴発、あるいは民族主義的な感情が危険水域にまで高まることを厳重に監視するシステムの構築であった。

日本が本格的に東南アジアの独立問題への対応を迫られるのは、一九四三(昭和一八)年に入ってからのことである。同年一月一四日大本営政府連絡会議は「占領地帰属腹案」を決定するが、そこでは「将来ノ帰属」として「独立国」と認めたのがビルマとフィリピンであり、その他の地域への方針は「追テ定ム」として一括された。「独立国」として約束されたフィリピンとビルマは、一九三五年に宗主国アメリカ、およびイギリスという後の日本の主要交戦相手国から、それぞれフィリピン・コモンウェルス政府の樹立、および自治権付与の一環としてのビルマ統治法を認められていた。こうした事実が、日本側の両地域への施策の背景にあった。

この連絡会議決定を受け二カ月後の一九四三年三月一〇日、「緬甸〔ビルマ〕独立指導要綱」、ついで六月二六日に「比島独立指導要綱」が決定される（『日本外交文書 太平洋戦争』第二冊、Ⅵ）。

一方、インドネシアに対しては、フィリピン独立を謳ったと同じ日に「原住民政治参与ニ関スル件」が連絡会議の諒解事項とされるにとどまった。こうした基本方針上の差別化と共に興味深いことは、上記の一連の公式文書において日本は、ビルマには「緬甸人（国民、民族も）」、フィリピンには「比島人（国民、民族も）」の語を使用したのに対し、インドネシアに対しては終始「原住民」という言葉を使っていることである。後述する「東印度独立」を謳った小磯首相声明においても「原住民」で押し通している。こうみると冒頭に掲げた「現住土民ニ対シテハ……」の一節は、インドネシア人を念頭において挿入されたとみても決して不自然ではないであろう。

しかも日本側は、インドネシア「原住民」に政治参与の拡大というアメを与える直前の五月三一日、御前会議で「大東亜政略指導大綱」を策定していた。周知のようにこの大綱では、「重要資源ノ供給国」たるインドネシア全域はマラヤと共に「帝国領土ト決定」され、かつその方針は対外政策上「当分発表セス」と定められたのだった〔参謀本部編 一九六七、四一四頁〕。御前会議の席上、その「大綱」の説明に立った東条英機首相は、この地域は「民度低クシテ独立ノ能力乏シク且ツ大東亜防衛ノ為帝国ニ於テ確保スルヲ必要」とすると述べる一方、ジャワを念頭におきつつ「原住民の民度ニ応ジ」政治参与の機会を拡大するとの姑息な対応をとった。

その延長線上で東条は、腹臣の佐藤賢了陸軍省軍務局長、山本熊一大東亜省次官、上村伸一外務省政務局長らを帯同し、六月三〇日から七月一三日にかけて南方視察の途についた。五月のマニラ訪問につぐ二度目の南方訪問であったが、歴代首相の中では最初の南方訪問であった。バンコク、シンガポール、そして石油基地スマトラ・パレンバンを経由した東条は、七月七日にジャカルタ入りする。この訪問は、ビルマ、フィリピンには独立付与の声明を出したのに何故にインドネシアを黙殺するのかとのスカルノ、ハッタら最高指導者の不満を鎮静化すべく、ジャワ軍政を管轄した南方軍第十六軍当局がお膳立てしたものであった。しかも政治参与許可に対するインドネシア側の謝意に応えるという形式がとられた。

ジャカルタ到着の夕、東条は二〇万の人波で溢れるガンビル広場で開かれた「民衆感謝大会」に出席し、こう檄を飛ばした。なお当時の『朝日新聞』は、その模様を「〔ジャワ二〇万民衆の〕歓喜こゝに爆発」と讃えた。

日本は大東亜十億家族の中核となつて諸子を英米の桎梏から解放せんとして戦争を続けている、……大東亜戦においてジャワの占むる位置は重大であり、諸子の奮起如何は戦局上影響するところ大である。よろしく帝国の精神を体し、すべてを大東亜戦に集中新ジャワ建設に渾身の努力を望む(『朝日新聞』一九四三年七月一三日)。

こう呼号しつつ東条は、インドネシア人が「新ジャワ建設」に全民衆打って一丸となるよう訴えた。この東条の檄に応える形でスカルノがインドネシア側を代表し、型通り政治参与許可に謝意を表明した後、こう熱弁をふるった。

日本が遂行しているこの大東亜戦争はアジアをアジア民族に返すための、アジアの国々をその人民に返すための、そして大日本の指導下、家族的紐帯と共栄の中で大東亜の諸国を編成するための聖戦である。それ故に大東亜戦争はわれわれの戦争でもあるのだ。われわれは最後の勝利が間近いことを確信しつつすべての力、精神をこの戦争に注ごうではないか。それを通じて、インドネシア民族の地位はますます完全なものとなり、かくして最終的にわれわれが熱望していたものがわれわれの手に入るのだ(『アシア・ラヤ』一九四三年七月八日)。

双方の最高指導者の発言を比較すると、両者は文字通り同床異夢的な関係にあることが明白である。一九二〇年代以降高揚をみたインドネシアの民族主義運動は、オランダ支配下にある全域そしてすべての諸民族を包摂し、それを一つの統一体として把える考え方に立脚していた。いわば「独立」と「統一」とは不可分のものとして認識された。それだけに日本が、独立はおろか、全地域をジャワ、スマトラ、東インドネシアの三地域に分割し、独自の占領統治を実施したことは、重大な誤謬であるとみなした。その間の両者の乖離が、東条が「ジャワ」に限定しての地域呼称を用いたのに対し、スカルノは「インドネシア」の語を可能な限り使用したことに端的にあらわれている。もう一つの両者の齟齬は、東条が日本を主体とした「大東亜戦争」を論じインドネシア(「ジャワ」)を従属的に位置づけるのに対し、スカルノはこの戦争は「われわれの戦争」でもあり、勝利の暁には「インドネシア民族」は「最終的に……熱望していたもの」が実現されるのだという強い民族主義に裏打ちされたものとなっていることである。このスカルノの基本姿勢こそがインドネシアにおける戦時期「対日協力」の本質であり、またそれ故にその「協力」は独立後の政治過程の中で烈しく指弾されることは稀であったこととも関連する。

東条首相の第二回南方視察から四カ月後、東京日比谷公会堂を会場に大東亜会議が開催された(一一月五―六日)。東条の招きで「大東亜共栄圏」内の「独立」国首脳(中華民国汪兆銘主席、タイ国ワンワイタヤコーン殿下、「満洲国」張景恵首相、フィリピン・ラウレル大統領、ビルマ・バモウ首相、そしてオブザーバーとしてインド仮政府主班チャンドラ・ボース)らが参加したこの会議は、閉幕に際し、「共存共栄の秩序の建設、自主独立の相互尊重、人種的差別の撤廃」等を謳った「大東亜共同宣言」を採択した。この会議の史的位置づけに関しては近年少なからぬ数の実証研究が公刊されているが、日本の敗戦を予期しつつも日本の戦争目的ないし戦後構想を世界に向け宣明しておこうとの意図が関係当事者の中にあったことも指摘されてきた(波多野澄雄『太平洋戦争とアジア外交』東京大学出版会、一九九六年等)。大東亜会議の実質的企画者であった外務大臣重光葵の八月九日の手記の一節も、それを裏付けるものであろう。「大東亜全域に拡張せられたる我戦線は今日の陸海軍の保有船舶及《および》物資の生産力等を以てしては案外早く崩壊することあり得べし、武人が楽観論を振り回す時、政治家は細心の注意を以て将来の経綸を案ぜざるべからず」(重光

一九八六、一八〇頁」。

この重光の状況認識は、決して杞憂ではなかった。それから間もない九月三〇日の御前会議は、戦勝の報に湧いた前年三月に続く第二回目の「今後執ルヘキ戦争指導大綱」を決定し、いわゆる「絶対国防圏」の構想が打ち出された。**図1**が示すように、日本が「絶対確保スヘキ要域」は開戦当初からみると大幅に縮小され、「案外早く崩壊」との重光の予感を裏付ける形となっている。その意味でも大東亜会議は、破局に向かうことになる日本の、少なくとも首相・陸軍大将東条英機の最後の晴れ舞台であった。こうした中、一一月一三日朝八時四五分、フィリピン大統領ラウレルは、大東亜会議に出席した「独立国」首脳中最後に帰国の途についた。そしてそれからわずか七時間後、「熱望していたもの」を認められなかったスカルノ、そしてハッタ、ハディクスモの三名のインドネシア(「ジャワ」)代表が、政治参与への謝意表明、決戦体制下の日本各地の視察を名目として招聘された。一行は一八日間にわたり異例ともいえる大歓待を受けたが、天皇への「拝謁」、叙勲の「栄誉」(スカルノは勲二等瑞宝章、後の二人は勲三等)はその象徴であった。とくに一〇年に及ぶオランダ留学の体験を持つハッタと異なりスカルノにとっては訪日が最初の国外旅行であり、それだけに天皇との会見には二年前までは「政治犯」の境遇であったこともあり「恐懼感激」したといわれ、「帰国の上は粉骨砕身、ジャワ四千万民衆

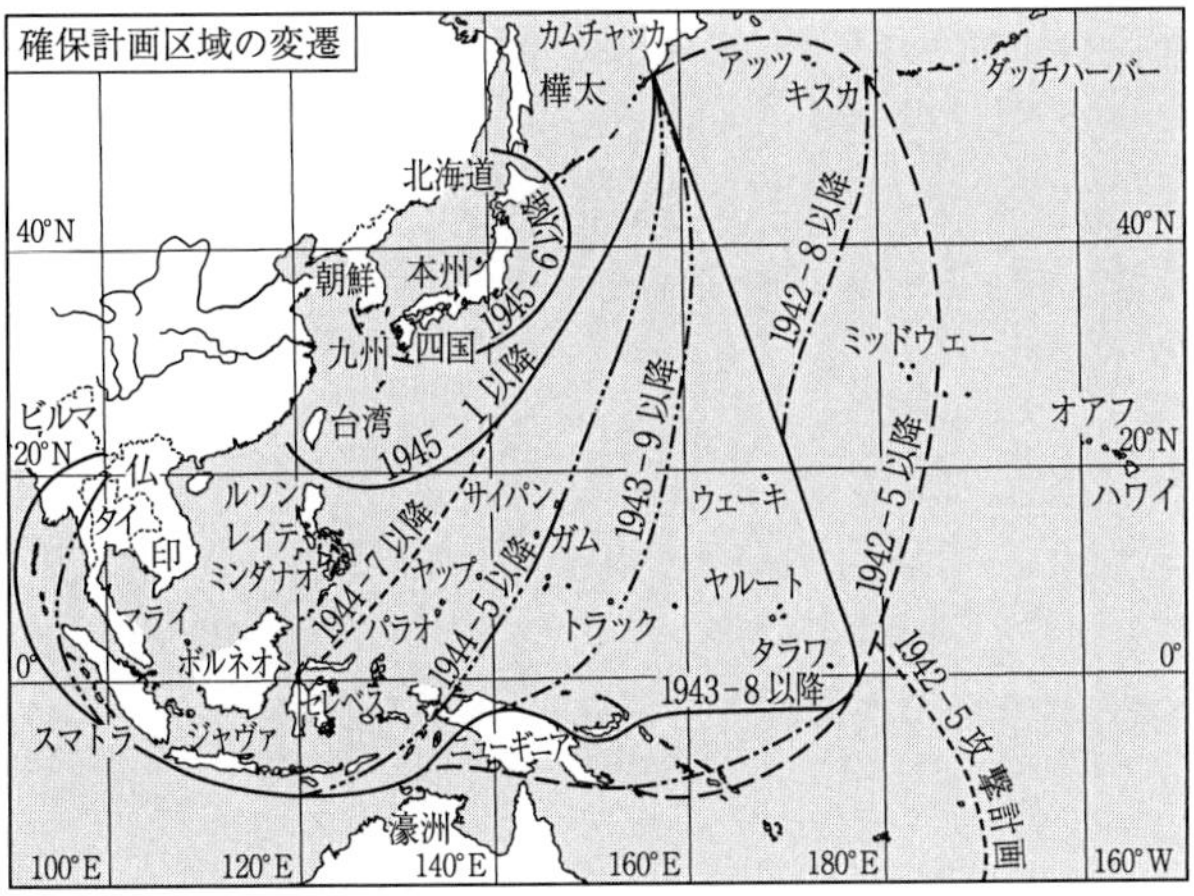

図1　絶対国防圏
高木惣吉『太平洋海戦史』(岩波新書, 1959年)より.

の指導の任に当り以て今次戦争完遂の協力に邁進し、聖恩の万分の一に応え奉る覚悟」を披瀝している（『朝日新聞』一九四三年一一月一六日）。

しかしながら、スカルノらは日本側が報道したごとくこの訪日を手離しで喜んだわけでは無論なかった。新たに復刻された三好俊吉郎（第十六軍公式通訳官、外務省出身）の回顧録によれば、スカルノらの真意は「政治参与の許可に対する感謝」にあるのでなく、日本側から「何か重大な約束」を引き出すことであった。具体的には①インドネシアを三分割するのではなく、一元的行政単位と認め、これにビルマ、フィリピンに対し認容されたものと同じ地位を認めてほしい、②インドネシア民族の悲願に対し、日本政府としての方針をできるだけ早期に発表してほしい、③紅白民族旗、民族歌インドネシア・ラヤ（現在の国旗、国歌）の許可の三点であった、と三好は指摘する〔三好 二〇〇九、一一三頁〕。繰り返しなされたこれらの懇願に対し東条は、具体的な言質を与えることは慎重に避け、ただ「民族的要望は十分諒解している……戦勝完遂後適当の時期に必ず諸君の要望にかなうようにするから、ぜひ日本政府を信頼してほしい」と曖昧な返答に終始した。わずかに第三点目については、「許可しても差支えがあるとも考えられないので」現地軍（第十六軍）当局と連絡をとり回答させると応じた。

一縷の望みを託しジャカルタに戻ったスカルノらであったが、帰国報告を受けた軍政当局ナンバー2の国分新七郎参謀長（兼軍政監）は、民族旗・歌を許可せずとクギをさした後こう叱責した。「諸君は日本で非常な歓待を受けて大いに甘えたねだりごとをしたようであるが、例えていえば日本の中央政府は祖父で現地軍は父親のようなものである。祖父は孫に対し盲目的に甘やかすが父親は子供の指導教育の責任があるから、子供の将来のために厳格な訓育を行なうものである」。その予期し得なかった国分参謀長の発言にスカルノは、五歳年長の三好の前で「指導者としての責任をとり得ないと号泣した」〔三好 二〇〇九、一一六頁〕。

こうした強硬な日本側の姿勢が急展開をみせる最大の要因は、アジア太平洋戦線、ヨーロッパ戦線における枢軸国側の急激な戦局悪化であった。とりわけ一九四四年六月一九日のマリアナ沖海戦での決定的敗北、その直後のインパール作戦の中止(七月四日)は日本の国内政治に大きな衝撃を与え、七月一八日の東条内閣崩壊へと直結した。ヨーロッパでも前年九月八日には同盟国イタリーが無条件降伏し、またドイツ軍も苦戦を強いられていた。このような内外情勢を受けて九月七日小磯国昭新首相は、「東印度独立」に関する小磯声明」を発表した。絶対国防圏の南の堡塁インドネシアの協力を維持するには背に腹は代えられないという状況下であった。小磯声明はその事実に言及することなく、「原住民ハ、克《よ》ク帝国ノ真意ヲ解シ、終始一貫、大東亜戦争完遂ノタメ、多大ノ努力ヲ続ケ」てきた実状に鑑み、「帝国ハ東印度永遠ノ福祉ヲ確保スルタメ、将来ソノ独立ヲ認メントスル」ものであると謳った。これを受けて初めて民族旗、民族歌の使用が許可された(『日本外交文書　太平洋戦争』第二冊、一四一七頁)。

だが「将来ソノ独立……」の語が示唆するように独立許可に向けての動きが加速化するには、さらなる戦局悪化という外的要因を待たねばならなかった。日本政府・軍部の時局認識とインドネシア独立問題との相関については、前述の『日本外交文書』所収の資料から鮮明に浮かんでくるが、最高戦争指導会議が最終的に「東印度独立措置ニ関スル件」を決定したのは一九四五年七月一七日のことであった。それは奇しくもポツダム会談が始まった日であった(ポツダム宣言発表は二六日、日本による受諾決定は八月九日)。同日付けで大日本帝国最後の外相となった東郷茂徳は、「東印度独立措置ニ関スル」大臣説明資料を執筆している。敗戦を間近にした段階での政府当局のインドネシア独立についての認識をうかがう上で、貴重な記録である(『日本外交文書　太平洋戦争』第二冊、一四二八—一四三一頁)。この外相「説明資料」は、冒頭「東印度ニ於テハ蘭領時代ヨリ熾烈ナル独立運動アリ、「インドネシア」人ノ為ノ「インドネシア」ハ彼等独立運動者ノ熱烈ナル要望ナル処……」と述べた後、今日に至るまでの日本側の独立施策の推移を概括する。冒頭の認識表明は遅きに失した観もあるが、全体としてインドネシアの民族主義を積極的に評価する内容となっている。とりわけ旧蘭領東印度の全域を「独立セシムベキ地域」とした事について、次のような背景説明がなされていることは興味深い。

此ノ際先《ま》ツ「ジャワ」ノミニ独立ヲ許容シ爾他ノ地域ハ更ニ其ノ実質ノ完備ヲ俟チテ独立セシムヘシトノ論モアリ得ヘキ処、従来東印度ノ独立ヲ首唱シ来レル所謂独立運動者ハ常ニ蘭領東印度ヲ一体トシテ考ヘ居リ之ヲ一体トシテ独立セシメント要望シツツアルモノニシテ、此ノ際「ジャワ」ノミヲ切離シテ独立セシムルコトハ彼等ヲ失望セシメ切角ノ効果ヲ半減スルノミナラス或《あるい》ハ帝国カ爾余ノ地域ニ付何等《なんら》カノ野心アルニ非《あら》スヤトノ疑念ヲ生セシムル惧《おそれ》ナシトセス、依テ此ノ際独立セシムヘキ地域ハ旧蘭印全部ナル旨ヲ明《あきらか》ニスルヲ可トスル次第ナリ。

二　日本敗戦とインドネシア独立

一九四五年八月一七日、インドネシアは全世界の植民地の先陣を切って独立を宣言する。日本の敗戦からわずか二日後の事であった。対日協力を通じての独立を模索してきたスカルノとハッタが「インドネシア民族の名において」この独立宣言を発布するまでの二日間、日本との関係を温存した形の独立は連合軍から〝日本ファシズム製〟として指弾されることを警戒する青年民族主義者との間に鋭い緊張を引き起こした。この間の経緯については内外の先行研究や関係当事者の回想録・自伝等で詳細に論じられてきたので、ここでは立ち入った考察を行なわない。ただ「独立宣言」がその後のインドネシア政治史のみならず第三世界と呼称された諸地域・諸民族に与えた影響の大きさに鑑み、宣言発布に先立ちスカルノが述べた言葉を書き留めておきたい。これは近年インドネシア研究の泰斗G・ケーヒンによって初めて明らかにされたものである[Kahin 2000, p. 10; 後藤・山﨑 二〇〇一、一二一―一二二頁]。

すべての兄弟、姉妹へ!!

私は、われわれの歴史の中でもっとも重要な出来事を目撃してもらうため、皆さんにこの場に集まってくれるよう御願いした。

数十年にわたり、インドネシアの人民は、われわれの国の自由を求めて闘ってきた。否、数百年にもわたってだ！

独立を勝ちとるためのわれわれの行動の中には高揚する波もあったし、引く波もあった。しかしながら、われわれの精神はわれわれの理想を求めて揺らぐことはなかった。

また、日本（占領）時代の間も、民族独立を達成するための努力がとだえることは決してなかった。この日本時代においてわれわれは日本人に依存したとみられたかもしれない。しかしながら、本質的に、われわれは自身の力を強めつづけてきたのだ。われわれは自らの強さを信じてきたのだ。

いまここに、われわれの行動の運命とわが国の命運を真にわれわれ自身の手の内に入れる瞬間がきたのだ（傍点、引用者。以下略）。

この短いスカルノの演説の中には、日本という言葉が三回登場する。自らの「対日協力」に対するある種の釈明でもあるが、それ以上に日本を利用して独立に向けての基盤を固めてきたことへの自負が読みとれる。またそれは当時一部の青年指導層、知識人の間にみられた対日協力問題を政争の道具とすることへの戒めの表現でもあった。

その日本は無条件降伏をしたものの、連合軍側との激戦のなかったインドネシアに限っていえばほとんど無傷の軍事力（陸軍二万、海軍二万、航空部隊一万）を残していた。しかしながらポツダム宣言受諾をふまえ八月二五日、天皇はその「勅諭」の中で「一糸紊《みだ》レサル統制ノ下整斉迅速ナル復員ヲ実施シ以テ皇軍有終ノ美ヲ済ス」ことを軍に求めた。こうした事態の急速な展開の中で、今なお戦闘能力を温存する在インドネシアの日本陸海軍も、連合軍東南アジア司令部の最高指揮官マウントバッテン大将の監督下に置かれることになった。その連合軍が在インドネシア日本軍に要求したことは、約言すれば「現状維持」ということであった。「現状維持」という命令に服するということは、軍政当局が戦争末期に深く関与してきた独立問題に今後日本は一切関わりをもたないということを意味した。換言すれば日本が最終段階で約束した「東印度独立措置ニ関スル件」で謳った独立許容方針を白紙撤回することであった。それどころか、「現状維持」とは、高揚するインドネシアの独立運動を連合軍の命に従い鎮圧する役割を付与されたことをも意味した。もしその命令に反した場合、軍政当局は責任を追及されることは免れず、最終的には「国体護持」、天皇に累を及ぼすこととなる危険性を当事者は憂慮した。その結果第十六軍当局は八月一九日、既定方針を確認した上で「降伏義務を完遂して国軍の最後の忠誠を尽せ。大元帥陛下に御迷惑を掛けるな。最後まで一糸乱れぬ日本陸軍の軍規を示せ」との訓示を発出した〔山本 一九七九、九一―九二頁〕。

「現状維持」の命令に服し、インドネシアにおける権力を独立を宣言した彼らの頭越しに連合国側に引き渡す義務を科せられた日本軍当局にとっては、とりわけ二つの事態が発生することが脅威であった。第一は、独立宣言を契機にエネルギーを発散させてきた独立運動諸グループが各地の日本軍部隊に武器弾薬の引き渡しを要求することであった。日本側は連合軍命令に従い、インドネシア側の要求を拒否することを基本原則としていた。しかしながら、現実には各地の情勢や現場部隊の責任者の態度や状況判断の差異により、対処の仕方も一様ではなかった。ジャワ軍政の中枢にあり敗戦後も連合国側との折衝にあたった斎藤鎮男は、この点につき少なくとも三つのパターンがみられたと指摘する〔斎藤 一九七七、二二七頁〕。第一はインドネシア側の強要に屈し、拒んだ場合の危険を予測し武器・弾薬を引き渡した例（スラバヤ憲兵隊）、第二は戦闘を交えてまで最後まで引き渡しを拒み、日本側だけでも一五五名の死者を出したスマラン城戸部隊の例、そして第三は大部分の部隊がとった戦闘を交えた上、武器を放棄した例である。このようにして一九四五年末までに相当量（ジャワ防衛義勇軍指導官であった森本武志によれば「少くとも三分の二以上」〔森本 二〇〇〇、二二二頁〕）の武器弾薬、軍需品がインドネシア側の手に渡り、これが「抗蘭武力闘争の原動力になった」〔木ノ下 一九五八、四六頁〕との見解が、現地日本軍当事者の間では根強く、そのことが日本軍のインドネシア独立貢献論の一要因ともなっている。

現地日本軍上層が恐れた第二の問題は、さまざまな理由で連合軍命令に服することを拒否し、「現状変更」を求めるインドネシア側の戦闘部隊(正規軍、非正規軍を問わず)に身を投じた元日本兵・軍属・民間人が後を絶たなかったことである。軍当局は「独立問題には一切関与しない」ことを連合国側に命じられていたため、こうした指揮下を自らの意志で離れた者を「現地逃亡脱走兵」と烙印し、帰順しない場合は厳罰主義で臨んだ。当時の一資料には「一部少壮将兵ハ徹底抗戦ヲ絶叫シ又一部ノ人員ハ薄志弱行ニシテ自己生存ノ指針ヲ失ヒ又一部ハ澎湃《ほうはい》トシテ勃興セル「インドネシア」民族運動ニ眩惑サレ国士的自己陶酔ニ陥リ或《あるい》ハ国家ノ前途ヲ極度ニ悲感シ又ハ自己保存特ニ婦人関係ノ呰々タル情愛ノ虜トナリ兵器ヲ携行スル党與逃亡又ハ個人逃亡自殺等散発」する状態が相次いだと記述している。しかしながら一〇月末、彼ら「脱走日本兵」がインドネシアの独立軍の背後にあるとみた連合国側が、「逃亡者ハ天皇ニ対スル反逆者トシテ取扱フベキ」との命令を出したことで一応の「中絶ヲ見タリ」とも指摘されている(松元大佐「南「スマトラ」ノ状況・昭和一八年三月―二一年一一月」防衛省防衛研究所戦史部所蔵)。

こうして異国の独立戦争に加わった「脱走日本兵」の多くは、インドネシア独立後は同国国籍を取得することになるが、彼らに対して戦後日本は――連合軍の「現状維持」命令を受諾した日本軍であれ、独立後の日本政府であれ――彼ら残留者に対し「現地逃亡脱走兵」の烙印を押しつづけてきた。その呼称が撤回されるのは「大東亜戦争」開戦五〇年にあたる一九九一年のことであった。彼ら老境に向かいつつあった「元日本兵」は、戦後三五年近くを経た一九七九年夏、インドネシア各地に相互の接触もないまま孤立して散在していた状態を改善し、互助組織の性格をもつ「福祉友の会」(Yayasan Warga Persahabatan, 以下ＹＷＰ)を結成した。これら元日本兵を結集する上で精神的・物質的にもっとも重要な役割を担ったのが、クンプル・オッド(日本名乙戸昇)という人物であった〔後藤 二〇〇二〕。乙戸らは会の事業の一環として残留日本人の記録を史料として残すことにも意を配り、またインドネシアと日本の民間レベルでの交流にも大きな貢献をしたことが、近年研究者、ジャーナリストらにより広く知られるようになった。**表1**はＹＷＰの調査活動の一成果であるが、八百数十名を下らない彼らの内、現時点(二〇一〇年一二月)での生存者はわずか三名を数えるのみである。その一人である東部ジャワ・マランに居住するラフマット・オノ(日本名小野盛)は、独立戦争に参加した当事の克明な従軍日誌を油紙に包んで保管していたが、このほど新進研究者の協力を得てその全貌が明らかとなった[小野 二〇一〇]。今後のインドネシア独立戦争研究、また日本インドネシア関係史研究の深化にとってきわめて重要な価値をもつ文献であることを付記しておきたい。

表1 「残留日本人」数について

	ジャワ・バリ (%)	スマトラ (%)	その他	計 (%)
独立戦争時の戦病死者 (1945. 8. 17–49. 12. 17)	117 (35.1)	130 (30.9)	—	247 (31.7)
独立後の死亡者 (1949. 12. 28–80. 12. 20)	48 (14.4)	70 (16.6)	—	118 (15.1)
行方不明者	64 (19.3)	150 (35.6)	24	238 (30.5)
生存者 (1980. 12. 20 現在)	104 (31.2)	71 (16.9)	2	177 (22.7)
計	333	421	26	780

YWP『月報』No. 56(1986年12月)に依拠．なお，乙戸は(1)この表には独立後帰国した者，独立戦争中オランダ軍に逮捕され日本に送還された者等は含まれていない，(2)それらは50名を下らないと思われるので，独立戦争参加者は，最低に見積もっても総計八百数十名を下らないと指摘している．

なお、かつて「現地逃亡脱走兵」と冷淡視した彼らを、日本のインドネシア独立貢献の証として評価する歴史観が近年顕著となっている。長年にわたりその差別的な呼称に煩悶を重ねてきた彼らにとって、そうした評価はある種の精神的慰藉を与えるものであるかもしれない。しかしながら歴史的経緯を無視し、「元日本兵」を「解放戦争史観」の枠内に我田引水的に取り込んでゆくことは、決して誠実な歴史理解とはいえない。その意味でも「残留元日本兵」の精神的支柱であった乙戸昇が残した次の言葉は、彼らの歴史的位置づけを考える上できわめて含蓄に富んだものである。「私たちがよく戦ったということとインドネシアが独立したことは短絡させてはだめだ。独立を戦い取ったのはやはりインドネシア人自身なのです」(秋野晃司「はるかなり母国・インドネシア

残留日本人(12)」『西日本新聞』一九八七年八月二二日)。

以上、インドネシア独立という主題を、主に戦時期は「上」から、戦後は「外」から深く関わってきた日本の動きに焦点をおいて考察した。同時にいうまでもなく、一九四九年一二月まで四年余続く対オランダ独立戦争期の全体像を素描するには、インドネシア内部の諸政治勢力の動きと彼らの間でのせめぎ合い、各地域毎の個別的検証、さらには社会経済的条件等、多面的、多角的な検討が必要なことはいうまでもない。本稿では紙幅の関係上、これらの国内的諸問題について具体的に論じることはしないが、この点については古典的研究に属するケーヒン『インドネシアにおける民族主義と革命』(George McT. Kahin, *Nationalism and Revolution in Indonesia*, Cornell University Press, 1952)、アンダーソン『革命期のジャワ』(Benedict R. O'G. Anderson, *Java in A Time of Revolution, Ocupation and Resistance 1944-46*, Cornell University Press, 1972)、増田与『インドネシア現代史』(中央公論社、一九七一年)はじめ相当数に達する優れた先行研究が存在する。

さらに日本占領期および独立戦争期という激動の十年の政治過程を身をもって体験した政治指導者の回想録等も、一九九〇年代半ばまでに少なからず日本語に訳出されている。これは他の東南アジア諸国については見られない現象であり、それだけインドネシア独立に関する日本の学術界、読者層の関心が大きかったことを物語るものであろう。以下これらの書題を刊行順に紹介しておきたい。シンディ・アダムス(黒田春海訳)『スカルノ自伝——シンディ・アダムスに口述』(角川書店、一九六九年)、アフマッド・スバルジョ(奥源造編訳)『インドネシアの独立と革命』(龍溪書舎、一九七三年)、イワ・クスマ・スマントリ(後藤乾一訳)『インドネシア民族主義の源流——イワ・クスマ・スマントリ自伝』(早稲田大学出版部、一九七五年)、タン・マラカ(押川典昭訳)『牢獄から牢獄へ——タン・マラカ自伝(I・II)』(鹿砦社、一九七九、八一年)、アダム・マリク(尾村敬二訳)『共和国に仕える——インドネシア副大統領アダム・マリク回想録』(秀英書房、一九八一年)、ロシハン・アンワル編(後藤乾一・首藤もと子・小林寧子訳)『シャフリル追想——

「悲劇」の初代首相を語る』(井村文化事業社刊、勁草書房発売、一九九〇年)、モハマッド・ハッタ(大谷正彦訳)『ハッタ回想録』(めこん、一九九三年)。ちなみに邦訳された上記七指導者の独立戦争期の地位に触れると、各々以下のとおりであり、これらの文献がこの時期の内実を知る上で大きな資料的価値を有していることがうかがえる。初代大統領、初代外相、初代社会相、民族共産主義最高指導者、青年民族主義者(後外相等)、初代首相、初代副大統領。

これら独立革命期の内側を生々しく伝える一連の関係当事者の記録を読むと、独立という宿願を達成するという「栄光」の歴史の裏側に、その代償ともいうべき種々の負の要素を見出すことができる。独立闘争の路線選択をめぐる政治エリート間の深刻な対立に起因する一九四六年七月三日事件、共産党主導の武力蜂起一九四八年マディウン事件、一九四九年に始まるイスラーム国家樹立を目指すダルル・イスラーム運動、あるいはオランダの影響下で作られた暫定インドネシア連邦政府をめぐり露呈された地域主義の萌芽等々、これらの、事件につぐ事件の発生は、爾後のインドネシア政治における統合と亀裂をめぐる問題、広くは脱植民地化の方向性やその内実に重大な影響――負の遺産――を刻印することになった。

三　インドネシア独立をめぐる国際環境

第二次世界大戦後、最初の独立宣言を発布し、かつその独立を貫徹すべく旧宗主国オランダに対する武力闘争を激化させていたインドネシアには、国際社会からきわめて大きな関心が寄せられた。そうした国際的関心は、大別して二つの方向から寄せられた。第一は、冷戦体制と関連してのアメリカからのものであり、第二はアジア域内の新興独立国家群からの支援と同情である。まず第一の問題から跡付けてみたい。オランダは旧植民地体制を復活すべく、一九四七年七月および四八年一二月、治安を維持するための「警察行動」と称して二度にわたる停戦協定(リンガルジャティ協定、レンヴィル協定)を破棄し掃討作戦を強行した。これに対し創設まもない国連安保理事会は、即時停戦の決議を採択した。とりわけ当時の首都ジョクジャカルタを占拠しスカルノ、ハッタ正副大統領はじめ共和国指導者を拘束した第二次警察行動に際して、国連安保理は即時停戦と要人釈放を決議し、オランダに対する圧力を強めた。

こうした国連の行動に対しては、戦後この地域に戦略的な関心を深めていたアメリカの意向も無視できなかった。ヨーロッパでの東西冷戦がアジアに波及し、ソ連が東南アジアに対する関心を深める中で、当初アメリカは戦後復興をてこ入れするためにもオランダ支援を重視し、かつその植民地インドネシアで左派的勢力が大きな影響力を持つことになることを憂慮していた。しかしながら、東部ジャワ・マディウンにおける共産党蜂起をインドネシア共和国政府(当時はハッタ政権)が短時日で武力鎮圧したことは、米政府の対インドネシア認識・政策、そして対オランダ施策を大きく軌道修正することになった。この鎮圧により、アメリカ政府は、今後当分はインドネシア独立革命が共産主義へ傾斜することはないであろうとの認識をもつようになった〔プルヴィーア 一九七七、六三六頁〕。そのことは同時に、アメリカがオランダに対する直接的な外交的・経済的圧力を加えるだけでなく、インドネシア問題についての国連三カ国委員会(オーストラリア、ベルギー、アメリカ)等国際社会でインドネシア支持を明確に打ち出すことになる主因となった。

具体的にみるならば、国連の非難を受けた第二次警察行動後アメリカは、オランダに対しインドネシアへの主権移譲を強く求めたが、その点につき当時の米国務省はこう警告した。「〔主権移譲の遅れが〕が長びけば長びくほど、インドネシアにおける非共産主義系の民族主義者〔スカルノ、ハッタを中心とする〕とオランダの立場は弱くなり、かつ共産主義者を含むすべての急進派の勢力が強くなる」〔Tarling 1993, p. 193〕。また一九四九年三月五日、米政府は蘭外相スティッケルに対し、オランダがインドネシア問題を解決しない限り、北大西洋条約機構(NATO)に基づく対蘭軍事援助計画は考慮しないと通告した。これは主権移譲との関連でアメリカが、対蘭軍事援助について公式に言及した最初の事例であった［首藤 一九九三、一一五頁］。

東西冷戦を背景とした上述のアメリカからの政治的・「道徳的」支援以上に、その後のインドネシアの対外関係にとって大きな意味をもったのは、相次いで独立を果たすことになった、あるいは独立途上にあったアジア域内諸国との連携であった。そして結果的にみるとこうしたアジア域内における協調関係の芽生えが、一九五五年の第一回アジア・アフリカ会議（バンドン会議）への水路へとつながっていくのであった。その際とくに注目すべきは、ネルーに率いられたインドが果たした積極的な役割、およびそれと歩調をあわせたウ・ヌー指導下のビルマの動向であった。周知のようにスカルノを含めた彼ら三名の指導者は、後日バンドン会議でも主導的な役割を担うことになる。

第二次世界大戦終結以前の国際会議は、ほぼすべてが植民地を保有する欧米列強（含日本）の、「による、のための」会議であったといって過言ではない。その意味で一九四七年三月ニューデリーで開催されたアジア関係会議は、インド、ビルマ、インドネシアを含む東南アジア、南アジアの二九カ国が参加し、戦後国際政治における第三世界の存在を国際的に強くアピールする会議となった。ちなみにネルーの主唱によるこの戦後アジア最初の国際会議に、日本による直接支配を経験しなかったインドは日本にも招請状を出したが、マッカーサーＧＨＱ総司令官の手で却下されるという経緯があった［Colbert 1977, p. 112］。アジア関係会議の主要議題は植民地主義を拒否する「非植民地化」の確認、そして「域内連帯」の強化とりわけ焦眉の課題となっていたインドネシア独立戦争への支持表明であった。それだけに会議終了四カ月後に発生したオランダ軍による第一次警察行動は、会議参加国とりわけ主催国インドを激怒させることとなった。ネルーはオランダの停戦協定違反を「アジア全体に対する侮辱」であると非難し、仏印問題に関連してのフランス批判以上に厳しくオランダを糾弾した［Remme 1995, p. 93］。さらにオランダの第一次警察行動と相前後し、基本的に非植民地化支持を表明した英米両国をはじめインド、エジプト、レバノン、シリア、イラク、アフガニスタン、ビルマ、サウジ・アラビア等のアジア諸国が相ついでインドネシア共和国を承認したことも、インドネシア独立に対する国際的関心の高さを印象づけた。

またマディウン共産党蜂起とほぼ時を同じく一九四八年九月、当時副大統領兼首相として国際社会に向けたインドネシアの〝顔〟であったハッタが、自国の外交理念として提唱した「自由積極外交」の原則は、深化しつつある冷戦体制の中で新興独立国としての外交的フリーハンドの重要性を強調したものとして爾後のインドネシア外交の基本理念となった。このようにインドネシアに対する国際的好感度・認知度が高まる中での同年末のオランダによる第二次警察行動は、その直後一九四九年一月、ネルーの緊急呼びかけによりニューデリーで開催されたアジア独立諸国会議の直接の契機となった。オーストラリアを含むアジア一九カ国が参集した同会議は、「アジア・アフリカの連帯」を旗印として掲げると共に、インドネシア独立に対する全面的支持を表明した。そうした第三世界発のメッセージはまた、前述したように超大国アメリカのオランダ離れを決定的なものにした。結論的に再論するならば、一九四〇年代後半、インドで開かれた二つの域内諸国会議での最重要課題の一つはインドネシア独立問題であったが、そのことはこの問題を契機に域内諸国の連帯が強化され、さらにそこでつちかわれた緊密な関係が、名実共に独立国となったインドネシアでの一九五五年バンドン会議を可能にさせたものといえよう。

おわりに

インドネシアは東南アジア諸国全体の中で、総面積、総人口においてほぼ半分を占める地域大国である。また石油をはじめとする重要資源の最大保有国であり、かつインド洋と太平洋にまたがる戦略的重要性を有している。このような諸条件が、かつてこの地を長年にわたり支配したオランダが「女王の白いうなじを飾る首飾り」と形容した所以であり、また前大戦中の日本が〝南の生命線〟として最後まで死守しようとした主因であった。そのインドネシアは、戦後世界の潮流を先取りするかのように一九四五年八月一七日独立を宣言する。それは国章ともなっている神話上の聖鳥ガルダの巨大な羽ばたきのように、爾後の第三世界のナショナリズムを鼓舞するものとなった。

　それから一〇年を経た一九五五年四月、かつてオランダの軍事的要衝の地であった風光明媚な高原都市バンドンでは、インドネシアを主導国の一つとして第一回アジア・アフリカ会議（バンドン会議）が二九カ国の参加を得て開催された。最終コミュニケでは過去一〇年間の第三世界の反植民地・帝国主義の旗印を確認すると共に平和十原則が決議され、「バンドン精神」の名と共に一九五〇年代の国際社会に新鮮な衝撃を与えた。一九四九年建国の中華人民共和国にとっても、それは最初の国際会議へのデビューとなった。かつてこの地を軍事占領した日本も、紆余曲折を経てこの会議に参加することとなったが、それは再独立まもない日本にとっても、最初の国際会議となった。バンドン会議参加諸国の支持にも支えられつつ、日本は翌一九五六年一二月、日ソ共同宣言の二カ月後、国連加盟を承認される。二三年ぶりの国際社会への復帰であった。

　このように鳥瞰すると一〇年に一度の〝ガルダの羽ばたき〟は、アジア、広くは第三世界さらには国際政治全体の流れにも無視しえない影響を及ぼしたと総括できよう。この一九四五年八月、一九五五年四月のインドネシアを震源とする衝動波が国際社会において積極的な意味をもったのに対し、バンドン会議からもう一〇年を経て発生した一九六五年「九月三〇日事件」は、インドネシア政治社会に未曾有の激震と混迷を与えただけでなく、その直前アルジェで予定されていた第二回アジア・アフリカ会議の流産と相まち、第三世界全体の方向性にも決定的な変化をもたらした。九月三〇日事件を契機に、インドネシア独立宣言、バンドン会議の象徴でもあった大統領スカルノは失脚し、軍部を背景とした陸軍少将（当時）スハルトを核とする「新体制《オルデ・バル》」が成立し、その外交理念・姿勢も一変した。

　そして事実上スハルト「新体制」が発足してからふたたび一〇年後の一九七五年一二月、インドネシアは脱植民地化に向け混迷が続いていたポルトガル領ティモール（現東ティモール）に軍事侵攻し、この地をその後四半世紀にわたり併合することになった。併合に際しインドネシアは、「東ティモール人が文明の遅れから脱却し、四世紀以上にわたる「植民地支配」の宿縁から解放されるという、東ティモール人の歴史的な大団円を意味する」という、〝もう一つのオリエンタリズム〟により正当化した[Department of Foreign Affairs Republic of Indonesia 1988, p. 1]。いうまでもなくこの文明化の論理は、二〇世紀初頭以来、インドネシア支配にあたりオランダ植民地政府が、そして日本の占領統治が依拠したものと同質のものであった(ただし一九九八年のスハルト体制崩壊後の民主化の中で、インドネシアの歴史教科書は、東ティモール統治期についてこうした「大国主義」を修正し、正負両面から記述するようになっている[Ratmaningsih ed. 2002, pp. 47–50])。

＊　本論文は公益財団法人野村財団の研究助成(二〇一〇年度)を得て執筆されたものである。

【文献一覧】

小野盛　二〇一〇　『南方軍政関係史料42　インドネシア残留日本兵の社会史――ラフマット・小野盛自叙伝』林英一編・解説、龍溪書舎
外務省編纂　二〇一〇　『日本外交文書　太平洋戦争　第二冊』
木ノ下甫　一九五八　『ムルデカ　インドネシア独立秘史』内外出版社
後藤乾一　二〇〇一　「元日本兵クンプル乙戸(一九一八―二〇〇〇)と戦後インドネシア」『アジア太平洋討究』第四号、早稲田大学アジア太平洋研究センター
後藤乾一・山﨑功　二〇〇一　『歴史文化ライブラリー117　スカルノ――インドネシア「建国の父」と日本』吉川弘文館
斎藤鎮男　一九七七　『私の軍政記――インドネシア独立前夜』日本インドネシア協会
参謀本部編　一九六七　『杉山メモ　下』原書房
重光葵　一九八六　『重光葵手記』伊藤隆・渡辺行男編、中央公論社
首藤もと子　一九九三　『インドネシア――ナショナリズム変容の政治過程』勁草書房

プルヴィーア、J・M 一九七七『東南アジア現代史――植民地・独立・戦争 下』長井信一監訳、東洋経済新報社

三好俊吉郎 二〇〇九『南方軍政関係史料39 ジャワ占領軍政回顧録』龍溪書舎

森本武志 二〇〇〇『在ジャワ日本軍の兵器の行方――第十六軍とインドネシアの独立』鳳書房

山本茂一郎 一九七九『私のインドネシア――第十六軍時代の回想』日本インドネシア協会

早稲田大学大隈記念社会科学研究所編 一九五九『インドネシアにおける日本軍政の研究』紀伊國屋書店

Colbert, Evelyn 1977, *Southeast Asia in International Politics, 1941–1956*, Cornell University Press.

Department of Foreign Affairs Republic of Indonesia 1988, *Economic and Social Development in East Timor Province*.

Kahin, George McT. 2000, "Sukarno's Proclamation of Indonesian Independence", *Indonesia*, No. 69, April, 2000.

Ratnaningsih, Neiny ed. 2002, *Panduan Pelajar Sejarah 3*, Bandung: Ganeca Exact.

Remme, Tilman 1995, *Britain and Regional Cooperation in South-East Asia, 1945–49*, NY: Routledge.

Tarling, Nicholas 1993, *The Fall of Imperial Britain in South-East Asia*, Oxford University Press.

個別史／地域史Ⅰ

解放と朝鮮民衆

李　景　珉

はじめに

朝鮮は一九一〇年八月日韓併合で、日本の植民地支配下に置かれた。一九四五年八月解放を迎えたが、それは朝鮮民族の抵抗運動の結果ではなく、「帝国日本」の大戦における敗北の産物に他ならない。自らの力で勝ち取っていない解放は、その後の朝鮮民族の命運を決定づけることになる。

朝鮮半島は、米ソ両軍によって南北に分割占領された。米ソ両軍は、終戦間際に軍事作戦の延長で北緯三八度線を境にそれぞれ進駐してきた。米ソ両軍は、朝鮮社会の歴史や文化についての予備知識もないままに駐屯し始めたために、その占領政策は一貫性を欠くものであった。長い植民地支配を受けてきた朝鮮民族が日本の軛から解き放たれて意気揚々としていた状況に対する配慮や理解が不十分のままであった。

その三年後、朝鮮半島には二つの政権が誕生した。北の朝鮮民主主義人民共和国も南の大韓民国も、互いに朝鮮民族の正統な政権であると主張し、あげくの果てには一九五〇年六月、武力衝突を招いた。三年間の朝鮮戦争は、同じ民族同士の戦争であり、その悲惨さは到底ことばで言い尽くせるものではない。二〇〇万以上の人々が犠牲になり、都市は廃墟と化し、山河は無惨にも荒廃した。朝鮮民族の統一の夢はうたかたと消えた。

この論稿では、植民地支配から解放され分断政権の誕生に至る過程を、朝鮮民衆の対応を軸に論じてみることにする。

一　朝鮮における八・一五

朝鮮民族の植民地支配に対する抵抗運動は、苛酷な状況の下で、強靭な精神力で貫かれなければならないことであった。情勢が厳しさを増していく中で、海外で独立運動に走った者も多い。一九四〇年代に入ると、「帝国日本」は眼前に聳える岩山の如き存在となった。日本は、思い通りに同化政策を推し進めていたので、朝鮮が日本の支配から脱することは絶望的だと誰しもが思っていた。こうした情勢の中で、朝鮮の解放を慧眼にも見据えていた人は極少数であった。解放は、朝鮮民族が植民地当局に「へりくだり服従していたとき、盗人のように」突如として思いもかけずやってきたのであった［咸　一九六五、三三〇頁］。

一方、朝鮮総督府の首脳は、日本の敗戦を早くから予想していた。だが、東京の中央政府から敗戦時の対応に関する指示はなく、苦悩の日々を送っていた。当時、日本軍は南部朝鮮に二三万余、北部朝鮮に一一万七千余、合計三四万七千余が駐屯していた［森田　一九六四、一三頁］。そして、六万余の植民地官僚、在留日本人が約八〇万居留していた。朝鮮総督府は、日本の敗戦となると朝鮮人住民と日本人住民との間で不祥事が生じるのではないかと、不安を抱いていた。その対策こそ、喫緊の課題であった。

朝鮮総督府の政務総監である遠藤柳作は、ここは流血の惨事を避けるべきと判断した。日朝両民族が、融和的に別れることが最善との考えから、遠藤は従来の強圧的な政策をやめて、朝鮮人指導者を第一線で活動させることにした。そこで、呂運亨に治安維持の権限を与えて協力を求めたのである。呂運亨は進歩的な民族主義者で、朝鮮の青年層には大変人気があった。早くから独立運動に身を投じて、日本の司直の取り調べを受けたこともある。当然、彼に警戒の念を抱くものもいたが、遠藤には呂運亨以外に思い当たる人物はいなかった。

八月一五日の早朝、政務総監の官邸で遠藤と会談した呂運亨は遠藤の申し出を受けいれ、直ちに行動を開始した。一九四四年頃から「朝鮮建国同盟」という秘密組織を結成して日本の敗北に備えていた呂運亨は、できるだけ広範な人物を一堂に結集して「朝鮮建国準備委員会」(建準)を八月一五日夕方に立ち上げた。建準は、その名称通り、建国を目ざして活動する機関であり、民族運動の指導者たちが結集し、民族統一戦線体の様相を呈した。一部の保守派からは「大同団結」への協力を得るのに失敗したが、建準は過渡期における準政府機関の体制を整えた。

八月一六日、建準の副委員長である安在鴻はラジオ演説を行い、「朝鮮民族の進むべき途を指示、冷静なる知性と判断を以て行動を厳に慎むよう要望、又日本人の生命財産に就いては警衛隊、保安隊を動員して、絶対に安全を保障する」と述べた(『京城日報』一九四五年八月一九日)。その演説は、在留日本人に感動を与えたが、いかにも新政権の誕生を思わせるような内容であった。すでに朝鮮総督府は瀕死の状態にあって、日本人官吏は日本への帰還をどうするかで頭がいっぱいであった。建準は、二千余名の青年学生たちを動員し治安隊を組織して秩序維持に取り組んだ。ソウル桂洞にある建準本部には朝鮮各界の著名人、報道関係者らが出入りし、さらに青年学生たちと周辺の男女の住民らでごった返すほどであった[李 一九四七、二〇八頁]。

建準は、ソウル市内の治安の確保に努める一方で、地域別・職場別に治安隊を組織して治安維持に奔走した。新聞社や放送局、その他各工場では朝鮮人従業員らに混じって建準は職場の警備に携わった。建準の人気と権威は南北朝鮮に及び、八月末の時点でその支部は一四五カ所を数えた[民主主義民族戦線編 一九四六、八一頁]。

米軍進駐を目前に控えて、建準は九月六日全国人民代表者大会を開き、「朝鮮人民共和国」の臨時組織法案を議決し、「朝鮮人民共和国」の樹立を宣言した。政府の各部署の陣容が発表され、地方の建準支部は人民委員会に組織替えされた。「朝鮮人民共和国」は、急激な変化の最中に、緊急非常措置として誕生した(『毎日新報』一九四五年一〇月二日)。それは、広い意味での国家で、朝鮮民族の独立を求める溢れんばかりの気持ちの表れであり、米軍というお客を迎えるために創建されたのである。

ところが、九月八日に沖縄から仁川港に上陸した米軍は、自ら国家と称する「朝鮮人民共和国」(人民共和国)を承認しなかった。米軍はすでに朝鮮駐留日本軍と無線連絡を取り合っていたので、その間の朝鮮の状況を一部始終把握していた。米軍は、建準ないしは人民共和国の指導者たちを、「思想主義者」であり、さらにはソ連の指示を受けている者ととらえて遠ざけた。翌九月九日、ソウルで米軍と日本軍との間で正式に降伏文書の署名が行われ、朝鮮総督府は消滅した。その一方で、米軍は、日本人と親密な関係を作り、朝鮮総督府の機構を温存して軍政を実施すると宣言した。この朝鮮民族を無視した対応には民衆の反発が大きく、慌てた米国務省の指示によって、米軍による「直接統治」政策に変更された[カミングス 一九八九、一九九―二〇二頁]。

米軍は朝鮮総督府の日本人官僚を解任して、アーノルド少将 Major General Archibald V. Arnold を米軍政庁長官に任命した。しかし、朝鮮社会には「人民共和国」の勢力が浸透していたので、一〇月一〇日、アメリカ占領軍司令官ホッヂ中将 Lieutenant General John R. Hodge は、アーノルド少将を通じて、米軍政府は三八度線以南における唯一の政府であると宣言し、自薦・自任した官吏や警察から成り、国民全体を代表しているとして、大小の会合を開く自称「人民共和国」は、権威もなく実体もない存在であるとの強硬な談話を発表した(『毎日新報』一九四五年一〇月一一日)。

朝鮮総督府が呂運亨に権力の一部を委譲してまで、在留日本人の生命と財産の保護をはかろうとしたのは、ソウルがソ連軍の支配下に置かれると考えたからであった。ところが、八月二二日、朝鮮総督府は東京の中央政府から朝鮮の分割占領の知らせを受けると、建準に対する姿勢を改め、再び支配者として指揮を執ろうとした。朝鮮民族の内部から建準を揺さぶる勢力が登場したのは、時あたかも米軍進駐の直前であった。

保守派は、国内外の情勢の変化を見届けて、行動を開始した。企業経営者、地主、教育者など、朝鮮社会の富裕層を代表する人々が、建準打倒をスローガンに起ち上がった。韓国民主党(韓民党)は、こうした勢力を結集して、九月一六日に誕生したが、気持ちが昂揚する民衆に訴えるべきものを何ら持ち合わせていなかった[李 二〇〇三、一五七頁]。韓民党が掲げた主張といえば、連合国に感謝の意を表明すること、亡命政府の「大韓民国臨時政府」を推戴することのみであった。保守派の多くは、植民地時代を安穏と過ごし、朝鮮社会の名士として振る舞っていた。彼らは皇民化運動のお先棒を担いでいたが、それこそいまや民衆が怨んでやまない親日派への転落であった。闘争の経歴がないだけに、彼らは一部の独立運動家や政治組織にすがる必要があった。そもそもこうした彼らを保守派と呼ぶことには問題があろう。なぜなら、朝鮮民族は植民地当局の支配下にあって、固有の社会勢力としての存在が許されず、日本への服従のみが要求されていたからである。裕福な暮らしをしていた者の大半は、植民地当局の息がかかっていた。民衆は、彼らを保守どころか保守反動と見なした。

こうした彼らが熱気に包まれていた社会の表舞台に現れることは、ありえなかった。韓民党が本格的に登場するには、一九四五年の暮の「モスクワ協定」の発表を待たねばならなかった。「モスクワ協定」は、朝鮮民族の分裂を予示するものに他ならなかった。

さて、北部朝鮮の状況にふれることにしよう。北部朝鮮では、ソ連軍が日本軍と直接戦闘を交わしたが、八月一五日の時点では、ソ連軍は咸鏡北道地域に足踏みしていた。しかし、八月末までには北のほぼ全域にソ連軍が進駐して、日本軍の武装解除が行われた。そして、各道ごとに次々と民衆の自治組織が作られ、植民地行政機関に取って代った。当初ソ連軍は「日本人の行政権は漸進的に朝鮮人側に譲渡されるべきである」と述べ、朝鮮総督府の地方機関を利用する方針であった。しかし朝鮮人側の強い要求を受けて、直ちに修正したのである[森田・長田編 一九七九、三〇六―

三一三頁〕。ソ連軍は、朝鮮民族の自治権を尊重して、間接統治の方式で臨んだ。しかしソ連軍は、ソウルの「朝鮮人民共和国」の権威を認めたわけではなく、さらに民衆の自治のあり方を監視する占領者の立場を放棄したのでもなかった。

各道の行政機関が朝鮮人の自治組織に引き継がれると、その自治組織は、治安維持、公共機関の保衛を担った。その名称は多様であったが、次第に人民委員会として統一された。ソ連軍は、人民委員会に対して保安隊を組織させて秩序維持に当たらせたが、基本的に一切の武装部隊の存在を認めなかった。治安維持は、ソ連軍衛戍《えいじゅ》司令部の管轄とした〔Van Ree 1989, p. 96〕。自治組織における民衆の勢力分布は、地域の経済社会状況を反映してさまざまであったが、まもなくどの地方においても社会主義者が自治組織の多数を制するようになった。ソ連軍は、朝鮮にソヴィエトの秩序を押しつける意図はないと再三明言していたが、現実には北のソヴィエト化が進行していった。

北で民衆の指導者として担ぎ出されたのは、著名なクリスチャンである曺晩植であった。曺晩植は平壌にいて、植民地時代に物産奨励運動、新幹会運動を指導し、抵抗の姿勢を貫いた人であった。呂運亨とは親交があり、八・一五以後互いに密接な連絡を取っていた。ソウルで建準が発足すると、これに呼応した形で、平壌では建準平安南道支部が誕生した。そこには、進歩的インテリ、宗教家などが集まり、これら民族主義者が社会主義者を圧倒する状態であった。ところがソ連軍が進駐してから状況は変化した。八月二六日、ソ連軍は建準代表と共産党代表を呼び出して、建準組織を「人民政治委員会」に組織替えするよう促し、さらに組織内の勢力分布も社会主義者がいくぶん優勢となるよう双方の均衡を取ることを要求した〔徐 一九九二、七七頁〕。しかし曺晩植は、委員長の地位に留まることを許された。ソ連軍とて、彼の名声を無視することができなかったからであり、緩やかな「連合政治」が継続した。

各道に設立された人民委員会は北部朝鮮の全体的な連係には欠けていたため、それを中央組織の下に体系化する必要から、一〇月八日、平壌で五道人民委員会連合会議が開催された。一一月一九日、人民委員会を統括する中央機関として「北朝鮮五道行政局」が誕生した〔『朝鮮中央年鑑』一九五〇年版、一九五一―一九六頁／『解放日報』一九四六年一月二一日〕。翌年二月八日、それは「北朝鮮臨時人民委員会」（金日成委員長）に再編された。ソ連軍は間接統治政策を標榜していたが、人民委員会連合会議にはソ連軍司令官チスチャコフ大将 Colonel General I. M. Chistiakov はじめソ連軍首脳が多数参席した。北部朝鮮の中央機関は、ソ連軍司令部の指導によって設置されたことになる。

ソ連軍は、平壌に朝鮮地区司令部をおき、各道にはそれぞれの地区司令部を置いて、道人民委員会を監督した。さらにソ連軍は、民政を担当する民政部と政治顧問機関を発足させて人民委員会を指導した。ソ連軍は、ソ連の政策を徹底させるために、民政部長の配下にソ連軍衛戍司令部を設け、主要な地域で住民の政治教育を行ったが、その衛戍司令部は警察権力を掌握して治安維持も担当した〔河原地 一九九〇〕。

確かに表面的には、ソ連軍は朝鮮民族に自治権を与えた「解放軍」として迎えられ支持された。だが、人民委員会に政策方針を出したり、行政面における指導を行ったのは、ソ連軍が派遣した政治顧問であり、彼らは朝鮮民衆に対して絶対的な力を及ぼした。南北朝鮮は、解放された自由な空間ではなく、他国による占領地同然となった。

二　朝鮮の独立問題と「信託統治」

第二次大戦中の連合国首脳会談で、米ソは日本の敗戦後に朝鮮を独立させることで合意した。一九四三年一二月一日カイロ宣言で、朝鮮は「やがて自由かつ独立国となる」と約束がなされた。一九四五年二月八日、ヤルタでも、ローズヴェルトとスターリンは非公式対話の席上、朝鮮の独立に言及し、信託統治を実施していくこととした。ポツダム会談は朝鮮の独立について具体的に詰める最後の機会であった。だが、東ヨーロッパの諸問題などに時間を費やしてしまい、朝鮮については何も決められなかった。朝鮮半島周辺での軍事作戦が話題に上る程度で会談は終了した。

大戦終結後の一九四五年一〇月二〇日、米国務省極東部長ヴィンセント John Carter Vincent はニューヨークで開催された講演会で極東政策について言及し、その中で朝鮮に信託統治を実施する考えを述べた。それは直ちに朝鮮国内の新聞で報じられた（『毎日新報』一九四五年一〇月二三日／*The Department of State Bulletin*, XIII (330), 1945.10.21; *FRUS*, 1945, VI, pp. 1093–1103）。米国は今後、早急に軍事占領を終えて、信託統治を行う方針を明らかにしたのである。

朝鮮民衆は、米国の政策発表に当惑した。ソウルでは政党代表らが集まり、信託統治反対の「行動統一委員会」を結成し、反対の声明文が発表された（『毎日新報』一九四五年一〇月二九日）。

信託統治を実施するとは、朝鮮民族に対する侮辱であり、欺瞞に他ならない。朝鮮民族は四千年の悠久な歴史と文化を持っており、独立国家を維持し世界平和に寄与する実力と熱意を持っている。自主独立を主張すると同時に、信託統治に反対する。

ところが、民衆の救いは、米軍の対応であった。アーノルド長官は、信託統治は米国の方針ではなく、国務省高官個人の考えだと、信託統治に否定的な姿勢を明らかにした（『毎日新報』一九四五年一〇月三一日）。さらに米軍の政治顧問であるラングドン William Langdon は国務長官宛の書信の中で、信託統治実施の再検討を進言した（*FRUS*, 1945, VI, pp. 1130–1133）。

信託統治を朝鮮に適用することは、倫理的にも実際的にも妥当とは思われない。朝鮮民族は日本支配下の三五年間を除けば、常に独自性を保ってきた。アジア、中東の基準から見れば、識字率が高く、文化と生活の水準も高いからである。

ラングドンは、呂運亨とも親交があり、朝鮮社会を熟知していただけに、国務長官にこうした率直な提言を行ったのである。さらにラングドンは次のように述べている。

朝鮮人は、日本から権力を取り戻すため、急いで自治政府を誕生させた。そして、主人の資格でわれわれを迎えた。われわれを解放軍として歓迎し、米国を信頼しているからこそ、米軍政に協力している。ラングドンは、すべての知識人は信託統治に憤慨し、信託統治を望まないのは明白だと締めくくっている。朝鮮民衆は、米軍政庁が信託統治を国務省の一介の官僚の考えであると一蹴したので、一応胸をなで下ろしたのであった。だが、この最中の一〇月一六日、長年米国で亡命生活を送っていた李承晩が米軍の特別機で祖国に戻ってきた。その一カ月後、保守派の亡命指導者である金九・金奎植なども帰国を果たしたが、それも米軍の手配によって実現したものであった。

この年の暮、米、英、ソ三国外相会議(一九四五年一二月一六―二六日)がモスクワで開催された。大戦後の諸懸案を協議するその会議の中で朝鮮問題も取り上げられた。朝鮮の独立問題は、それを具体的に詰める作業なしに数年が経過しており、外相会議でのその扱いが注目された。会談の結果、いわゆるモスクワ協定が一二月二七日に発表された。その内容は以下の通りである(*FRUS*, 1945, VI, pp. 1150–1151)。

一、民主的な朝鮮臨時政府を樹立する。

二、米ソ共同委員会を設置する。米ソ共同委員会は、臨時政府の樹立にあたって、朝鮮の民主的政党及び社会団体と協議する。

三、米ソ共同委員会は、臨時政府や諸政党社会団体を参加させ、信託統治の諸方策を作成する。最大五年間を期限として、朝鮮を米英中ソの信託統治下に置く。

四、南北朝鮮の緊急問題を審議するために、二週間以内に米ソ両軍代表による代表者会議を開く。

このようにモスクワ協定は、南北朝鮮に単一の臨時政府を樹立する。そのために米ソ共同委員会を設置し、朝鮮の政党社会団体と協議してそれを実現する。そして米ソ共同委員会は臨時政府と協力して信託統治の細目を決定し、米、英、中、ソ連の承認を得てそれを実施し、五年後には完全独立を達成すると明記している。

しかし、これは朝鮮民族には青天の霹靂であった。完全独立を念願していた民衆は、「信託統治」条項に驚愕した。それは、民族感情を踏みにじるものであった。

民衆は、左右を問わず、一斉に反対運動に起ち上がった。冷静さを失った民衆には、モスクワ協定の内容を逐一検討する余裕はなかった。朝鮮共産党、金九グループ、韓民党、国民党、軍政庁朝鮮人職員など、保守派も進歩派も、「独立でないなら、われわれに死を！」とプラカードを掲げて、「モスクワ協定」反対、「信託統治」絶対反対を叫んだ。

ところで、一二月二七日付の『東亜日報』は、一面トップの記事で「ソ連は信託統治を主張――ソ連の意図は三八度線による分割占領、米国は即時独立を主張」と、大々的に報じた。『東亜日報』は、韓民党の指導者である宋鎮禹、金性洙が経営する朝鮮最大の日刊紙で、ソ連に中傷的な非難を浴びせると同時に、民衆の素朴な気持ちに即独立を訴えて、人びとを扇動したのである。

しかし、信託統治を持ち出したのは米国のローズヴェルト大統領であって、彼は独立に先立ち、「民主主義の訓練期間」が必要だと述べた。大統領は、植民地問題に関して信託統治を得意としていた。だが、彼が朝鮮の自治能力について専門家の意見を求めた形跡はなく、朝鮮民族がどんな反応を示すのか、それを予見する洞察力を持っていたのだろうか。それとも、朝鮮に足場を築く巧みな計画として、信託統治を口にしたのであろうか。

スターリンがローズヴェルトの意見を何故受け入れたのかも、推測する以外にない。ソ連は、米国やイギリスとは異なり、旧日本の植民地の早急な独立を支持していた（*FRUS*, 1945, VI, pp. 1121–1122; *FRUS*, 1946, VIII, pp. 619–621）。朝鮮には、いずれソ連に友好的な政府が誕生すると楽観していたのかも知れない。ソ連は朝鮮に信託統治を実施するより、朝鮮が友好的な独立国家となってこそより「優位」を確保できると捉えていたのではないだろうか。

翌年に入り、民衆はいくらか冷静さを取り戻して対応するようになった。臨時政府の樹立をまずはよしとすべきとの意見も表面化してきた。朝鮮共産党は当初の無条件反対から、反対半分・支持半分に、さらに支持へと変わっていった。一月三日、朝鮮共産党は談話を発表して、モスクワ協定の支持を表明した。その理由について、おおよそ以下のように述べている(『ソウル新聞』一九四六年一月八日)。「モスクワ協定は即時独立を承認するものではないが、朝鮮の自主独立が成就することを保障している。臨時政府の樹立を援助することは、軍政を撤廃し我々の手で政府を創建することであり、その意義は大きい。信託統治は、独立と対立する概念ではなく、独立を保障し、それを早めてくれるものだ。〔中略〕信託統治は帝国主義的方法ではなく、民主的性質のものである。反託運動を民族統一戦線結成運動へと転換すると同時にモスクワ協定を絶対支持する」。

朝鮮共産党は、モスクワ協定は正しく伝えられずに曲解され報じられ、人びとがそれをそのまま理解して煽動されたとしたが、「反対」から「賛成」へと態度を変更した詳細な説明はなく、いかんせん歯切れの悪い談話であった。

信託統治反対を叫ぶ運動(反託運動)は、反ソ感情を煽るデモに、さらには反共、反「人民共和国」の政治宣伝へと様相を変えていった。そうした状況を見かねたソ連は、一九四六年一月二五日付『イズベスチヤ』紙上で、モスクワ会談の経過を報じて、反論を開始した。ソ連にしてみれば、反託運動の名を借りた反ソキャンペーンに対して、米軍政庁が有効な手を打たず、デモの鎮圧にも積極的に乗り出さなかったことは、心外であった。米国が信託統治に反対したかのように受け取られているが、それは事実に反するとソ連の新聞は詳細に報じた。その内容は朝鮮の新聞にも掲載され、衆人公知のことになり、米軍の面目は丸つぶれとなった。

だが、「賛託」陣営と「反託」陣営とに分かれて激しく対立する中で、反託運動を契機に保守派が一気に政治の主役に躍り出た。一方、「人民共和国」周辺の進歩派は、米軍政庁からすでに「人民共和国」の解散の命令が出ていたことに加えて、モスクワ協定への対応がまずかったことで民衆の信頼を失ってしまった。

一方、モスクワ協定は北部朝鮮においても波瀾を巻き起こした。モスクワ協定に異議を唱えることは、基本的に不可能な雰囲気であったが、曺晩植が率いる朝鮮民主党は反対の意を表明した。

モスクワ協定は、北部朝鮮では次のように知らされた。モスクワ会談で、米国の「不当な原案」は取り消しとなり、朝鮮の民主的発展と自主独立を国際的に保障するソ連案に依拠して討議が行われ、最終的にその案が採択された（『朝鮮中央年鑑』一九四九年版、五八―六一頁／同一九五〇年版、三四―三五頁）。モスクワ協定は、民主的な臨時政府の樹立を保障しており、それは独立への第一歩となる。「信託統治」は、従来の委任統治とは異なり、朝鮮を完全な独立へ向かわせる「後見制」であると解釈された。ソ連をはじめとする連合国が朝鮮の独立国家としての発展を援助するので、朝鮮民族に有利な内容であると人びとに広く宣伝された。

曺晩植がモスクワ協定に反対した理由は、多分に心情的なものであった。同協定の中心は臨時政府の樹立で、朝鮮民族の自治を確実にしており、評価できる。しかし、米ソ間の「利害調整」のために「信託統治」条項が設けられたこと自体に、曺晩植は憤慨せざるをえなかった。

曺晩植の反対は、ソ連軍当局を当惑させた〔和田 一九八二〕。ソ連軍は、曺晩植の懐柔策に乗り出した。すでに有力な指導者として金日成が登場していたが、古参民族主義者の曺晩植に寄せる期待は強かった。ソ連軍は、曺晩植に同協定への理解を再三求めたが、一途な曺晩植の決心をくつがえすことはできなかった。

その後曺晩植は、監禁されてしまった〔韓 一九六五、二六〇頁〕。反対意見は、北部朝鮮では影をひそめた。だが、モスクワ協定に限らず、人民委員会の強引な運営に不満を抱く人々は多かった。一九四六年二月八日に各地の人民委員会代表と政党・社会団体の代表による連合大会で「北朝鮮臨時人民委員会」が北朝鮮の政権機関として誕生した。翌三月には土地改革法が成立し、即改革が実施された。急変していく情勢の中で、保守的な人々は、次第に身に迫ってくる危険を感じざるを得ない状況に追い込まれていった。

三　米ソ共同委員会の展開

モスクワ協定に従って、一九四六年三月二〇日から米ソ共同委員会の本会談がソウルで開催された。米ソそれぞれ五人からなる代表団で臨み、会談終了後は共同声明が次々に発表され、会談は順調に進んでいった。

ところが、米ソ共同委員会の協議の対象となる朝鮮の政党・社会団体の選定をめぐる問題で米ソは対立し、会談は紛糾し始めた。

臨時政府の樹立には米ソ共同委員会が「民主的な政党・社会団体の意見を十分に聞き、それを政府組織のなかに反映させねばならない」ことになっている。問題は、いかなる政党団体が民主的な政党団体なのか、その規定をめぐって、さらに民主的ということばの解釈で意見が対立した。米国は、モスクワ協定に賛成するか反対するかは個々人および組織の自由であり、すべての政党団体は見解の如何を問わず協議対象になると主張した。一方、ソ連は、信託統治反対のグループは除外するべきだと主張した。米国が「反対意見」を排除するのは民主主義の原則に悖るとソ連を非難すると、ソ連は米国は有名無実の団体までも協議対象にあげていると、互いに非難を応酬した。

しかし、米ソは協議を重ねた結果、四月一八日一応の合意にたどりついた。それは、共同声明第五号として発表されたが、要点は以下の通りである(『東亜日報』一九四六年四月一九日)。

米ソ共同委員会は目的と方法において真に民主主義的であり、下記の宣言書に署名・捺印する朝鮮の民主主義諸政党及び社会団体と協議する。

ここでいう宣言書は、モスクワ協定の目的及び内容を支持するものであり、進歩派の政党団体には何ら問題がなく、進歩派は挙って支持を表明した。

問題は、共同声明第五号は信託統治を前提としており、反託運動を続けてきた保守派の政党団体がはたして宣言書に署名するか否かであった。朝鮮人代表として協議対象にならなければ、臨時政府の組織に参加できなくなるのは明らかであった。

保守派に助け船を出したのは、米軍であった。ホッヂ中将は、宣言書に署名したことで信託統治「支持」の言質を与えることにはならない。しかし宣言書に署名をしないと、協議対象からは外されるので、注意するようにと述べた(『東亜日報』一九四六年四月二八日)。ホッヂ中将のこの解釈を受けて、保守派は元気を取り戻した。保守派は、従来の言動から豹変して、信託統治条項に積極的に対応するために署名するという行動に出た。

ホッヂ中将の恣意的な談話は、ソ連側を憤慨させた。ソ連は米国の解釈と保守派の言動に眉をひそめた。結局、これが禍根を残すこととなり、米ソ共同委員会は五月六日、何ら実りもなしに〝無期延期〟となり流会してしまった。

さて、ここでその間の国内情勢に触れて見ることにしよう。解放後、表舞台にいち早く登場したのは、朝鮮共産党であった。朝鮮共産党は、米軍を「解放軍」「恩人」と位置づけ、協力的な態度を示した。ホッヂ中将と朝鮮共産党の最高幹部朴憲永とが面談することもあった。朴憲永は「共産党は軍政に全面的に協力する」と約束したのであった。

モスクワ協定の発表後、朝鮮共産党が勢いを途端に失っていくなかで、保守派が勢いづくようになった。信託統治反対を掲げる保守派は、米軍政の諮問機関となる「大韓国民代表民主議院」に結集した。一方、進歩派は、「民主主義民族戦線」を誕生させ、体制の立て直しをはかった。

保守派が力を盛り返すなかで、保守派を支持する右翼青年団が、反託運動の先鋒となって跳梁跋扈し始め、政治テロをも厭わず、度重なる「不祥事」を引き起こした。右翼青年団は、左派系の団体や新聞社を襲撃したり、警察が露骨に介入することのできない進歩派弾圧の補助的役割を担った。朝鮮共産党主催の集会には、正体不明の暴力団が出没し、集会を妨害することが頻繁に起きた(『解放日報』一九四六年二月一三日／임나영『韓国史論』55、二〇〇九年参照)。

一九四六年五月八日、警察が突如、偽札印刷の容疑で朝鮮共産党本部の捜査に乗り出し、党員ら十数人を逮捕する事件が起きた(『朝鮮日報』一九四六年五月一六日)。朝鮮共産党は、事件と党組織を関連づけるのはでっち上げ、濡れ衣だと警察を厳しく糾弾した。

これまで米軍と朝鮮共産党はなんとか平穏な関係を維持して衝突は避けてきた。しかし、ここに至って協力的で「円満な」関係は切れてしまい、異様な緊張感に包まれることとなった。党幹部たちが続々と逮捕されていく中で、朝鮮共産党は「正当防衛」の体制を固めざるを得なくなった。党組織はほぼ非合法の状況下に置かれ、幹部たちは警察当局の追跡の的となった。

朝鮮共産党は反転攻勢に打って出た。九月二三日に釜山の鉄道労働者たちのストに端を発したゼネ・ストが全国的な広がりを見せた。ソウルでは「食糧の配給」「賃金の値上げ」を要求して、鉄道工場の従業員二千人が起ち上がった(『朝鮮日報』一九四六年九月二五日)。学生たちも「学園の自由、不良教員の粛清」などを掲げて、労働者たちに連帯する行動に出た。郵便局、病院でも、また米軍政庁の職員たちも起ち上がった。この全国的な闘争は、解放後初の「政治的ストライキ」であった。朝鮮共産党は、組織をあげて闘争を展開した。党員数は約一〇万人に達していたが、朝鮮共産党の傘下には労働組合全国評議会(全評)、全国農民組合(全農)、民青、全国婦女総同盟、共産青年同盟、文学家同盟などの支持団体が存在していた(『而丁朴憲永全集』第二巻、三六二―三六三頁)。

一〇月一日には、大邱駅前に集った群衆一万五千人が「米よこせ」「警官を撃ち殺せ」「政権を人民に」の喊声を上げながら武装警官と対決し、一帯は騒乱状態となった。親日派が再び権力を振りかざすことに対する民衆の反発、憤り、そして米の値段の暴騰による生活苦など、米軍政の失政への反感が人々を騒乱へと導いたのである。戒厳令が布告され、米軍及び警察は必死に鎮圧に乗り出したが、暴動は、周辺の星州、漆谷、軍威、永川へと拡大され、慶尚北道のほぼ全域に、さらには全国へと収拾のつかない内乱状態が広がった。

米ソ共同委員会に話を戻すと、本会談が失敗に終わった後、米ソは会談の再開を模索していた。米ソ両軍司令官が書簡を交換して再開を打診しあい、翌年の春、マーシャル米国務長官とソ連のモロトフ外相は会談の再開に合意した。こうして第二次米ソ共同委員会は、トルーマン・ドクトリンが発表されて間もない一九四七年五月二一日にソウルで再開された。平壌でも会談が行われ、米ソ共同委員会は北部朝鮮の政党団体の代表らと協議し、会談の雰囲気は盛り上がるかに見えた。しかし、協議の対象となる政党団体の性格、およびその範囲をめぐる米ソ間の見解の相違は依然大きかった。

ところが、会談の最中の一九四七年七月一九日には呂運亨がテロに遭い死亡、その死は嘆かわしい限りであった。そして、ソ連は南の左派勢力が警察の弾圧により逮捕者が続出して壊滅状態となったことを取り上げて、会談を続けられる雰囲気ではないと米国を非難した。米ソは、これまでモスクワ協定を反故にすることは避けていた。だが、本質的には変わらない姿勢で会談に臨み続け、会談は実現不可能な妥協を繰り返すだけであった。

米国は米ソ共同委員会の継続を断念し、「朝鮮問題」を米、英、中、ソ四カ国会談に委ねることを提案した。ソ連はそれに応ぜず、米国は結局、問題の国連への移管を決定した。一九四七年九月一七日、マーシャル米国務長官は国連総会で演説し、「朝鮮の独立が遅延している責任はソ連にある。朝鮮問題でソ連と合意に達することは不可能である。国連総会が信託統治の期間を置くことなしに朝鮮の独立を実現する手段を講究することを希望する」と述べた（『朝鮮日報』一九四七年九月一九日）。

信託統治なしの独立への方途に言及したマーシャル国務長官の発言は、朝鮮民衆には驚きの中で歓迎された。しかし、ソ連の国連代表は、朝鮮問題を国連に持ち込むことは筋違いであると主張した。米ソ共同委員会で合意点が「見いだせない」との理由で国連総会に付託するのは、国際協約の違反であると非難した（『朝鮮日報』一九四七年九月二〇日）。九月二六日、米ソ共同委員会で、ソ連代表は、朝鮮民族は米ソ両軍が南北朝鮮から撤退した後、連合国の援助と参加なしに自らが政府を樹立することができると考える。米国が同意するなら、ソ連軍は一九四八年初頭に米軍と同時に撤退する用意があると「同時撤退案」を提案した（『東亜日報』一九四七年九月二八日／*FRUS*, 1947, VI, pp. 816–817, 827–828）。モロトフ外相は一〇月九日、マーシャル国務長官に書簡を送って米国の決断を促した。

ソ連の同時撤退案は、国内外に大きな波紋を巻き起こした。この提案は単に、軍人の中の軍人との評判の高いホッヂ中将は、両軍の同時撤退というあまりの大胆さに肝をつぶした。国連での審議を回避する策略とは思えず、今後の朝鮮の悲劇的運命すら予感させるものであった。米国が肩入れした金奎植は、ソ連の提案は原則論としては頷けるものであるかも知れないが、責任ある前提条件も提示せずに撤退のみを主張するのは、愚かな提案ではないか。両軍撤退というだけでは国際的な責任の履行にはならず、朝鮮社会を惑わせるのみだと批判した（『朝鮮日報』一九四七年九月二九日）。

即独立だとの期待から、保守派は米国の方針転換を受けて、直ちに「南で総選挙を実施して政府を樹立すべきだ」と支持を表明した。保守派は、信託統治のない「朝鮮独立の手段」を求める米国務長官の演説に驚嘆しかつ称賛した。しかし、進歩派は米国の方針への「ソ連の反対」を支持するとの声明を出すのがやっとであった。

米ソがヨーロッパで激しく対立していた最中に再開された第二次米ソ共同委員会が、いかに形式的な会談であったかを証明する展開であった。

おわりに

モスクワ協定は、二度にわたる米ソ共同委員会の失敗で、有名無実なものとなってしまった。朝鮮問題は、米国の提訴で一九四七年九月二三日国連総会の協議事項として採択された。ソ連はそれを拒み抵抗したが、如何せんソ連を支持する票が足りず、敗北を余儀なくされた。一一月一四日、国連総会は「朝鮮の独立問題」という総会決議を可決した。それは、国連臨時朝鮮委員会を構成する、そして委員会監視下に総選挙を実施する、という内容である。すでにソ連は協力をしないと宣言しており、総選挙は南だけの単独選挙となる可能性が極めて高いことが予想された。案の定、国連の代表団は三八度線以南でしか、「巡回し視察、調査」活動ができず、北には足を踏み入れることが許されなかった。国連による総選挙実施案は、統一政府の樹立ではなく、総選挙が可能な地域における「合法的政権」の創出を目指すに過ぎないものであった。

民衆の中からは、国連主導の総選挙は分断を固定するものと反対する運動が現れた。いわゆる「南北協商」で朝鮮民族の運命を、自分たちの力で決定し切り開いて行こうとする動きもあったが、米国が推し進めた単独政府の樹立の流れを止めることはできなかった。

一九四八年五月一〇日、南で総選挙が実施され、八月一五日に大韓民国が創建された。その後、北でも独自の選挙が行われ、九月九日に朝鮮民主主義人民共和国が誕生した。

結局、朝鮮民族は解放三年間を米ソの対立に翻弄され続けたことになる。

【文献一覧】

河原地英武　一九九〇「ソ連の朝鮮政策――一九四五―四八」桜井浩編『解放と革命――朝鮮民主主義人民共和国の成立過程』アジア経済研究所
徐大粛　一九九二『金日成――その思想と政治体制』林茂訳、御茶の水書房
カミングス、ブルース　一九八九『朝鮮戦争の起源　第一巻　解放と南北分断体制の出現　一九四五―一九四七年』鄭敬謨・林哲訳、シアレヒム社
森田芳夫　一九六四『朝鮮終戦の記録――米ソ両軍の進駐と日本人の引揚』巌南堂
森田芳夫・長田かな子編　一九七九『朝鮮終戦の記録』資料編第一巻、巌南堂

李景珉 二〇〇三 『朝鮮現代史の岐路――なぜ朝鮮半島は分断されたのか』平凡社
和田春樹 一九八二 「ソ連の朝鮮政策――一九四五年一一月―一九四六年三月」『社会科学研究』第三三巻第六号
咸錫憲 一九六五 『뜻으로 본 韓国歴史』第一出版社・ソウル
韓載徳 一九六五 『金日成을 告発한다』内外文化社・ソウル
『而丁朴憲永全集』第二巻、歴史批評社・ソウル、二〇〇四年
民主主義民族戦線編 一九四六 『朝鮮解放一年史』文友書館・ソウル
李萬珪 一九四七 『呂運亨先生闘争史』民主文化社・ソウル
Van Ree, Erik 1989, *Socialism in One Zone: Stalin's Policy in Korea, 1945–1947*, New York: Berg.

個別史／地域史Ⅰ

マラヤ非常事態——連邦独立への過程とその後

鈴木陽一

はじめに

一九五七年八月三一日、現在のマレーシアの主要部分を構成することになるマレー半島部はマラヤ連邦として宗主国イギリスからの独立を果たした。主として華人から構成されたマラヤ共産党が武装闘争を続け、政府が非常事態宣言を出してその鎮圧を進める、エスニック集団間の対立感情が極めて厳しい時代のなかでのことであった。三つの主要エスニック集団それぞれから支持を受けた三政党——統一マレー国民組織 United Malays National Organization（ＵＭＮＯ）、馬華公会 Malayan Chinese Association（ＭＣＡ）、マラヤ・インド人会議 Malayan Indian Congress（ＭＩＣ）——が連盟党 Alliance Party という連立政党を形成して主導した独立は多民族国家マレーシアが誇る輝かしい歴史として現在にまでに語り継がれている(1)[Fernando 2002 参照]。

戦後、多くが植民地であったアジア諸国は独立を遂げたが、多くの場合、各国は民族自決原則に拠って民族という共通の文化的基盤の上に成立することが想定されていた。もちろん、当時から、各国がそのように成熟した共通の文化的基盤の上に立つ市民社会を形成するなどということはある種の虚構であったたし、グローバル化が進む現在にあっては、一国に一民族を対応させる思想はもはや時代遅れとさえなりつつある。その点、最初から多民族国家を掲げたマレーシアの体験は、当時とすれば特異な国づくりの例とも見られたものの、今にしてみれば模範的な国づくりであったとも言える。

ただ、もっとも、かように連盟党主導の独立を称賛する言説に対しては、その後半世紀を経ても一度として政権交代が起きず、依然としてエスニック集団間に対立の火種を抱え、そればかりかその集団間の問題を議論することさえ制限されてしまっているマレーシアの現状に鑑み、近年、強い疑念が呈されるようにもなっている。新世紀に入ってマラヤ共産党関係者の回想録が相次いで出版されてその実態が解明され、彼らを含む当時の左派勢力の再評価も進むようになった。違うかたちでの独立もあり得たのではないかとの議論も提起されるようになっている〔原 二〇〇九、一—五頁参照〕。

マラヤ連邦独立、さらにその背後にあった非常事態については、当時から研究が蓄積されてきたが、一九八〇年代以降のイギリス公文書の公開、さらに前述のマラヤ共産党側の証言の登場に伴ってその厚みも増している（非常事態について主要な先行研究として、[Clutterbuck 1967; Short 1975; Stubbs 1989; 木畑 一九九六／原 二〇〇九]）。本稿では、これら先行研究に拠りながら、戦後のイギリス帝国の復帰からマラヤ連邦独立に至る過程を概観し、それが非常事態下であったことの意味を考えていく。その際には、独立をめぐる近年の言説の状況にも配慮していきたい。

一　マラヤ連合創設とその挫折

イギリス帝国が第二次大戦後に再びマラヤの支配を確立しようとする過程を見るとき、当時、背後ではすでに冷戦が勃発しようとしていたことに留意しなければならない。一九四六年以降、イギリス帝国はアメリカなど同盟諸国の協力を得ながら世界各地で共産主義勢力への闘争を開始していた。そうしたなか、東南アジアは冷戦の戦域として、英米同盟の下におけるイギリスの責任分担地域と位置付けられていたのである。もとより、同地域は長くイギリス帝国が影響力下に置いてきたその非公式帝国領――インド帝国、大洋州自治領、極東を繋ぐ帝国の軍事・経済的要衝でその影響力圏――にあたり、それゆえ、戦後、旗下にあった東南アジア司令部が東南アジアほぼ全域で日本軍の降伏を受理もしていた。ただ、ここで留意すべきは、かような状況下、復帰は単純な帝国再建ではありえない、ということであった。まずもって、植民地帝国の陥落、日本占領の経験を経て、東南アジア被支配民のあいだには自由を求める機運が高まり、アメリカも民族自決の原則を支持していた。また、重要なことは、各地には、戦前から根を張り、戦時中は党派を越える支持を得て抗日運動を展開した共産党が存在した、ということであった。帝国はいわゆるナショナリズム勢力を共産主義勢力から切り離し、前者とは協調を探りつつ、後者とは対峙していくよう舞台が設定されていたのである。

このような状況の下、一九四六年、イギリス帝国がマラヤの民政回復にあたって実施を試みたスキームは、新たにマラヤ連合という植民地国家を設立してこれを保護下に置く、というものであった。マラヤ連合はそれまで庇護下に置いていたマレー半島諸邦に旧海峡植民地のペナン、マラッカを加えた新たな集権的な国家で、その市民権は広く非マレー系住民にも開放することになっていた。一九世紀後半以降、イギリスは半島のマレー・ムスリム王権諸邦と保護条約を結んでその庇護者として振舞っていたが、実質的にこれら王権を支配下に置いていた。さらに、開発を進める上で必要な労働力の移入も容認・促進していた。非マレー系住民は部外者とみなされていたが、この時期、マラヤの住民構成はマレー系、華人ともに四〇％あまり、インド系が一〇％にまでなっていた。ここに至っては、もはや擬制ともなっていた王権を廃し、住民にマラヤ連合市民権を平等に与え、将来的には彼らに自治をも与える姿勢を示すことで、効率的な支配が可能となり、帝国の利益も確保される、と考えたのであった(2)。

ただ、かように楽観的見通しから構想されたマラヤ連合案であったが、実際にこれを実施に踏み切って明らかになったのは、現地の状況に鑑みればそれは趣旨に反して帝国の基盤を危うくする、ということであった。当時のマラヤでは左派勢力の伸長が著しく、特にマラヤ共産党は主に華人の支持を受けながら最大の勢力を形成し、帝国支配を脅かし始めていた。確かに彼らは、戦時中、抗日勢力の中核となってイギリスとともに戦い、戦後も、表面的には帝国の復帰に協力する姿勢を示していた。ただ、本来、抗日戦はマラヤ民主共和国樹立をめざしてのものでイギリス復帰のためのものではなかったし、さらに、実際、この頃、彼らは裏で労働運動を掌握して争議行為を煽り、当局への敵対行為を繰り返していたのである[Chin 2003, pp. 155-162]。それゆえ、かような時期にそれまで統治の要であったマレー人との関係を見直すマラヤ連合案を実施することで、結果として、イギリスは自らをほぼ孤立無援の状態に追い込むこととなった。一九四六年初頭、マラヤ連合の全容が明らかになると、マレー人たちはこれを激しく非難し出し、さらに各地のマレー人組織は全国会議を開催してＵＭＮＯを結成した。連合発足の式典にはとうとうスルタンたち全員が欠席するという異常事態に陥ったのであった(3)。

イギリス帝国がマレー人たち——とりわけ王族層やＵＭＮＯを組織してマラヤ連合反対の急先鋒であった貴族層——との和解をもくろみ、急転直下、マラヤ連合を廃止し、復古的とも言える別の統治体制への移行を図ることで事態の収拾に入ったのは、そうしたなかのことであった。王権の事実上の廃止、非マレー人への市民権の開放はマレー人の非協力を惹起する。それは、結果としてマラヤ共産党やそれに連なるマレー人左派勢力などを利するばかりで帝国統治の基盤を危うくするものであった。それゆえ、同年七月以降、イギリスは方針を正反対に転換し、スルタン代表、ＵＭＮＯ代表らと協議を行い、政体改変を図り、一九四七年七月には最終案を公表した。新たに設立されるマラヤ連邦はイギリスが派遣した高等弁務官を統治者とするその保護国とされたが、スルタン制は維持された。しかも、連邦においてはマレー人が「特別の地位」にあるとされ、非マレー人への市民権付与は制限されることになった。将来の自治政府樹立のための課題である市民権付与問題の解決は、事実上、先送りとされたのである[Lau 1991, pp. 151-

211 参照]。

一九四八年二月にマラヤ連邦の設立は強行されるが、当然ながらそのことは自由を求め日本占領を耐えたマラヤの人々——ことに非マレー系住民ら——に大きな失望を与えることになった。一九四七年には非マレー系住民左派にマレー人左派も加わった左派連合が形成され、連邦設立に反対する運動も起こっていた。左派連合はエスニック集団の壁を乗り越えて市民権条項も含む憲法草案——人民憲法案——を起草するなど注目に値する対案の提示も行ったが、当局は運動を危険視して一顧だにしなかった[原 二〇〇二]。不満は充満したが、その最大の帰結は表面的にであれ政府に協力してきたマラヤ共産党に再び武器をとる素地を与えたことであった。書記長チン・ペンを始めとする党指導部はそれまでの合法闘争路線の限界を認識するようになり、一九四八年三月、中央委員会は武装闘争によってマラヤを解放するとの方針を固めた(4)。そして、彼らの行動は失望していたマラヤの人々の一部に少なからぬ共感をもって迎えられることになったのである。

二 非常事態Ⅰ

一九四八年六月一八日、マラヤ政府は連邦全域に非常事態宣言を出した。同月、マラヤ共産党勢力による農園主殺害が各地で立て続けに起きたことを受け、支配の深刻な脅威となった彼らを掃討することにしたのである[Short 1975, pp. 65-94]。こうして、マラヤはその後十数年に及ぶ陰惨な対テロ戦争の時代に突入することになった。なお、ここで留意すべきは、非常事態という呼称には次の二つの深い含意のあったということである。まず、第一にそれは戒厳令ではないことを意味していた。軍政は敷かれず、実際にも高等弁務官の下に民政が続けられた。また、第二にそれは、マラヤが戦争状態にないことを宣言する植民地当局からの一方的呼称であった。マラヤ共産党からすれば武力闘争は抗英民族解放戦争と捉えられるものであった。後になっての正式の決定となるが、マラヤ共産党は闘争をマラヤ人民民主共和国設立をめざすマラヤ人民——エスニック集団を越えて連帯するマラヤの人民——の闘いと位置付けていた。呼称はゲリラ戦を民族解放戦争と捉える彼らの主張を否定するものだった。敷衍して言えば、植民地政府は非常事態を宣言することで、あくまで通常の法空間を維持しながら、そのなかに例外空間を創り出し、マラヤ共産党一派を匪賊 bandit やテロリスト terrorist として扱ってこれを法の外に置いて封殺しようとしたのであった。そのことは、宣言直後から次々に制定された非常事態規則においてもよく現われている。まずもって、一定年齢以上の住民全員の警察署への登録が義務付けられた。そこでは写真撮影と指紋押捺が実施され、住民は写真入り身分証明書の常時携帯が義務付けられた。当局は日常の生活を可視化することでテロリストを炙り出そうとしたのである。その上で、嫌疑があれば令状なしで、逮捕、事実上の無期限拘束、所持品検査が実施された。また、降伏してきたマラヤ民族解放軍——マラヤ共産党側ゲリラは自らをそう称した——兵士には捕虜の待遇などを決めた戦時国際法を適用しなかった。

開戦後、緒戦の激しい攻防において、言わば先手を打ったことも奏功し、政府はマラヤ共産党からの攻勢を凌ぐことに成功した。当初、共産党の攻勢は労働争議の延長とも見られうるもので、ゴム農園主、スト破り労働者などを標的として農園などを支配下に置こうとするテロであったが、その後、攻勢は激化し、警察などへの襲撃も相次いだ。七月には、すぐに奪回されたものの、クランタン州グア・ムサンで解放区が宣言された。実際、同年一二月のマラヤ共産党中央委員会では、毛沢東の理論に則って戦いを進めること、マラヤの北と南において解放区の創設をめざすことが決せられた。しかし、華々しい彼らの攻勢ではあったものの、重要なことは、それは彼らの力を十分に発揮したものではなかった、ということであった。当初、マラヤ共産党は武装闘争開始は同年九月以降になるとの見通ししか立てていなかったため、その準備を怠り、非常事態開始直後には大量の検挙にあってその機能を麻痺させていたのである[Short 1975, pp. 95–112; Chin 2003, pp. 223–238]。また、解放区を求める路線はその後も長く継続されたものの、これも有効な戦略とは言い難かった。解放区への兵力集中は本来隠されるべきゲリラ兵を敵の眼前に曝すだけではなく、彼らをもともとの支援者から切り離すことをも意味していた。

ただ、このように政府は一九四八年末までに一時は崩れかけた秩序を復旧したものの、その後の展開で明らかとなったのは、実は状況は長く続く戦争のまだ入り口に過ぎない、ということであった。翌年以降もマラヤ共産党の攻勢は止まるところを知らず、政府は徐々に悲観的見通しに支配されるようになったのである。民族解放軍は中隊・小隊規模でのゲリラ戦に入って政府側を苦しめた。攻撃は錫《すず》鉱山、工場、鉄道などに及んで経済基盤が打撃を受けた。さらに、政府軍兵士たちは自分たちが殺されるより多くのゲリラ兵の殺害に成功したが、ゲリラ側は殺された数を上回るリクルートに成功し、兵力を増していた[Short 1975, pp. 206–230 参照]。当初の観測に反し、政府の負けが込んだのは、支配者が敗北したほかの古今東西のゲリラ戦と同様、当時のイギリスのとった高圧的姿勢が住民——この場合、特に非マレー系住民——からの支持を得ることができなかったからであった。非マレー系の人々の多くはマラヤ共産党の唱える「マラヤ人民の闘い」に信を置いたわけではなかったが、かといって自分たちを疎外する政府を積極的に支持するわけもなく、「無関心」の態度をとっていた。当時、マラヤ共産党の勢力は三つの組織から成立していた。各地の密林に小隊を配置してゲリラ戦を実行するマラヤ民族解放軍、同じく各地の密林に支部を置いて解放軍に物資・情報などを提供しながらこれを指導する党組織、さらに各地一般住民のなかに形成されて党への物資・情報などの調達に当たる民運と呼ばれる秘密の支援組織であった。ゲリラは党がなければ動けなかったが、党は民衆に支えられた民運がなければ存続しえなかった[Clutterbuck 1967, pp. 86–94]。それゆえ、政府は党と民運の関係を断ち切るべく厳しく出たが、捗々《はかばか》しい成果をあげなかったのである。とりわけ問題とされたのは不法占拠者と呼ばれた華人たちの存在であった。当時、マラヤの山間部には当局から見れば権原のないまま不法占拠してつくられた華人集落が多数あり、それらのうちの少なからぬ集落から党組織に食糧、資金、情報などの提供が行われている状況があった。不法占拠者としてしか見られていない彼らは政府を支持する動機——さらに言えばマラヤへの帰属意識——がないばかりか、密林に囲まれて、事実上、警察の保護を完全には受けられず、ゲリラとは協調していかざるを得ない立場にあったのである。

一九五〇年、警察・軍ほか政府全般の対テロ対策を統括する文民の作戦長官 Director of Operations が新設されて英印軍退役将校ハロルド・ブリグスがこれに任命され、彼の手によって対テロ国家改造計画とも言えるブリグス計画が実施されたのは、そうしたなかでのことであった。同計画は政府内役割分担の徹底、地方政府の強化、公共設備の整備なども含めた多面的な計画であったが、その最も枢要なプロジェクトは不法占拠者の強制移住であった。政府は彼らからゲリラへの支援を断つべく、およそ五〇万人——その八割以上は華人——の不法占拠者をおよそ四百の後に新村 New Villages と呼ばれる新設の集落に移住させようとしたのである。当時のマラヤ連邦の華人人口は二〇〇万人程度とされるから、それは巨大な国土改造計画でもあった。またこれにあわせ、政府は戦争を効率的に実施するための政府内協力体制も整えた。連邦には主要閣僚と警察・軍責任者からなる連邦戦争評議会 Federal War Council が、各州にも同様のメンバーからなる州戦争遂行委員会 State War Executive Committees が設置された。各レベルが連携をとりながら資源配分の調整などを実施することになった[Clutterbuck 1967, pp. 55–64 参照、Short 1975, pp. 231–253 参照]。さらに、政府内においてこの非常事態体制の要となって発展したのは警察であった。ゲリラ掃討そのものは軍の所轄事項であったが、文民政府が存続している以上、治安維持は警察の所轄事項であった。なかでも特務部 Special Branch は後に犯罪捜査部から切り離されてその中核的な役割を担うようになった。華人を中心に大幅に増員され、諜報活動のほかプロパガンダも担当した[Comber 2008]。警察はそのほか準軍事力も備え、軍を凌ぐ最強の治安組織へと成長したのであった。

こうして、政府が形振《なりふ》り構わぬ反攻に出るなか、一九五一年後半、非常事態は最悪期を迎えることになった。帝国軍はオーストラリア、ニュージーランド、フィジーなどからも派兵を受けてすでに兵力四万に達しようとしており、これで八千にも膨れたゲリラに激しい攻勢をかけた［木畑 一九九六、一八六―一八八頁参照］。守勢に回りつつあったマラヤ共産党もすぐには攻撃の手を緩めず、一〇月六日には高等弁務官ヘンリー・ガーニーを殺害した。当局にすれば状況は一進一退、むしろ悪化しているようであった。国費を不法占拠者のために使うことにはマレー人のあいだに不満もあったが、住み慣れた地を追われた華人たちこそが一番の辛酸を舐めることになった。村民の抵抗の準備を封じるため、当局は新村への移動を予告なしに実施した。新村は快適な施設が整備されているとの触れ込みであったが、与えられたのは居住施設で農地は保証されていなかった。多くの場合、共産党の影響力の潜入を封じるため、村の周りには鉄条網が張られ、出入りにあたってはマレー人警察官らによる所持品検査が実施された。さらに、村内では特務部が植え付けた内通者が監視を続け、密告、裏切りが相次いでいた(5)。実のところ、後に知られることではあるが、同年一〇月一日、マラヤ共産党政治局自体は過剰な破壊工作を停止するなど左傾路線を是正する決議を行っていた［Chin 2003, pp. 279–286］。しかし、戦争はいつ終わるとも知れなかったし、たとえ終わったとしても、エスニック集団間に高まった敵愾心に鑑みれば、国民統合を要するマラヤ独立などは遥か先のことのように思われた。

三 マラヤ連邦独立への道

一九五〇年代半ば、イギリス帝国がそれまでの政策を転換し、マラヤ連邦に早期の独立を許容するようになった背景には、マラヤの状況もさることながら、東南アジア冷戦全体の緊迫化があったことには留意する必要がある。もとより、一九四八年から顕著となった共産主義勢力の蜂起はマラヤに限らず東南アジアに広く及んでいた。ことに中国、インドシナの共産主義勢力は強力な軍事力を備え、これが南下するシナリオはイギリスとその同盟諸国の軍事・経済的な利益を脅かし続けていた。それゆえ、イギリスはアメリカに東南アジアへの関与を求め、オーストラリア、ニュージーランドにも一定の責任を任せていた。さらに一九五四年、インドシナでフランスの後退を見ると、新たな防衛枠組みも考案された。一九五四年、英米ほかは東南アジア条約機構 Southeast Asia Treaty Organization(SEATO)を発足させ、一九五五年には英豪新が三国の陸海空三軍からなるコモンウェルス戦略予備軍 Commonwealth Strategic Reserves(CSR)をマレー半島に常駐させることを公表したのである。CSRはSEATO諸作戦への主要な貢献単位と位置付けられたが、実質的にはタイの共産化に備えた戦力であった[Hack 2001, pp. 166–191 参照]。

重要なことは、こうした西側諸国の冷戦戦略の展開はイギリスをある種のジレンマに追い込むものでもあった、ということである。確かに、マラヤ共産党の蜂起――それは国際共産主義の大陸から東南アジアへの本格的侵攻ではないにしても、中越の動向と少なからず連動していると考えられた――も続いており、こうした周囲の状況に脅威を感じるマラヤの人々も多かった。しかし、当地の防衛のためとは言え、外国軍がマラヤに何らの自治も与えずに駐留を続けることは、顕在化しつつあった支配の正統性の揺らぎを増幅させ、かえって所期の目的に反する帰結を招きかねないところもあった。すでに同じく欧米諸国の支配下にあった周囲の東南アジア植民地は独立を遂げ、その政府を機能させていたのである。他方、かといって、そこに親英の自治政府を創設し、これを協力者として帝国の軍事・経済的な利益を確保できるものならよかったが、現実にはそれもままならなかった。長く続いた植民地主義、さらに日本軍政の経験はマラヤの社会にエスニック集団間の根深い対立を生み、自治政府樹立の目途は立っていなかったのである。

実に、非常事態宣言以降、その中長期的な見通しから、イギリスがマラヤでその統治の基盤を固めるべく実施してきたのは、それまでの植民地支配協力者であったエリート層を結束させ、彼らにエスニック集団の枠組みを超えたマラヤ国民の創出を促す、という作業であった。一九四九年、UMNO創設者ダト・オン、後にMCA初代総裁に選出されるタン・チェン・ロックほか現地有力者らはマラヤの将来について話し合うためコミュニティ間連絡委員会Communities Liaison Committee（CLC）設立を公表した。CLCは非公式な組織とされたが、これを影から推進したのは東南アジア総弁務官マルコム・マクドナルドで、そのメンバーの出自は王侯貴族層、海峡華人、インド人専門職層など長く支配の協力者として浮上していた各コミュニティのエリート層であった。マクドナルドは彼らに非マレー人への市民権の開放、自治政府樹立に向けての選挙導入のあり方、マラヤ連邦とシンガポールとの再統合などコミュニティ間にある困難な課題の解決を促した。予想される脱植民地化に備え、旧来の支配協力関係を再構築してエリートたちを国民的な指導者とすることで、帝国の影響力の基盤を維持しようとしたのである。その後、オンはCLC人脈を基盤に党員資格をすべてのエスニック集団に開放した政党・マラヤ独立党Independence of Malaya Party（IMP）を結成し、UMNO総裁を辞した。すでに各地の都市において市議会選挙が予定されていたが、特定のエスニック集団の支持のみに頼る政党では終局的にはイギリスから支持を得られないことを悟っていたからであった〔木畑一九九六、一八九―一九〇頁／Hack 2001, pp. 131–133 参照、Ranjit Singh 1998 参照〕。

ただ、このような経緯を経てマラヤに選挙を導入したものの、イギリスがそこで実際に直面したのは、創設者を失って打撃を受けていたUMNOがMCAの支援を得て再び台頭する、という事態であった。一九五二年二月一六日のクアラルンプール市議会選挙でUMNOとMCAが「連盟」して勝利を収め、その後の各地地方議会選挙でも同様の勝利が続いたのである。将来誕生する国家において、市民権の大幅な開放が必要であろうことはよく認識しつつも、マレー人たちとしてはそのことで自分たちの「特別の地位」が侵食されるようなことは容認できなかった。そして、華人たちもこうした主張を大筋で認め、UMNOとの協力関係を選択したのであった。こうして連盟率いるUMNO総裁トゥンク・アブドゥル・ラーマンは、UMNOを捨てたオンとこれを支援する植民地政府への戦いを急進化させていった。連盟はこれにインド人政党であるＭＩＣも加え、自らを連盟党という党組織に衣替えし、早期の独立を掲げ、一九五五年に予定された立法評議会選挙への準備を整えたのである。イギリス帝国は、官製ナショナリズムの没落によって、地滑り的にその権力基盤を喪失することになったのであった[6][Khong 1984, pp. 169-196 参照]。

時期を特定するのは困難であるが、帝国がそれまでの方針を転換し、マラヤに早期の独立――連盟を同盟戦略の現地パートナーとした独立――を許容することにしたのは、そうしたなかのことであった[Stockwell 1987 参照]。一九五三年以降、マラヤ共産党の攻勢は目に見えて後退し、白色地域――政府が蜂起の鎮圧に成功したと認定した地域――が拡大していた。帝国からの庇護さえ続けば――イギリス軍の駐留と非常事態の継続があれば――、「独立」は不可能ではなくなっていた。確かに、旧来のエリート層が帝国との特別の関係を力の源泉としていたのに対し、連盟の指導者たちは大衆を権力基盤としていた。連盟が帝国の利益を尊重するのか疑念が残るところもあった。しかし、冷戦下においては相手が誰であれいわゆるナショナリズム勢力との協調は不可欠のように思われた。前述の英豪新三カ国防衛枠組合意の草案へ承認を求める国防相の上申書に首相アンソニー・イーデンは次のようにメモ書きしている。

よくできているし、果敢に働かれたように見えます。ただ、忘れてはならない政治的側面もあります。冷戦においては、マラヤ住民の好意が何にも増して重要なのです（“ANZAM Defence Machinery”, Minute by the Minister of Defence, 5 May 1955, PREM11/304, NAUK）。

一九五五年七月、連邦立法評議会選挙を前に、もはや自治許容への流れは止められないとの認識の上に立って、植民地相は選挙後に自治政府樹立に向けた憲法改正手続き開始に向けた話合いに入ることの了承を求める文書を閣議に送り、その了承を得た[BDEE, B-3-III, No. 356; No. 358]。

同月、連邦立法評議会選挙が実施されると、連盟は民選議員五二議席のうち五一議席を得て、トゥンクは首席大臣として組閣を行った。以降、連盟は政局の主導権を掌握していくが、とりわけ重要な契機となったのは、当時マラヤ共産党が行っていた和平に向けた対話の呼び掛けに対し、連盟が応じる姿勢を示したことであった。会談はタイ国境近くの町バリンで開かれたものの、トゥンクは毅然とした態度でこれに臨み、そのことは連盟党の指導力をイギリス側に印象付けることとなった。こうして、連盟は翌年二月には独立に向けて憲法制定委員会を設置する旨の合意をイギリスから得て、彼らと協調関係を築くことで独立への地歩を固めていったのである。その後、連盟はエスニック集団間の利害に関わる事項について合意——マレー人と非マレー人との社会契約とも言われる——をまとめあげ、これを憲法に盛り込むことにした。市民権問題については、マレー人の「特別の地位」が認められるかわりに、事実上、大多数の非マレー系住民に市民権が開放された。その内容には各エスニック集団ともに不満が残ったが、将来見直すべき課題を残しつつ、独立が優先された[Fernando 2002 参照]。また、マラヤ連邦はSEATOに参加しないものの、英馬防衛協定を締結してCSRの常駐を容認し、事実上、SEATOに基地を提供することに同意した。一九五七年八月三一日、マラヤ連邦は独立を遂げた。

四 非常事態Ⅱ

非常事態宣言は、独立の過程、独立の後においても続けられた。ブリグス計画は着実な成果を上げ、ペラ州ほかマラヤ共産党の堅固な支持基盤であった地域においても集落の党協力者から党組織・解放軍への補給の切断に成功した。さらに政府はマラヤ共産党支部を一つ一つ潰していくゲリラ掃討作戦のパターンを確立した。まず、特定の党支部を支える集落——通常複数——を洗い出し、そこに秘密裏に特務警察を送り込んで実態調査を行う。そして時が来たら、嫌疑者の一斉逮捕、夜間外出禁止令、朝夕出村時の所持品検査などを実施する。場合によっては、米の配給制を導入、さらに村民の調理場所を集中させて村内に人工的な飢餓状態を作り出し、マラヤ共産党に食料が届かない状態を作り出す(村民の集団処罰)。その上でジャングルで疲弊しているゲリラ兵を殺害していったのである(7)[Clutterbuck 1967, pp. 112–121 参照]。

一九五三年末、政府の執拗な攻勢が続くなか、チン・ペンらはやむなく南タイへと身を移した。もはや、マラヤ共産党は自らが掲げていた独立への動きが実際に加速するのを見つつも、事実上、何もすることができなかった。バリン会談では、停戦が共産党側の降伏のかたちをとらないことを求めたが、トゥンクはゲリラが投降、収容、尋問に応じない限り停戦には応じられないとこれを拒絶した。マラヤ共産党は停戦会談が一度ならず開かれることを期待してバリン会談に臨んだが、連盟党は独立を掲げて人々の熱狂を集め、もはや過去の存在となってしまった共産党を相手に二度と会談を開こうとしなかった。その後、独立後の一九五八年、連邦政府がペラ州で生姜作戦《オペレーション・ジンジャー》を開始するとマラヤ共産党は多数の投降者を出し、ジョホール州でも党南マラヤ局書記に率いられた大規模な投降を起こした。かつてマラヤの労働運動をコントロール下に置いた共産党の勢力は、一九五〇年代末には大衆から切り離されて、その兵力もわずか数百人に落ち込んだ[Chin 2003, pp. 319–328, 354–412; Abdul Rahman 1977, pp. 5–13 参照]。こうして、事実上、マラヤ共産党の力は連邦から一掃され、一九六〇年、マラヤ連邦政府はついに非常事態の終結を宣言した。この間の死傷者は概数で二万人、うち共産党側死者六千七百人、政府側死者千九百人、文民死者二千五百人、経済的被害も甚大であった(8)。

この後、一九六三年、マラヤ連邦は英領のボルネオ、シンガポールを併合してマレーシアを設立した。シンガポールは翌々年に離脱したものの、ボルネオ二州はその後も連邦に留まり、現在のマレーシアがかたちづくられている。この点、マレーシアを代表する社会人類学者であるシャムスル・A・Bは、戦後の危機の時代につくられた「治安」、「民族間の取引」、「開発計画」の三つの要素がその後の豊かで平和なマレーシアへの「成功物語」の礎を築いたのだとする興味深い指摘を行っている[シャムスル 一九九六]。実際、非常事態終結後も遺された治安維持の仕組みは多い。

終結時には治安維持法が制定され、政府は引き続き治安に脅威を与えると思料される者を裁判なしで逮捕し、無期限に拘束できることになった。警察組織は最強の治安組織として特務部を温存・発展させつつ、通常ならば軍が担う準軍事的任務も担い続けている。身分証明証――最新のものは様々な個人情報が埋め込まれたＩＣカード――の携帯も依然として義務付けられている。こうした仕組みの威力は新世紀初頭の対テロ戦争でもいかんなく発揮された。また、本稿ではあまり触れることができなかったが、エスニック政党間の取引は長くマレーシアの政治の主要な舞台となってきたし、国の開発計画の策定・実施にあたっては、非常事態時の政府組織を模した資源分配の仕組みが稼働してきたのも事実である。

ただ、かような仕組みがその後も残されたということは、それを必要とする植民地主義の遺した社会的緊張がずっと続いたことをも意味しうるし、そうとすれば「成功」への道のりも決して容易いものではなかったことも意味する。そして確かに、そのことは、独立の熱狂も冷め、日を追って現実が生活を圧迫し始めた一九六〇年代後半にはとりわけ顕著であったと言い得る。急進化する野党・労働党が文化大革命への支持を唱えて華人社会に浸透を図ったのに対し、政府は治安維持法を適用してこれを弾圧した。他方、経済的にはイギリスほかの外国資本がその主要部分を運営し、発展するのは華人の多くが暮らす都市部ばかりであった。農村部のマレー人の多くが経済的貧困の状態に放置され、彼らの不満も高まっていた。さらに、一九六七年には国語法案が議会を通過し、マレー語が国の公用語であることが認められたが、非マレー系住民からの激しい反発にあって制限付きで英語の公用も続き、これは痛み分けとなった。エスニック集団間の緊張は高まり、政府への支持は落ち続けた[金子 二〇〇一、一八八―二〇三頁／Comber 1983, pp. 51–62]。

非常事態終結宣言から十年を経ずして、エスニック集団間に再び流血の衝突が起こり、マラヤにまたしても非常事態宣言が出されたのは、そうしたなかでのことであった。一九六九年五月、議会選挙が行われると、与党連盟党の議席は伸び悩み、かわって非マレー系市民を支持基盤とする民主行動党、民政運動党、半島東岸農村地域のマレー人を支持基盤とするイスラーム党など野党が議席を伸ばしたこと、また、同時に行われた州議会選挙ではいくつかの州で連盟党が政府を失うであろうことが判明した。ここで非マレー系市民が「勝利」を祝って首都を行進したことにマレー人たちが刺激されると、同月一三日、両者のあいだに衝突が起こったのである。政府は非常事態宣言を出し、議会、議院内閣制は停止され、かわって非常事態内閣 Emergency Cabinet と国家運営評議会 National Operations Council が設置された。死者一九六人というのが公式の数字であるが、その規模はこれをはるかに上回るとの主張もある。非常事態が続くなか、野党議員、活動家などの逮捕・拘束が相次いだ[Comber 1983, pp. 63–75]。

今度の非常事態は一九七一年を以て終了したが、事件はマレーシアの歴史の大きな分水嶺となった。同年二月に議会が再開されると、連盟党は一部野党を与党側に引き込んで、非常事態内閣が実施を決めた新経済政策——その言辞にかかわらず、実質的には先住エスニック集団の経済的地位の向上を重視した経済政策——が追認された。非常事態体制の政治過程でUMNOが連盟党内の主導権を強めるようになり、暴動の背景にはマレー人らの貧困の問題があるとされたからであった。さらに、この暴動の帰結として重要なことは、流血の記憶が強い反対のあった治安維持の諸立法を合理化し、不穏分子全般に広く政府が実力行使することを許容する体制——非常事態立法に頼る体制——が確立した、ということであった。再開された議会では、憲法改正が強行されるとともに扇動禁止法も改正された。これは、エスニック集団間の問題を公の場で議論することを制限——いわゆる社会契約に疑問を呈することは禁止——し、これを議会議員にも適用するもので、デモクラシーには大きな制限が加えられることになった。かつて植民地支配のために布告された非常事態は独立後も続くことでその日常へと浸透し、これが「成功物語」を支えた。共産主義、人種主義などの嫌疑を受けて治安維持法の適用を受けた者は延べで逮捕者一万人、拘束者四千人に及んで新世紀に至っている(9)[Koh 2004 参照]。

おわりに

連盟党が困難な状況を克服しながら主導した独立――マラヤの市民が互いに妥協し合うことで勝ち取った独立――には正当な評価が与えられるべきである。確かに、現在の非マレー系市民からすれば、マレー人の特別の地位の永続化を容認するような妥協までは必要なかったのではないかとの想いも湧くだろう。ただ、マラヤ在住の非マレー人の帰属意識に未だ疑念が抱かれる当時の状況のなか、そのほとんどが市民権を獲得したこと、また、独立の過程を通してこの地を拠り所とする非マレー人のアイデンティティが形成されたことは、当時の連盟党指導者、そしてマラヤの市民らの努力があってこそ成し遂げられたきわめて大きな成果であることに違いはない。本稿はその功績を改めて語らなかっただけであり、これに異議を唱えようとしたわけではない。

しかし、マラヤ連邦の独立をただ単に「成功物語」として語ろうとすれば、そこにはどうしても見過ごされがちになってしまう陥穽も出てくることになるだろう。独立は死傷者二万人という多大な犠牲を出した内戦を伴うものであった。またさらに言えば、独立は植民地主義を法の支配と公共空間の充実によって克服することではなく、法の支配を宙吊りにした例外状態を日常化させ、市民的自由を制限する支配体制をその後も続けることを前提に、イギリスが容認したものであった。本稿は、独立への道のりとともに非常事態の展開も追うことで、そのことを見てきた。

マラヤ共産党を始めとした左派勢力の独立過程における役割を再評価しようとする流れもその意を汲めばかような問題意識の上にある。数千の人々の命を奪ったテロが道義的に免責されることはないだろう。ただ、結局はテロリストとして排除した者も容れ、より多くの視座からなる公共空間を創出できていたならば、独立もより意義あるものであったのではないか、との想いは起こる。翻って見れば、新世紀初頭に勃発した対テロ戦争は、キューバ・グァンタナモ収容所に典型的に見られるように、世界全体をマラヤ非常事態と同様の構図で覆うものであることにも気付かされる。それは人々を通常の法の保護の外に置くことを容認するものであり、その問題の起源は植民地主義にある。近代社会は内部の矛盾を外に押し付けることで繁栄を謳歌してきたが、今や矛盾の逆流に直面することになった。ここから見れば、状況はそのようにさえ解される。

（1）ＭＣＡ、ＭＩＣ両党は、マレーシア成立後、それぞれ党名を Malaysian Chinese Association, Malaysian Indian Congress に変えて今に至っている。連盟党は解散したが、三党は与党連合・国民戦線 Barisan Nasional を構成する主要政党として現在でも政府の中核部分を担っている。

（2）戦後マラヤの統治スキームの要諦の一つは、戦前はペナン、マラッカとともに海峡植民地を形成してきたシンガポールを連合から切り離し、別の直轄植民地にすることにあった。スキームを考案したのは戦時中に置かれたマラヤ計画部で、作業をリードしたのは植民地官僚エドワード・ジェントらであった。切り離しの主要な目的は、華人の多いシンガポールを連合に加えると華人人口がマレー人人口を凌駕してマレー人の反発を呼んで統治が機能しないことを防ぐことにあったが、同案には戦略的要衝であるシンガポールを直接の支配下に置けるという利点もあった［Lau 1991, pp. 28–97］。

（3）マレー人の強硬な反対の背景には戦中戦後のマラヤにおいてエスニック集団間の対立感情が高まっていたことが大きい。その占領期、日本人はマレー人を支援している姿勢をとりながら、華人については敵性国民として扱って大きな虐殺事件も起こしたため、両者のあいだの敵愾心は高まっていた。さらに、終戦によって権力に空白が生まれると、二週間あまりにわたって各地で流血の衝突が起きた。

（4）マラヤ共産党の武装闘争路線への路線転換の契機については、前書記長ライ・テクがイギリスなどのスパイであったことが暴かれて逃亡したことの影響、国際共産主義の対決路線の影響などから説明されることがあった。この点、チン・ペンはその回想録などであくまで当局の姿勢の硬化、特に労働組合からマラヤ共産党を排除しようとする動きがその主たる引き金であったとの主張を展開している［Chin 2003, pp. 201–208; Chin & Hack 2004, pp. 116–123］。

（5）非常事態下の華人集落の変容については華人研究者らが特に強い関心を抱いてきた［Siaw 1983; Loh 2000 ほか］。また、当時の華人集落の陰鬱な状況を著した小説としては Han Suyin, *...And the Rain My Drink* が有名である。華人たちの受けた惨劇としてはバタン・カリ事件が最も悪名高い。一九四八年一二月、スランゴール州同村で非武装の村民二四名がパトロール中のイギリス軍兵士によって射殺された[Short 1975, pp. 166–169]。なお、政府は対ゲリラ戦においてジャングルに暮らすオラン・アスリと呼ばれる先住民をコントロール下に置くことを必須としていた。政府は彼らにも再定住を強制し、その生活に深刻な影響を与えた[Leary 1995]。

(6) MCAはマラヤの華人がマラヤに根を張った存在となることをめざして、当局の後押しを得て結成された。そして、当初、それは政党ではなく、互助団体としての様相が強かった。そのMCAがなぜUMNOとの協力を選択したのかについては不明な点もある。なお、本稿ではトゥンク・アブドゥル・ラーマンのことをトゥンクと呼ぶことにする。本来、トゥンクとは王子を意味する称号であるが、マレー語、英語においては——親しみもこめて——彼のことを通常こう呼んでいる。

(7) ガーニーの後継の高等弁務官ジェラルド・テンプラー将軍は作戦長官をも兼務し、絶大な権力をもって反乱鎮圧に努めた。彼は村々を訪問してその声を聞くなど民心を獲得する心理戦を展開した。投降者にマラヤ共産党を告発する文書を書かせ、これを撒き散らして敵の裏切りを促すプロパガンダも重視され、それは弱体化しつつあったゲリラの士気を大いに挫いた[Stubbs 1989 参照]。

(8) なお、非常事態の進展に伴って、シンガポールのマラヤ共産党は独自の展開を遂げていた。一九五一年に同島で一斉検挙が実施されて以降、党本部は支部との直接の連絡を失った。さらに五八年以降は、在インドネシア・市工作委員会などを通して指令は出すものの、事実上、これに緩やかなコントロールを及ぼすのみとなった。彼らは労働運動に浸透しつつほかの勢力と共闘して当局を脅かし続けた。幹部らが同島から実質的な引き揚げを終えるのは、六三年の一斉検挙——冷凍庫作戦——以降となる[Fong 2008, pp. 117–178; 原 二〇〇九、九九—一〇四頁]。

(9) 他方、マラヤ共産党はと言うと、その後も長く南タイへの潜伏を続けることになった。一九七〇年代には再び武装闘争を活発化させたが、一九八〇年代に入ると和平模索の姿勢が顕著となった。政府と和平を結ぶのは、冷戦終結の年、一九八九年も暮れになってのことになる[原 二〇〇九、二五—三二頁]。すでにマレーシアは経済成長の軌道に乗って中進国になろうとしており、しかも時の政府はそれまでの親欧米路線を改める政策を打ち出していた。非常事態終結以降に公平な社会を求めて密林に入った若者のなかには、市民社会に戻って国づくりに積極的に関わっている者もいる。

【文献一覧】

＊ 回想録については華語文献、マレー語文献が決定的に重要になるが、筆者の非力もあり、ここには記すことは控えた。［原 二〇〇九］巻末の文献目録を参照されたい。

金子芳樹 二〇〇一 『マレーシアの政治とエスニシティ——華人政治と国民統合』晃洋書房

木畑洋一 一九九六 『帝国のたそがれ——冷戦下のイギリスとアジア』東京大学出版会

シャムスル・A・B 一九九六 「東南アジアにおける国民国家の形成とエスニシティ——マレーシアの経験より」綾部恒雄編『国家のなかの民族——東南アジアのエスニシティ』明石書店

原不二夫 二〇〇二 「マラヤ連合の頓挫とマラヤ連邦」『岩波講座東南アジア史』第八巻、岩波書店

原不二夫 二〇〇九 『未完に終わった国際協力——マラヤ共産党と兄弟党』風響社

Abdul Rahman, T. 1977, *Looking Back: Monday Musings and Memories*, Kuala Lumpur.（小野沢純監訳・鍋島公子訳『ラーマン回想録』井村文化事業社、一九八七年）

Chin, C. C. & K. Hack (eds.) 2004, *Dialogues with Chin Peng: New Light on the Malayan Communist Party*, Singapore.

Chin Peng 2003, *My Side of History*, Singapore.

Clutterbuck, R. 1967, *The Long Long War: The Emergency in Malaya, 1948–1960*, London.

Comber, L. 1983, *13 May 1969: A Historical Survey of Sino-Malay Relations*, Kuala Lumpur.

Comber, L. 2008, *Malaya's Secret Police 1945–60: The Role of the Special Branch in the Malayan Emergency*, Victoria.

Fernando, J. M. 2002, *The Making of the Malayan Constitution*, Kuala Lumpur.

Fong Chong Pik 2008, *Fong Chong Pik: The Memoirs of a Malayan Communist Revolutionary*, Petaling Jaya.

Hack, K. 2001, *Defence and Decolonisation in South-east Asia: Britain, Malaya and Singapore, 1941–68*, Richmond.

Khong Kim Hoong 1984, *Merdeka!: British Rule and the Struggle for Independence in Malaya, 1945–1957*, Petaling Jaya.

Koh Swe Yong 2004, *Malaysia: 45 Years under the ISA: Detention without Trial*, Petaling Jaya.

Lau, A. 1991, *The Malayan Union Controversy, 1942–1948*, Singapore.

Leary, J. D. 1995, *Violence and the Dream People: The Orang Asli in the Malayan Emergency, 1948–1960*, Athens.

Loh Kok Wah, F. 2000, "Chinese New Villages: Ethnic Identity and Politics", Lee Kam Hing and Tan Chee Beng (eds.), *The Chinese in Malaysia*, Kuala Lumpur, pp. 255–281.

Ranjit Singh, D. S. 1998, "British Proposals for a Dominion of Southeast Asia, 1943–1957", *Journal of the Malaysian Branch of the Royal Asiatic Society*, Vol. 71, part 1, pp. 27–40.

Short, A. 1975, *The Communist Insurrection in Malaya, 1948–1960*, London.

Siaw, L. K. L. 1983, *Chinese Society in Rural Malaysia: A Local History of the Chinese in Titi, Jelebu*, Kuala Lumpur.

Stockwell, A. J. 1987, "Insurgency and Decolonisation during the Malayan Emergency", *Journal of Commonwealth and Comparative Politics*, Vol. 25, No.1, pp. 71–81.

Stockwell, A. J. (ed.) 1995, *Malaya: British Documents on the End of Empire*（以上 BDEE と略記）, series B, Vol. 3, part I–III, London.

Stubbs, R. 1989, *Hearts and Minds in Guerrilla Warfare: The Malayan Emergency, 1948–1960*, Singapore.

BDEE, B–3–III, No. 356: Memorandum by the Secretary of State for the Colonies, CP(55)81, 20 July 1955, CAB129/76, NAUK.

BDEE, B–3–III, No. 358: Cabinet Conclusions on CP(55)81, CM25(55)8, 21 July 1955, CAB128/29, NAUK.

〈史料館〉

Arkib Negara Malaysia マレーシア国立文書館

Institute of Southeast Asian Studies Library, Singapore 東南アジア研究所図書館

National Archives of the United Kingdom: NAUK イギリス国立文書館

Rhodes House Library, Oxford University オックスフォード大学ローズハウス図書館

個別史／地域史Ⅰ

在日朝鮮人の「帰国」と「定住」

小林知子

はじめに

「朝鮮人は朝鮮へ帰れ」。二一世紀に至った今日でもなお、一部の日本人が在日朝鮮人(1)に対して発する罵詈雑言である。日本に暮らす朝鮮人は世代を重ね、いわゆるニューカマーとして近年韓国からやって来た人々を除けば、一世はきわめて少数となった。つまり、その大半が日本生まれの日本育ちであるにもかかわらず、この声高な叫びは根強く残っている。そして、何よりも、日本の朝鮮植民地支配に起因して、朝鮮人が日本で暮らしてきたという経緯が、そこには反映されていない。また、朝鮮学校に通う子どもたちを、朝鮮民主主義人民共和国(以下、北朝鮮)生まれと思い込んでいる日本人も少なからずいるという。いずれも、なぜ朝鮮人が日本に暮らし、どのように朝鮮半島・日本社会との関係性を持ってきたのか、という歴史が、依然として周知のものになっていないという現状を明示している。

もっとも、このような排外主義的な言説を正面から問いただし、地域住民として在日朝鮮人を捉える認識も広がってはきた。そのありかたは多様だが、近年顕著になってきたのは、在日朝鮮人は戦前来、日本の地域社会を生き抜いてきたという実態をふまえ、定住者として在日朝鮮人を捉えようとするものである。一九四五年、日本の敗戦に際して朝鮮へと帰らなかった人々は、いわゆる強制連行、戦時動員の被害者とは異なり、みずから日本での生活を望んできた人々なのだという主張もある。また、在日朝鮮人は日本の地域社会の住民でありながら、諸権利が十分に行使できない状況をこそ、是正していくべきであるという問題が提起されて久しい。

このような現代日本社会と在日朝鮮人をめぐる問題は、一国内のマイノリティをめぐる社会問題として論じられがちだが、東アジアにおける国際関係のなかに位置づけずには、その本質は捉えきれない。それは、帝国主義に象徴される東アジア国際関係が、第二次世界大戦後、東アジア冷戦の展開のなかで再編される過程において、日本と朝鮮との戦後処理が朝鮮の南北分断を前提としておこなわれ、その過程で、予想をはるかに超える多くの朝鮮人が「帰国」せず、日本に「定住」するようになったことと不可分の問題なのである。

四〇―五〇年代の在日朝鮮人に関する研究は、長年、在日朝鮮人管理の側の資料・研究［森田 一九五五／坪井 一九五九など］に依拠せざるをえない状況が続いたが、八〇年代以降、公開された占領軍関連資料や、発掘された在日朝鮮人側資料［朴編 一九八一―九一、二〇〇〇―〇一など］を活用しての研究が進展してきた（その概況については［小林 二〇〇一］など）。本稿では、こうした諸資料をふまえ、上述のような観点から、日本の朝鮮植民地支配下で加速された朝鮮人の移動、そして形づくられていった「国境をまたぐ生活圏」が、第二次大戦後、冷戦の展開、朝鮮における分断体制の形成のなかで遮断され、さらに民族の離散が世界大に拡大していくなかに、四〇―五〇年代の在日朝鮮人の「帰国」と「定住」をめぐる問題を跡づけたい。

一　日本の敗戦と在外朝鮮人の「帰国」

一九四五年の日本の敗戦時、日本が復員・引揚げ対象者として認識した人は、アジア太平洋の各地に約六六〇万人いた。数々の苦難を経て（死亡・残留者も少なくない）帰国した人々であふれていた日本の引揚港周辺――特には、博多港や仙崎港等——は、戦後の一時期、朝鮮へと帰ろうとする朝鮮人でごったがえしていた。八・一五の時点で日本内地に在住していた朝鮮人は約二〇〇万人。近年の定住外国人総数に匹敵する人数である。きわめて多くの朝鮮人が日本にいたことが実感されるが、当時、朝鮮半島の外にいた朝鮮人は、日本だけに在住していたわけではない。

すでに一九世紀半ばには、朝鮮北部から、中国東北部の「間島」と呼ばれた地域(現在の延辺)へ朝鮮人農民が移住する動きがあったが、帝国日本の膨張、朝鮮支配の強化のなかで、朝鮮人の、朝鮮半島内外への移動は加速された。朝鮮内では難しくなった独立運動を継続するために、あるいは、土地を収奪され、故郷を離れざるをえなくなったために、朝鮮人は中朝国境沿いを流れる豆満江や鴨緑江を越え、中国へ、ロシア沿海州へと向かっていった。また、朝鮮南部からは、玄界灘を越え、植民地本国である日本内地へと渡っていった。さらに、日本の総動員体制の下で強いられた大規模な移動も含め、四五年の時点で、約四—五〇〇万人の朝鮮人が、朝鮮半島の外にいたといわれる。当時の朝鮮人人口の約五分の一にあたる。朝鮮人の渡日は、このように、日本の朝鮮支配に起因する、朝鮮民族の強いられた離散の一部なのである。その集住地域は、朝鮮を内地に移したような生活空間であり、朝鮮社会が日本に飛び地したようなところだった。在日朝鮮人はいわば「国境をまたぐ生活圏」[梶村　一九八五]に暮らす存在であった。

日本の敗戦、朝鮮の解放を迎えると、朝鮮各地は移動する人々であふれた。朝鮮内に動員されていた人々が帰郷する動きとともに、膨大な数の在外者の「帰国」(独立国家建設途上での帰還)が続いた。もっとも、ソ連の中央アジアに強制移住させられていた朝鮮人で、この時期移動しえた人は、きわめて少数にすぎなかった[岡　一九九八]。戦時動員され、アジア太平洋の各地にいた朝鮮人は、日本の保護責任を欠くままに帰国を模索することになった。軍人・軍属の場合、「武装解除されるとともに、カイロ宣言に基づき日本国籍を離れ」[厚生省社会・援護局援護五〇年史編集委員会監修　一九九七、二三頁]た。連合国軍によって現地で日本人と別に収容され、直接朝鮮へ帰った人はいたが、朝鮮人は「解放された」存在として処遇されるどころか、帰還をめぐって困難を極めた人は少なくない。戦犯とされた人もいれば、「慰安婦」など中途で置き去りにされたケースもある。サハリン在住朝鮮人は、日本国籍を離れたという理由で、引揚事業の対象者とみなされなかった〔高木 一九九〇〕。中国から〔李 二〇〇九〕は、朝鮮の独立に期待して帰還した朝鮮人は多いが、北満洲にいた開拓移民など、中国人に「日本の手先」とみなされ、逃げるように帰国した人も少なくない。延辺では、満洲事変以前より在住していた人が多く、帰還した人は少なかったという。帰りたくとも旅費を工面できなかったり、伝え聞く朝鮮の混乱から、この時期に帰るのは非現実的であるとみなされた。開始された土地改革で朝鮮人にも土地が分配されたことも、そこに残留する要因となった。もっとも、中朝国境に接する村では、四八、四九年に政府が樹立される頃までは、「国境」という意識は乏しく、北朝鮮へ越境通学したり、親戚を訪ねたりということが日常的になされていた。

さて、日本内地にいた朝鮮人の状況は、どうだったか。一般在住者には、戦争末期から、疎開のために朝鮮へ帰る人がいたが、戦時動員による在住者が労働現場を離れることは通常不可能であった。帰国の大きな動きは、いうまでもなく八・一五以後に始まった。日本政府は直ちに朝鮮人の徴用を解き、まずは動員されていた朝鮮人労働者や軍人・軍属等を優先的に、空になった日本人引揚船に乗せて朝鮮へと送った。一般在住者の多くも、軍需産業の崩壊・停止によって職を失い、帰国の動きに連なった。当時、朝鮮人は、関東大震災時のように日本人が自分たちを襲ってくるのではないか、という恐怖をおぼえ、自衛の必要性を感じたという。下関や博多には、立ち入り規制の必要があったほど朝鮮人が続々と集結した。多くの在日朝鮮人が、中国在住者同様、自力で帰る手段を講じなければならなかった。GHQの指示下で公的な送還政策が立てられるのは四五年一一月だが、その頃までに約八〇万人ほどが、小舟を手配するなどして自主的に帰還したという推計もある。

この時期には、帰還途上で、甚大な「事故」も多発した。青森の大湊港から戦時動員された朝鮮人を乗せて朝鮮へと航行していた浮島丸が、四五年八月二四日、舞鶴港で爆沈した事件は、死傷者の多さ、事故原因の不明瞭さ、遺族に対する戦後補償の不十分さ、遺骨が未奉還であることからも、今なお論議となっている［金 一九九四／青柳 二〇〇七］。壱岐における、同年九―一〇月の帰還船の難破については、引揚者の上陸を禁じた警防団からの通達により、台風下にもかかわらず船の接岸を拒否したことが被害を大きくしたという証言もある［深川 一九七四／福留・亘 二〇〇五］。朝鮮人の帰還については、個別研究が進められ［鈴木 二〇〇六など］、また地域によっては犠牲者追悼等が市民の手によっておこなわれてきたものの、日本人の引揚談に比べ、依然として多くの人の知るところになっていない。

ところで、在日朝鮮人の帰還は、四五年末には滞るようになっていた。四六年の二月から三月にかけて実施されたGHQによる調査によれば、登録者約六四万七千人の七九％が朝鮮に帰りたいという意思を表していた［金 二〇〇三所収］が、送還態勢が整備され、朝鮮への手荷物や所持品が制限されるなかで、在日年数が長い人々を中心に、帰還をみあわせる動きが顕著になったのである。何よりも、朝鮮の政治・社会・経済情勢の不安定さがそれに拍車をかけた。南朝鮮ではインフレが進み、担げるだけの所持品と所持金一〇〇〇円では一カ月しか生活が持たないほどになり、しばらくすると、一度朝鮮に帰ってみたものの、新生活がきりひらけず、日本に再び戻ってくる人も増加していった。

そもそも、「帰国」といっても、家族・親族が一同に移動しなかった家も多い。いったん先に朝鮮に帰った誰かが、日本に残っていた家族のもとに戻ってくることも珍しくはなかった。戦前来、日本内地－朝鮮間の往来は日本の管理統制下にあり、朝鮮人の移動は決して自由ではなかったが、それでも実際の行き来はあった。戦後の混乱のなかでの再渡日も、このような生活実態の延長上に捉えられるべきものだった。しかし、徐々にGHQや日本政府の管理統制は厳格になり、こうした人々は「密航者」として取り締まられ、強制送還されるようになっていく。帰還の時期のずれが、家族との生き別れにつながったという事例も少なくない。

このように、日本敗戦・朝鮮解放を機に、膨大な数の在日朝鮮人が朝鮮へと帰ったが、五〇―六〇万人ほどが日本に留まることになった。これは、戦前来、日本で暮らしていた人の約半数にあたる人数であり、四六年当初における日本残留希望者数約一三万三千人を大きく上回る。

二　「新しい朝鮮」と在日朝鮮人

「解放民族」としての生活

日本に留まった朝鮮人にとっても、敗戦後の日本での生活は、決して容易なものではなかった。帰国しようと、すでに引揚港付近に移動していた人々は、そこであらたな生活基盤を確保しなければならなくなった。たとえば博多港近くでは、御笠川（石堂川）両岸の河川敷にバラックを建ち並べての仮住まいが始まるが、その半ば「川の上」での暮らしは、結局、一九六〇年代まで続く。また、従来通りの居所にいた人々の多くも、軍需産業の崩壊・停止に加え、日本人復員者・引揚者の増加によって、戦前来就いていた職から閉め出された。日雇労働、廃品回収といった職も奪われ、「闇市」で小商いをする朝鮮人も増えた。もっとも、在日朝鮮人がそこでなんとか生計を立てられたのも戦後の一、二年にすぎなかった。まもなく戦後復興や治安管理の強化のなかで、多くの日本人が正業に就いていった一方で、在日朝鮮人はますます失業の度合いを高めていった［朴　一九五七］。

ＧＨＱ／ＳＣＡＰは四五年一一月一日付の「初期の基本指令」において、在日朝鮮人や台湾人を、軍事上の安全が許す限り「解放された民族」として処遇するよう命じられていた。「日本国臣民であったので、必要な場合には「敵国民」すなわち日本国民として扱ってよい」という内容は含まれていたが、在日朝鮮人は「日本人」とは処遇上区別されていた。しかしそれは日本政府の費用で朝鮮へ帰還する権利を与える、という程度のものでしかなかった。

日本政府は、国際法的に講和条約発効までは朝鮮人の国籍に変更はなく、在日朝鮮人は日本国籍を保持すると主張していた。しかし在日朝鮮人に「国民としての権利」は認めず、在日朝鮮人を外国人として管理する、という二重基準をとっていた。四五年末の選挙法改正に際しては、戦前来認めてきた参政権を、戸籍条項を設けることによって「停止」させた。また、四七年、日本国憲法発効の前日に最後の勅令として成立した「外国人登録令」では、「当分の間、外国人とみなす」という条項を設けて、在日朝鮮人を、外国人登録や退去強制の適用対象者とした。

他方、GHQは四六年には、日本が在日朝鮮人に対して警察権や裁判権を行使することを認める。また、在日朝鮮人は朝鮮に新しく樹立される政府が正式に国民と認めるまでは、日本国籍を保持すると発表した。これについては、米軍政庁下の南朝鮮の人々からも反発され、以後、GHQは国籍問題に関する明言を避けるようになるが、日本に留まる以上は在日朝鮮人も日本の法令を遵守する義務があると繰り返した。

日本社会では、早くも四六年には、在日朝鮮人は「解放民族」どころか、「第三国人」として喧伝されるようになっていた。「密航者」の増加や「闇市」の問題を例にあげながら、「第三国人」すなわち在日朝鮮人等が、「解放民族」としての立場を悪用し、警察の無力化に乗じて不法行為に従事し、日本の秩序を攪乱しているという発言が、国会の場でも飛び交った。戦前来の日本人の朝鮮人に対する差別や偏見は、敗戦を契機に是正されるどころか、むしろ拡大されていた。日本人の、解放を契機とした朝鮮人の行動を「戦勝国民のごとき態度」と非難する感情は、敗戦による生活不安や閉塞感から助長されただけでなく、次第に、冷戦の展開を背景にして増幅していく。

「新しい朝鮮」への期待と膠着する朝鮮独立問題

在日朝鮮人の就業状況は戦前よりもむしろ悪化し、相変わらず根深い民族差別にさらされていた。生きていくために、在日朝鮮人は日々の生活に追われていたという一面からみれば、戦後の暮らしも、程度の差こそあれ、戦前とさほど変化がなかったかもしれない。しかし、「解放」を契機に大きく変わった点は、在日朝鮮人のあいだに「新しい朝鮮」に期待する動きが起こったことであり、日本帝国主義下で奪われてきた朝鮮民族としての歴史や文化、そして何よりも誇りを回復しようとする活動が、大きくわき上がったことだった。

敗戦の混乱の中で在日朝鮮人の生命と財産をまもるために、また、帰国のために、八・一五直後から、日本各地で在日朝鮮人の互助団体がつくられていった。その多くは、戦前来、参加を強いられていた在日朝鮮人統制組織としての協和会や興生会を、いわば換骨奪胎するように生まれていった民族団体だった。それらが全国組織化されて、一九四五年一〇月に結成されたのが「在日本朝鮮人連盟（朝連）」である。

朝連はその綱領に「新朝鮮建設に献身的な努力を期す」を掲げており、また朝連に対抗して結成されていった他の民族団体の名称も「朝鮮建国促進青年同盟（建青）」「新朝鮮建設同盟（建同）」というように、新生朝鮮、新しい国家建設への期待があらわれていた。同様の期待は、『民主朝鮮』『自由朝鮮』『新しい朝鮮』など、戦後、在日朝鮮人が刊行していった雑誌の題目にも、みうけられる。

朝連、そして四六年一〇月に発展解消した建同に、建青も加わって結成された「在日本朝鮮居留民団（民団）」も、朝鮮半島における国家建設への動きを注視し、それに連帯・支持しながら、日本で活動をおこなっていた。朝連は四六年二月に、「朝鮮人民共和国」（四五年九月にソウルで樹立宣言、一〇月米軍政否認）を踏襲して結成された「民主主義民族戦線（民戦）」に、在米韓族連合会、在満朝鮮民族解放連盟とともに正式に参加要請され、その傘下団体となった。他方、民団初代団長の朴烈は、米国で独立運動を展開してきた李承晩を、副団長の李康勲は、中国で独立運動を展開してきた金九を支持していく。

在日朝鮮人の大半を網羅する相互扶助団体として生まれた朝連は、四六年には、多くの朝鮮人が日本に残留する状況をふまえ、その活動の中心を帰国支援から生活支援へと移行し、生活権擁護闘争に邁進していく。また、解放直後から、帰国準備の一環として各地で始まっていた朝鮮語講習の場は、歴史や文化、そして朝鮮人としての尊厳回復の場としての民族教育の場へと発展していった。朝連傘下の学校は、四六年一〇月には全国各地に五〇〇校を超える。

ところで、朝鮮人が日本社会で民族的に生活する権利の伸張をはかるには、広範な日本人の理解と支持が不可欠であった。そのためにも朝連は日本の民主化が必要であると認識し、再建された日本共産党と共同歩調をとっていく。朝連顧問となった金天海は、治安維持法下で政治犯として拘束され、四五年一〇月に徳田球一らとともに出獄した共産党員だった。金天海は「わが独立朝鮮の脅威になる侵略主義の代表日本天皇制を打倒し、日本に平和的な民主主義人民共和国を樹立すること、これのみがわが朝鮮の独立を安全ならしめ世界平和を保障する道」であり、「日本において天皇制を打倒し、人民共和国を樹立することは決して他人の仕事ではありません」と語った〔〈金〉一九四六、一六二頁〕。「日本帝国主義残滓の掃蕩」は、朝連が傘下団体となっていた、朝鮮の民戦が掲げた課題でもあった。

これに対して、四五年一二月の「モスクワ協定」における「朝鮮信託統治条項」に反発する動きを結集しながら組織を拡大してきた民団や建青は、朝連と日本共産党との共闘を格好の攻撃材料として、GHQの後援を獲得していった。「モスクワ協定」に基づく朝鮮独立を推進すべく設置されていた米ソ共同委員会が四七年に打ち切られ、米国のイニシアティブの下で朝鮮の独立問題が国連に移管され、四八年五月一〇日に国連監視下で総選挙が実施されることが決まると、それに反対した朝連とGHQとの対立は避けられないものとなった。この単独政府樹立の危機に際し、朝連は、民戦の掲げる路線を踏襲し、「米ソ両軍の朝鮮即時撤退、朝鮮自主独立、単独政府樹立反対」を訴えて行動するが、それは民戦だけでなく、金九などの民族主義者を含む汎民族的な運動課題であった。民団、建青では、「南北連席会議」を提案しピョンヤンでの会議に参加した金九等の行動をめぐって意見が割れた。最終的には李承晩支持でまとまっていった組織に対し、あくまでも統一政府の樹立をめざした、李康勳などの「統一派」は脱会する。

南北政権分立と浮上する国籍問題

朝鮮では「救国闘争」が展開し、「済州島四・三民衆蜂起」も起きるなかで、渡日者は増大した。前述のように、戦後いったん朝鮮へと帰りながらも、再渡日してきた人は少なくなかった。が、こうした家族の再結合以外にも、戦火を避けるべく密かに日本に渡ってくる人が、すでに（狭義の）朝鮮戦争勃発前から漸増していた。解放後も、朝鮮民族の朝鮮外への離散は止まることがなかった。そしてそれは、まずはこうした日本への移動から進んでいった。

その一方、朝鮮へと強制的に送還される在日朝鮮人も増えていった。戦前来日本に居住し、日本政府には日本国籍者と規定されていた在日朝鮮人であるにもかかわらず、である。四七年には、前年末の「在日本朝鮮人生活権擁護全国大会」で拘束され、有罪判決を受けた人々が釈放とともに朝鮮へと送られた。朝連ソウル委員会で活動していた宋性徹もその一人である。四八年には、制定された教育基本法、学校教育法を根拠に、朝鮮人の民族教育を公教育の場で禁じる動きが本格化した。これに対して在日朝鮮人は民族教育擁護闘争を展開するが、この件で強制送還された人もいる。占領下で唯一発令された非常事態宣言は、阪神地区における教育闘争に対するものだった。米軍は、民族教育をまもろうと必死な朝鮮人の動きを、朝鮮における「五・一〇選挙」反対に連なる動きだとみて過剰に弾圧した。

さて、南朝鮮のみで実施された「五・一〇選挙」に基づき、四八年八月一五日に大韓民国政府が樹立されると、民団は「在日本大韓民国居留民団」と改称し、韓国の国是を遵守する立場からの在留同胞の権利擁護団体となる。他方、八月に南朝鮮で実施された地下選挙と北朝鮮での総選挙に基づいて、九月九日に朝鮮民主主義人民共和国政府が樹立されると、朝連はそれを「朝鮮人民共和国」とも重ねあわせて認識し、共和国死守と強化育成を訴えた。

米国の支援あっての韓国政府樹立であった以上、GHQ占領下では、北朝鮮政府を支持する朝連の立場は決して許容されるものではなかった。建国を祝う慶祝団の派遣には出入国許可が下りず、北朝鮮の国旗掲揚も禁じられた。また、四八年一二月の国連総会では、韓国政府が、国連監視下の選挙によって樹立された唯一の合法政府であると決議された。

朝鮮人であろうとするかぎり、朝連であれ民団であれ、日本人一般からの、戦前来の根深い差別や偏見にさらされていたことに変わりはなかった。が、特に朝連の場合には、民族的な課題に取り組むうえで、思いもよらなかった障害――東アジア冷戦に端を発する諸圧力――をも、引き受けざるをえなくなった。朝連などは四九年九月に、破壊活動防止法の前身である「団体等規正令」に抵触したという理由で強制的に解散させられ、財産を没収され、幹部が公職追放に処せられる。解散理由の冒頭で指摘されているのは国旗掲揚問題であり、その他、阪神教育闘争、生活権擁護闘争までもが解散の根拠として取り上げられた。解散は、実質的に朝連がおこなってきた活動全般を「非合法」「違法」と規定するものであり、それにより、在日朝鮮人の多くが、地域における相互扶助団体を失うことになった。

その後、在日朝鮮人は、朝連解散の不法性を訴えて裁判闘争をおこなうとともに、残存した関連組織を中心に、組織の再編を試みた。また、「救国闘争」に呼応し、南での民衆虐殺に抗議して、日本から朝鮮に送られる軍需品の製造と輸送に反対する動きを起こした。他方、外国人登録令が、登録証常時携帯や罰則強化、登録切替制度をおりこんで改正された。五〇年二月の登録切替の際、日本政府は民団の要請を受け入れ、国籍欄に「韓国」と記入することを認める。当時はあくまでも、「朝鮮」「韓国」は国籍ではなく出身地を示すだけとされたが、在日朝鮮人にとっては、政権分立を前提に「韓国」という選択肢が生じたことは大きい。もっとも、この時点で「韓国」と記載した人は全体の約七％にすぎなかった。むしろ、五月末の韓国総選挙での李承晩派の惨敗をうけて、北朝鮮が朝鮮全域での総選挙実施を提案するといった流動的な情勢の下で、在日朝鮮人のあいだでも、李承晩派を除くすべての在日朝鮮人を網羅するような民族戦線結成の準備が進んでいった。

こうしたなかで六月二五日、本格的に朝鮮戦争が始まる。それゆえ在日朝鮮人の「民戦」結成の動きは、戦時下という非常的状況において模索されることになった。戦争勃発前からおこなわれていた武器製造・輸送阻止運動の意義は、きわめて現実味を帯びた。戦火のなかにある朝鮮の家族や友人をまもるために、在日朝鮮人は日本人労働者に戦争への非協力を訴え、また、体をはって武器輸送に抗う活動を展開した。在日朝鮮人は、日本の全面講和運動、平和擁護運動にも積極的に取り組んだ。これらは一見、日本の課題に焦点をあてて取り組まれた運動のように捉えられがちだが、朝鮮人にとって全面講和の推進と占領軍の撤退要求は、米国の朝鮮介入を阻止する力になると認識されており、また、平和署名活動は、朝鮮での原爆使用が示唆される状況下において、その回避を模索するための実践のひとつだった。「祖国防衛」を掲げた活動は、北朝鮮政府の、日本や在日朝鮮人に対する要望に呼応した運動でもあった。

しかし、ＧＨＱや日本政府は、こうした在日朝鮮人の行動を、もっぱら冷戦イデオロギー的観点から、とりわけ日本共産党との関係に結びつけて解釈し、占領軍に対する挑発行為、破壊活動、すなわち「非合法活動」と認識した。また、在日朝鮮人運動(朝鮮総連)と共産党は、五五年にこの時期の運動状況を批判し組織を一新して今日に至っているために、当時の在日朝鮮人の動向は、多分に運動論的観点から捉えられがちである。が、あらためて想起したいことは、冷戦思考的観点や路線上の問題によって後景においやられがちな、解放、独立をめぐって、在日朝鮮人の多くをつきうごかしていた民族的な意識である。それを捉えることなしに、第二次世界大戦後のアジア各地における、脱植民地化をめぐる数々の戦争を理解することは難しい。

ところで、およそ六―七〇〇人の青年が「自願兵(義勇兵)」として、米軍、韓国軍に編入され、参戦していったことも、朝鮮戦争下の在日朝鮮人のもう一つの民族的意識のあらわれである。こうした韓国を支持する青年は、戦局を大きく変えた五〇年九月の仁川上陸作戦などに従事した。また、この後、北上を続けた国連軍の動きを押しとどめたのが、一〇月の「中国志願軍(義勇軍)」の参戦だが、そこには多くの中国朝鮮族が参加していた。朝鮮戦争の意味や、広範に模索されていた統一国家樹立への動きは、戦前来、「国境をまたぐ生活圏」としての在外地に暮らし、解放後も朝鮮には帰らず、日本や中国に残留していた在外朝鮮人の民族的意識、行動をもふまえて、捉えなおしたい。

さて、朝鮮戦争勃発後、急展開をみせた対日講和問題は、戦線が膠着するなか、五一年九月に片面講和のかたちで条約締結に至った。韓国は条約調印国とは認められず、韓国政府は講和条約を補完すべく、また日韓間の包括的諸問題を討議するために、日韓交渉を要望した。日本は、朝鮮半島の政情を理由に交渉しかねるという認識を示したが、GHQの仲介の下で、在日朝鮮人の処遇問題の討議をかわきりに、五一年一〇月、日韓予備会談が始まった。

条約締結を受けての、日本の出入国管理法制の整備、日韓会談の開始は、日本と朝鮮の関係、そして在日朝鮮人のなかに、南北分断の要素を増大させた。それは、戦前来日本で暮らしてきた朝鮮人が、日本に在住すること自体に圧力をくわえるものとして作用した。また、朝鮮戦争下で、統一国家としての「新しい朝鮮」が未完のままに、南北分断を前提としての国籍問題が浮上した。朝鮮半島に在住していた場合、人々の国籍は、そこが南なのか北かによって自ずと決まった。分断状況や統一への思いの如何を問わず、個々人の国籍は定められた。中国では中国の「公民」か、朝鮮の「僑民」かが問われていく[李 二〇〇九]が、南北の択一が個人に課せられるようなことはなかった。しかし、在日朝鮮人の場合は、そうではなかった。

在日朝鮮人は、入管法制の構築を、韓国への強制追放をいっそう現実化させるものとして捉えた。また、日韓会談で韓国籍一斉付与、朝鮮戦争への徴兵が決められるのではないか、という危機感を高めた。在日朝鮮人は日本の国会に対して、強制送還反対、韓国籍強要反対を陳情するものの、ポツダム政令である出入国管理令の法制化や、その退去強制条項の在日朝鮮人への適用阻止は果たせなかった。日本政府は、概して、在日朝鮮人を通常の移民同様、自らの意志で日本在留を望んでいる人々だと主張しており、日本の植民地統治と不可分の存在とは認識していない。日韓会談の場でも繰り返されたこの種の見解は、韓国政府の認識とも大きく対立するものだった。しかし、その韓国を支持していたのも、当時は在日朝鮮人の一部にすぎなかった。在日朝鮮人の在留権は、このような状況を背景に、その後も日韓会談の場で議論されつづけるのである。

五二年四月二八日に講和条約が発効すると、日本政府は在日朝鮮人の日本国籍を一斉に喪失させた。国籍選択の権利さえ与えずに、日本国籍を剥奪した。(2) 結局、韓国籍が一斉に付与されることはなかったが、外国人登録の国籍欄の

「朝鮮」とは、従来通り出身地を示すとされたことから、日本の法政上は、実質的に、約八割の在日朝鮮人が無国籍状態となった(3)。そして、日本は、旧植民地出身者としての在日朝鮮人を、国籍の違いを根拠にその歴史性を考慮せずに処遇し、社会保障や戦後補償をはじめ、日本で生活するうえで当然享受すべき諸権利をも「合法的に」制限しうるようになったのである。条約発効の三日後、在日朝鮮人は「強制追放反対」「日韓会談反対」を掲げて、メーデーに参加していた。この「血のメーデー」で彼らは最前線を進み、多数が検挙され、多大な犠牲を払うにいたった。

在日朝鮮人は、日本で暮らしていこうと思った人であろうと、朝鮮へ帰ろうと思いながらそれを見あわせていた人であろうと、きわめて不安定な在留条件のもとで日本での生活を続けることをよぎなくされた。解放後に、朝鮮における種々の困難を逃れて渡日してきた人の状況はなおさらだった。そして、このようななかで、さらに家族、友人との離散をも重ねながら、在日朝鮮人は、実質的に日本に「定住」していくのである。

三　朝鮮分断の固定化と訪れ難い故郷

講和条約発効によって、日本政府は在日朝鮮人の出入国を管理する権限を有することになった。もちろん、これまでも渡航管理は厳然とおこなわれていたが、「戦争難民」をも統制しながら、日本はその管理を一段と強化したのである。そして、それは、日本帝国主義の下で形成されてきた、在日朝鮮人の「国境をまたぐ生活圏」を遮断していく。たとえば一九五三年の入管行政では、日本に暮らす父母または親族を頼って渡日してきた未成年者でさえ「不法入国者」とみなし、その多くに退去強制処分を下している。韓国への退去強制とは、在日朝鮮人の「民戦」や「祖国防衛隊」等の活動家にとっては生命の存続さえ危ぶまれる事態を意味した。他方、義勇兵として韓国側で参戦した青年でも、講和条約発効後には、GHQ占領下にまして日本への再入国が難しくなり、日本へ戻れなくなる人が続出する。

五三年、ようやく朝鮮戦争の休戦協定が結ばれた。これによって戦闘は休止されたが、半島全域にわたる戦線の移動のなかで、数多くの離散家族が生まれた。その数は六〇〇万人とも一千万人ともいわれる。しかし、分断の固定化によって離散をよぎなくされた被害者は、こうした南北の居住者に限られない。分断状況をそのままに南北双方で本格化していった国家建設、国民統合の動向は、在外朝鮮人にも多大な影響を及ぼした。

休戦成立と前後して、「民戦」などの在日朝鮮人は、日本政府に、韓国政府ではなく北朝鮮政府との国交正常化、そして、北朝鮮への帰国を求めるようにもなった。北朝鮮へ訪問団を派遣したり、あるいは北朝鮮の戦後復興のために送金したり、技術者を派遣する運動を展開するが、日本の入管当局からは出入国許可は出されなかった。つまり、それでも北朝鮮へ出国するということは、自ずと「帰国」を意味するようになった。このように、在日朝鮮人の北朝鮮への渡航をめぐる問題は、再入国の権利要求とともに、五八年の「北朝鮮帰国運動」の開始前から始まっている。

しかしながら、在日朝鮮人の九割以上の出身地は南半部にある。家族や親族との再会や墓参のために、帰るべき、訪ねるべき故郷は韓国地域にあった。韓国に入国するには、その旅券業務の一部を代行していた民団の構成員となり、韓国に国民登録することが必要とされた。外国人登録の際、国籍欄に「韓国」と記入した人は、五〇年代には依然として少数派であったが、それでも少しずつ増加していった(そして日韓条約締結後に、韓国籍者の数が逆転する)。もっとも、正規に韓国に出入国できたとしても、在日朝鮮人みなが容易に故郷を訪れたり、気楽に親族を訪ねあうことができたわけではない。韓国社会では、朝鮮戦争を経て、在日朝鮮人を「アカ」とみなして警戒する風潮がいっそう強くなっていた。在日朝鮮人の側でも、故郷の家族・親族に思いもよらない迷惑をかけるのを恐れて、訪問どころか、連絡さえとらなかったという人々も多い。くわえて、日本生まれの世代が過半数となり、在日朝鮮人と故郷との距離はさらに広がっていった。

また、何よりも在日朝鮮人の大多数は貧困状況にあり、故郷訪問どころか、日々の生活にも苦労していた人が多かった。日本社会の民族的な就業差別は解消されず、それに在留条件の不安定さが拍車をかけた。五〇年代半ば以降、生活保護が打ち切られる在日朝鮮人の数が急増した[樋口 二〇〇二]。日本の社会保障制度から除外された在日朝鮮人にとっては、同胞同士の相互扶助は重要な意味があった。五五年に北朝鮮の海外公民団体として結成された在日本朝鮮人総連合会(朝鮮総連)は、共産党と共闘していた「民戦」の時代とは異なり、日本社会に対して「内政不干渉」を掲げながら、民族教育を再組織化し、生活権擁護等の活動をおこなっていく。また、五八年からは北朝鮮政府の呼びかけにも呼応し、「北朝鮮帰国運動」をも本格的に展開する。

翌五九年から、日朝の赤十字が仲介して実現された、北朝鮮への在日朝鮮人の帰国の動きは、貧困と無権利のなかにあった在日朝鮮人の状況から捉える必要がある。当時、在日朝鮮人には、貧困にあえぐ韓国社会に対して、国家建設著しい北朝鮮社会の様子が伝えられた。民族差別のなかで生活苦が絶えない在日朝鮮人にとっては、同じ苦労をするなら「祖国」でという思いもあった。他方、日本政府も、韓国政府の反応を危惧しつつも、生活保護費の軽減や治安対策上の理由から、在日朝鮮人を朝鮮半島へと送り返したいと思っていた。このように恣意的に、在日朝鮮人の日本在住の歴史的経緯をふまえることなしに、「人道的見地」からという説明をもって、「帰国事業」は実施に至る。「帰国事業」を通して八四年までに北朝鮮へ帰国した人の数は約九万三千人。ただし、その圧倒的多数は、最初の数年間に集中している。日本の高度成長が軌道にのり、在日朝鮮人にも就業の機会が相対的にひろがっていくと、家族総出の帰国の大きな動きは収まっていった。もっとも、「祖国」の社会主義建設のために貢献したいという意志をもっての若者等の帰国は、少数にはなったが続いていった。

日本に残った家族は、帰国した家族と今後会いにくくなるという自覚は持っていたが、これが生き別れになると思っていたわけではない。しかし、日本と朝鮮との戦後処理が、東アジア冷戦下で南北別々におこなわれ、しかも北朝鮮との国交正常化は未だなされず、日本－北朝鮮の往来は制限されたままである。これまで何度も北朝鮮へ行き、可能な限り帰国者と連絡を取りあっている家族がある一方で、音信不通という家族も多い。

また、分断の固定化のなかで、サハリン残留者の置かれた状況も看過できない。帰国を望む人は、生活の安定のためにソ連の公民権を取るべきか悩んだ。朝鮮戦争後、北朝鮮政府もサハリン残留者の存在を認識し、朝鮮への帰国が北朝鮮への帰国を意味するようになっていくと、韓国や家族のいる日本への移動は、さらに難しくなっていき、韓国、日本への出国実現のために、あえて「無国籍」を選んだ人もいる〔高木 一九九〇／玄 二〇一〇〕。五八年に運良く日本への移動を果たした在日韓国人が、残留者の帰国実現のための運動を始めるが、それが大きく開かれるには、米ソ冷戦の終焉を待たねばならなかった。

おわりに

分断の固定化のなかで、朝鮮民族の朝鮮半島外への移動、家族の離散は、このように止まることがなかった。特に韓国からは、その後、日本以外の地域へも、人々の離散が続いた。戦争孤児や米兵等との「国際児」の国際養子縁組による出国は、朝鮮戦争直後から始まり、一九六〇年代には、中南米、そして、西ドイツや米国など欧米への移民も本格化する。また、韓国の政治状況との関係で、韓国を離れていった人も少なくない。北朝鮮からの人々の離散は、とりわけ九〇年代以降に顕著になる。現在もなお、中朝国境地域には多くの人々が滞留し、韓国で暮らすようになった北朝鮮出身者は二〇一〇年に二万人を超えた。

在日朝鮮人は「国境をまたぐ生活圏」が遮断されるなか、また、日本の高度成長にともなう産業構造の変化・多様化のなかで、「在日」意識を深めていった。南北対立の激化のなかで、朝鮮が統一したら朝鮮へ帰って暮らすという展望は非現実的だという感が強まる一方、何はともあれ、世代を重ねて日本で暮らしてきた、という事実への共感が高まっていった。しかしながら、こうした「定住」の自覚も、上述のように、日本帝国主義下で加速された朝鮮外への人々の移動が、解放によっても収拾されず、さらに分断の固定化によって、絶えるどころか助長されているという不安定な状況のなかでこそ捉える必要がある。

日本社会における「定住」を根拠としての在日朝鮮人の諸権利保障の要求――差別や偏見にさらされる生活には耐えがたいという生活実感を捉えた反差別運動――は、日本での生活を安定させていくために不可欠である。が、「帰国」の可否と旧植民地出身者としての諸権利とは、そもそも相殺されるべきものではない。しかし、日本の植民地支配の清算が、東アジア冷戦下で、しかも朝鮮分断に乗じて、不問に付されていくなかで、日本－朝鮮間の戦後処理はきわめていびつに進行し、その狭間で、在日朝鮮人に対する人権侵害を増幅しつづけている。

在日朝鮮人は、現在もなお、北朝鮮とはもちろん、韓国－日本間の往来に関しても厳しい管理下におかれており、また、戦前来日本で暮らしてきた人であったとしても、解放後に一度帰国し、再渡日した人には、安定した永住権の取得が保障されてはいない。戦後補償問題では未解決の問題が多いが、植民地支配の清算という観点から捉えるなら、戦後、帰国した人の多いいわゆる強制連行の問題と、戦後も日本に残った在日朝鮮人の諸権利をめぐる問題は、日本社会における朝鮮人の足跡として、統一的に認識されるべきものなのである。

グローバル化の進展のなかで、今後も在外地に生活の場をひろげる韓国人の増加は続くであろうし、いわばトランスナショナルな生活志向は、中国人、日本人の間でも追求されている。しかし、こうした生活実態がはたして東アジア社会において根づいていくかどうかを考える際、そもそも既存の国民国家には収まりきらない生活実態を有してきた在外朝鮮人に対する各国社会のありかたが、あらためて問われざるをえない。殊に、日本社会においては、本稿で扱った時期――米ソ冷戦まっただ中の社会状況が、今もなお、「定住」している在日朝鮮人を襲っている。

（1）本稿では「在日朝鮮人」という用語を、日本に暮らす朝鮮人の総称として用いている。
（2）韓国併合を不法不成立とみる見解からは、朝鮮人には日本国籍があったという前提自体も問いなおされるべきではある。
（3）外国人登録の際「韓国国民登録証」を添付して示せば、その国籍欄の「韓国」は、事実上国籍とみなされるようになっていたが、五二年におけるその割合は二割程度であった。

【文献一覧】

青柳敦子　二〇〇七『浮島丸事件訴訟と全承烈さん』宋斗会の会
荒敬　一九九〇「占領下の治安対策と「非常事態」」『日本史研究』第三三六号
内海愛子　二〇〇八『キムはなぜ裁かれたのか――朝鮮人BC級戦犯の軌跡』朝日新聞出版
呉圭祥　二〇〇九『ドキュメント在日本朝鮮人連盟』岩波書店
大沼久夫編　二〇〇六『朝鮮戦争と日本』新幹社
岡奈津子　一九九八「ソ連における朝鮮人強制移住」『岩波講座世界歴史24』岩波書店
梶村秀樹　一九八五「定住外国人としての在日朝鮮人」『思想』第七三四号
菊池嘉晃　二〇〇九『北朝鮮帰国事業』中央公論社
金貴玉　二〇〇八『朝鮮半島の分断と離散家族』藤目ゆき監修・永谷ゆき子訳、明石書店
金耿昊　二〇〇八「解放後神奈川県地域における朝鮮人生活権運動の展開」『在日朝鮮人史研究』第三八号
金賛汀　一九九四『浮島丸釜山港へ向かわず』かもがわ出版
金賛汀　二〇〇七『在日義勇兵帰還せず』岩波書店
〔金天海〕一九四六「対談　わが祖国の建設を語る」『民主朝鮮』第三号
金太基　一九九七『戦後日本政治と在日朝鮮人問題』勁草書房
金英達　二〇〇三『金英達著作集Ⅲ　在日朝鮮人の歴史』明石書店
厚生省社会・援護局援護五〇年史編集委員会監修　一九九七『援護五〇年史』ぎょうせい
小林知子　一九九六「戦後における在日朝鮮人と「祖国」」『朝鮮史研究会論文集』第三四集
小林知子　二〇〇二「在日朝鮮人の「多様化」の一背景」『東アジアと日本社会』東京大学出版会

小林知子 二〇一一 「八・一五以後の在外朝鮮人」『朝鮮史研究入門』名古屋大学出版会
鈴木久美 二〇〇六 「在日朝鮮人の帰還援護事業の推移」『在日朝鮮人史研究』第三六号
高木健一 一九九〇 『サハリンと日本の戦後責任』凱風社
高崎宗司・朴正鎮編著 二〇〇五 『帰国運動とは何だったのか』平凡社
鄭栄桓 二〇〇九 「敗戦後日本における朝鮮人団体規制と朝連・民青解散問題」『朝鮮史研究会論文集』第四七集
鄭栄桓 二〇一一 「「解放」前における在外朝鮮人の形成と離散」『東アジアのディアスポラ』明石書店
崔徳孝 二〇〇五 「朝鮮戦争と在日朝鮮人」『朝鮮半島と日本の同時代史』日本経済評論社
崔徳孝 二〇〇九 「釈放と強制送還のあいだ」『(朝鮮奨学会)学術論文集』第二七集
外村大 二〇〇四 『在日朝鮮人社会の歴史学的研究』緑蔭書房
坪井豊吉 一九五九 『在日朝鮮人運動の概況』法務研究報告書第四六集第三号
朴慶植編 一九八一―九一 『朝鮮問題資料叢書』全一五巻＋補巻、三一書房
朴慶植 一九八九 『解放後在日朝鮮人運動史』三一書房
朴慶植編 二〇〇〇―〇一 『在日朝鮮人関係資料集成〈戦後編〉』全一〇巻、不二出版
朴在一 一九五七 『在日朝鮮人に関する綜合調査研究』新紀元社(復刻版、緑蔭書房、一九九〇年)
樋口雄一 二〇〇二 『日本の朝鮮・韓国人』同成社
玄武岩 二〇一〇 「サハリン残留韓国・朝鮮人の帰還をめぐる日韓の対応と認識」『同時代史研究』第三号
深川宗俊 一九七四 『鎮魂の海峡』現代史出版会(復刻版、明石書店、一九九二年)
福留範昭・亘明志 二〇〇五 「戦後補償問題における運動と記憶Ⅰ」『地域総研紀要』第三巻一号
水野直樹 一九九六、九七 「在日朝鮮人・台湾人参政権「停止」条項の成立(一、二)」『(世界人権問題研究センター)研究紀要』第一、二号
水野直樹 二〇〇〇 「「第三国人」の起源と流布に関する考察」『在日朝鮮人史研究』第三〇号
モーリス-スズキ、テッサ 二〇〇七 『北朝鮮へのエクソダス』田代泰子訳、朝日新聞社
森田芳夫 一九五五 『在日朝鮮人処遇の推移と現状』法務研究報告書第四三集第三号
李海燕 二〇〇九 『戦後の「満州」と朝鮮人社会』御茶の水書房

トピック・コラム

台湾二・二八事件

何　義　麟

一九四七年二月二七日夕刻、台北市内の路上でヤミ煙草を売っていた寡婦が取締中の省公売局職員に殴打される事案が発生した。周りにいた民衆がこれに憤慨し、公売局職員を取り囲んだ。職員は現場から逃れようとして発砲、流れ弾を受けた民衆の一人が死亡した。翌二八日、台湾省行政長官公署へ抗議に赴いた民衆に対して警備兵が発砲、多くの死傷者が出た。これが引き金となり、台北市内の各地で暴動が発生した。激怒した民衆は台北のラジオ局を占拠し、放送を通じて全島に決起を呼びかけた。こうして、全島の主な都市が騒乱状態となった。暴動の発生から数日後、台湾社会のエリートたちによって組織された「二二八事件処理委員会」が当局に政治改革案を提出した。しかし、国民政府はこの要求を無視し、台湾人住民の行動を「共産党の煽動による反乱」とみなした。三月八日に国府の増援部隊が到着すると、台湾住民に対し、無差別殺戮を含む過酷な弾圧を加えた。事態が鎮静化するまでに一万八千から二万八千人が犠牲となったと言われる。これを、二・二八事件と呼ぶ。

台湾住民の蜂起の背景には、陳儀率いる台湾省行政長官公署への不満の蓄積があった。日本の敗戦後の一九四五年一〇月二五日、植民地であった台湾は中華民国の一省に編入された。当初、台湾住民の多くは「光復（祖国復帰）」を熱烈に歓迎した。しかし、陳儀政府は日本統治を受けた本省人の「祖国への忠誠心」を疑い、統治機構から排除した。さらに悪いことに、中国大陸から渡ってきた官僚は腐敗しており、兵士たちの規律は乱れきっていた。治安の悪化、物価の高騰など、社会的な混乱は日増しに深刻化していった。台湾人は不満を募らせ、大陸から来た外省人への反感を強めていった。騒乱の中で民衆が街頭で外省人を狙って殴打したのには、こうした背景があった。図版は、国民政府の腐敗的官僚によって「台湾」という戦争勝利の果実も食いつぶされた、とする風刺的漫画「勝利之「果」」で、上海の雑誌『時与文』に掲載された。

台湾人の当局への反発が単純な暴力行為にとどまらず、政治改革運動にまで発展するほど、その不満の根が深かったのは何故だろうか。半世紀に渡る日本の植民地支配により、台湾の人々と外省人の間に大きな社会的、文化的な隔たりが生じていたことも、事件の要因の一つであった。特に、日本植民地期の抗日運動を経て台湾人意識を育んでいた社会エリートたちは、国府の統治を受け入れない「危険分子」とみなされ、多くが犠牲になった。こうして、事件の弾圧過程においては、台湾の社会エリート層に壊滅的な打撃を与え、一般住民の深層心理に政治に対する恐怖を刻み込んだ。一九五〇年代以降は「白色テロ」の嵐が吹き荒れ、国家暴力による社会の抑圧が深刻化し、この事件は長い間タブー視された。

この状況に変化が生まれたのは、台湾の民主化が本格化する一九八〇年代になってからだった。「二二八和平日促進会」による事件の真相解明と、犠牲者の名誉回復を求める運動が始まったのだ。政府はようやく九〇年に事件の調査に乗り出し、九二年二月に研究報告書を公表した。そして、九五年二月には「台北新公園」(九六年に「二二八和平紀念公園」に改称)に全国の犠牲者を追悼する記念碑が建立され、李登輝総統(当時)が除幕式で政府を代表して被害者家族に謝罪した。同年三月、「二二八補償及処理条例」が立法院で可決され、翌九六年から被害者及び犠牲者遺族への補償金支給が開始された。さらに、九七年には台北市政府により、記念館が開設された。

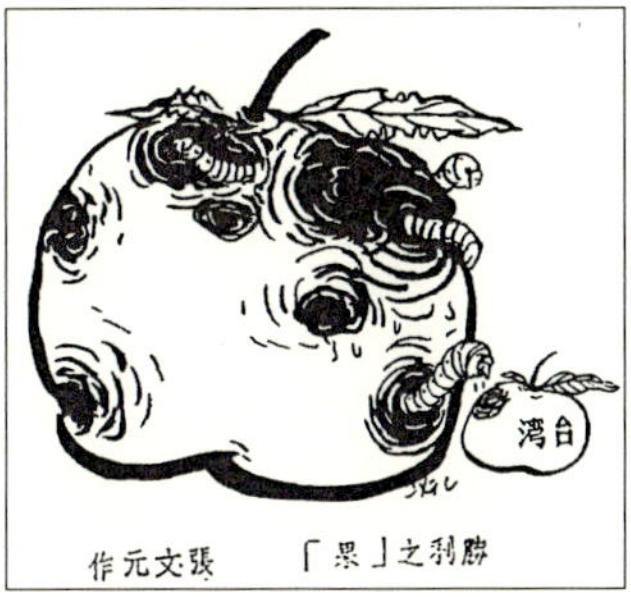

勝利之「果」(『時与文』1947年3月)

こうした一連の措置により、事件と向き合い、心の傷を癒そうとする台湾社会の取り組みには、一定の決着がつけられた。現在でも、事件後に強く意識されるようになった「省籍矛盾」(本省人と外省人の対立)が完全に解消したとは言えないが、事件の傷痕はようやく癒されつつあるとも言える。

ただし、社会面での和解が相当程度達成されたとはいえ、政治面での対立は依然として解決していない。戦後、政府の法令により、台湾住民は中国籍を「回復」した。もし、その後の国民党政府の統治が上手くいっていたとすれば、省籍矛盾の問題は起こらず、台湾住民は意識的にも中華民国の国民となっていたことだろう。しかし、実際には事件をきっかけとして、本省人たちのエスニック・アイデンティティとしての「台湾人意識」はいっそう強化された。さらに、台湾海峡を挟んだ「二つの中国」の対峙関係の継続により、台湾住民の「中国人」としてのナショナル・アイデンティティは確立されないまま、現在に至っている。一方で、エスニシティとしての「台湾人アイデンティティ」は、冷戦体制化下において、「台湾ナショナリズム」へと成長した。この意識は、台湾を中国の一部と見る「中国ナショナリズム」と激しく対立している。現在の台湾の主権問題は、第二次世界大戦後の「脱植民地化」を巡る未解決の課題であり、東アジア国際政治の争点として存在している。

人物コラム

スカルノ (Sukarno)

倉沢愛子

インドネシア「独立の父」スカルノは、一九〇一年にジャワ人の父とバリ人貴族の母との間に生まれた。父が小学校教師で下級プリヤイの出身であったので、彼もオランダ式教育をうけることができ、初等教育終了後ヨーロッパ人向けの高等市民学校（HBS）に進み、さらに当時としては数少ない最高学府のひとつバンドン工業大学で建築学を学んだ。当時の民族主義指導者の多くがオランダへの留学体験者であった中で、彼は純国産の知識人であった。

スラバヤのHBSに通っていた時、下宿していたのが民族主義団体サリカット・イスラーム（イスラーム同盟）のリーダー、チョクロアミノトの家であったことからその影響を強く受け、民族意識に目覚めていった。そして大学卒業後の一九二七年七月に、バンドンでインドネシア国民党（当初はインドネシア国民同盟）を立ち上げた。インドネシア国民党の綱領はオランダにとってあまりにも攻撃的であったため、スカルノは二九年一二月に逮捕された。三一年二月に恩赦を受けていったん釈放されるが、三三年八月には再び逮捕されてフローレス島に流された。その後スマトラのベンクルーに移され、一九四二年の日本軍の侵攻まで流刑生活を余儀なくされた。この時期オランダからの独立を掲げる民族運動はことごとく弾圧され、インドネシア民族運動は暗闇の時代にあった。

オランダを追い出して一九四二年三月にこの地で軍政を開始した日本軍にとって、スカルノのような人物を味方につけることは非常に重要であったので、彼は流刑先のスマトラから救出され、ジャカルタに送られて協力を求められた。日本軍を完全に信じたわけではないものの、もしかするとこれが独立への糸口になるかもしれないと考えた彼は、その申し出を受け入れ、これ以後終戦までの三年五カ月の間、日本軍とともに住民に対する宣伝や動員活動を行う。

日本が降伏した時、インドネシアは日本の庇護のもとでの独立に向けてほぼ準備を完了していたが、ポツダム宣言により終戦時の現状維持が求められたため、その計画はとん挫してしまった。しかし、日本軍の禁止を押し切ってスカルノは同志たちとともに八月一七日独立を宣言し、インドネシアの初代大統領に就任した。最終的に祖国を独立に導いたことで、彼の「対日協力」は問題にされることはなかった。

その後独立を認めまいとするオランダとの間に闘争が続くが、最終的には一九四九年一二月にオランダが主権移譲に同意し、世界の国々から完全に独立国家として認められることになった。このようにスカルノの半生は、インドネシアの独立に向けての歩みと共にあった。

それ以後彼は、冷戦の中にあって非同盟中立政策をとるとともに、インド、エジプト、中国などのアジア・アフリカ諸国とも連帯して、第三世界を結束させるための闘いに挺身し、第三世界のリーダーとしての地位を確立していった。その頃、アジア・アフリカの新興独立国の多くは、政治的には独立したものの、経済的にはいまだに旧宗主国に実権を握られているという新植民地主義の束縛下にあり、スカルノはこれを排除して新興国の立場を強めていくことに努力を注いだ。そのような彼の信念を象徴するのが一九五五年四月に二九カ国を集めてバンドンで開催されたアジア・アフリカ会議である。

スカルノ(1960年代)

このようにアジア・アフリカのリーダーとして国際的にも名をはせるとともに、すばらしい演説で国民を魅了し、大きなカリスマ性をもった指導者であった。しかし、一九五九年に四五年憲法に復帰し、大統領が強い権限をもつ「指導される民主主義」を導入して、やがて議会も解散し、独裁化を強めた。
さらに、強いナショナリズムのゆえに、オランダの資産を強制的に接収したり、イギリスがバックアップして設立しようとしたマレーシア連邦構想に反対したりして国際的に孤立し、最後は国連脱退にまで至った。また経済自立政策を固持した結果、経済開発は遅れ、消費物資の不足が激しいインフレを引き起こした。さらに欧米諸国との対立の反動で共産圏諸国と親密になったこと、それと伝導してインドネシア共産党の勢力が拡大したことなどから、国軍やイスラーム勢力の間に不安を呼び起こし、一九六五年の九・三〇事件を契機として徐々に実権を失うようになった。最終的には一九六七年三月に終身大統領の身分もはく奪され、自宅軟禁状態のまま一九七〇年六月、六九歳で永眠した。
スハルト時代、スカルノの業績はほとんど無視され続けてきたが、密かに慕い続ける人も多く、一九九八年のスハルト政権崩壊後には影響力を取り戻した。そして、その威光もあって娘のメガワティが一九九九年に副大統領に、また二〇〇一年大統領に就任した。
日本女性デヴィを妻の一人にしていたこともあって親日家で知られ、日本へも頻繁に訪れている。

個別史／地域史

II　アジア諸戦争と地域秩序の模索

個別史／地域史Ⅱ

フランスとインドシナ——忘れられた植民地戦争

平野千果子

はじめに

歴史学においては近年、植民地支配の歴史に関する記憶、あるいは忘却をめぐる議論が深まっている。フランスでも最重要植民地であったアルジェリアの独立戦争をはじめ、奴隷制や奴隷貿易などの数世紀をさかのぼる歴史も議論の一つの焦点となった。他方で歴史の負の側面を「過剰に」語ることへの忌避感も強く、過去への評価をめぐって立場を異にする人びとの間の対立は、歴史学の枠を越えて、「記憶の戦争」と称されるほどの事態に発展してもいる[Stora 2007; 平野 二〇一〇]。

しかしそれらのなかで、インドシナ戦争はきわめて影が薄い。従来から、アルジェリア戦争（一九五四—六二年）が本国に与えた衝撃の大きさに比して、インドシナ戦争（一九四六—五四年）は世論の関心を喚起することは少なかった。アジアの戦後史を通観するのに、インドシナ戦争が避けては通れないものであることを考えると、旧宗主国での「無関心」はきわめて対照的である。

実際には二つの独立戦争は、ほぼ同じ期間にわたって続いたし、フランス側に限って見れば戦死者はむしろインドシナ戦争のほうが多い。しかしインドシナが「異国趣味」に彩られた遠方の植民地であったのに対して、地中海対岸のアルジェリアには、そもそも入植者が多かったし、戦争には徴兵された若者を中心に二〇〇万人ほどが送り込まれた。民族運動の内部分裂による抗争はフランス本国を舞台にしても戦われたのであり、戦争はきわめて身近であった。しかも独立後は逆にアルジェリアから、多くの入植者が「帰還」したのみならず、労働者としてのアルジェリア人も一気に増えた[平野 二〇〇九]。アルジェリアが折に触れて社会の前面に押し出されるのに比べれば、インドシナは本国にとって「忘却」の容易な過去であったと言える。

ようやくフランスでインドシナ戦争に目が向けられるようになったのは、一九九〇年前後から、公的にはフランス敗北の五〇周年を経てのことである。その背景には何があるのだろうか。この戦争については日本でもすでに研究の蓄積があるが、ここではフランス帝国という枠を意識した立場から、フランスにおける研究[Ruscio 2002]を踏まえつつ、改めて振り返ることとする。

フランスではインドシナ戦争は通常、一九四六年一二月一九日に始まったとされている(*Journal officiel de la République française*, 2001, p. 2192)。日本の研究においても一部を除くとこの日が採用されている場合が多いようである。本稿では、まずこの開戦にいたるまでの状況を考え直すことから始めたい。次いで冷戦下における論点を整理し、その後この戦争に従軍した兵士たちについて取り上げる。最後に今日、この戦争がどのように語られているのかに関連して、九〇年代に起こされた裁判の顛末を検証するという手順で、論を進めることとする。

一　開戦まで

第二次大戦期、ドイツに占領されたフランスでは、親独ヴィシー政権と、抵抗運動を率いたシャルル・ドゴールの陣営との対立を軸に事態が展開されたが、植民地をめぐっても両者の間の争奪戦となっていた。四〇年に結ばれたドイツとの休戦協定では、植民地に関してはフランスに主権が残されたことから、両陣営の正統性をかけた奪い合いとなったものである［平野　一九九九］。

これを着実に制していったのは、ドゴール派である。ドゴールは太平洋植民地を皮切りに、サハラ以南アフリカの各総督から徐々に賛同を集めるなど事態を有利に進め、四三年七月の時点では、日仏共同統治下のインドシナ以外の地域は傘下に収めていた。

フランスが戦後にインドシナへ派兵する淵源は、日本の降伏より二年以上も前のこの頃にすでに見出される。四三年六月に設置されたフランス国民解放委員会（CFLN、後の臨時政府の母体）ではこの年夏に、インドシナへの派兵の必要性が議論されているのである［Dalloz 1987, p. 56］。いずれ武力をもってしても、海外領土を改めて手中に収めることが威信回復の最大の手段であるとの認識は根強かった。ほどなくCFLNを単独で担うようになったドゴール派からは、「インドシナは極東のアルザス・ロレーヌである」との認識も示されている［Turpin 2005, p. 47］。

しかしドゴール派が奪還する前に、四五年三月、苦況を強いられた日本軍の明号作戦によってインドシナにおけるフランスの存在は一掃された。前年のパリ解放後に成立していたドゴールの臨時政府は、こうした事態を前に「三月二四日のインドシナに関する宣言」を出す。このなかでベトナム、カンボジア、ラオス三国からなるインドシナ連邦は、独自の政府や議会をもつとされる一方で、他のフランス領と「フランス連合」を形成し、インドシナ総督の指導下におかれると規定されていた。フランス連合とは要するに、従来の植民地帝国を言い換えて再編・維持しようとする構想で、インドシナに復帰しようというフランス新政権の意思を示すものである［Institut de Gaulle 1982, pp. 255–257］。そして日本降伏後の四五年九月には、ホー・チ・ミンの指導するベトミン（ベトナム独立同盟）の下でベトナム民主共和国の独立宣言が出されたものの、フランスはさっそく極東派遣軍（CEFEO）の第一陣を送り込んでいく。

この時点でフランスのインドシナ復帰には、国際的なハードルがあった。現地に残る日本軍の武装解除について、フランスが不参加だったポツダム会談で北緯一六度以北は中国が、以南はイギリスが行うと定められたからである。しかしこれらは間もなく打開されていく。まずイギリスは、自身がインドやマレーシアなどで類似の困難に直面しており、フランスに協力的に動いた。中東の領土をめぐっては、ドゴール派と対立した経緯もあり、こうした事態の再現を避けたい思惑もあった[Madjarian 1977, pp. 66–75; Turpin 2005, pp. 153–157]。一〇月には、前年夏にパリ解放に進撃したルクレール将軍がサイゴンに到着し、今度は植民地の「再征服」に挑む。これはこの後長く続く戦闘状態の始まりにすぎないのだが、この「再征服」がイギリスの支援を受けて行われたもので[d'Argenlieu 1985, p. 73]、インドシナは、列強同士が利害を調整して協力し合った場の一例である点をここでは確認しておこう。

次いで北部に進駐してきた中国国民党軍は、現地の反ベトミン勢力と提携し、フランスと取り引きして有利な条件を引き出しつつあったが、最後の段階でフランスのハイフォン上陸に反対したために四六年三月六日明け方、フランスと交戦となり、結局はこれを機に撤退を余儀なくされた[Gras 1979, pp. 77–89]。中国の排除という一点においては、皮肉にもベトミンとフランスの利害は一致していたのだが、利を得たのはフランスであった。

こうして南北双方から平定を進めるフランスを前に、ホー・チ・ミンはなかなか足元を固められずにいた。何とか四六年一月に総選挙の実施にこぎつけ、これに圧勝するものの、敵対勢力に一定の議席数を与えるという条件つきだったために、磐石の体制を作れなかったのである。こうした不利な状況下で進められたフランスとの交渉は、中国軍撤退の契機となった同じ三月六日に暫定協定にいたるのだが、ここでは独立は認められず、フランス連合という枠内での自由な国家、という位置づけを受け入れざるを得なかった[Gras 1979, pp. 88–99]。この後、仏越両者の間では、どのような関係を築くかという交渉が進められることになる。

注意したいのは、その過程において、本国政府とインドシナ現地指令部との歩調がつねにそろっていたわけではない点である。インドシナ戦争については、実は現地のフランス軍が始めたとする見解は従来からあったが、フィリップ・ドヴィレールは一九四四―四七年の史料を詳細に跡づけて、現地司令部が本国の指示に従わずに現場主導で事態を進め、ついに全面開戦にいたったという経緯を明らかにした最初の歴史家である。

根本には、双方の認識の相違があった。本国では、インドシナにおけるフランスの主権の確立という方針が、四六年一月のドゴール退陣後も維持されたものの、同時に遠方の植民地再征服に費やす余力がないと考えられていた[Paillat 1969, p. 160]。戦後の体制はなかなか定まらなかったし、植民地への復帰の試みには、国内のみならず国際的にも注意深くあるべきだとの見方もあった。本国政府のこうした認識は最後まで変わらない[Devillers 1988, pp. 280–281]。

それに対して現地司令部は、異なる展望を描いていた。現地ではホーの苦境をみても明らかなように、反ベトミン勢力が力を誇示しており、彼らを軸に親仏的な政権が樹立されれば、フランスの存在は安泰だと考えられたのである。そのため現地では、ベトナムの分断政策が進められることになる。

一つの節目は、先に言及した三月六日の暫定協定である。高等弁務官であった提督ティエリー・ダルジャンリューを中心に現地司令部は、この協定で自由な国家と定められた「ベトナム」とは、ベトナム全土を意味するものではないという解釈を推し進めようとした[Gras 1979, p. 105]。植民地時代、現在のベトナムは北からトンキン、アンナン、コーチシナの三地域に分けて統治されたが、南のコーチシナのみは唯一、一九世紀半ばから直轄植民地と位置づけられて、フランスの強い影響下にあった(それ以外は保護領)[Brocheux & Hémery 2001]。

他方でベトミン勢力の基盤はおもに北部にあった。歴史的にフランスの関与が深かった南部から地歩を固めようと、ダルジャンリューは本国からの指示をはみ出して行動し、六月一日には親フランス勢力を基盤とする「コーチシナ共和国」臨時政府なるものを作るにいたるのである。モイなどの少数民族の存在もその理由とされた[Devillers 1988, ch. VII]。

こうした事態と並行して、四月と五月にはベトナムのダラトで、次いで七月からはフランスのフォンテーヌブローで交渉が続けられたものの、フランス連合におけるインドシナ連邦の位置づけ、インドシナ連邦に占めるベトナムの位置、ベトナム三地域を一体とすることの是非などの争点をめぐって、折り合いはつかなかった。結局ホー・チ・ミン一人が九月にフランス代表団とフォンテーヌブローで暫定協定を結び、翌四七年から交渉を再開することなどを決めたのみで、一連の交渉は一段落となった。

しかし次の交渉再開までの間に、大きな衝突が現地で起こる。ホーは来るべき交渉に向けて、一一月には憲法を制定するなどして体制を整えようとしていたのだが、フランス現地軍はホー政権の武器調達を防ぐ意味もあって、ハイフォン湾の関税権を接収した。この件をめぐる事態の進展のなかで、同二〇日には双方の銃撃戦となったのである。フランスは大砲まで用いて六千人の死者を出したとされる。ドヴィレールはこの件について、ベトミンが先に仕掛けてくることは考えられないので、先手を打つことが勝利への道と考えた現地が独走した結果だと指摘している[Devillers 1988, p. 293]。そしてこのフランス側の先制による一一月二〇日のハイフォン攻撃こそ、インドシナ戦争の勃発とみなすべきであり、現地司令部の行為はニュルンベルクの規定に照らすならば戦争犯罪だというのがドヴィレールの主張である[Devillers 2005, p. 42]。

ホー・チ・ミンが一二月一九日に全面戦争に訴えるにいたったのも、ハイフォン攻撃以前の状況への復帰を提案するホーの書簡が現地司令部によって改竄されたのが原因なのだが[Devillers 1988, pp. 292-293]、開戦の日付についてはいまだ共通理解がないのが現状だと言える。ちなみにダルジャンリュー自身の回想録では、一一月の衝突はベトミンによる計画的なものであったことが、繰り返し強調されている[d'Argenlieu 1985, p. 346]。

このとき現地が突出した行動をとった背景としてドヴィレールは、本国の政情が不安定だったこともあげている。戦後の体制を決める新しい憲法草案は、一度国民投票で否決の憂き目に会い、ようやく二度目の草案が可決されたのは、四六年一〇月だった。その後は総選挙、そして翌年にかけては上院議会選挙と続き、その結果、内閣が交代して混沌とした政情が続くことは明らかであった。現地司令部はその政変の間隙をついて、戦争を既成事実化することを狙ったとドヴィレールは述べている[Devillers 1988, pp. 320–321]。

本国政府がこの地域を「手放す」方向を模索していたわけではない。ただ、日本の海外進出については、軍部が独走し、それを止められなかった本国の文民統制の欠如が頻繁に指摘されるが、一九世紀以降のフランスをみても、征服戦争の現場で現地軍が現場主導の行動を取ってきたことは否定できないのであり、第二次大戦後という時期においてなお、現地司令部が戦争を引き起こしたとされる点には、ここで留意しておきたい。その上で次節では、冷戦構造のなかでの展開という側面から考察していこう。

二　植民地戦争から冷戦へ？

全面戦争になった当初、フランスはベトミンに勝る近代的な兵器やパラシュート部隊の活躍で、ベトミンが優勢だった北部から中部にかけて、フエやハノイの主要都市や主要幹線道路を次々と制していった。しかし快進撃はわずかで止まり、間もなく山岳地帯に拠点を置くベトミン軍と、戦線は膠着状態に入った。フランスにとって戦争の長期化は避けたいところであり、戦況を打開するために戦争を「ベトナム化」すること、つまりベトナム人同士の戦いに転換することを模索するようになる。それは全面開戦前からの目論見である、ベトナムを分断する政策の延長上にある。

すでに開戦直後の四七年一月四日、ＣＦＬＮ時代から植民地問題にかかわってきたレオン・ピニョンがそうした方向性を打ち出していた。この日の指針でピニョンは、民族主義に対する「植民地主義的」対応を慎み、できる限り直接的な関与を避けるためには、ベトミンとフランスの対立をベトナム人同士の対立へと移行させるべきだと説いたのである。現地の進めてきたベトナムの分断政策に、本国側からも関与しようとするものである。これを受けてダルジャンリューは、その一一日後の文書で「分割して統治する」政策を提唱し、元皇帝のバオ・ダイの名前に言及している[Devillers 1988, pp. 331-343]。

バオ・ダイは、日本軍が明号作戦の後にベトナムに形だけの独立を与えたとき帝位についた人物である。日本の降伏後は退位し、ベトナムの独立を認めるよう、ドゴールやトルーマンなどに親書を送りもした[Mus 1954, p. 61]。その後一介の市民となっていたバオ・ダイには、穏健派のナショナリスト、あるいはベトミンに反発する少数派の宗教団体や少数民族の支持もあった。開戦後のフランスは、ひとまずダルジャンリューが主導したコーチシナ共和国に望みをつなぐが、これが立ち行かなかったことからバオ・ダイ擁立が動き始める。

バオ・ダイ自身は、フランス植民地主義と結託していると見られるのを厭って、当初はこうした構想に消極的だった。しかし事態が推移するうち、四七年九月にはホー・チ・ミン批判を公にしてもおり、フランスがホーとの交渉を断念するなかで、ベトナム三地域を一体とすること、またベトナムが独立国家としてフランス連合内でフランスと協力する、という大筋でフランスと合意にいたり、四九年六月に、自らを国家元首とする「ベトナム国」の成立をみたのである[Droz 2006, pp. 164-165]。

名士層に軸足を置いたこの政権には、広範な支持は集まらなかったのだが、名目的であれ、反ベトミン政権を樹立することは、実はアメリカから支援を引き出す重要な手段でもあった。第二次大戦後のフランスは単独で長期戦を戦う力がないと自覚しており、四七年六月に発表されたマーシャル・プランを越えて、アメリカからの直接的な軍事支援を欲していた。反共産主義の政権を実体化させることは、アメリカをこの戦争に引きずり込み、いわば戦争の「アメリカ化」を図るためにも、必要と考えられた[Dalloz 1987, pp. 188-202]。

「ベトナム国」が成立した四九年の秋に中国共産党政権が誕生したことは、大きな転機となる。中国は年末にはベトナム国境まで軍を進めたのみならず、五〇年一月にはホー・チ・ミンのベトナム民主共和国を承認した。続いてソ連もこの政権の承認に動く。これらを前にアメリカは同年二月、逆にバオ・ダイ政権を承認し、六月の朝鮮戦争開始の直後には、大統領トルーマンがインドシナへの関与を公言して、直接的な軍事支援に踏み出すのである。この年一〇月に中国が朝鮮戦争に介入したことは、緊張感をさらに高めるものであった。

ただしホー・チ・ミンが、共産主義を積極的に標榜していたわけではない。そもそも四五年秋、日本軍の武装解除のために北部から進駐してきた中国国民党軍は、反ベトミン勢力と結んでベトミンは共産主義だと宣伝しており、ホー・チ・ミンはそうした事態のなかで同年一一月、インドシナ共産党を解党している。共産主義を前面に掲げるよりは、植民地主義への抵抗という姿勢を前面に出そうとしたものであり、その後も毛沢東の中国とは距離を置こうとしていた[Gras 1979, p. 78; Dalloz 1987, p. 176]。しかしその中国共産党政権に加えアジア情勢に関心の薄かったソ連からもベトナム民主共和国の承認を得たことで、インドシナ戦争ははっきりと冷戦に巻きこまれていったと言えるだろう。

五〇年一二月に、インドシナに高等弁務官兼総司令官として着任したジャン・ドラットル＝ドタシニーは、翌年九月に訪米した際、ワシントンのナショナル・プレス・クラブで講演し、アメリカをさらにあおる発言をした。すなわちインドシナ各国は独立国であり、フランスは植民地戦争を戦っているのではないと強調した上でドラットル＝ドタシニーは、この戦争にはインドシナのみならず、東南アジア、さらにはアジア全体の命運がかかっているとした。そしてその要である「トンキンがひとたび陥落するならば、もはやスエズまで何の障壁もない」、と脅したのである[de Lattre de Tassigny 1984, pp. 505–506]。公の場におけるこの発言をもって、いわゆるドミノ理論は、ベトナム戦争に先んじるものだという指摘もある[Ruscio 2006]。

アメリカが直接関与を決定するまでの背景をみれば[木之内　一九九一]、ドラットル＝ドタシニーの発言を過大評価してはなるまいが、彼は訪米前の七月には、サイゴンのフランス系高校に通うベトナム人学生に、これはあなたたちベトナム人の戦争であり、共産主義者でなく愛国者なら戦うべきだと呼びかけてもいる[Mercier 1954, pp. 323-334]。とりあえずは朝鮮半島でも熱い戦争となっていたこのいわば転換期に、戦争の「アメリカ化」と「ベトナム化」を強力に担った象徴的存在として、ドラットル＝ドタシニーを位置づけることは可能だろう。

一度始まると、アメリカの軍事援助はうなぎ上りに増大した。五二―五四年の三年間における支援の総額は九四〇億フランに上り、最後の一年間は戦費の七八・二五％がアメリカの負担となるほどであった[Teulières 1978, p. 81]。アメリカのフランス支援の背後には、ヨーロッパにおける対ソ防衛戦略上フランスの協力が不可欠だという事情があり、そうした思惑も含めてのことである[木之内 二〇〇二、二四〇頁]。その点からすると、援助を要請したフランスでもヨーロッパ防衛の重要性は認識されていた。とりわけドイツの再軍備が進むのを前に、「自由世界の防衛」にフランスが十分な位置を占めるためにも、アメリカの支援は必要と考えられた。一方で、インドシナを共産主義から守るからといって、この地域へのアメリカの影響力が増大してよいのか、といったジレンマもあった。ただし一部に生まれたインドシナ「放棄」という案については、政権にいなかったドゴール派の間でも、ヨーロッパのためにアジアを去ることには反対が強かった[Turpin 2005, p. 446]。

莫大な支援を受けながら、フランスは戦況を有利に展開できなかった。ベトミン軍は五〇年初頭から攻勢に転じ、ゲリラ戦でフランス軍を悩ませた。さらに五一年にはベトミンと他の救国会が統一されて勢いを増した。南部ではフランスはかろうじて優勢を保ったが、中部ではドラットル＝ドタシニー自身がベトミンに大敗を喫してもいる。押されるなかでフランスでは、ホー・チ・ミンとの交渉再開を求める動きもあったが、交渉の場を国際舞台に求め、ついには暗黙裡にアメリカにこの地をゆだねる方向性も模索された。ベトミンがラオス方面から攻勢に出てきたため、五三年三月に最高司令官に着任したアンリ・ナヴァールは、ベトナム北部の山岳地帯を最後の拠点とする作戦に出た。ディエンビエンフーの戦いである。しかしジュネーヴで国際会議が進展する間の五四年五月、フランスはこの戦いに敗れ、仏領インドシナの歴史はここに終焉した［Droz 2006, pp. 165–168］。

インドシナ戦争はこうして冷戦のなかで「国際化」し、その植民地戦争という性格は覆い隠された。それは今日におけるこの戦争の評価にも大きく影を落とすのだが、この点については最後に立ちもどることにしよう。

三　誰が戦ったのか

それではこの戦争は、現場では誰が担ったのか。冒頭にも述べたように、インドシナ戦争はフランス側では志願兵が中心で、また結果として敗北したこともあって、戦った兵士たちの影が薄い。インドシナ戦争といえば、外人部隊が想起される場合も多いのではないか。事実フランスでは外人部隊については、戦争を体験した作家の書き物などが読み継がれ、神話化されている面もある［Bonnecarrère 1968］。

しかしそれ以上にこの戦争には、植民地アフリカの人びとが、フランス側兵士として送り込まれていた。一九四五年九月から五四年七月の停戦までの間に、フランス極東派遣軍として本国からインドシナに送られた総数は四八万九五六〇名に上るが(1)、その内フランス人は二三万三四六七名、外人部隊が七万二八三三名であるのに対し、北アフリカ（マグレブ）から一二万二九二〇名、サハラ以南アフリカからは六万三三四〇名を数える［Bodin 1996, p. 7］。植民地兵の割合は四〇％近い。これらに加えてさらに、ベトナム現地で多くの人員が採用されるのである。

植民地兵の実態は従来さほど知られていなかったが、近年ようやく原史料に基づいたミシェル・ボダンの綿密な研究によって、詳細が明らかにされてきている。本節ではボダンに拠りながら兵士たちをめぐる概要を紹介していこう。

フランスは当初から、圧倒的な兵力不足を自覚していた。単に第二次大戦終結前後の時期というだけでなく、植民地ではアルジェリア（四五年五月）やマダガスカル（四七年三月）での大規模な蜂起を始め、つねに軍が必要とされる状況が続いた。五〇年に始まる朝鮮戦争にも、フランスは一大隊を派遣することになる[Deroo 2000, p. 120]。さまざまな障害を前に、フランスは一方でアメリカの支援を求め、他方では植民地の人びとを戦闘員として利用するのである。

しかし植民地(この場合はアフリカ)からの派兵について、必ずしも合意があったわけではない。植民地出身者の登用は支配の常道であるとはいえ、この戦争は第二次大戦後という時期に、フランスが国威をかけて臨んだものである。たとえばドゴールは、「フランスの主権に関わる」ような場に有色人(coloré)を使うことに難色を示していたという[Ruscio 2006]。またアメリカに支援を求める以上、とりあえずはその「反植民地主義」を刺激すべきでないとの考えもあった[Bodin 1996, p. 49]。

にもかかわらず植民地兵の参加なくして戦争を遂行できないというのが、フランスのおかれた現実であった。四五年の派遣軍は全員「白人」で構成されたものの、翌年からは外人部隊の増強と同時に、北アフリカ人の派遣が具体的に検討され、四七年にはフランス兵の交代要員として八千人強が、また四八年からは正規軍の要員として一万人以上が送られている。四七年にはサハラ以南アフリカで採用された兵士たちも現地へ向かった。以後、派遣軍ははっきりと「有色化」するのである[*ibid.* pp. 46–50]。

植民地からの志願には事欠かなかったのだが、その最大の理由は貧困である。事実、リクルートのための宣伝では、安定した俸給が得られることや軍人としての威信ある仕事であること、あるいは緑豊かな国への旅といった面が強調された。しかし軍における待遇には差があった。俸給はフランス人、北アフリカ人、サハラ以南アフリカ人の順に低くなり、すべてにおいてこうした序列がついて回った。年金や賞与の面でも差があった[*ibid.* pp. 50; Bodin 2000, p. 13]。

しかも遠方への旅とはいえ、現場は戦場である。少なくない者にとって、それは帰れない旅となった。およその死者数は、フランス人は二万人、外人部隊兵が一万一千人、アフリカ人は合わせて一万五千人という数字がある(行方不明者は含まれない)。インドシナ戦争におけるフランス側の死者はほぼ一〇万人に上るが、それは以上にインドシナ現地人の死者、およそ四万六千人が加わるからである[Dalloz 1987, p. 251]。
戦場への途上にフランスの港を経由したアフリカ人たちが、投石に見舞われることもあった。「汚い戦争」と呼ばれるようになったインドシナ戦争をめぐって、フランス共産党や共産党系の労組による反戦運動が、わずかながら行われていた余波である[Ruscio 2005]。彼らにその意味は分からなかったというが、「旅先」での困難さは予測されたであろう。

ここでインドシナ現地で雇われた兵員についても述べておこう。死者数にも表れているように、この戦争には膨大な数の現地人が使われた。植民地兵を送り込むのが躊躇された当初から、不足分は現地で志願兵を募ることが計画されていたのである。四七年にはすでにフランス人が一五％で残りは全員ラオス人という部隊まであった。戦争中にはそれぞれの部隊のおよそ三〇—四〇％が現地人で構成された。その多くが少数民族や少数派の宗教に属す者で、ラオスの他にもカンボジア、タイ、中国など隣接地域からの参加もあった[Bodin 1994, pp. 144-145; Bodin 1996, pp. 112-114]。

しかも以上は正規軍に編入された兵士の場合であり、もっと条件の悪い補充兵がいた。たとえば五二年には、ベトナム人の兵士一四万五千人のうち、八万人ほどは補充兵であった[Teulières 1978, pp. 82-83]。これらの他に、通訳や案内人、あるいは雑役に雇われた労働者など、非戦闘員の存在もあった。先の死者数にも非戦闘員は含まれない。彼らなしには「平定も、住民との接触も、作戦すらありえなかった」という指揮官の言葉も残されている。インドシナ戦争の軍隊については当初から「黄色化(jaunissement)」が語られており、その規模において特筆すべきだというボダンの指摘はその通りであろう[Bodin 1994, p. 138]。また前節までに述べたように、こうした「黄色化」こそは、ベトナム内部の対立を利用して戦争が「ベトナム化」された一つの現われでもある。

俸給の一例をあげるなら、四八年にヨーロッパ系の兵士は月額にして二四〇ピアストルだったのに対し、現地兵は一九〇ピアストル、補充兵は一一四ピアストルという数字がある(二年後にはそれぞれ五八六、四一〇、二七〇に上がっている）。基本給に加えてさまざまな名目の手当があるが、補充兵は手当の面でも恩恵は少なかった。ちなみに四七年の数字だが、卵一個が地域によっては二ピアストルすることもあったという[Bodin 1994, p. 143; Bodin 1996, p. 115]。

これら多様な兵士たちが、みな協調していたわけではない。日常については食生活など種々の慣習が異なるし、何より言語が違う。アフリカ人に対してベトナム人が軽蔑的に振舞うこともあったし、カンボジア人の指揮官を嫌うベトナム人もいた。補充兵から正規兵へと昇格した者が周囲から疎まれる場合もあった。何とか兵員数を確保しても、均質性を欠いた軍が求心力をも欠き、結果として強力な軍隊とはならなかったというのは、膨大な調査に基づくボダンの一つの結論である[Bodin 1996, pp. 131–140; Bodin 2000, p. 144]。

他方、時間とともに、フランス側に立つことに疑問をもつようになったアフリカ出身者もいた。たとえば過酷な戦闘を経てベトミンの捕虜となって後に戦争の性格に気づき、ベトナム人民は独立と自由のためにフランス植民地主義と戦っているのであり、「それは私たち自身の敵でもある」として、ベトナムと戦うのをやめるよう仲間に呼びかけるビラを作った例もある[Bodin 2000, p. 202]。それとは別の立場だが、モロッコ共産党からベトミンに派遣され、派遣軍にいる北アフリカ人向けの宣伝を担った者もあった。反植民地主義の武装闘争を展開するにふさわしい人材探しも目的の一つだったという[Dalloz 2006, pp. 145–146]。

勝敗は一九五四年五月七日、ディエンビエンフーで決した。フランス軍の七五％が植民地兵だったとされるこの闘い（*Le Monde*, 7 mai 2004）は、西に対する東の、北に対する南の勝利を意味したはずだった。アルジェリアの民族主義者フェルハート・アッバースは、ディエンビエンフーは「植民地化された民族のヴァルミー（フランス革命で革命軍が初めて勝利した一七九二年の戦い。時代の転換を象徴する言葉として使われる）」であり、「普遍的レベルにおいて人権を確認」するものだったと述べている[Ruscio 2004]。フランス本国では、必ずしもこうした認識はわかちもたれなかったようである。

四　おわりに――「人道に対する罪」とブダレル事件

冒頭で、フランスにおいてこの戦争の記憶が希薄であると指摘したが、それでは今日、インドシナ戦争はどのように捉えられているのか。そのあたりを考えて本稿を閉じることにしたい。それにあたっては、一九八〇―九〇年代に目を向ける必要がある。

八〇年代以降のフランスでは、現代史の暗部についての問い直しが進み、第二次大戦下でのユダヤ人迫害の問題が、徐々に社会の前面に出てくるようになった。この件ではドイツ人一人を含む三人が「人道に対する罪」で裁判にもかけられたのだが、その過程で事はアルジェリア独立戦争にも飛び火し、九〇年代末にはこの戦争に関連して「人道に対する罪」による複数の提訴が起こされた。しかしそれらはいずれも却下されて終わった。なぜならこの罪自体が一九六四年に定められたもので、遡及するのは判例から第二次大戦期についてのみとされた上、植民地戦争には恩赦法が成立していたからである［平野 二〇〇九］。

見逃されがちだが、実は九〇年代にはインドシナ戦争をめぐっても、「人道に対する罪」での提訴があった。それが本節で取り上げるブダレル事件である。ではブダレル事件とは何か、その概要から見ていこう。

一九二六年生まれのジョルジュ・ブダレルは哲学の教師で、若くして共産党員になった。第二次大戦後には「文明化の使命」に燃えてインドシナに渡るのだが、現地の高校で教鞭をとるうちに植民地支配の現実に目覚めて、植民地主義と戦うベトミンへの理解を深め、五〇年代にはフランス人捕虜収容所の政治教育に携わることとなった。戦争終結後もインドシナ共産党に協力したものの、その後の政治運営に幻滅し、フランスで植民地戦争に関する恩赦法が出たのを機に帰国して後は、インドシナの専門家としてパリ第七大学にポストを得ていた[Boudarel 1991]。

ところが一九九一年二月、上院で開催された「ベトナムの現在」というシンポジウムでブダレルが報告しようとしたところ、突然フロアからインドシナで四年間捕虜だったという人物が、戦争当時ブダレルが収容所で捕虜を拷問したと告発したのである。それは発言者本人の体験ではなく、すでに逝去した戦友から聞いたのだという。その収容所の死亡率は、ナチの強制収容所より高かったとも述べた。現実にブダレルがいたのは別の収容所だったのだが、この年春にはインドシナの旧捕虜の団体（ANAPI）の支援を受けて、ブダレルが実際に担当だった収容所にいたという一人の外科医が、ブダレルを「人道に対する罪」で告訴するにいたるのである[Beucler 1991; Delpard 2004]。

インドシナの収容所では、厳しい気候や食糧不足など、捕虜を取り巻く環境は厳しく、一般に死亡率も高かったとされる。ブダレル告訴の中心となったANAPIは、日本軍による明号作戦以降にインドシナで捕虜となった四万人のうち、生き残ったのは一万人のみだとして、収容所における過酷な扱いとベトミンによる思想教育、いわば「洗脳」を激しく糾弾した[Anapi 2004]。

上院でのシンポジウムの一件が報道されると、左派の知識人の間にはブダレル擁護にまわる動きが起きた。それらのなかには、ユダヤ人迫害のみならず、アルジェリア戦争期のフランスの行為を問い続けてきた歴史家ピエール・ヴィダル＝ナケ、出版社を経営する作家のフランソワ・マスペロ、あるいはベトナム史家のジャン・シェノーなどの名前をみることができる[Einaudi 2001, p. 222]。彼らの主張を、九一年三月、『ルモンド』紙上でブダレル支援委員会としての意見表明をしたヴィダル＝ナケに見ておこう。

ヴィダル＝ナケは、まず戦場が悲惨な状況にあった点では、両陣営とも相違がないとする。フランス側の捕虜の扱いが適正だったわけでもなく、拷問による死者も出ていた。インドシナにおけるこの種の行為は植民地時代から実践されており、その実態はすでに三〇年代にアンドレ・ヴィオリス Andrée Viollis などが報じていた通りだという。またブダレルが拷問で死者を出したことはないのであり、政治教育の当否はともかく、当時、反植民地主義の立場に立ち、ベトミンに加担したのは勇気あることだとした。一方で、ブダレル自身が自らを省みる姿勢に乏しいと指摘し、責任を自覚するよう促してはいるが、だからといって報道における「ブダレル・バッシング」は正当化されないとし、むしろインドシナ戦争についても人びとが改めて学ぶことが先決だとヴィダル＝ナケは結んだ[Vidal-Naquet 1991]。

ヴィダル＝ナケの論点はいくつかあるが、とりあえずは最後の点が重要であろう。そもそもなぜこの戦争が起きたのか、という出発点に立ち返ってみれば、まさにこの地域がフランスの植民地であり、それゆえに起きたものだからである。ヴィダル＝ナケは通説には拠らず、この戦争が四六年一一月にダルジャンリューによって始められたものとして論じている(本稿第一節を参照)。これは、戦間期にフランス支配の暴力を告発したヴィオリスの名を喚起している点ともあわせ、支配の歴史に対するヴィダル＝ナケの姿勢を端的に示すものである。

ブダレルをめぐっては複数の提訴が起こされていたが、九七年までにすべて免訴となって幕を閉じた。その理由は先に記したアルジェリア戦争と同じように、人道に対する罪の遡及不可能性と、植民地問題に関する恩赦法の存在である。ただし結論は同じとはいえ、訴える主体が支配を受けた側ではなく、支配者側にあったフランス人である点で、この件は他に見られる「過去の見直し」とは大きく様相を異にしていると言える。

ブダレル事件については、インドシナ戦争終結から半世紀となった二〇〇四年、事件当時にやはり支援委員会に名を連ねていたピエール・ブロシューが簡潔な小論をしたためている。ブロシューは、この件がベルリンの壁の崩壊やソ連の解体と前後して起きたのは何ら偶然ではなく、その背景には第三世界主義や共産主義の衰退があると回顧している。第一の兆候は、七五年のベトナム統一直後に、共産主義を逃れようと多くのボートピープルが生まれたことだという。八〇年代には植民地支配への批判が出る一方で、フランスがインドシナで成し遂げた事業を復権させようとする動きが顕在化し、八八年から九〇年にかけてはインドシナでの死者のための墓所が南仏に設けられ、ベトミンの旧捕虜に関する法も制定された[Brocheux 2004, pp. 62-63]。前述の旧捕虜の団体であるＡＮＡＰＩの創設も、八五年である。

ブロシューは「修正主義」という言葉は使っていないが、ブダレル自身は九一年の『自伝』ですでに「修正主義」的見方に言及している。すなわちこの戦争が植民地の維持をめざしていたのは火を見るより明らかなのに、派遣軍はベトナム人の自由を守るために共産主義との十字軍に旅立った、という神話が今日さらに、「修正主義」の歴史家たちによって補強されているというのである[Boudarel 1991, pp. 349-350]。

負の歴史の見直しが、世界に時を同じくして起きているかのように見える今日、その「共通する」一因を冷戦構造の崩壊という大きな世界史の転換に帰すことには十分に慎重でなければならないことを、インドシナの例は示しているだろう。まさに共産主義の敗北が、フランスの闘いが「正義」のためであったことの証とされているからである。

ちなみにディエンビエンフー五〇周年をめぐる一文で、インドシナ戦争を長年手がけてきたアラン・ルシオは、「修正主義」が勢いを増しているとして厳しい批判を展開しているが、修正主義的語りだと指摘されるなかには、四六年一二月のベトミンの攻撃で全面戦争にいたったとするものも含められている[Ruscio 2006]。

インドシナで戦闘と交渉が続いていた四六年、本国では第四共和政憲法の制定作業が進められていた。紆余曲折を経てその年秋にようやく成立した新憲法前文では、「フランス共和国は、征服のためのいかなる戦争も行わず、またいかなる民族の自由に対しても武力を行使することはない」と謳われている[Godechot 2006, p. 390]。「征服戦争の放棄」が憲法に定められたのは、フランス革命期の一七九一年憲法が最初であるとはいえ、その後のフランスの歴史を見れば、「植民地」の征服については、こうした理念との齟齬が議論されることなく遂行されてきたのであり、それは第二次大戦後においても変わらなかった。

植民地支配の歴史を今日の世界において再考するとき、戦争を通して脱植民地化の行われたインドシナの例には、その鍵となる多くの要素が時代背景とも相まって、複層的に提示されていると思われる。本国と植民地における語りの相違といったものを越えて、さらに包括的な視野に立った考察が求められるであろう。

（1）　原著では四八万八五六〇名となっているが、内訳を元にここでは改めた。

【文献一覧】

木之内秀彦　一九九一　「冷戦と東南アジア」矢野暢編『講座東南アジア学9　東南アジアの国際関係』弘文堂
木之内秀彦　二〇〇二　「冷戦体制と東南アジア」後藤乾一編『岩波講座東南アジア史9　国民国家形成の時代』岩波書店
白石昌也　一九九一　「インドシナ戦争の結末――分断国家の形成」矢野暢編『講座東南アジア学9　東南アジアの国際関係』弘文堂
杉本淑彦　一九八八　「政権参加期フランス共産党の植民地構想」『史林』七一巻五号
杉本淑彦　一九九三　「第二次世界大戦後のフランス社会」服部春彦・谷川稔編著『フランス近代史』ミネルヴァ書房
平野千果子　一九九九　「第二次世界大戦とフランス植民地――「克服すべき過去」とは何か」『思想』八九五号
平野千果子　二〇〇九　「「人道に対する罪」と「植民地責任」――ヴィシーからアルジェリア独立戦争へ」永原陽子編『「植民地責任」論――脱植民地化の比較史』青木書店
平野千果子　二〇一〇　「フランスにおけるポストコロニアリズムと共和主義――植民地史研究の地平から」『思想』一〇三七号
古田元夫　一九九五　『ベトナムの世界史――中華世界から東南アジア世界へ』東京大学出版会
古田元夫　二〇〇二　「インドシナ戦争――救国戦争と「貧しさを分かちあう社会主義」」末廣昭編『岩波講座東南アジア史9　「開発」の時代と「模索」の時代』岩波書店
ジュール・ロワ　一九六五　『ディエンビエンフー陥落』朝倉剛・篠田浩一郎訳、至誠堂新書
Anapi 2004, *Notre histoire 1985–2003* (*Association nationale des anciens prisonniers internés et déportés d'Indochine*), Saint-Cloud: Atlante.

d'Argenlieu, Thierry 1985, *Chronique d'Indochine 1945–1947*, Paris: Albin Michel.

Beucler, Jean-Jacques 1991, *Mémoires*, Paris: France-Empire.

Bodin, Michel 1994, "L'utilisation des autochtones dans le C.E.F.E.O. : 1945–1954", *Revue française d'histoire d'outre-mer*, no. 303.

Bodin, Michel 1996, *La France et ses soldats : Indochine 1945–1954*, Paris: L'Harmattan.

Bodin, Michel 2000, *Les Africains dans la guerre d'Indochine 1947–1954*, L'Harmattan.

Bonnecarrère, Paul 1968, 2006, *Par le sang versé : la Légion étrangère en Indochine*, Paris: Fayard.

Boudarel, Georges 1991, *Autobiographie*, Paris: Editions Jacques Bertoin.

Brocheux, Pierre et Daniel Hémery 2001, *Indochine: la colonisation ambiguë 1858–1954*, Paris: La Découverte.

Brocheux, Pierre 2004, "Le cas Boudarel", *Les Collections de L'Histoire*, avril-juin.

Cohen, Claude 2002, "La problématique du crime contre l'humanité", *Gazette du palais*, 24–26 février.

Dalloz, Jacques 1987, *La guerre d'Indochine 1945–1954*, Paris: Seuil.

Dalloz, Jacques 2006, *Dictionnaire de la guerre d'Indochine 1945–1954*, Armand Colin.

Delpard, Raphaël 2004, *Les rizières de la souffrance : Les combattants français en Indochine 1945–1954*, Neuilly-sur-Seine: Michel Lafon.

Deroo, Eric et al. 2000, *Des troupes coloniales aux troupes de marine : un rêve d'aventure 1900–2000*, Panazol: Lavauzelle.

Devillers, Philippe 1988, *Paris Saïgon Hanoï : les archives de la guerre 1944–1947* (collection Archives), Paris: Gallimard/Julliard.

Devillers, Philippe 2005, Le début d'une guerre coloniale : Indochine, in Alain Ruscio (dir.), *L'affaire Henri Martin et la lutte contre la guerre d'Indochine*, Pantin: Le Temps des cerises.

Dreyfus, Nicole 2001,"Le massacre couvert par l'impunité judiciaire", in Olivier Le Cour Grandmaison (dir), *Le 17 octobre 1961: un crime d'Etat à Paris*, Paris: La dispute.

Droz, Bernard 2006, *Histoire de la décolonisation au XXᵉ siècle*, Paris: Seuil.

Einaudi, Jean-Luc 2001, *Viet-Nam! La guerre d'Indochine : 1945–1954*, Paris: Le Cherche midi éditeur.

Godechot, Jacques 2006, *Les constitutions de la France depuis 1789*, Paris: Flammarion (Editions corrigée et mise à jour par Hervé Faupin).

Gras, Yves 1979, *Histoire de la guerre d'Indochine*, Paris: Plon.

Institut Charles-de-Gaulle et Gilbelt Pilleul 1982, *Le Général de Gaulle et l'Indochine : 1940–1946*, Paris: Plon.

Journal de la France et des Français : chronologie politique, culturelle et religieuse de Clovis à 2000 (collectif), 2001, Paris: Gallimard.

de Lattre de Tassigny, Jean 1984, *Ne pas subir : écrits 1914–1952*, Paris: Plon.

Madjarian, Grégoire 1977, *La question coloniale et la politique du Parti communiste français 1944–1947*, Paris: François Maspero.

Mercier, André-François 1954, *Faut-il abandonner l'Indocine?*, France-Empire.

Mus, Paul 1954, *Le destin de l'Union française : de l'Indochine à l'Afrique*, Paris: Seuil.

Paillat, Claude 1969, *Vingt ans qui déchirèrent la France*, tome I Paris: R. Laffont.

Ruscio, Alain 1987, *La décolonisation tragique 1945–1962*, Messidor/Editions sociales.

Ruscio, Alain (dir.) 2002, *La guerre française d'Indochine 1945–1954 : les sources de la connaissance bibliographie, filmographie, documents divers*, Paris: Les Indes savantes.

Ruscio, Alain 2004, "Le Valmy des peuples colonisés", *Le Monde diplomatique*, Juillet.

Ruscio, Alain (dir.) 2005, *L'affaire Henri Martin et la lutte contre la guerre d'Indochine*, Pantin: Le Temps des cerises.

Ruscio, Alain 2006, "Autour d'un anniversaire : Dien-Bien-Phu, en 2004", *Cahiers d'histoire: Revue d'histoire critique*, no. 99 (mis en ligne le 1er avril 2009). http://chrhc.revues.org/index756.html (2009–8–1)

Stora, Benjamin 2007, *La guerre des mémoires*, Paris: L'aube.

Teulières, André 1978, *La guerre du Vietnam 1945–1975 : le conflit vietminh et sa suite américaine*, Paris: Lavauzelle.

Turpin, Frédéric 2005, *De Gaulle, les gaullistes et l'Indochine*, Paris: Les Indes savantes.

Vidal-Naquet, Pierre 1991, "Les raisons d'un soutien", *Le Monde*, le 23 mars.

個別史／地域史Ⅱ

国共内戦と中国革命

中村元哉

はじめに

本章の主たる考察対象は、一九四五年八月の日中戦争終結から五七年六月の反右派闘争開始までの大陸中国の歴史である。ただし本章は、一九四九年一〇月の人民共和国成立「前後」の時期を対象とするため、中国共産党（以下、共産党）史としての一九四〇年代史を描くわけでも、また、その一部としての一九五〇年代の人民共和国史を描くわけでもない。ここでの目標は、一九四五年から四九年にかけての戦後国民政府期（以下、戦後中国）の史的展開をふまえながら一九五〇年代史を概観することである。

言うまでもなく、この時期の中国における最大の出来事は、中国国民党（以下、国民党）と共産党による内戦を経て人民共和国が成立したこと、その成立初期の調整段階を経て中国が徐々に社会主義化されていったことである。こうした「内戦と革命によって誕生した新中国」というイメージからすれば、「国共内戦と中国革命」という本章のタイトルは当時の時代性を的確に捉えている。

しかし、ここで連想される「国共内戦」と「中国革命」というタームに「共産党が悪しき国民党を内戦で打ち破り、輝かしい社会主義中国を打ち立てた」という「革命中心史観」の語感が依然として含まれるとするならば、本章のタイトルはむしろ当時の歴史事実の大半を覆い隠してしまう。なぜなら、内戦や革命、さらには共産党や社会主義という視角からだけでは語り尽くせない人民共和国成立前後の史実が次々と明らかになっているからである。一九四九年の革命とは、「帝国としての中国の残照と清末以来の近代国民国家への新たな挑戦と一党独裁ならびに社会主義に対する過剰な期待とが入り混じった、複雑な混合物」に他ならなかった［久保 二〇〇六］。

以上のような研究潮流を生み出している近年の代表的な成果は、専著と論文集に限って言えば、戦後中国の諸相を軍事史に収斂させることなく総合的に解明した［姫田編 二〇〇一］や［張ほか編 二〇〇六］であり、この時期の国民党の実態を「革命中心史観」から距離をおきながら客観的に分析し直した［王 二〇〇三］や［楊 二〇〇八］である。これらの研究成果を通じて、従来の「革命中心史観」では封印されてきた戦後中国の多様性が明らかになりつつある。一例にしか過ぎないが、［張 一九九九］や［章 二〇〇四］、［中村 二〇〇四］、［水羽 二〇〇七］は、近代中国において一貫して模索され続けてきた憲政史とその思想的背景である自由主義の変遷過程から戦後中国の政治と思想・社会をめぐる実態を浮かび上がらせ、一九四九年以降の大陸中国および台湾における動向を民国史の文脈から説明している。人民共和国成立前後の中国史は、共産党が結成された一九二〇年代以来の革命史の視角からだけで総括できるものではない。

こうした研究潮流のうち、民国史と人民共和国史との接続を試みたのが［久保編 二〇〇六］、［呉ほか編 二〇〇九］や［日本上海史研究会編 二〇〇九］であり、一九四九年の諸情勢を含めて二〇世紀の中国史をそれぞれの立場から再検討したのが、［村田ほか編 二〇〇九］や［西村・国分 二〇〇九］、［川島・毛里 二〇〇九］などから成る『中国的問題群』（岩波書店）である。そして、これらの最新の成果が共有していることは、一九四九年前後の中国史が世界とも共時性を有していた［西村 一九九一］という事実である。当該時期の共産党史も決して例外でないことは［高橋 一九九六］からも明らかである。

つまるところ、本章が対象とする時期の中国は、米ソ冷戦の国際情勢とも連動しており、「革命中心史観」を前提とする「国共内戦」と「中国革命」という切り口からだけでは到底説明できない。そこで本章は、戦後中国の一つの事象を示す言葉として国共内戦を使用し、民国から人民共和国への変化を単に表す言葉として中国革命を使用することにしたい。あわせて、階級というタームも、共産党のイデオロギー色を排して、当時の情勢を浮かび上がらせるためだけの用語として使用する。

ただし、誤解を避けるために強調しておくが、本章でいう中国革命の前夜において、その一コマであった国共内戦や階級対立がその他の情勢に対して重大な意味を持っていなかった、と言いたいのではない[Pepper 1978; 汪 二〇一〇]。この数十年間の研究は内戦史や軍事史にあまり注目してこなかったが、こうした偏向した研究状況は徐々に改善されつつある[劉 二〇〇九]。本章はこれらの新しい内戦史・軍事史の成果を十分には反映できていないが、近い将来、本章の内容とこれらの新しい成果が組み合わさって、人民共和国成立前後の歴史がより生き生きと描かれるようになるだろう。また、中国革命後の一九五〇年代史を民国史と接続しようとする本章の立場とは異なるが、日中戦争期の整風運動を人民共和国の前史として研究した[高 二〇〇〇]や、現在刊行中の『中華人民共和国史』全一〇巻(香港中文大学出版社)のうち一九五〇年代を扱った第一巻から第三巻は必読の研究書である。さらに、中国革命の展開が欧米のジャーナリストの目にどのように映っていたのかについては[O'Brien 2003]が詳しく論じている。

なお、本章がカバーする時期の基本的な史料集は、[秦主編 一九八二]、[中国第二歴史檔案館編 一九九九]、[砂山ほか編 二〇一二]や[日本国際問題研究所現代中国部会編 一九六三—七二]、[中共中央文献研究室編 一九八七—九八]、[中共中央文献研究室編 一九九二—九八]、[毛里ほか編 一九九四—九六]、[中共中央文献研究室編 二〇〇五—〇八]、[中共中央文献研究室編 二〇〇八—]などである。ただし、公刊された史料集には意図的に含まれていない史料もあり、それらを各地の檔案館で可能な限り調査することを忘れてはならない。現在スタンフォード大学で公開されている『蔣介石日記』も、研究するテーマと時期によっては有益である。

一　戦後中国政治と内外環境

国民党は、一九四三年九月に、戦後の速やかなる憲政の実施を公約に掲げた。その主たる背景は、中国の国際的地位の向上と戦後四(五)大国としての自意識の高まり、第三勢力と称される国共両党以外の党派や戦時の民意機関である国民参政会などによる憲政実施の要求であった。四三年秋からの中国政治は、米ソを中心とする国際政治のうち、とりわけアメリカを中心とする戦後世界構想を意識しながら展開され、そうした国際情勢認識に連動しながら高まっていった国内の憲政運動と時には対立し時には共鳴しあいながら推移していった。戦前から続いていた孫科らを中心とする党内の憲法制定活動に加えて、こうした戦時中の政治外交の展開が、四五年五月の国民党による憲政実施の決意とその後の具体的な行動を導き出していった［中村 二〇〇四／本講座第六巻家近論文］。

これに対して共産党は、戦時中に延安において整風運動を展開するなど、一九五〇年代以降の社会主義体制の原型となるような、つまり毛沢東を中心にして党が全てを一元的に指導していくような政策を実施していった［高 二〇〇〇］。しかし他方で、国民党の戦後構想に対抗すべく、独自の憲政構想をも練り上げていった［味岡 二〇一〇］。そうした政治的文脈から提起されたのが、連合政府論(一九四五年四月)であった。国民党の一党専政の廃止を謳う連合政府論は、あらゆる民主的諸階級との統一戦線を目指すものであり、ソ連のようなプロレタリアート独裁の下での一党独裁とは異なっていた。毛沢東は、ブルジョア階級が薄弱な中国では労農階級を中心に新民主主義革命をおこなわなければならず、その後に社会主義革命へと移行すべきだと考えていたが、連合政府論はこうした新民主主義論に基づく戦後構想であった。

このようにして国共両党はそれぞれの戦後構想を広く内外に示したわけだが、社会主義への移行を展望していた共産党の構想が戦後当初から支持されていたわけではなかった。中国民主同盟(以下、民盟)をはじめとする第三勢力と社会の世論は、当初は国民党の憲政実施に淡い期待を抱いていた。国際社会においても同様であり、民主的政権の樹立を望んでいたアメリカのみならず、戦後国民政府と中ソ友好同盟条約を締結したソ連でさえも、国民党に対して一定の理解を示していた。と同時に、ソ連は、戦後直後に共産党に対して内戦の回避をも促していた。こうした内外環境の下、蔣介石と毛沢東による重慶会談が実現し(一九四五年八—一〇月)、政治協商会議が開催された(一九四六年一月)。

この政治協商会議は、国共両党以外にも第三勢力に属する有力な政治家・知識人が参加し、政治的軍事的な統一とともに、民主化の実施方法と内容について議論を重ねた。この会議の重要な成果の一つは、疑うまでもなく、それまでの行政権優位型の憲法草案を三権分立型の議院内閣制へと近づけたことであった。しかし、国民党の一部の人々は、この修正草案の取りまとめに尽力した孫科らの言動も含めて、政治協商会議の成果に対して強い不満を抱いた。そうして、こうした国民党の姿勢がかえって社会からの反発を招き、国共内戦再開(一九四六年夏)の一因となった。結局、民盟を含む多くの第三勢力と共産党は、憲法制定のための国民大会(一九四六年一一—一二月)をボイコットした。

ただし、一九四六年一二月に制定された中華民国憲法が政治協商会議の修正案を土台とし、一九三〇年代から国民党が準備してきた行政権優位型の草案を採用しなかったことには注意しておかなければならない。蔣介石は、政治協商会議の閉幕直後に、党内の親ソ派であり、アメリカからも期待されていた同会議の責任者孫科に対して不満と怒りを露わにしていたが、その蔣介石さえも、中華民国憲法を制定し公布するに際して、内外からの一定の支持を得られやすいという政治的意図から、政治協商会議時の孫科の政治判断を高く評価するようになった(『蔣介石日記』一九四六年一二月二一日、スタンフォード大学所蔵)。つまり、蔣介石ら国民党および国民政府は、社会からの支持とアメリカを中心とする国際政治の動向にも十分に配慮しながら、憲政への移行を目指していたのである。これは表面的な時局的対応に過ぎなかったかもしれないが、他方で、政治協商会議以前から続く国民党内部の改革派あるいは自由主義者ないしは立憲主義者の意向を反映した動きでもあった〔中村 二〇一〇〕。

無論、ここまでの国民党主導による憲政への移行過程にも様々な問題が含まれていた。しかし、それ以上に重要なことは、やはり一九四七年以降の情勢の変化である。一九四七年は戦後中国にとって大きな転換点であり〔金 二〇〇二〕、戦後政治の展開にも大きな影響を与えた。

再開された国共内戦は、アメリカが内戦の調停に躍起になっていたにもかかわらず、延安をめぐる攻防(一九四七年三月)に象徴されるように、激化の一途をたどっていった。内戦の継続は財政・経済・社会の各方面を疲弊させ――とりわけ経済政策の失政は深刻であった――、内戦の中での憲政への移行は、明らかに、内戦の継続を望まない社会の主たる潮流とは乖離したものであった。たとえば、リベラルな雰囲気をもつ昆明などの諸都市で民主化を要求してきた戦後の学生たちは、首都南京において内戦に反対する大規模な運動を起こした(一九四七年五月)〔廖 一九九四〕。しかし、国民党と中国青年党(以下、青年党)・中国民主社会党(以下、民社党)から成る当時の戦後国民政府は、こうした社会の要求に応えることなく、国民大会と立法院の直接選挙と監察院の間接選挙を断行した(一九四七年一一月―四八年一月)。これに前後して、反国民党の姿勢を強めていた民盟をも非合法化していった。

中華民国憲法が施行された一九四七年一二月前後までのこうした政治と社会の摩擦が、内戦の中での憲政を一層混乱させ、国民党統治の正当性を社会から急速に喪失させていった〔陳 二〇〇六〕。アメリカは、その東アジア戦略において、民主化された中国の出現と安定化に期待し、憲政を実施する国民党を支援し続けたが、のちに中国を失った原因をこうした国民党自身の崩壊過程に求めた。このようなアメリカによる自己弁明は、アメリカ国内で噴出した「中国喪失」の責任論をかわしつつ、共産党との新たな関係構築を模索するために公表された『中国白書』(一九四九年八月)に記されている。

ところで、一九四八年春に憲政実施のための国民大会が開催され、蔣介石が総統に選出された頃、内戦における国共の立場は逆転していた。国民党は「総動員による反乱鎮圧時期臨時条項」を公布して早くも憲政と矛盾するかのような政策を打ち出し、劣勢の軍事情勢に備えざるを得なくなった。こうした戦後政治をめぐる情勢は、共産党に対してますます有利に働いたのであろう。米ソ対立が深まっていった国際情勢に呼応しながら、スターリンらソ連からの指示と支援を実質的に取り付けて内戦を継続してきた共産党(詳細は本巻石井論文を参照)は、一九四八年五月に新政権の樹立を模索し始め、民盟や中国国民党革命委員会などに対して支持を求めるようになった。実際、香港に避難していた第三勢力の知識人らは東北地方や華北に移動して、新政権の樹立に協力していった。こうした戦後政治の逆転現象は、一九四八年秋からの三大戦役(1)によって決定的となり、四九年一〇月ついに人民共和国が誕生した。中国革命の前夜には、国民党を支援し続けていたアメリカも共産党による新政権樹立の動きに柔軟に対応し、共産党の側も対米関係の完全な遮断を回避しようとした[川島 二〇〇九]。

ただし、確認しておくべきことは、戦後中国が総意として憲政の路にかえて革命もしくは社会主義の路を即座に選択したわけではなかったこと、共産党自身も当初は新民主主義の段階を想定していたことである。たとえ第三勢力が共産党による指導を容認し、毛沢東が「人民民主独裁を論ず」で労農階級と共産党の指導を強調しながら新たな国家の階級的性格を明確化した(一九四九年七月)としても、人民共和国はひとまず新民主主義国家としてスタートを切ることになった。共産党は、戦後中国の多様性を包摂し、それらを調整しながら、新たな国家建設に取り組むことになったのである。「中国人民政治協商会議共同綱領」(一九四九年九月)はこうした国家理念を表明したものであり、民盟を含む八つの少数政党と連携した連合政府の体制はソ連のようなプロレタリアート独裁の下での一党独裁とは異なっていた。

しかし、このような理念を掲げてスタートした政治体制は共産党によるソ連学習の強化によって次第に形骸化していき、一九五三年からは社会主義体制の確立が目指されるようになった。労働者や農民などの「人民」に対しては民主を保障するが、「敵」に対しては独裁を科すという民主集中制は、社会主義体制下では、共産党の指導に有利か否かという恣意的な判断によって運用されることになった〔西村・国分 二〇〇九〕。

二　人民共和国成立前後のナショナリズムと社会情勢

前節で述べたとおり、この時期の政治体制と政治動向は、党が国家を指導する党・国家体制の論理からだけで単線的に理解できるわけではない。それでは、その他の情勢はどうだったのか。本節では中国革命前後のナショナリズムと社会の動向について概観し、政治・思想・文化面については次節で整理する（経済情勢は六巻久保論文を参照）。

中国の国際的地位は表面的には戦後五大国の一員として向上しつつあったが、他方で、ソ連の大連の優先使用などを認めたヤルタ秘密協定や外モンゴル（モンゴル人民共和国）の独立を条件つきで認めた中ソ友好同盟条約（一九四五年八月）は、終戦前後の中国社会に対して、大国による旧態依然とした帝国主義的対中政策への、とりわけソ連の対中政策への不満と不信を募らせていった。実際、ソ連軍の東北撤退が進展しなかった事態をうけて反ソ運動が発生している（一九四六年二月）〔廖 一九九四〕。しかし、国共内戦の調停に失敗したアメリカは、米ソ冷戦の構図が世界を徐々に覆っていく中で、国民党と中国国内の自由主義者を支援し続けたにもかかわらず、中国社会から新たな不平等条約とみなされた中米友好通商航海条約の締結や米兵による強姦事件（一九四六年一一―一二月）、さらには自らの対日政策の方針転換などによって、戦後中国のナショナリズムを次第に反米へと追いやってしまった〔水羽 二〇〇一〕。

こうして反米へと揺れ動いていった戦後中国のナショナリズムは、さらに外モンゴルの独立の承認（一九四六年一月）やその後の内モンゴルの複雑な道のりに象徴されるように、伝統中国の帝国的な領土意識と近代的国民国家の論理との間でも大きく動揺することになった。これは、新疆省やチベットでも基本的に同じである。香港の回収にも成功しなかった戦後中国は、さらに、戦時から平時への「復員」作業と旧日本軍占領地域に対する「接収」作業にも混乱をきたし、新たに漢奸問題を発生させたことから、日中戦争によって分断された中国社会の内部にますます深刻な亀裂を走らせることになった[林 一九九七／古厩 二〇〇二]。戦後中国のナショナリズムとは、このように対外的にも対内的にも複雑な様相を呈しており、戦後の東北（旧「満洲」）情勢とはまさにこうした歴史的文脈の縮図であった。[2]

ところで、伝統的な規範意識を弱めつつあった中国社会は、戦後中国のこうした盤石ではないナショナリズムの動きをうけて、ますます散漫で結びつきの弱い社会へと向かっていった可能性がある。とりわけ、党が社会の末端を掌握できていなかった状態は、国民党のみならず[土田 二〇〇一／王 二〇〇三]、人民共和国成立以前の共産党とて例外ではなかった可能性がある[高橋 二〇〇九]。全般的にいえば、国共両党の地方における党組織は思いのほか散漫であり、党による地方統治は弛緩していた。

しかし他方で、四川省を中心とする内陸の農村社会では、新たな変化がみられた。つまり、食糧徴発や兵役などの戦時負担をめぐる不公平さとそれに起因した内部対立が、社会のあり方を末端から徐々に変化させていったのである[笹川・奥村 二〇〇七]。これらの地域は、戦中・戦後の地方民意機関の設立などによって社会の凝集力を高めていった反面、そのことがかえって末端行政の空洞化と地域間の対立をより深刻なものにしていった[笹川 二〇〇九]。こうした農村社会の変容が一九四九年前後の中国全土を覆い尽くしていたかどうかは今後の解明を俟たなければならないが、一部の農村社会が、柔軟でしたたかな地域の結合性——日本の村落のように強い共同体ではなかったかもしれないが——を有し続けていたことにも注意しておく必要がある。とりわけ、華南の血縁・地縁・業縁（同郷・宗族・同業公会）・神縁（廟）は重層的につながっており、それが華僑のあり方にも深い影響を与えていた[山本 二〇〇九]。また、沿海部の江南地域は、その社会的経済的文化的な自立性ゆえに、伝統的な社会構造を残し続けていたことも指摘されている[佐藤 二〇〇八]。

いずれにせよ、一九四九年前後に党権や国権が全国一律に社会の末端にまで及んでいたわけではなく、各地域は独自の展開をみせていた可能性がある。しかし、国共両党がこうした広大な農村社会に対して無策だったわけではない。自らの統治の正当性を確固たるものにするためにも、これらの地域から支持を取り付け、自らの権力を何とか浸透させようと試行錯誤を繰り返していた。その象徴が国共両党による土地政策であった。

地主・資産階級を権力基盤とするために土地政策に無関心だったとされてきた国民党は、意外なことかもしれないが、戦前に小作料の二五％減額を決定し、戦時から戦後にかけては各地で自作農を創設しようとしていた。一九四八年秋からは、アメリカの援助をうけながら、四川省や広西省でさらなる土地改革を断行した。むろん、前節で紹介したような政治的軍事的な劣勢に加えて、前述した内陸部と沿海部の地域性の違いなどから、これらの政策は実を結ばなかった［山本 二〇〇九］。

他方、農民から主体的に支持されてきたとされる共産党は、戦時中に抗日を目的として再び国民党と協力したことから、地主階級を民族統一戦線につなぎとめるために、土地の没収を一旦停止するなど穏健な政策へと転換していた。もちろん戦後に入ると、国民党との関係が悪化したことにより、「土地問題についての指示」（一九四六年五月）や「中国土地法大綱」（一九四七年一〇月）を通じて、漢奸らからの土地没収とあらゆる地主の土地所有権の廃止および土地均分などを認めていった。しかし、こうした中農にまで闘争対象を拡大した急進的な土地改革は、共産党の支持基盤を拡大していった側面を有していたとはいえ、多くの貧しい農民を味方につけるための政治的手段でもあった。このことは、当時の土地改革が共産党の主体的な働きかけによって実践されたものであり、「自発的に闘争する農民」の革命性に必ずしも依存していたわけではなかったことを物語っている［田中 一九九六］。したがって、共産党は、人民共和国成立直後の新民主主義の段階にあっては、「土地改革法」（一九五〇年六月）で地主的土地所有を廃止したものの、個別農の土地所有権を認め、全体の生産力を維持するために富農経済を温存させるという穏健な手法も一部に盛り込んだ。

以上のように共産党の土地政策は推移していったのであるが、ここで注目しておくべきは、戦時から社会の凝集力を高めつつあった四川省であれ、地域の自立性を比較的に残し続けていた江南地方であれ、共産党の「土地改革法」以降の政策と内外環境の変化によって、党と国家の権力がそれぞれの社会の末端へと徐々に浸透し始めたことである［笹川 二〇〇六／佐藤 二〇〇八］。共産党は、外部から工作隊を派遣し、地域社会の内部から新たな幹部や積極的な協力者を抜擢するとともに、朝鮮戦争勃発後には地域社会の内部に潜む「内なる敵」を排除するために反革命鎮圧運動を展開した。こうした闘争過程において、地域の有力者が次々と攻撃対象とされ、民間の広域的ネットワークは遮断されていった［田原 二〇〇八］。

人民共和国成立後に繰り返された各種の政治運動と大衆運動は、間違いなく、従来の社会構造を変容させた一因であり、とりわけ都市民衆を政治的・経済的・社会的に再編し、組織化していった。上海における中間層の再編過程はその一例である［岩間 二〇〇八］。このことは同時に、その後の社会主義体制下の新たな階級の流動性を誘発し、人々の思想や生活習慣などの内面にまで深刻な影響を及ぼしていった。反革命鎮圧運動では民間の宗教結社がターゲットとされ、一九五一年末から始まる資本家や官僚の不正を摘発した「三反」「五反」運動では妓女と遊ぶこと、ダンスホールで遊ぶこと、資本家の娘と結婚すること、経営者になることなどが「資産階級の享楽思想」とみなされるようになった［金野 二〇〇九］。

人民共和国はこうして社会を再編成しつつ、同時に戦後中国の複雑なナショナリズムにも対応しながら国家統合を推し進めていった。毛沢東は人民共和国成立以前に民族の自決権を容認したことがあったが、中華民国の遷台と朝鮮戦争の勃発によって東アジア内部に米ソ冷戦の構図が明確に持ち込まれると［川島・毛里 二〇〇九］、人民共和国はチベットへと進駐し、同地域を「中華人民共和国の祖国の大家族の中にもどす」とした。そして、内モンゴル自治区や新疆省を含む少数民族地域に対して民族区域自治と呼ばれる政策を採用し、民族の分離権と自決権を実質的に否定した（一九五二年八月）。こうして人民共和国は中華帝国の版図の復権を実現し、知識人の側も近代国民国家の完成にとって必要不可欠な「中華民族」概念の構築に改めて取り組むようになった。事実、費孝通の「中華民族の多元一体構造」論(3)は、一九五〇年代の民族識別工作に基づいていると言われている。

三　社会主義体制への移行と政治・思想・文化をめぐる連続性と断絶性

以上のように新民主主義の段階を経て、社会主義体制への移行が一九五三年から始まった。「過渡期の総路線」と称される一九五三年から五七年にかけて第一次五カ年計画が実施され、農業の集団化が実践されると同時に、戸籍制度や単位・檔案制度も一層整備されていった。

近年、政治・経済・社会などの各方面を一元的に管理していた中国の社会主義体制は戦時態勢として理解できる、と考えられている。この見解は、既述のように朝鮮戦争のインパクトを重視するとともに、社会主義体制の萌芽を一九三〇年代の日中戦争期にまで遡って捉え直そうとするものである［奥村　一九九九］。「食糧の統一買い付け・統一販売」政策（一九五三年）後に促進された農業の集団化や社会を管理する戸籍制度は、ソ連のような社会主義イデオロギーの文脈のみならず、第二次世界大戦から冷戦という国際環境の下で展開されてきた総動員政策の文脈においても捉えられる、ということである。一九三〇年代から一九五〇年代にかけての経済政策や貿易構造の連続性が中国の総動員体制とどのような関係にあるのかという点も含めて、興味深い指摘である（第六巻久保論文）。

もちろん、だからといって、中国の社会主義体制への移行はソ連要素を除外して理解できるわけではない。近代中国の立憲主義や自由主義の文脈にも位置づけられる中華民国法が一九四九年に全廃され、中国革命の前後に法統が断絶しているのは、共産党がソヴィエトと称される根拠地で実践してきた根拠地法と司法原則を中国全土に拡大し、ソ連流の法学を導入したためである［高見澤 二〇〇九］。党グループと対口部を設置して党が一元的に国家を掌握していく人民共和国の政治体制［唐 一九九七］は、中華民国憲法で本来設計されていた政治体制とは異なるものであり［薛 二〇一〇］、ソ連のノメンクラトゥーラを模倣するなどして形成されていった。一九五四年の中華人民共和国憲法は、その後の憲法よりは憲政を具現化していたとはいえ、ある特定政党の指導を掲げていない中華民国憲法とは対照的に、その前文において共産党の指導を明記している。さらに、五六年に開催された共産党八全大会は、ソ連モデルから離れた中国独自の社会主義路線を指向する契機となったと言われているが、それだけそれまではソ連要素が注入されていたということでもある。

しかしながら、人民共和国成立前後の連続性と断絶性は、戦時や社会主義あるいはソ連という切り口からだけでは全てを説明できない。社会主義体制への移行と必ずしも同次元では論じられない人民共和国成立初期の官僚人事や政策のあり方は、経済部門においては民国期との連続性を有する傾向にあった（第六巻久保論文）が、外交・司法・宣伝部門においては、政策を法源とするような新たな現象も含めて、むしろ民国期との断絶性を強くしていた［川島 二〇〇九／高見澤 二〇〇九／中村 二〇〇九］。あるいは、人民共和国の人民代表大会制は中華民国憲法制定以前の五権構想下における国民大会制と近似していたと考えられるものの、他方では、中華人民共和国憲法は中華民国憲法の制度設計論、つまり間接選挙に加えて直接選挙をも実施して立法権を強化し、憲政の理念において自由と権利を最大限に保障しようとした中華民国憲法の制度設計論を継承しなかった［金子 二〇〇六／中村 二〇一〇］。

また、人民共和国の成立によって表面的に断絶してきたと考えられてきた現象が、実際のところはその内部において連続していたことも明らかになりつつある。たとえば、沿海部の福州を事例とした［阮 二〇〇五］は、末端の社会が表層部においては社会主義体制に組み込まれたものの、その深層部では伝統的な宗族の基盤を温存していた、と指摘している。さらに、社会主義文化一色に染まっていたかにみえる一九五〇年代から文革直前までの都市社会は、民国期に人気を博したハリウッド映画をはじめとする西側の映画文化を香港映画で代替しようとする消費心理を残し続けていた［張 二〇〇六］。

むろん、人民共和国が成立してから新たに出現した事象のことも忘れてはならない。たとえば、一九五〇年代の中国は、「向ソ一辺倒」を基本戦略とする中ソ友好同盟相互援助条約（一九五〇年二月）に規定されながらも、朝鮮戦争やインドシナ戦争の休戦の動きにあわせて平和共存五原則を打ち出し、中立的な民族主義国家との関係構築を模索した。戦後国民政府もアジア諸国の独立運動には少なからず関心を示していたが、ともかく一九五〇年代の中国は東西の軸と南北の軸を微妙に交差させながら外交を展開していった［川島・毛里 二〇〇九］。

ここまで整理してきたような、単線的にはとらえられない一九四〇年代から一九五〇年代にかけての諸情勢が複合して、「現代中国政治の決定的な転換点」とも位置づけられる一九五七年の反右派闘争［毛里 二〇〇四］が招来されたと言えよう。反右派闘争とは、自由主義者や彼らと潜在的に親和性を有する商工業者らが共産党によって「右派」と決めつけられて政治的に弾圧された事件のことである。再び政治と思想の次元に立ち戻って、反右派闘争までの歴史過程を整理しておきたい（中国革命前後の言論空間の実態については［中村 二〇〇九］を参照）。

戦後中国の思想界は、国共両党が憲政や連合政府論を提起しなければならないほどに、自由主義思想に対する関心を高めていった。この時期の自由主義思想はハイエクからラスキまでをも受容するほどに幅広いものであったが、ナショナルな課題に応えながらも［Fung 2000］、その前提となる個の尊厳の実現を模索し続けていた［水羽 二〇〇七］。結果的に、戦後中国の自由主義者の多くは、台湾や香港あるいは海外に逃れた人々——胡適・殷海光および青年党・民社党に結集していた知識人ら——を除けば、共産党の新民主主義政策に期待して大陸中国に留まった。主として中小商工業者から構成され、民族資産階級とみなされていた中国民主建国会も、同様の政治的選択をとった。

しかし、共産党は人民共和国の成立当初から資産階級に対して警戒心を解くことはなく[楊 二〇〇六]、戦後中国の自由主義者が期待していた新民主主義の可能性は、朝鮮戦争の勃発から社会主義体制への移行までの間に、次々に失われていった。一九五〇年代前半の幾多の思想改造運動と知識人への批判も戦後中国の自由主義思想を伏流させる一因となり[水羽 二〇〇九a]、胡風事件(一九五五年)などにみられるように「文芸講話」(4)の枠組みと相容れない文芸観も批判にさらされ始めた。

ところが、一九五六年九月の共産党八全大会は、同年二月のソ連共産党によるスターリン批判をうけて、穏健な路線への転換を図った。階級間の矛盾を基本的に解決したとする同大会は、毛沢東に対する個人崇拝を弱める決定をおこなったのである。この決定に先立って、毛沢東は「十大関係論」において八つの少数党派との長期共存・相互監督を呼びかけ(同年四月)、共産党自身も少数党派に対して百花斉放・百家争鳴を提唱し始めていた(同年五月)。こうした動きを総合的に捉えるならば、自由化の兆しが再び現れ始めていた、と言えるだろう。毛沢東は、ハンガリー動乱をはじめとする社会主義諸国の体制危機を目の当たりにして、共産党の内外にある不満を解き放つ方法を選択し、知識人たちも、当初は重たい口をなかなか開かなかったものの、徐々に共産党の指導や政治的地位について批判を加えるようになった。この時に、共産党の独裁体質に鋭い批判を浴びせたのが、章伯鈞・羅隆基・儲安平といった戦後中国で自由と民主主義を要求してきた知識人たちであった。社会主義化が達成されたとされる一九五六年以降も、戦後中国の自由主義思想は確かに社会の内部に生きながらえていたわけである[丸山 二〇〇一/沈 二〇〇八/水羽 二〇〇九b]。

しかし、こうした事態に対して毛沢東は、彼ら「右派」を弾圧する政策へと急旋回し、この反右派闘争を社会主義の階級闘争と位置づけるようになった。この結果、戦後中国の自由主義思想は再び伏流し、急進的な社会主義政策が中国独自の文脈においてさらに推し進められていった。一九五七年一一月にソ連を訪問した毛沢東が対米妥協路線を採るフルシチョフを非難して中ソ関係に亀裂が走っていく中[沈 二〇〇八、一二一—一二九頁/川島 二〇〇九、七〇頁]、共産党による一元的指導体制は再び強化された。また、一九五七年秋から準備された大躍進運動は、ソ連よりも早く共産主義に到達することを目標にして、政治と経済の単位を融合した人民公社を各地に誕生させていった。国家統合政策も反右派闘争以降に急進化し、とりわけチベット暴動（一九五九年三月）以降、少数民族の自治はほぼ消失していった。一九六〇年代初頭には現実路線への修正と調整が試みられたものの、一九六六年からは文化大革命が発動されるに至った（本講座第八巻国分論文）。

おわりに

一九五〇年代に社会主義化していった中国の歩みを戦後中国の視角から整理し直した場合、現段階においては以上のように概観できるだろう。しかしながら、残された課題も多い。

たとえば、①人民共和国成立前後の中国社会の東欧観が新民主主義に対する期待感にどのように影響していたのか、②一九四九年に大陸中国で明確に断絶したものが一九五〇年代以降の台湾や香港でどのように引き継がれ、大陸中国にいかなる影響を与えたのか［章 二〇〇四／中村 二〇〇九／薛 二〇一〇］、③反右派闘争の外的要因である中ソ関係が一九五六年から一九五七年にかけて実際のところどのように推移し変化したのか［川島・毛里 二〇〇九］、④国民党内部のみならず共産党内部にも戦後中国の自由主義に共感する一群がいたと考えられるが、それらの思想が反右派闘争から第一次天安門事件（一九七六年）、さらには第二次天安門事件（一九八九年）へとどのように有機的に結びつけられるのか［丸山 二〇〇一／水羽 二〇〇九b］、⑤戦後中国の漢奸をめぐる漢族内部の矛盾と対立が人民共和国期の社会心理にどのような影響を及ぼしたのか、などについてである。とりわけ、一九三〇年代から一九五〇年代にかけての社会主義観が実際のところどのようなものであったのかを、国共の政治的枠組みにとらわれることなく、仔細に再考していくことが必要である。

これらの課題に新たな検討が加えられ、冒頭で言及した内戦史・軍事史をめぐる新たな成果が組み合わさった時に、人民共和国成立前後の歴史的理解はより深みを増すことになるだろう。その日を俟つことにしたい。

(1) 一九四八年九月から一一月にかけての遼瀋戦役、同年一一月から翌年一月にかけての淮海《わいかい》戦役と平津《へいしん》戦役を指す。これによって共産党の国共内戦における勝利が決定づけられた。

(2) 日中戦争で日本に協力した中国人を指す。しかし、漢奸か否かのグレーゾーンの幅は大きく、民族の裏切り者かどうかの判断は人々の恣意性に委ねられる場合もあった。

(3) 中華民族という概念は、漢族をはじめとする主要な五六の民族を包含する多元性をもちつつも、実体としては一体化された民族である、という説明。

(4) 毛沢東が日中戦争期の一九四二年に延安でおこなった講話。文芸が政治を第一の基準とすることなどを謳ったこの講話は、人民共和国成立後も基本的な文芸方針として確認されていた。

【基本史料集】

砂山幸雄ほか編 二〇一一 『新編 原典中国近代思想史 第六―七巻』岩波書店
日本国際問題研究所現代中国部会編 一九六三―一九七一 『新中国資料集成』日本国際問題研究所
毛里和子ほか編 一九九四―九六 『原典中国現代史』岩波書店
秦孝儀主編 一九八一 『中華民国重要史料初編』中国国民党中央委員会党史委員会・北京
中共中央文献研究室編 一九八七―九八 『建国以来毛沢東文稿』中央文献出版社・北京
中共中央文献研究室編 一九九二―九八 『建国以来重要文献選編』中央文献出版社・北京
中共中央文献研究室編 二〇〇五―〇八 『建国以来劉少奇文稿』中央文献出版社・北京
中共中央文献研究室編 二〇〇八― 『建国以来周恩来文稿』中央文献出版社・北京
中国第二歴史檔案館編 一九九九 『中華民国史檔案資料匯編 五輯三編』江蘇古籍出版社・南京

【文献一覧】

味岡徹 二〇一〇 「共産党根拠地の憲政事業」中央大学人文科学研究所編『中華民国の模索と苦境――一九二八―一九四九』中央大学出版部
岩間一弘 二〇〇八 『演技と宣伝のなかで――上海の大衆運動と消えゆく都市中間層』風響社
奥村哲 一九九九 『中国の現代史――戦争と社会主義』青木書店
金子肇 二〇〇六 「国民党による憲法施行体制の統治形態」久保亨編著『一九四九年前後の中国』汲古書院
川島真 二〇〇九 「戦後の国際環境と外交」飯島渉・久保亨・村田雄二郎編『シリーズ二〇世紀中国史 第三巻 グローバル化と中国』東京大学出版会
川島真・毛里和子 二〇〇九 『グローバル中国への道程――外交一五〇年』岩波書店
久保亨 二〇〇六 「一九四九年革命の歴史的位置」前掲『一九四九年前後の中国』
阮雲星 二〇〇五 『中国の宗族と政治文化――現代「義序」郷村の政治人類学的考察』創文社
金野純 二〇〇九 「文革期民衆の集合行為」日本現代中国学会編『新中国の六〇年』創土社
笹川裕史 二〇〇六 「食糧の徴発からみた一九四九年革命の位置」前掲『一九四九年前後の中国』
笹川裕史・奥村哲 二〇〇七 『銃後の中国社会――日中戦争下の総動員と農村』岩波書店
笹川裕史 二〇〇九 「農村社会と政治文化」飯島渉・久保亨・村田雄二郎編『シリーズ二〇世紀中国史 第二巻 近代性の構造』東京大学出版会
佐藤仁史 二〇〇八 「近現代江南の村落構造の変容と民間信仰」佐藤仁史・太田出・稲田清一・呉滔編『中国農村の信仰と生活――太湖流域社会史口述記録集』汲古書院
薛化元 二〇一〇 「憲法の制定から憲法の施行へ――「政協憲草」とリベラリストの憲政主張（一九四六―一九七二）」吉見崇訳、石塚迅・中村元哉・山本真編著『憲政と近現代中国――国家、社会、個人』現代人文社
高橋伸夫 一九九六 『中国革命と国際環境――中国共産党の国際情勢認識とソ連 一九三七年―一九六〇年』慶應義塾大学出版会
高橋伸夫 二〇〇九 「社会主義下の党・国家と社会」前掲『シリーズ二〇世紀中国史 第三巻』

高見澤磨 二〇〇九 「近代法制の形成過程」前掲『シリーズ二〇世紀中国史 第三巻』
田中恭子 一九九六 『土地と権力――中国の農村革命』名古屋大学出版会
田原史起 二〇〇八 『二〇世紀中国の革命と農村』山川出版社
張済順 二〇〇六 「映像文化における転換と継続、一九五〇―一九六〇年代初期――文化消費と上海基層社会の西洋に対する反応」加島潤訳、前掲『一九四九年前後の中国』
陳謙平 二〇〇六 「一党独裁制から多党「襯託」制へ――憲法施行国民大会とその戦後政治への影響」小野寺史郎訳、前掲『一九四九年前後の中国』
唐亮 一九九七 『現代中国の党政関係』慶應義塾大学出版会
中村元哉 二〇〇四 『戦後中国の憲政実施と言論の自由 一九四五―四九』東京大学出版会
中村元哉 二〇〇九 「言論・出版の自由」前掲『シリーズ二〇世紀中国史 第三巻』
中村元哉 二〇一〇 「国民党「党治」下の憲法制定活動――張知本と呉経熊の自由・権利論」前掲『中華民国の模索と苦境』
西村成雄 一九九一 『中国ナショナリズムと民主主義――二〇世紀中国史の新たな視界』研文出版
西村成雄・国分良成 二〇〇九 『党と国家――政治体制の軌跡』岩波書店
日本上海史研究会編 二〇〇九 『建国前後の上海』研文出版
姫田光義編 二〇〇一 『戦後中国国民政府史の研究 一九四五―一九四九年』中央大学出版部
古厩忠夫 二〇〇一 「戦後地域社会の再編と対日協力者」前掲『戦後中国国民政府史の研究 一九四五―一九四九年』
丸山昇 二〇〇一 『文化大革命に到る道――思想政策と知識人群像』岩波書店
水羽信男 二〇〇一 「上海のマスメディアとナショナリズム――一九四六―七年の新聞・雑誌論調を中心として」前掲『戦後中国国民政府史の研究 一九四五―一九四九年』
水羽信男 二〇〇七 『中国近代のリベラリズム』東方書店
水羽信男 二〇〇九a 「リベラリズムとナショナリズム」前掲『シリーズ二〇世紀中国史 第三巻』
水羽信男 二〇〇九b 「毛沢東時代のリベラリズム――「百花斉放・百家争鳴」をめぐって」前掲『新中国の六〇年』
村田雄二郎ほか編 二〇〇九 『シリーズ二〇世紀中国史』(全四巻)東京大学出版会
毛里和子 二〇〇四 『新版 現代中国政治』名古屋大学出版会

山本真　二〇〇九「農村社会からみた土地改革」前掲『シリーズ二〇世紀中国史　第三巻』
楊奎松　二〇〇六「共産党のブルジョアジー政策の変転」大沢武彦訳前掲『一九四九年前後の中国』
王奇生　二〇〇三『党員、党権与党争——一九二四—一九四九年中国国民党的組織形態』上海書店出版社・上海
汪朝光　二〇一〇『一九四五—一九四九　国共政争与中国命運』社会科学文献出版社・北京
金冲及　二〇〇二『転折年代——中国的一九四七年』三聯書店・北京
高華　二〇〇〇『紅太陽是怎様昇起的——延安整風運動的来龍去脉』中文大学出版社・香港
呉景平・徐思彦編　二〇〇六『一九五〇年代的中国』復旦大学出版社・上海
章清　二〇〇四『〝胡適派学人群〟与現代中国自由主義』上海古籍出版社・上海
張玉法　一九九九『近代中国民主政治発展史』東大図書公司・台北
張憲文ほか編　二〇〇六『中華民国史』第四巻、南京大学出版社・南京
沈志華　二〇〇八『中華人民共和国史　第三巻　思考与選択』中文大学出版社・香港
土田哲夫　二〇〇一「抗戦時期中国国民党党員成分的特徴和演変」『民国研究』六輯
楊奎松　二〇〇八『国民党的〝連共〟与〝反共〟』社会科学文献出版社・北京
劉維開　二〇〇九『蔣中正的一九四九——従下野到復行視事』時英出版社・台北
廖風徳　一九九四『学潮与戦後中国政治（一九四五—一九四九）』東大図書公司・台北
林桶法　一九九七『従接収到淪陥——戦後平津地区接収工作之検討』東大図書公司・台北
Fung, Edmund S. K. 2000, *In Search of Chinese Democracy: Civil Opposition in Nationalist China 1929–1949*, Cambridge: Cambridge University Press.
O'Brien, Neil L. 2003, *An American Editor in Early Revolutionary China: John William Powell and the China Weekly/Monthly Review*, New York, London: Routledge.
Pepper, Suzanne 1978, *Civil War in China: The Political Struggle 1945–1949*, Berkeley, Los Angeles, London: University of California Press.

個別史／地域史Ⅱ

朝鮮戦争

和田春樹

はじめに

朝鮮戦争の研究は長い間「誰が攻めたのか」という問いが中心になっていた。開戦の当初から韓国とアメリカは北朝鮮の侵略だと主張したのに、北朝鮮とソ連は韓国の侵略だと言い立て、国際政治上も研究文献の上でも、共産、反共産に分かれ、正反対の議論をつづけてきたのであった。状況を変えたのは、一九七〇年代後半、八〇年前半の在韓米軍資料、国務省資料の公開、公刊である。この資料を使ったブルース・カミングスの大著『朝鮮戦争の起源』上・下が一九八一、九〇年に刊行された。彼は、解放後の南朝鮮は共産主義者を中心とする民族主義者と対日協力者を抱えた反共保守勢力及び米占領軍との間の内乱状態の中にあった、朝鮮戦争はその内乱状態の延長なのだと主張した。下巻の結論部分で、「誰が戦争をはじめたのか。この質問は問われるべきではない」と言い切っている［Cumings 1990, p. 621］。日本では、小此木政夫が米国務省の資料集をつかって開戦前夜の米政府側の動きを分析し、開戦を予想せず、備えをしていなかったことを明らかにした。これに対して、米軍が朝鮮戦争の際に捕獲した北朝鮮の文献資料を検討した方善柱《バンソンジュ》、朴明林《パクミョンリム》、萩原遼らの研究は戦争開始前の北朝鮮軍の三八度線配備、攻撃について明らかにした。

しかし、決定的なのは、八〇年代の末から、とくに九一年のソ連の終焉以降、ソ連の極秘資料が公開されるようになったことである。アメリカの「国際冷戦史プロジェクト」の貢献でスターリン、毛沢東、金日成のあいだの書簡電文が閲覧できるようになった。また同時に中国の党資料も部分的に明らかになり、軍関係者の回想が公刊された。このような資料の公開の結果、北朝鮮が六月二五日に一斉に南を攻撃したことは今日完全に明らかになったと言える。それで北朝鮮の侵略説が立証されたと考える見方もあるが、それは正しくない。ソ連の新資料を系統的に検証した上で、南北双方に武力統一の願望があったことに注目しつつ、総合的な分析を試みたのが、二〇〇二年の拙著『朝鮮戦争全史』である。この本では、戦争が日本、台湾をもまきこむ東北アジア戦争であったという観点で包括的な叙述を行っている。

私の本では触れられていない戦争の過程での虐殺の問題について、もっとも詳細な分析を加えているのが、金東椿《キムドンチュン》『朝鮮戦争の社会史――避難・占領・虐殺』(邦訳二〇〇八年)であり、朴明林の新著『戦争と平和――朝鮮半島一九五〇』(邦訳二〇〇九年)も論じている。

一　朝鮮戦争の起源

日本の植民地支配から解放された朝鮮は不幸にも米ソ両軍によって分割占領され、ついに一九四八年八―九月、三八度線の南北に大韓民国と朝鮮民主主義人民共和国という二つの国家が誕生することになった。朝鮮民主主義人民共和国の憲法では、首都はソウルとなっており、平壌は仮首都である。大韓民国の憲法では、領土は韓半島全体だと書かれている。どちらの国からみても、三八度線の向こう側にある政府なるものは自分たちの版図に陣取る外国の傀儡だということになる。かくして、大韓民国と朝鮮民主主義人民共和国というお互いに相いれない、非和解的な存在である二つの国家が生まれたとき、武力による相手の除去、国土統一の構想が双方に現れた。

北朝鮮の指導者は国共内戦の進展に強い刺激を受けていた。一九四八年一一月には満洲全域が中共軍の支配下に入った。満洲での戦争にサンクチュアリーを提供し、戦争を直接助けてきた北朝鮮は大いに鼓舞された。満洲の朝鮮族も朝鮮民主主義人民共和国の建国と満洲の解放とを結びつけ、蔣介石とともに李承晩《イスンマン》を打倒せよという声を挙げ始めていた。四八年九月一〇日、金日成首相が発表した共和国政綱はその第一項に「国土完整と祖国統一」をうたっていた。「完整《ワンジョン》」は中国語である。

この北の「国土完整」案には南の「北進統一」案が対抗した。韓国の李承晩大統領は中国の事態から逆の危機感を強め、「北進統一」を一九四九年のはじめから公然と打ち出した。この構想は、国民党政府が北の軍閥に対して進めた「北伐」作戦をモデルとしていた。北も南も双方が中国のモデルを手本としていたのである。

ソ連軍の撤兵は一九四八年一〇月から開始され、はやくも一二月には完了した。米国軍の撤退はようやくはじまるところであった。四九年一月末から二月はじめにかけて、南の警察と軍は三八度線を越えて攻撃を行った。李承晩は訪韓した米陸軍長官ロイヤルに北進の希望を伝え、軍隊の増強、装備と武器の提供を求めた。しかし、米政府はこの願いの支持を拒否した。他方で、金日成《キムイルソン》、朴憲永《パクホニョン》らは四九年三月建国最初の政府代表団として訪ソした。そのさい、金と朴は三月一四日にスターリンと秘密の会見を行い、「国土完整」の希望を伝えた。しかし、スターリンは許さなかった。

三月からは韓国側の侵入がふたたび起こり、四月には韓国の北進攻撃が六月にあるとの秘密情報でソ連指導部はおびえた。金日成と朴憲永はあらためて四月末にソ連大使に武器装備の提供を求めるとともに、金一《キムイル》を中国に送り、中国革命に加わった朝鮮人部隊を北朝鮮に派遣してくれるように求めた。毛沢東は朝鮮人部隊二個師団をいつでも引き渡すと回答した。六月韓国軍は甕津《オンジン》半島で攻勢に出て、北側の銀坡山《ウンパ》を占領した。当時韓国軍は六個師団あったのに、北人民軍は三個師団と一個旅団からなっていたにすぎず、ソ連大使は恐怖した。七月中国人民解放軍第一六六師団と第一六四師団が北朝鮮に到着し、朝鮮人民軍第六師団と第五師団になった。これによって、南北の兵力は接近した。

金日成と朴憲永は八月にも、シトゥイコフ大使に武力統一への意志を表明したが、モスクワに帰ったシトゥイコフは、南進はソ連を窮地に立たせるとして、反対の意向をスターリンに上申した。九月二四日、ソ連共産党中央委員会政治局は、南への攻撃を開始することは「軍事的にも政治的にも準備が整っていない」ので、不可能だとし、南でのパルチザン闘争の強化を勧告するとの決定を下した。スターリンのソ連はこのように四九年年末まで朝鮮の米ソ分割を前提とする政策を改める気配をみせなかった。

韓国の李承晩も九月三〇日にアメリカ人の元秘書ロバート・オリヴァーに手紙を送り、「私は、われわれが攻撃的方策をとり、われわれに忠実な北の共産軍と合流し、平壌にいるそれ以外の共産軍を一掃するのに、今が心理的な絶好機だということを痛切に感じます」と書いている。しかし、オリヴァーは一〇月一〇日「そのような攻撃を語ることですら、米国の官と公の支持を失う」、侵略に似た行為をさけ、「非難がロシア人にふりかかる」ようにすべきです、と回答した。李承晩も待つことをよぎなくされた。

一九四九年一〇月、毛沢東が天安門の上で中華人民共和国の建国を宣言した。一二月六日、毛沢東は訪ソに出発した。スターリンは毛沢東を迎えるにあたって、日本共産党を反米闘争に入らせることを決断した。これが五〇年一月六日のコミンフォルム批判となった。他方で、一月一二日、米国のアチソン国務長官がナショナル・プレスクラブで演説した。その中で、「不後退防衛線」の内側にアリューシャン列島、日本本土、沖縄、フィリピンを含めながら、韓国と台湾は含めなかったのである。

このような変化のすべてを金日成らが傍観するはずがない。一月一七日、朴憲永外相主催の昼食会で金日成がシトゥイコフ大使に対して、「中国が解放を成し遂げたいま、国の南部での朝鮮人民の解放が日程に上っている」と言い出した。

「パルチザンはことを決しえない。南部の人民はわれわれがよい軍隊をもっていることを知っている。最近私は全国土の統一の問題をどのように解決するかを考えて、夜も眠れない。もしも朝鮮南部の人民の解放と国土統一の事業が引き延ばされるならば、私は朝鮮人民の信頼を失ってしまう」。「モスクワを訪問したさい、スターリン同志は、南を攻撃してはならないが、李承晩の軍隊が国の北部を攻撃した場合には、朝鮮南部への反攻に移行してよいと言われた。しかし、李承晩は今日まで攻撃してこず、国の南部の人民の解放と国土統一は引き延ばされている。だから、自分はあらためてスターリン同志のもとを訪問し、南朝鮮人民解放を目的とする人民軍の攻撃行動の支持と許可をえることが必要だと考えている」。

金日成は、「もしもいまスターリン同志と会うことが不可能なら、自分は毛沢東がモスクワから帰国したのちに彼と会うつもりだ」と中ソの支持を天秤にかけるようなかけひきを見せた(暗号電報シトゥイコフからスターリンへ、一九五〇年一月一九日、ロシア大統領文書館)。

金日成の意図を知らされたスターリンは、決定的な転換を行う。スターリンもアチソン演説の意味するものは朝鮮への米国の自動介入はないということだと受け取ったようである。一月三〇日、スターリンはシトゥイコフに電報を送った。「私は同志金日成の不満を理解する。しかし、彼が企てたがっている南朝鮮に対するこういう大きな事業は大きな準備を必要とする。あまりに大きなリスクがないように、ことを組織しなければならない。彼がこの件で私と話したいのなら、私はいつでも彼と会い、話し合う用意がある。以上をすべて金日成に伝え、私はこの件で彼を援助する用意があると言ってほしい」(同上)。これは明らかにゴー・サインであった。

金日成はただちに三個師団を追加編成することを決め、装備を購入するのに、ソ連の一九五一年度分の借款を前倒しで五〇年度分に加えてほしいと申し入れた。中国には、朝鮮人部隊を武器もろとも引き渡すことを要請した。どちらの要請も聞き入れられた。四月に北朝鮮へ向かった朝鮮人部隊は、朝鮮人民軍第一二師団となった。

金日成と朴憲永はモスクワへ向かって出発し、四月一〇日、スターリンと会見した。スターリンは最終的に支持を与えたが、中国に行き、毛沢東の意見をきいて、決定するように求めた。二人は五月一三日北京に赴き、毛沢東に説明した。話をきいた毛沢東はスターリンに問い合わせ、その返事をえてから、本格的な会談に入った。スターリンは「変化した国際情勢のために」朝鮮の同志の考えに同意したが、中国の同志の意見が不同意であれば、決定は延期だと伝えてきた。会談で金日成は二、三万の日本軍が送り込まれる可能性はあるが、問題はないと述べたのに対して、毛沢東は米軍が参加する可能性をみていて、そうなれば、中国は軍隊を派遣すると述べた。

二人が北京から帰ったのちに、猛烈な準備がはじまった。ソ連軍事顧問ヴァシリエフが立案した作戦計画はソウル占領までに韓国軍主力を壊滅させるという案であった。北朝鮮の各軍は演習の名目で、六月一二日から前線へ移動し、二三日には全軍が配置についていた。七個師団と一個戦車旅団である。戦車はＴ34が二五八台あった。このとき韓国軍は三八度線に四個師団、ソウルに一個師団を配置していたにすぎず、戦車は一台も保有していなかった。

二　朝鮮人民軍の南進

北人民軍への攻撃命令は、一九五〇年六月二三日と二四日に出された。そして軍事行動は二五日未明に三八度線の全線ではじまった。シトゥイコフ大使は二六日にモスクワに報告している。「部隊は六月二四日二四時までに出発位置についた。軍事行動は現地時間〔二五日〕午前四時四〇分にはじまった。」北人民軍部隊の攻撃は韓国軍にとって完全に不意討ちだった。韓国軍は必死に防戦したが、圧倒的な攻撃を前に後退を余儀なくされた。しかし、李承晩大統領は平静であった。開戦当日正午少し前、アメリカ大使ムチオが大統領官邸を訪問すると、李は次のように語った。「自分は朝鮮を第二のサライェヴォにすることを回避しようと努力してきた、しかし、あるいは、現在の危機は朝鮮問題の一挙、全面解決のための最善の機会を与えているのかもしれない」(*FRUS*, 1950, VII, 1976, p. 131)。

開戦は、朝鮮を「第二のサライェヴォ」にし、局地戦争を米国をまきこむ世界戦争とする、そうすることによって、韓国軍は米軍とともに北進統一をなしとげることができる。だからこそ、これは「朝鮮問題の一挙解決のための最善の機会」となるのだというのである。

さらに李大統領は、この日夜には独断で政府を大田に移すと決定した。ムチオがソウル残留を説得すると、李は、政府は、すなわち大統領は捕虜になる危険を犯してはならないのだと繰り返し、決定を変えようとしなかった。自分が捕虜にならないかぎりは、退却のはてに、米国の援軍とともに反撃し、北進統一ができる。それが李大統領の構想だったのである。

北朝鮮側は韓国側から攻撃を受けたので、反撃したと発表した。資料的な裏付けはないが、スターリンの要求したことを考慮して、金日成らがこの形を決めたのではないかと思う。スターリンの考えからすれば、ソ連が支持をして北朝鮮が先に攻めたということは絶対に世界に知られてはならないのであった。

李大統領は六月二七日未明にソウルを脱出し、韓国軍もこの日ソウルを放棄した。ソウルは六月二八日に占領された。北朝鮮人民軍は後退する韓国軍を追撃して、さらに南に進撃していった。解放地域では人民委員会を復活させ、北朝鮮式そのままの土地改革を実施し、労働法令の実施も行われた。韓国の事情にはおかまいなしに北朝鮮の秩序が拡大されていくことになった。

アメリカは安保理事会を動かして、二五日中に北朝鮮の侵略行為を非難する決議を採択させ、さらに二七日には国連加盟国が武力攻撃を撃退する韓国を援助するように求める決議を採択させた。その上で六月三〇日、米政府はマッカーサーに地上軍の派遣を許す決定を下した。日本の占領軍の中から九州の第二四師団、関西の第二五師団が出動した。これはスターリンと金日成の予想に反した動きだった。七月七日、国連軍統一司令部をつくることが国連で決定されたあと、朝霞の第一騎兵師団が出動した。

日本占領軍が朝鮮の戦場に赴いて無人になる米軍基地を守るために、マッカーサーは七月八日、日本政府に指令を出して、警察予備隊七万五千人の設置を行わせた。吉田首相は占領軍の命令には絶対服従だとして、国会にもかけずに、行政措置でこれを実施した。朝鮮の戦争に対する日本政府の方針は七月一四日に国会で総理の口から表明された。国連の方針を「精神的に支持する」が、「積極的に参加する」立場にはなく、「できる限りにおいて協力する」、占領軍の命令にはしたがうというものであった。しかし、この方針のもと、海上保安庁も、国鉄も、赤十字も、日本の船舶も、全面的に米軍の戦争に協力したのであった。さらにB29がグアムと米本土から嘉手納と横田に飛来し、そこを基地として、北朝鮮軍とその補給路に対する爆撃をさっそく開始した。日本政府と国民が主観的には戦争に参加していないと考える中で、日本全体が戦争する米軍の作戦補給基地となったのである。

しかし、人民軍は南へ南へと進撃をつづけた。韓国軍が退却する地では、保導連盟に入れられていた元左翼の活動家たちが殺害されていた。米韓軍は八月洛東江《ナクトン》辺に追い込まれ、人民軍は山の上から南海の見えるところに進んだ。従軍している作家金史良《キムサリャン》は「海が見える、巨済島が見える。まさにこれが南の海だ」と書いている。統一はもう一歩でなると思っただろう。しかし、人民軍の補給路は延び切っており、いたるところで米軍の爆撃で寸断されていた。

九月一五日、マッカーサーは日本から七万の兵員を送り込んで、仁川に上陸作戦を敢行した。日本から出発したLST（戦車兵員揚陸艇）四七隻のうち三七隻は日本人の船員が操船していた。この作戦は北朝鮮軍の腹部をつき、致命的な打撃を与えた。人民軍は総崩れになって退却することになった。退却にあたって、右翼分子とされた人々の殺害が行われた。九月二七日、ソウルは米韓軍に奪還された。北占領軍は多くの同調者を引き連れ、かつ韓国政界の有力者を拉致して撤退した。

三　米韓軍の北進

危機的な事態の中で北朝鮮指導者金日成と朴憲永は連名で九月三〇日、スターリンに手紙を出して援軍を要請した。「敵が〔中略〕ひきつづき進攻し、三八度線以北に侵入するときには、われわれの自力ではこの危機を克服する可能性がありません。したがって、われわれはあなたの特別の援助を要求しないではすまされなくなりました」。二人は、「ソ連軍隊の直接的出動」か、それが不可能ならば、中国やその他の国の「国際義勇軍」の出動を懇請した。一〇月一日には朴一禹《パクイルウ》が中国人民解放軍の出動を要請する金日成、朴憲泳連名の要請書をもって北京に到着した。スターリンは中国指導部に出兵を要請する電報を打った。

米韓軍が三八度線までを回復したら、そこで止まるのか、北進するのかということは米国政府部内では問題となっていた。韓国政府にとっては北進は当然のことであった。マッカーサーも北進論者であった。アメリカ政府は九月一日のNSC 81で、北の軍隊を撤退させるために三八度線の以北で軍事行動をとることをみとめた。さらに九月二七日にいたり、「北朝鮮軍の撃滅」が指令された。マッカーサーは一〇月一日に金日成に対して放送を通じて降伏勧告をおこなった。韓国軍は東海岸の港元山《ウォンサン》に向かって進撃を開始した。

一〇月七日国連総会が決議を採択し、全朝鮮において「統一、独立、民主の政府を樹立する」ことを確認した。この決議をもって、国連軍は韓国軍とともに三八度線を越えて北進した。李承晩大統領が夢に見た通りの展開となったのである。

この間、中国は参戦をめぐって、悩んでいた。スターリンから出兵を求める手紙を受け取った毛沢東は、一〇月二日、中共政治局拡大会議で出兵を決定しようとしたが、決定できなかった。翌三日、毛沢東はスターリンに、出兵計画への反対論が多く出ており、決められないと通知した。しかし、毛沢東は、どうしても出兵しなければならないと考えていた。彼には、アメリカと革命中国は一度はぶつからなければならないという一種の宿命論があったように考えられる。毛沢東は彭徳懐をよびよせて、支持をとりつけ、議論を重ねて、一〇月五日にはついに出兵の結論を出すことにこぎつけた。八日には彭徳懐を総司令とする人民志願軍の設立の命令が出され、北朝鮮に出兵が通知された。しかしこの日、周恩来がソ連に派遣された。空軍の援助をもとめるためであった。

周恩来は一〇月一〇日にモスクワに着き、黒海のほとりにスターリンを訪ねた。周恩来はスターリンに対して、出兵しないことになったと語り、取引をもちかけた。しかし、スターリンは空軍の援護は戦線の後方に限定して提供するしかできないという発言に終始した。毛沢東はその報告を受け、一時出兵を中止させたが、一二日の会議で参戦を最終決定させたのである。

この間米韓軍は北朝鮮を北上し、一〇月二〇日、平壌を陥落させていた。李承晩は一〇月二七日に平壌入りして、歓迎市民大会にのぞみ、「共産党のわなに落ちた者はみな悔い改め」よ、「悔い改めて甦った者は」許すが、「国家民族に背反して、よその国につこうとした者」は決して包摂しないと演説した。米韓軍は鴨緑江に向かって北上した。

四　米中戦争へ

このとき、すでに一〇月一九日、中国人民志願軍の一二個師団が鴨緑江を越えていた。翌週二八日にさらに六個師団がつづいた。この一八万人を越える大兵力は静かに米韓軍に接近し、一〇月二五日から一挙に攻撃をくわえた。米韓軍は重大な打撃を受け、退却した。一一月八日、米韓軍が反撃に出ると、中国軍はこれを自陣に深く誘い込んで、反撃に出た。うろたえたアメリカ大統領トルーマンは原爆の使用もありうるとしたが、イギリスのアトリー首相にいさめられて、断念した。一二月五日、米軍は平壌を放棄し、三八度線に向けて退却を開始した。

かくして、朝鮮の内戦としてはじまった戦争は米中戦争に転化した。マッカーサーは一二月二八日、「われわれはいまや、まったく新しい戦争に直面している」とワシントンに書き送った。米軍はすでに国連軍として韓国軍の指揮権を獲得していた。中朝の側でも、中朝聯合司令部が一二月に成立した。聯合司令部がいっさいのことを指揮し、後方の動員、訓練、軍政警備が北朝鮮政府の仕事となった。聯合司令部総司令官、政治委員には中国人民志願軍の司令官彭徳懐がなり、副司令には中国人の鄧華と朝鮮人の金雄《キムウン》、副政治委員には朝鮮人の朴一禹が任命された。実は中国軍が北朝鮮に入る段階で毛沢東の要請で、朴一禹は人民志願軍の副司令兼副政治委員になっていたのである。朴が中朝聯合司令部のナンバー2になったところで、金日成は朝鮮人民軍最高司令官の肩書きを保持するものの、戦争の作戦指導からは完全に排除されたのである。金日成にとってはこれは屈辱的な事態であった。

マッカーサーは一二月九日、原爆使用の裁量権をもとめ、二四日には標的のリストとともに二六個の原爆を要求した。トルーマンは一二月一五日テレビ放送を行い、翌日、国家非常事態を宣言したが、原爆使用の許可はあたえられなかった。打つ手がない。弱気になった米軍首脳は再度共産軍が南下すれば、最終的には朝鮮撤退もやむなしとする考えに傾いた。中朝軍は一二月三一日に三八度線を越えて、ふたたび南進し、一九五一年一月四日、ソウルを再占領した。

このとき、日本では前首相、民主党総裁の芦田均がGHQのアプローチをうけ、挙国一致体制をつくり、再軍備して、参戦、日本防衛に立ち上がれという主張を提起した。この意見に対して、吉田首相が反対した。一二月二八日、彼は記者団に「大変だ、大変だと騒いで大東亜戦争になった」と言い、「憲法の精神を守るという考えで、軽々しく再軍備の問題を口にすべきではない」と述べたのである。

こうなれば、アメリカ政府は即時停戦の考えに飛びつくほかはなく、中国に対して妥協の条件を提示したインド、カナダ、イランの三人委員会の提案を支持した。しかし、勝利に喜んだ毛沢東はこれを拒絶した。彼は一九五一年一月一四日に彭徳懐に手紙を送り、「最終的戦役」「最後の決定的戦役」のために準備することを指示した。

米軍はすでに一月二五日に攻撃を開始した。二月一一日、中朝軍は反撃したが、三月七日、米軍はリッパー作戦を開始し、ついに一四日、ソウルを奪還する。この月末には中朝軍は三八度線以北に撤退させられた。この時点でトルーマンはあらためて停戦会談をよびかける声明を出そうとした。その時、マッカーサーが戦争の中国本土への拡大が必要だと声明を出し、大統領を激怒させた。さらにマッカーサーが台湾軍の参戦を主張する書簡を議員に出すに及んで、ついに四月一一日、トルーマンはマッカーサーを解任した。リッジウェイが後任の国連軍司令官に任命された。四月二二日、中朝軍はみたび三八度線を越えて、南下した。ソウルの北まで進んだところで、前進がストップした。こんどは、国連軍が反撃し、またもや中朝軍は三八度線以北に追い返された。このときは中国人民志願軍一個師団が全滅した。六月中旬四度目の南進が試みられたが、もはや大した前進はできなかった。

五　停戦会談中の戦争

さてソ連のスターリンは、この間のアメリカの動きを不安の目で見ていた。マッカーサーが去ったからと言って、安心してはいられない。アメリカが戦争を拡大して、中国、ソ連を攻撃するようなことは絶対に防がなければならなかった。一九五一年五月にマリク国連大使がアメリカ側との接触をはじめ、三一日にはケナンと会った。六月三日、金日成が北京を訪問して、毛沢東らと話し合いをした。そのまま高崗と金日成はモスクワへ向かい、スターリンと会談した。スターリンは停戦会談の開始を説得した。高崗も金日成も、停戦とは「かなり長期間の軍事行動停止である」が、双方は依然交戦状態にある」というスターリンの言葉を受け入れた。スターリンは停戦会談を開始すれば、アメリカがソ連に戦争を拡大することは不可能になり、他方で会談をつづけながら戦争を継続すれば、アメリカはさらに疲弊すると考えて、停戦会談の開始を推進したのである。

最初は朝鮮人としては停戦を受け入れにくい気分があった。統一を獲得しないまま、ここで戦争をやめたら、何のために犠牲をはらったのかわからないということである。しかし、金日成は諸般の情勢を考えて、スターリンの言うとおり、停戦会談を受け入れなければならないと判断したのである。停戦会談には、中国人民志願軍代表と朝鮮人民軍代表が形の上では対等の立場で出席することになった。

これに対してアメリカの方では、李承晩大統領の意見は聞きもしないし、説得もしていない。停戦会談をやることになると通告しただけであった。停戦会談には国連軍代表として米軍の将軍五人に加えて、韓国軍の将軍白善燁《ペクソンヨップ》が参加することになった。白が李大統領に会うと、李は「停戦は分断につながるから、反対だ」と告げている。「それでは出席できない」と白が言うと、「いや、君は出席したまえ」と李が答えるという具合であった。

一九五一年七月一〇日、開城《ケソン》で停戦会談が始まった。李承晩は七月二〇日にリッジウェイ将軍に手紙を出し、次のように述べている。「分断された朝鮮は破滅の朝鮮であり、経済的、政治的、かつ軍事的に不安定である」。「朝鮮は実際独立した実体であるのをやめるか、それとも all Democratic であれ、all Communistic であれ、単一体になるか、どちらかでなければならないのだ」(*FRUS*, 1951, Vol. VII, p. 708)。これが南北ともに朝鮮人の気持ちであったろう。

停戦会談がはじまっても戦争は続いた。地上では三八度線をめぐって陣地戦がつづき、空からは米軍の北爆がつづいた。北朝鮮では、米韓軍に占領された地域を回復して、国内体制を整備しながら戦争を進めた。軍事指導からはずれた金日成は国内体制の整備に力を入れた。一九五一年に党の再建が進められる中で、これまでずっと党の組織面の責任者であった許《ホ》ガイ党副委員長が解任され、副首相に降格された。ソ連系ナンバー1の彼は入党資格も厳格にし、戦争時に党員証を喪失、破棄した党員への処分を厳しくおこなった。金日成は現地指導をおこない、平党員の不満を聞き、許ガイの路線を批判した。こうして金日成は党を直接掌握することとなった。彼は党員の大量入党を認め、戦時中の党員への処分を取り消した。

六　停戦協定締結までの過程

一九五二年の初めには、停戦交渉は捕虜問題を除いてほぼ合意ができたが、米国が捕虜の自由意志による送還という原則を出したため対立して、交渉は完全に行き詰まった。捕虜収容所では台湾の特務が中国軍の捕虜に働きかけ、台湾行きを希望するようにしむけていた。リッジウェイに代わって国連軍司令官になったクラークは六月から北朝鮮に対する猛烈な爆撃を開始した。水豊ダムは連続攻撃をうけ、北朝鮮は電力の九〇%を失った。七月の平壌空襲は一日で一二五四波に及んだ。平壌放送は死者七千人と報じた。

こうなっても、中国側は、捕虜問題で全員の送還という原則を主張して頑張る、という方針を変えなかった。北朝鮮の中には、早期妥結を望む者とそれに反発する者が現れた。妥結派の代表は金日成であった。戦争にもはや勝利がない状況であったし、金日成は名目だけの最高司令官だったからである。他方で朴憲永は南の解放に固執し、戦争継続を願っていた。ところで、北朝鮮の状態は危機的であった。五二年一月の彭徳懐の手紙によれば、五一年には穀物六五万トンが税として徴収されたが、それは全収穫量のあまりに大きな部分であり、住民の一割が飢えていた。

金日成は平壌空襲のあと、七月一四日、毛沢東に対してアメリカ案受け入れによる停戦交渉妥結の提案を行ったようである。これに対して毛沢東は反対し、スターリンにこのことを知らせた。金日成はたまらず中国の立場を受け入れ、そのことをスターリンに告げた。スターリンは毛沢東の立場を支持したが、彼の真意は微妙であったように見える。スターリンは金日成に同情していた。米軍の北朝鮮爆撃は北朝鮮にとっての大被害であるが、それはまた、北朝鮮の戦後復興へのソ連の出費を高めるばかりである。明らかにソ連にとって事態は不利になってきていた。

スターリンの気分は八月の周恩来の訪ソのときの会談でも示された。スターリンは、戦争の継続はわれわれにとって有利だと毛沢東は考えているという周恩来に向かって、毛沢東は正しいと言い、朝鮮人が頑張るように説得する必要があるとしたが、朝鮮人が呆然自失状態にあることに何度も言及し、同情を示した。周恩来が「朝鮮の指導的人物のある部分にはパニックにおそわれた気分さえある」と言うと、スターリンは「このような気分は金日成が毛沢東に送った電報から自分にもわかった」と述べている。スターリンは中国を支持しなければならない。しかし、金日成に同情しており、本当は戦争を止めてもいいと考えるにいたっていたのである。

周恩来は朝鮮から金日成を呼び寄せて、スターリンに説得してもらおうとした。金日成は朴憲永とともにやってきた。九月四日、金日成と朴憲永は周恩来と彭徳懐が同席する中で、スターリンと会見した。スターリンは、まず「朝鮮人民の気分はどうかね」と訊いている。金日成も朴憲永も「気分は上々です」と答えている。ただし、金日成は「空襲をのぞけば、全般的情勢は有利です」とあえて発言した。やがて、スターリンは「中国人と朝鮮人はアメリカとの交渉の進め方について意見の不一致があるとの話だが」とストレートに切り出した。金日成は次のように答えた。「私の意見では、深刻な意見の対立はありません。われわれは中国の同志が提案した〔協定の〕ヴァージョンに賛成したところです。しかし、朝鮮人民がおかれた重大な状況を考慮すれば、われわれはできるだけ早く停戦協定に調印することに関心をもっています。われらの中国人同志もそのことに関心があります」。

これはみごとな反応だった。これに対して、スターリンは捕虜問題に関する自分の妥協案を説明し、中国人はいま新しい提案は出さずに、「アメリカ側が提案を出すのを待つべきだと考えているが、どう思うか」と訊いている。金日成はここでも「われわれはこの件を毛沢東から聞いています」と言った上で、「毛沢東の観点は同志スターリン、あなたの観点と一致しています」と述べ、「問題解決をえるためにどのような方策をとるべきか、あなたの助言を求めたい」と答えたのである。これも実にたくみな答えだった（*Cold War International History Project Bulletin*, Issue 14/15, 2003–2004, pp. 378–380）。

スターリンは中国人の前でも、朝鮮側に同情を示し、停戦会談妥結への自分の提案を朝鮮側に伝えているのである。金日成は中国側と同意見だとくりかえしながら、会談の早期妥結への希望をにじませるという政治的知恵をみせ、明らかにスターリンに好意をいだかせている。他方、冒頭の一言以外、沈黙を守った朴憲永にスターリンは不信をつのらせた。

朝鮮戦争は朝鮮の統一をもたらしえず、失敗した。この失敗の責任を誰にとらせるかがスターリンの問題だった。五三年一月からは、平壌で、朴憲永、李承燁《イスンヨップ》ら南労党系が解放前の転向、解放後の裏切りを追及され、逮捕された。南でのパルチザン闘争を組織指導する朝鮮労働党連絡部は壊滅的打撃をうけた。スターリンの指示ないし同意がなくては、金日成はこのような挙には出られなかったし、スターリンは戦争をやめていいと考えていなければ、南のパルチザン工作の責任部局を壊滅させるようなことを許すはずはなかった。

このような状況を見て、中国の指導部は、チャンスをとらえて停戦交渉を再開するための譲歩を行おうと考えた。二月二二日、米国が傷病捕虜の交換を提案してきたことがチャンスを与えた。五三年三月のスターリンの死と葬儀は中国が自らの方針をソ連側と調整する場となった。スターリンの後継者たちは即時停戦を望んだ。四月二五日、停戦会談が再開された。この段階でも李承晩は停戦に抵抗を続け、交渉を妨害する行動にでた。米軍は「エヴァレディ計画」というコードネームの李承晩追放のクーデター計画すら構想せざるをえなかった。しかし、最終的に米韓相互防衛条約の調印の約束をえて、李は停戦を受け入れた。

一九五三年七月二七日、停戦協定が国連軍司令官クラークと朝鮮人民軍最高司令官金日成によって調印され、翌日、中国人民志願軍総司令彭徳懐も調印した。韓国軍の代表はついに署名しなかった。

七　朝鮮戦争の結果

朝鮮を単一の民族国家として再建したいという民族主義的願望からはじめられた戦争は、北の共産主義者の側から言っても、南の反共産主義者の側から言っても、失敗に終わった。内戦は米中戦争に転化して、三八度線をななめに傾けた程度の引き分けとなったのである。

犠牲は巨大であった。北朝鮮の被った破壊は第二次大戦中の日本本土の被害を上回った。人的被害の点では、北朝鮮側は発表していないが、死者一五二万[Rees 1964, pp. 460–461]、二五〇万人以上[Halliday & Cumings 1988, p. 200]という数字があげられている。筆者は、人口変動の推測から死者と難民を合わせた北朝鮮の人口損失は二七二万人と推定している。韓国軍の死者は二三万七六八六人、傷病兵と行方不明捕虜も合わせると全体で一一五万人、民間の韓国人の死者は三七万三五九九人という数字が上がっており、筆者は、人口変動から一三三万人の人口損失と推定した。死者の数は南北合わせて三〇〇万から四〇〇万人と見られる。これに対して、中国人民志願軍の発表では、死者・行方不明一四万五千人と過小に見積もられており、国連軍側の発表では、損失一四二万人とされている。こちらが真実に近いだろう。他方で米軍の死者は三万三六二九人、その他の国連軍の死者は三一四三人であった。この他にソ連の飛行士他の戦死者三一五人と記録されている。

戦争の結果、南北社会の徹底的な異質化が進んだ。北からはキリスト教会が消滅した。朝鮮戦争前夜まで北の教会は機能していたし、教会学校も活動していた。これが完全に消滅することになった。南からは共産主義者が一掃された。米韓軍が南へ退却するさい、アメリカが原爆を投下するといううわさもあって、多くの北の人々が南に逃れた。いわゆる「越南失郷民」の発生である。その人々が去ったあと、北朝鮮に残った人々は金日成を中心に結束していくということになった。

戦争は金日成の軍事的失敗を意味したが、結果は金日成の政治的勝利であった。五三年三月、延安系の朴一禹は内相から解任され、ソ連系の方学世《パンハクセ》が内相に任命されて、粛清を推進した。副首相に降格されていたソ連系の許ガイは停戦の前夜、七月二日、自殺した。彼は朴憲永派の粛清に消極的だったことが批判されている。停戦の直後、八月三日、李承燁ら南労党系一二人がアメリカのスパイとして裁判にかけられ、一〇人に死刑判決が出された。逮捕されている朴憲永は、同時にひらかれた中央委員会総会で他の国内系の幹部とともに党から除名された。こうして延安系、ソ連系、国内系のトップはすべて退けられ、金日成の力は一段と強化されたのである。

停戦協定によれば、軍事境界線の南北二キロメートルの非武装地帯が設けられ、軍事停戦委員会が管理をした。さらに中立国監視委員会も設置された。また「朝鮮問題の平和的解決」のために、停戦協定発効後三カ月以内に政治会議を開催することが定められ、一九五四年四月二六日にジュネーヴ会談がはじまった。しかし、会議ではいかなる合意もえられず、六月一五日に決裂した。以後平和条約体制へ進むことなく、停戦協定体制が続いている。統一もならず、平和も本当にはよみがえっていないのである。

朝鮮戦争は東北アジア戦争であり、この地域のすべての国の運命に大きな影響を及ぼした。共産中国は大きな犠牲を出したが、アメリカと戦って引き分けたということで、新国家の基礎を固めることが出来たと考えられる。しかし、台湾はアメリカの軍事的保護を受けるにいたり、生き残ることとなった。米韓側にとらえられた中国人捕虜の三分の二、一万四六一九人を台湾に迎え入れたことも大きな成功だった。そして、日本はアメリカの同盟国で、アメリカに基地を提供し、沖縄を委ね、日米安保条約で守ってもらう中で、憲法九条のもと、専守防衛の最小限の武力をそなえる、という戦後日本の国のかたちをつくった。そして、なお続くアジアの戦争の中で一国だけ、それに直接荷担せず、冷戦的平和を享受することになったのである。

朝鮮戦争は世界情勢にも決定的な変化をもたらした。米ソは、戦争が終わったとき、開戦前の二倍の兵力をもつ軍事超大国に変わっていた。米国は三五〇万、ソ連は五七六万人である。両国は水爆をも保有するにいたった完全核武装の国であった。そしてこの兵力で米ソはアジア及びヨーロッパで対峙した。武装平和、冷戦の世界がはじまるのである。

【文献一覧】

小此木政夫 一九八六 『朝鮮戦争——米国の介入過程』中央公論社
金東椿 二〇〇八 『朝鮮戦争の社会史——避難・占領・虐殺』金美恵他訳、平凡社(原著、ソウル、トルベゲ、二〇〇〇年)
トルクノフ 二〇〇一 『朝鮮戦争の謎と真実——金日成、スターリン、毛沢東の機密電報による』下斗米伸夫他訳、草思社(原著、モスクワ、二〇〇〇年)
萩原遼 一九九三 『朝鮮戦争——金日成とマッカーサーの陰謀』文藝春秋社
朴明林 二〇〇九 『戦争と平和——朝鮮半島一九五〇』森善宣監訳、社会評論社(原著ソウル、ナナム、二〇〇二年)
和田春樹 一九九五 『朝鮮戦争』岩波書店
和田春樹 二〇〇二 『朝鮮戦争全史』岩波書店
方善柱 一九八六 「鹵獲北韓筆写文書解題(1)」、『アセア文化』創刊号、翰林大学アジア文化研究所
朴明林 一九九六 『韓国戦争の勃発と起源Ⅰ・Ⅱ』(ハングル)、ソウル、ナナム
Cumings, Bruce 1981, *The Origins of the Korean War: Liberation and the Emergence of Separate Regimes, 1945–1947*, Princeton University Press.
Cumings, Bruce 1990, *The Origins of the Korean War: the Roaring of the Cataract, 1947–1950*, Princeton University Press.
Halliday, Jon & Cumings, Bruce 1988, *Korea: The Unknown War*, Pantheon Books, New York.
Rees, David 1964, *The Limited War*, London.

個別史／地域史Ⅱ

東アジア国際関係の転機としてのバンドン会議
――重層的・多面的関係へ

都丸潤子

はじめに――バンドン会議の位置づけ

バンドン会議は、一九五五年四月一八日から二四日まで、インドネシアのバンドンで、アジア・アフリカ諸国二九カ国の代表が政治体制の違いを超えて一堂に会した、画期的な国際会議であった。会議を一年ほど前から準備し主催したのは、インドネシア、インド、パキスタン、セイロン、ビルマという戦後いちはやく脱植民地化を遂げた五カ国で、出席国のほとんども公式・非公式の植民地支配を経験していた。朝鮮戦争、インドシナ戦争の直後にもかかわらず、中華人民共和国と南北ベトナム、ラオス、カンボジアから代表が出席し、未独立のゴールド・コースト（独立後はガーナ）とスーダンも招待を受諾した。共産中国の招請については主催国の間で意見対立もあったが、インドとビルマの主張が認められ、バランスをとるために日本も招かれることとなった。

このような経緯と、一部のオブザーバー以外はすべて非白人の「民族の祭典」であったことから、会議は開催前から各国政府やメディアの大きな注目を集めた。インドネシア紙『ウッサン・ナショナル』が「イギリスの苛立ち、オーストラリアの穏声、日本の注意、アメリカの警戒」と端的に要約したように、取るべき立場に悩んだ日本はもとより、非参加の欧米諸国も、冷戦と脱植民地化の交錯の中で会議が自国の立場にどのように影響するかを注意深く見守った。そのため、出席国の代表と随行団員の合計六百名に加えて、世界各国からのオブザーバー約九百名と報道関係者約五百名が参集する大会議となった[Abdulgani 1981, p. 65 等]。最終的コミュニケは「植民地主義のあらゆる現れ」の速やかな終結、従属下民族の独立への支持、人種・国家の平等、集団的自衛権の尊重と大国の利益のための利用の自制、国連憲章に従った紛争の平和的解決などを謳い、バンドン十原則として後世に名を残した。

既存研究では、従来、反植民地主義に基づく第三世界の連帯促進と、非同盟運動の起源としての意義付け、共産中国の参加の意義などが強調されてきた[Abdulgani 1981; Kahin 1956; Ampiah 2007; 岡倉 一九八六/宮城 二〇〇一]。また、各国の対応についても、中国から出席諸国への共産主義の影響を警戒したアメリカの反応[佐野 一九九九a/Ampiah 2007, Chap. 2; Tan & Acharya eds. 2008, Chap. 2 等]と会議が反植民地主義と反英のコーラスになることを恐れたイギリスの対処[Ampiah 2007, Chap. 3; 都丸 二〇〇九]、会議参加をアジア復帰の好機とみながらも英米の警戒も考慮せざるをえなかった日本の対応[宮城 二〇〇一/佐野 一九九九b/Ampiah 2007, Chap. 4; 都丸 二〇〇九]についての分析が既に多くなされている。また、ジュネーヴ極東平和会議とバンドン会議への参加を転機に孤立から積極的な平和共存外交へと乗り出してゆく中国の政策についても研究がある[Tan & Acharya eds. 2008, Chap. 6; 史 二〇〇三]。

さらに、バンドン会議五十周年にあたる二〇〇五年以降の研究では、新しい視点も出された。特に『バンドン再訪』と題する論文集[Tan & Acharya eds. 2008]は、会議の現在の国際秩序への影響、地域や市民など国家間レベル以外への影響に着目し、「バンドン精神」と呼ばれる第三世界の連帯と平和共存などの会議の諸原則が、各国の外交や国際的規範にどのように反映されたかを検討している。本章では、こうした既存研究をふまえ、一九五三年のスターリン死去にともなうソ連の平和攻勢の始まりや五四年のジュネーヴ極東平和会議による冷戦の緊張緩和への動きという背景も視野に入れながら、バンドン会議をグローバルな国際関係史の展開の中に位置づけなおし、会議が果たした役割を、さまざまなレベルの関連アクターと各国の外交や行動様式の変化に着目しながら論じたい。

一　政府外交の変容

バンドン会議における審議は、全体会議・分野別の分科委員会の双方で投票にはよらず、討議を通じてコンセンサスをつくる方式で行われた。特に最終コミュニケの作成段階において、植民地主義への反対をソヴィエト連邦の政策への批判を含む形で表現するかと、平和五原則の採用をめぐって、ネルーら中立主義者と、アメリカ主導の集団的自衛権を正当化しようとするパキスタンなどとの間で、鋭い対立があった。しかし、インド代表団員のメノン、エジプト代表のナセルらの妥協案と、中国代表の周恩来の穏健で協力的な態度によって合意に達した。

前年に台湾解放を宣言して金門・馬祖への砲撃を行った中国から、周恩来首相が会議に参加することは、西側諸国、特にアメリカにとって、他の出席国への共産主義の浸透と台湾に対する中国の強硬方針への支持のひろがりを強く懸念させる事態であった。そこでダレス国務長官が中心となって、五五年初めに対応のための作業委員会を作り、会議に出席する非共産主義国家に会議の共産化・中立化を抑えるための「最強の代表」を送ることを要請した［Tan & Acharya eds. 2008, pp. 29–31］。ダレスはさらに、アメリカ主導で西側志向の第三世界諸国を中心とした「逆バンドン会議」を計画してイギリス政府に打診したが、実現しなかった［宮城　二〇〇一、一七七―一七八頁］。主催五カ国にとっても、中国は東南アジアの安定化のための「鍵となる要因」とみなされていた［Abdulgani 1981, p. 32］。

周恩来は、前年のジュネーヴ極東平和会議で自ら提唱した、アジアの平和と安全のためにはアジア諸国が互いに話し合い相互に義務を負う方法で協力すべきだ、という協調的な対話路線をバンドンでさらに進展させた［史　二〇〇三、二二五頁］。全体会議において、中国の政策や華僑の存在に対する参加諸国の脅威感を敏感に察知した周は、事前に準備し配布されていたスピーチ原稿にはなかった次のような発言をして好評を博した。中国代表団は団結と共通の基礎を求めてここに来たのであり、イデオロギーと社会制度の相違は、アジア・アフリカ諸国が共に反植民地主義にたつことで解消できる。また中国は関係各国と華僑の二重国籍問題を解決する用意があり、周辺諸国に内政干渉するつもりはなく、アメリカの台湾政策や国連代表権問題については会議への提案を行わない。「中国には「百聞は一見にしかず」ということわざがある。全出席国代表団の北京訪問をいつでも歓迎する。私たちの間には「竹のカーテン」はないが、煙幕を広げている人々がいるのだ」とも付け加えた〔前掲論文二三〇—二三一頁／Tan & Acharya eds. 2008, p. 61〕。さらに周は会議の後半で行った別のスピーチで、中国はアメリカの敵になることを欲せず、極東での緊張を減らすためにワシントンと交渉する意思があると述べ、アメリカを大きく安堵させた〔*ibid.*, p. 134〕。このように穏健で紛糾回避につとめる周の態度は、国際社会の中国イメージを改善し、彼自身の名声をも高めた。アメリカからオブザーバーのひとりとして会議に出席し報告書を書いたコーネル大学教授のケーヒンは、バンドン会議の真髄は中国だったと述べ、ビルマ代表団長のウ・ヌー首相も「ネルーなくしては会議なく、恩来なくしては成功なし」と回顧した〔*ibid.*, pp. 31–32, 59〕。

周はまた、ジュネーヴ会議の合間を縫ってインド、ビルマを訪問し、両国首脳と「平和五原則」を確認する〔史 二〇〇三、二二六—二二七頁〕など、活発な訪問外交を展開していたが、バンドン会議に際しても、往路にビルマとインドネシアの首相らとの会談のためにラングーンに立ち寄って、会議に向かうナセルとも会談した。またバンドン滞在中に別途多くの南・東南アジア諸国の代表団長や日本代表団長の高碕達之助とそれぞれ会談を行うなど、非常に活発な非公式のロビー外交を繰り広げた〔Tan & Acharya eds. 2008, pp. 32, 34, 60 等〕。周はナセルらアラブ諸国の代表たちとも数回会談し、パレスチナ問題についてアラブ諸国を支持する立場を示し、貿易について協議を行った〔McDougall & Finnane eds. 2010, pp. 97–103〕。フィリピン代表のロムロの会議回想録には、ネルーが当初率先して周のために各種会合を設定し、周はその後独自に各代表に「個人的アプローチ personal approach」をとるようになったことが記されている[Romulo 1956, pp. 10–13]。周自身、帰国後、五月の全国人民代表大会で報告を行った際に、この会議が「参加諸国にえがたい接触の機会をあたえ」、西欧植民地国家の参加しない場所で自由な「直接の接触」ができたことが、「煙幕を」はろうとしている者がいるにもかかわらず、中国とアジア・アフリカ諸国の相互の理解と尊重を促進し、既にインドネシアなど四カ国の首脳が訪中を決めたと強調したのである[周 一九五五、三六―三七頁]。

このような個人的な訪問外交やロビー外交は、バンドン会議中やその前後に他国の代表たちによっても活発に行われた。準備会議であった一九五四年一二月のボゴール会議(インドネシア)の往復途上には、ネルーやウ・ヌービルマ首相らがタイを訪問し、ネルーは英領マラヤにも立ち寄ってラーマン首席閣僚と会談を行った。バンドン行きがメッカ巡礼以外初めての外遊だったナセルですら、会議途上で周、ネルー、パキスタンのボーグラー首相に面会している[McDougall & Finnane eds. 2010, pp. 97–98 ほか]。また会議中には高碕達之助が日本の国連加盟への支持を各代表団に訴え、高碕や日本の代表団員は頻繁に周の宿舎を訪ねて、のちのLT貿易につながる交渉を行った。ただし、在インドネシアのアメリカ大使館から日本代表団の外務省顧問を通じて「煙幕」がはられたために、周と高碕の二回目の直接会談が阻止されるという出来事もあった[Abdulgani 1981, 153f; 都丸 二〇〇九、二八〇頁]。『朝日新聞』が「バンドン会議の意義は〝会議外の会議〟にある」と伝えたとおりであった(一九五五年四月二二日)。

会議のなりゆきを懸念していたイギリスの東南アジア総弁務官マクドナルドもまた、ボゴール会議・バンドン会議の往復途上にシンガポールで飛行機をのりつぐインド、セイロン、ビルマ、中国、南北ベトナムの代表団要人たちをしばしば自ら空港で迎えて会談を行った[FO371/116975/D2231/69, 149, 169]。また、五五年二月には、イーデン外相が、在任中の英外相としては初めて東南アジアに出向いて東南アジア条約機構の第一回協議に出席し、バンドン会議主催国であるインド、パキスタン、ビルマを歴訪、総弁務官が毎年開催しているイギリスの東南アジア駐在官会議(以下駐在官会議と略記)にも初出席を果たした。バンドン会議そのものに関しては、イギリスは介入のそしりを受けないよう出席国から相談があったときのみ会議の穏健化を依頼するにとどめた〔都丸 二〇〇九、二八三頁〕が、在インドネシア大使館からは複数のオブザーバーを送り込み、多数の代表団と接触をもった[Ampiah 2007, p. 149]。

このようなイギリス高官の訪問・応接外交とアジアリーダーとの直接接触が増えた背後には、ジュネーヴ極東平和会議以来の周恩来の訪問外交をつうじた平和攻勢への対抗意識があったと思われる。現に五六年一二月に行われた駐在官会議では、直前のスエズ出兵で受けた国際的批判に加えて、「新しい中国」と「アジア・アフリカの「ブロック」」がイギリスのアジアへの影響力への主要な脅威となっていると結論づけ、ロンドンに報告された。また、この「ブロック」が「共産主義と反植民地主義とムスリム感情を結びつけるのに成功すると非常に危険である」とも警鐘を鳴らした。この会議の議長は、バンドン会議直後の前年五月にマクドナルドに代わって総弁務官となったスコットであり、彼は戦前から戦後にかけて計一七年間在中国領事館に勤務した中国通でもあった[Hack 2001, p. 15]。

バンドン会議後の一九五六年末の駐在官会議は、イギリスの対アジア外交にもうひとつの転機をもたらした。スコットがスエズ戦争前の同年四月からロンドンに具申していた意見をほぼ反映する形で、イギリスの影響力保持政策として「アジアにおけるニュールック」を提唱したのである。詳細は既に別のところで論じたが、その主な内容は、防衛費を削減する代わりに特に行政や技術の訓練のための経済援助と、英語教育や訪問・招聘外交のためのブリティシュ・カウンシル経費との拡大を求めるものであった[Tomaru 2008, pp. 59-64]。提案の中では、特に次の点が強調された。「広報政策は共産主義に対抗するよりも現在のイギリスの政策を示し貿易を促進する方に集中されるべきである。〔中略〕我々は公的なホスピタリティをもっと政策の武器として使うべきである。〔中略〕またイギリスからアジアへもっとたくさんの政治・科学・文化面の訪問者がゆくべきである。共産主義者たちは個人的アプローチの価値を示してきたのだから」[FO371/129343/D1052/1]。現地当局者たちが、防衛・反共政策による他者の影響の排除よりも、援助や「個人的アプローチ」、文化的影響を活用した人心掌握を重視し始めたことが理解される。これらの提案はコロンボ・プランでの技術援助重視や、ブリティッシュ・カウンシルへの予算配分急増とカウンシル事業における東南アジア諸国の重点化などによって実現され、六一年のマクミランの政策思考にも受け継がれた。また、五七年以降も元外相レディングや首相マクミランの東南アジア歴訪が続いた[都丸 二〇〇六、一二九頁／Tomaru 2008, pp. 59-64]。

同じ頃、アメリカ外交にも同様に人心掌握を重視する方向への変化が見られた。一九五三年にはアメリカ人の生活や文化を説明し政策理解を促進するために大統領直轄機関としてアメリカ広報・文化交流庁（ＵＳＩＡ）が設立された。この組織を中心に、スターリン死後のソ連の平和攻勢、中国の対話路線に呼応するようにして歌劇や舞踊などの海外公演が盛んに行われるようになった[渡辺 二〇〇八、四一―四二頁]。五五年には、前年にアイゼンハワー大統領によって設置された「国際関係のための緊急基金」を使って、著名ダンサーのマーサ・グレアムが率いる舞踊団が、他の先陣をきって日本、マラヤ、ビルマ、インド、パキスタン、セイロン、インドネシア、フィリピン、タイをまわり、イランでその日程を終えている。先行研究では大統領はドミノ理論に基づき中国の影響拡大を懸念してアジアを、そして二年前にアメリカが反モサデク・クーデターを起こしたイランをターゲットとしたと分析している[Geduld 2010, pp. 44f.]が、バンドン会議の主催五カ国がすべて含まれ、マラヤ以外は正式出席国であることも注目に値しよう。

五六年からは、アイゼンハワーの肝いりで民間交流から国際理解を深めるための親善活動「市民と市民のプログラム People-to-People Program」が始められ、外国の都市との姉妹都市提携も飛躍的に進んだ。ダレスの反対で実現しなかったが、同年アイゼンハワーはソ連から数千人の学生をアメリカに一年間招く計画も立てた。五八年には米ソ文化交流協定も締結され、要人の相互訪問も盛んとなった。五九年には、フルシチョフが家族ぐるみで一三日間の訪米を行い、モスクワではアメリカ博覧会が催されて副大統領ニクソンが訪問し、アイゼンハワー自身もアジア・中東・ヨーロッパ一一カ国の歴訪を行った。また、ラジオを通してプロパガンダ放送を行ってきたヴォイス・オブ・アメリカは、バンドン会議の報道を行って東南アジアの聴取者数をかなり伸ばし、反共的な宣伝色を薄め、ジャズ番組を増やして東側陣営も含めて各地で好評を博した［渡辺 二〇〇八、四一―四七頁；Long 2008, p. 911］。

以上のように、ジュネーヴ極東平和会議に始まりバンドン会議で花開いた中国の訪問・招聘外交や周恩来の「個人的アプローチ」は、他の出席国の外交活動を刺激し、非参加の英米の外交をも対抗上、「個人的アプローチ」による訪問・招聘外交、人心掌握のための文化的政策の重視へと変容させた。ただし、アフリカ諸国はまだ英米の新政策の対象とはならず、イギリスに比べてアメリカの方が新政策の反共プロパガンダとしての性格やソ連・東欧へのターゲットの集中が依然強かったようだ。

さらに、バンドン会議以降は、以前から行われていたエカフェ会議やコロンボ・プラン加盟国による定例会議、SEATOの会議などに加えて、バンドン会議で作られたコネクションを利用して、アジアを中心にした分野別の国際会議が多く計画・開催されるようになり、地域諸国の外交がマルチラテラル化していった。一九五五年から翌年にかけて、バンドン会議主催国とほぼ同じ国々が参加したアジア原子力会議とスエズ戦争に反対する会議、バンドンのアジア・アフリカ学生会議が開かれ、スエズ戦争反対のバンドングループ会議も計画された［FO371/121800/VR091/940］。国際連合での関係諸国のマルチラテラル外交ももたらされた。五五年九月末に始まった国連の第一〇回総会から、アジア・アフリカ諸国はAAグループとして国連内で定期的に会合を持つようになり、バンドン会議出席国は「バンドン・パワーズ」として国連内外で協力を高めた。バンドン会議最終コミュニケでも出席国の国連への早期加盟支持が表明されたが、五五年末にはアジア諸国を含む一六カ国が一挙に国連加盟を果たし、加盟を逃した日本も翌年六月にAAグループの全会一致によりグループ会合への参加招請を受けた。バンドン会議でネルーの片腕だったメノンをはじめ、ビルマのウ・タント、パキスタンのアガ・シャヒ、インドネシアのサストロアミジョヨ、タイのワン親王らバンドン会議代表団の主要メンバーが既に国連大使であり、フィリピン代表のロムロは国連総会議長経験者であったことなどが、バンドン会議でつくられたコネクションが国連で生かされる大きな要因になったと思われる。

イギリスもまた、この事態を重く見て、対国連外交を重視するようになった。ＡＡグループに対抗して国連内に西欧グループを作ろうとし、スエズ出兵直後からは、国連大使、英連邦関係省からの南アジア諸国への連絡官に加えて、それまで送っていたアラブ代表団に対する「ロビイスト」の代わりに、「主としてバンドングループ」の動向を把握・報告するための「ロビイスト」(正式名称は連絡官)一名の派遣をはじめ、五七年には二名に増員した。五六年末に悲願の加盟を認められた日本は、重光葵外相の加盟演説にあったように、「東西のかけはし」として欧米諸国とアジア・アフリカ諸国との仲介役を自認し、またイギリスの要請を受けてＡＡグループの穏健化を図る役割を果たすことになった[都丸 二〇〇九、二九一―二九四頁]。

二　経済協力の変容――地域協力の醸成

バンドン会議の最終コミュニケは、「経済協力」、「文化協力」、「人権と自決」、「従属民族の問題」、パレスチナ、西イリアンなどの「その他の問題」、「世界の平和と協力の促進」、「世界の平和と協力の促進に関する宣言」(いわゆるバンドン十原則)の七項目から構成されていた。その最初の項目が「経済協力」であったことは特筆すべきである。出席国の多くを占める新興独立国が共通に抱える自立と発展の問題にかかわり、政治体制や文化の異なる諸国の代表が最も協力をしやすい分野だったためであろう。コミュニケのこの項目では、主に参加国相互の技術援助供与、国連の経済開発特別基金の設置勧告、多角的貿易と決済の範囲拡大、一次産品の価格・需要安定のための集団的行動、地域内貿易促進のための見本市や貿易代表・実業家団の交換促進、石油に関する共同政策、原子力の平和的利用などがうたわれていた(以下最終コミュニケ原文は[Ampiah 2007, Appendix 1])。日本代表の高碕達之助も技術援助や貿易促進をとおして日本がこの分野で貢献する意思を強調した(*ibid.*, Apepndix 2, 3)。

この合意の成果は、会議直後から比較的早く姿を現した。以前から国連のエカフェやイギリスのコロンボ計画など、東南アジア地域に対する域外主導の開発計画とその枠組内でのアジア諸国間の協力は実施されていた。会議後はこれらに加えて、アジア諸国間の貿易・実業使節団の交換や見本市開催が盛んに行われるようになった。一九五五年九月にはパキスタン産業博覧会、一〇月には全インド産業博覧会、一一月にはプノンペン国際博覧会、五六年二月にはセイロン農業食糧博覧会、一二月にはバンコクで国際見本市が開かれ、日本も参加した。また日本は、五六年一〇月と一二月にそれぞれ北京と上海で日本商品展示会を行い、同一二月から翌年三月までは、東南アジア地域の九港をまわって日本機械巡航見本市を開いた(『通商白書』一九五六、五七年版)。

シンガポールでは、五五年四月に首席閣僚となった現地生まれのユダヤ系政治家のマーシャルが、東南アジア諸国間の地域協力を計画・推進し、アジア諸国への貿易使節団派遣を熱心に行った。具体的には、同年七月に、インド、ビルマ、タイ、インドネシアとシンガポールの間で、閣僚や国会議員レベルの相互訪問、諸分野の地方団体や政府の支援を受けた商業関係団体を通じて連帯を強化することを提案した。また、一〇月にシンガポールで開かれた世界問題評議会において、「アジアにおけるシンガポールの位置」と題する講演を行い、シンガポール住民に対して、植民地支配に起因する近隣諸国からの孤立を脱して、東南アジアという「地域の一員」としての自覚とアジアの友人をもち、経済・医学などの専門知識、大学教育、貿易、多人種協力をとおして地域に貢献して共産主義の浸透に屈しないことを求めた[都丸 一九九九、三六頁]。ゴールド・コーストやスーダンは未独立でもバンドン会議に招かれたのに対し、独立への加速が始まっていたシンガポールとマラヤはオブザーバー派遣のみとなったこと[Tan & Acharya eds. 2008, p. 24]への焦りと、バンドン会議の提案への協力姿勢を示したものと理解できよう。またマーシャル自身、首席閣僚を辞任した翌月の五六年七月には、シンガポールとマラヤからの非公式合同貿易使節団の団長として日本と中国を訪問した[Tomaru 2000, p. 157]。

コロンボ計画においても、アジアの加盟国間の域内技術協力が盛んになったとされている(一九五六年コロンボ計画諮問委員会報告書、三二頁)。さらに、五五年には原子力の平和的利用と技術共有のためのアジア原子力会議も開かれ、バンドン会議の主催国とほぼ同じ国々が参加し、インドから日本に対して以後の出席要請もあった(国会会議録、第二五回国会・衆議院科学技術振興対策特別委員会二号、一九五六年一一月二〇日)。五七年初めにはシンガポール在住のイギリス人ジャーナリストが英首相辞任直後のイーデンに対して、バンドン会議以来「アジアは一体という感覚」が現地に存在すると報告している[FO371/129342/D1051/3]。

二〇〇八年の論文集でリードは、バンドン会議はグローバルな連帯を志向したのでむしろ東南アジアの地域主義形成に逆効果を与えたという指摘を行っている[Tan & Acharya eds. 2008, Chap. 2]。確かにバンドン会議の提案は、後述するようなインドとアフリカ諸国との交流や、中東諸国による一九六〇年の石油輸出国機構(OPEC)設立をもたらし[Westad 2007, p. 102]、六二年にはOPECにインドネシアが加盟し、日本とナイジェリアの視察団交換(『外交青書』一九五七、一九五八)が行われるなど、アジアよりも広くグローバルなつながりを作った側面もある。しかし、それがリードのいうアジア地域主義の後退につながったわけではなく、少なくともここで見たような経済的分野を中心に、むしろ地域協力や住民の地域への所属意識は高まったのではないかと思われる。

三　トランスナショナルな交流と市民運動の促進

バンドン会議最終コミュニケの二項目めは文化協力であった。アジア・アフリカ諸国民は、主に植民地主義が阻害してきた文化の相互的交流と協力を推進し、文化抑圧の手段としての人種差別主義を批判し、世界平和と理解促進のために文化協力を「世界協力」というより広い、いわばグローバルな範囲内で発展させることがうたわれた。また、具体的には、より恵まれている諸国が他国からの学生と訓練生を受け入れる設備をつくり、また高等教育を受ける機会を与えられていない「アフリカのアジア人」とアフリカ人にも利用できるようにすべし、とされた。

まずはバンドン会議自体が、アジア・アフリカの多様な文化の接触と、政府を介さないトランスナショナルな交流の一大契機を提供していた。既に述べたように正式出席国の公式代表団に加え、多数のオブザーバーとジャーナリストたちという、多数かつ多様な政府・非政府アクターがバンドンにやってきていた。彼らが会議場、ロビー、あまたのランチやディナー・パーティーで盛んに交流し、代表らの宿舎にまでついてくるジャーナリストたちが詳しい報道を配信したこと[Abdulgani 1981, p. 149]は、かつてない規模とグローバル性を備えていた。アメリカからだけでも、白人オブザーバー、ジャーナリストらの他に、少なくとも五人のアフリカ系アメリカ人がバンドンに乗り込んでいた。多くは会議での人種問題の扱いに関心をもつ全国紙や黒人系エスニック・メディアのジャーナリストたちであった。そのひとりは、「The Colour Curtain」という題名で会議の様子をまとめたリチャード・ライトであった。また、黒人問題におけるアメリカ政府の立場を弁護するために希望してやってきた下院議員パウエルもいた。しかし希望すれば誰もがバンドンに行けたわけではなく、アメリカ政府はデュボイスらのような汎アフリカ主義者や黒人公民権運動家たちからはパスポートを取り上げて渡航を許さなかった[Richmond 2010; Wright 1956, pp. 150–152; FO371/116978/D2231/176]。アメリカ政府はそれだけ、会議でのアジア・アフリカの人々の反植民地主義・反人種差別の連帯が、アメリカの黒人公民権運動とトランスナショナルに結びつくことを恐れていたのである。

宗教上の交流も深まった。バンドン会議での周恩来とエジプト、サウジアラビア代表団との交渉の結果として、同年八月に中国人ムスリムの公式巡礼団が初めてメッカ訪問を許され、その後エジプトに立ち寄ってナセル本人に迎えられた。その後も六四年までに九回の中国人巡礼団の訪問があり、五八年にはエジプト中国友好協会が設立された[McDougall & Finnane eds. 2010, p. 105]。

学生の留学や文化・研究交流については、早くから進展がみられた。たとえばゴールド・コースト代表団は会議中にさっそく日本代表団に留学生六名の受け入れを要請している（国会会議録、第二二回国会、参議院予算委員会一七号、一九五五年五月三〇日）。五六年九月には、イギリスの在インド大使館員から本国にあてて、バンドン会議が強い刺激となって、インドのアフリカ植民地への関心が高まり、展覧会が開かれ、デリー大学にアフリカ研究所が開設され、アフリカ人留学生の来印が増えたと報告された（英自治領省文書 DO35/5344/no. 27A）。一九五六年時点で既に東西両アフリカから約二五〇—三〇〇人のアフリカ人学生がインドに滞在しており、そのほかに東アフリカからの「アジア人」すなわちインド系の学生も留学してきていた（DO35/5347）。

五六年五月末から六月初めに、同じバンドンでアジア・アフリカ学生会議が開かれ、バンドン会議の出席国中少なくとも一五カ国とその他アルジェリア、北朝鮮など六カ国から学生団体が参加して植民地主義の終焉や共通の問題について議論と交流を深めたことも特筆すべきであろう［FO371/123271］。また日本では、五五年四月のタイとの協定を端緒に、五八年にかけてインド、エジプト、イラン、パキスタン、エチオピアという、バンドン会議出席諸国との文化協定調印が急増をみた(1)（『外交青書』一九五七—一九五九）。

バンドン会議におけるさまざまなアクターの接触と交流は、世界各地で草の根の市民運動を刺激することにもなった。アメリカの黒人公民権運動のリーダーたちはバンドン会議に刺激を受けて演説などで言及した［Richmond 2010, *op.cit.*］。また、バンドン会議と、その直前にニューデリーで民間代表を集めて開かれた左翼系のアジア諸国民会議が平和五原則の確認とアジア連帯委員会設置を決議したことをうけて、一〇月末に日本でも日本アジア連帯委員会が設立され、インドとの文化交流事業などに加わった［国会会議録、第二六回国会、衆議院外務委員会一一号、一九五七年三月一五日］。

アムリスの研究によれば、シンガポールにおいても、バンドン会議が、華人、マレー人、インド人を含む多人種の市民へ与えた影響は大きかった。会議にオブザーバー参加した華人住民たちは、華人系学校教育への規制や共産ゲリラに加担した住民の中国強制送還などを定めた英領政府の非常事態対策の諸規則が、政治的従属の永続をもたらしていると非難する共同メモランダムを会議に直接提出した。翌年バンドンで開かれたアジア・アフリカ学生会議には、多人種構成のシンガポール公式代表団とオブザーバーが出席した。アルジェリア独立蜂起に対するフランスの虐殺行為に対しては、在シンガポールのマレー人、それぞれ華語、英語で教育をうけた華人学生たち、労働組合メンバーら普段は意見や立場の異なる人々が一致して反対をし、大学生の反対集会は何度も開かれた。この支援に感謝するために、一九六一年にはアルジェリアの民族解放戦線の代表がシンガポール大学を訪れるほどであった。英領マラヤにも読者の多い主流マレー字紙『ウツサン・ムラユ』もアルジェリアの独立運動を支援するコラムを多数掲載した。また、コンゴ動乱において一九六一年にアメリカの関与でパトリス・ルムンバ大統領が暗殺された際には、二年前に内政自治を実現したシンガポールの与党人民行動党の主催により反対集会が開かれた。そこには人種をこえて行商人の団体や港湾労働者らも含む一般市民が参集し、二千人の大集会となって暗殺と植民地主義行為を糾弾した。アムリスが述べるようにバンドン会議以前からも、シンガポールには大西洋憲章や国連憲章、インド独立運動に基づく人種差別反対の国際主義は存在していたが、やはりバンドン会議へのオブザーバー派遣と会議の結果の影響が、より草の根のレベルでの多人種的な「日常的コスモポリタニズム」とアフリカの民衆を支援する大衆運動につながったことは確かであろう[Amrith 2005, pp. 558–563]。マレー人がマジョリティを占める諸国家に囲まれた華人中心の小さな政治単位が脱植民地化途上にあり、また華人共産ゲリラの蜂起により冷戦要因も交錯したことで多人種の共存を喫緊の課題としたシンガポールであるからこそ、市民がアジア・アフリカの多人種の連帯によって大国の支配や介入からの自立をめざすいわゆる「バンドン精神」に影響を受けやすかったと思われる。

本稿では、バンドン会議や学生会議の開かれたインドネシアにおける市民の反応についての資料が見つけられなかった。ただ確実なのは、五六年のアジア・アフリカ学生会議に際して、インドネシア側でホストをつとめる学生の準備委員会において、当初共産主義インターナショナル運動の影響を受けた学生が主流だったことに非共産主義の学生やフィリピン代表から反発があり、主催者と外国からの招待団体の双方をよりイデオロギー的にバランスのよい構成にするために会議が延期されたことである（FO371/123271）。このことから、インドネシアにおいても、少なくとも学生たちは、共産主義にとどまらない複数の立場からトランスナショナルな連帯を志向していたことがわかる。

さらに、市民間のトランスナショナルなつながりについては、一九四七年にインドで開かれたアジア関係会議(2)からバンドン会議にかけてアジア諸国にとって懸案とされてきた在外インド人と在外中国人（華僑）の国籍と地位の問題も大きな影響を与えたと考えられる。当時在外インド人は主として東アフリカや南部アフリカ、そして英領マラヤ・シンガポールに、在外華僑はインドネシア、タイ、英領マラヤ・シンガポールなど東南アジア各国に多く居住しており、前者は主にマラヤやアフリカでの経済力とインド独立に伴う政治性の高まりが、後者は主に彼らを通じての共産主義の浸透の可能性がホスト国の政府や住民にとって脅威となっていた。アジア関係会議の主催国であったインドは、ビルマ、マラヤ、セイロン代表らの域内華僑・インド人への懸念の発言をうけて、在外インド人は「帰還の権利」をもたず、現在の居住国に定着して土地の住民や政府と平和的な関係をうちたてるようにと呼びかけた［Tan & Acharya eds. 2008, pp. 54–58］。

いっぽう、アジア関係会議に参加した中国代表を通じて、また五四年からのインドネシア、ビルマ要人との交流のなかで、周恩来首相は、在外華僑に対する東南アジア諸国の警戒感を認識していた。そこで同年の全国人民代表大会において、中国が華僑の二重国籍問題を解決する準備をしており、まず東南アジア諸国との間でこの問題を解決する用意があることを明らかにして、バンドン会議に乗り込んだ［田中 二〇〇二、五五頁］。バンドンでの周は、開会時の各国代表のスピーチで、国内華僑への懸念を明示したタイ代表のワン親王の発言や他国の中国と共産主義への警戒心を痛感し、前述のように用意した原稿になかった二重国籍問題解決の用意と中国の友好的姿勢を強調する演説を行ったのである。そして、ワン親王との個人的会談やインドネシア、カンボジア代表団との個別折衝をとおして、在外華僑の国籍や忠誠心をめぐる問題の調整に努めた。その結果として、会議中に、中国とインドネシアは急ぎ二重国籍防止条約に調印し、在インドネシア華僑は条約発効から二年以内にインドネシア、中国のいずれか一方の国籍を選び、自動的に他方を失うが再取得も可能とされた[Tan & Acharya eds. 2008, pp. 33, 60f.]。その後、インドネシアの条約批准は六〇年まで遅れてその間に華僑への差別・迫害がつづき、二国間条約に応じたのはインドネシアだけだったため、中国はさらに一歩進めて、翌五六年に一方的に華人の二重国籍を否定しホスト国市民権取得を奨励する、いわば現地化促進政策に乗りだした。周は一〇月に訪中したシンガポール前首席閣僚マーシャルとのコミュニケの形でこれを発表し、年末のビルマ訪問時にも華僑を前に同様の主旨の演説を行った[田中 二〇〇二、五五―五七頁]。

アジア関係会議でインドの立場が既に明確にされていたことと、多数のインド系住民をかかえるマラヤや東アフリカ諸国が未独立でスーダン以外の正式参加がなかったためか、バンドン会議ではインド系住民の二重国籍については特に目立った議論はなかった。しかし、その権利の侵害や人種差別については、人権と自決の問題、文化協力を扱うセッションで議論の対象となり、最終コミュニケに、南アフリカの人種差別に対するインド及びパキスタン系住民の抵抗への支援や「アフリカのアジア人」への高等教育の機会供与の訴えとして盛り込まれた。

これら二つの会議における在外インド人と華人の地位の問題に着目したエイブラハムの論考は、バンドン会議のトランスナショナルな影響について新しい視点を示した点で意義深い。しかしながら、インドも中国も同じく二重国籍を否定する政策をとることで、領域国家の枠に人々を再び押し戻す役割を果たした[Tan & Acharya eds. 2008, pp. 51, 62-63]という結論については異論がある。前述のような会議後の中国のさらなる現地化奨励政策を考慮すれば、祖国の国籍離脱を許してホスト国への定着を奨励し、ホスト社会に与える脅威感を和らげるとともに迫害や差別に反対するという姿勢は、逆にディアスポラの人々の現地社会との交流と東南アジア地域でのネットワーク形成、すなわちトランスナショナルな活動の、少なくとも現状追認にはなっていたと思われるからである。特に前述のような会議後のシンガポールに見られた多人種間の連帯や華人系学生の自己主張の高まりは、このような環境によって背中を押された部分があろう。しかしながら、二国間条約によらない祖国側からの一方的な二重国籍否定は、彼らの国籍や市民権についてホスト国の政策に委ねることを意味し、国際的監視がなければ危険な差別を生みかねない状況でもあったので、同時にバンドン十原則で合意された人種差別反対や人権保護の規範が、各国政府によって遵守されることが不可欠でもあった。

四　アジア域内の比重の変化

バンドン会議のアジアの参加国を考えると、その領域は南アジアに加えて、現在「東アジア共同体」が論じられるときに念頭におかれる北東アジア、東南アジアにまたがる範囲となる。なかでも会議のホスト国であったインドネシアの国際的役割は会議の準備段階から高まった。特に閉会時のスピーチでネルーによって「アジア・アフリカの声の中心であり首都」とされたバンドン[Abdulgani 1981, p. 165]は、五三年のエカフェ会議のバンドンでの開催に始まり、本会議とその後の学生会議、労働者会議などさまざまなフォローアップ会議においてもいわば国際交流のメッカとなり、同時にインドネシアの評判を高めた。また、ホスト役として会議をリードし、多様な公式・非公式の会合・交流の場を設ける役割も果たしたスカルノ大統領とサストロアミジョヨ首相の国際的な名声も高まった。スカルノらはこの機会を九月の初の国政選挙対策と国内で経済的不満をそらし政権安定を図るためにも用いた[McDougall & Finnane eds. 2010, p. 20]。また「バンドン精神」はインドネシア外交の旗印となり、たとえば日本との賠償交渉妥結により五八年一月に調印された対日平和条約の第三条で、両国は「バンドンにおいて開催されたアジア・アフリカ会議における決定の精神に従って」経済関係の緊密化を希望する、という文言が入れられた(『外交青書』一九五八、資料)。

このようなインドネシアの活躍に対して、地域の貿易・人の往来・安全保障の要を自負していたシンガポールとマラヤはバンドン会議には招待されず、アジア・アフリカの連帯に乗り遅れた感があった。リードが指摘したように、これは蜂起中の共産ゲリラと中国のつながりへの懸念と、インドネシアのマラヤ共産党への反感によるものであろう。リードはさらに、会議がインドネシア・マラヤ間の亀裂を固定化して東南アジアの地域統合に水をさし、マラヤのラーマン首相の地域統合構想に対するインドネシアの冷淡さにもあらわれた、と分析している[Tan & Acharya eds. 2008, p. 24]。本書序論で編者からの指摘があるように、筆者もインドネシアの地域統合への反感は会議よりかなり後の一九六〇年代初めに、イギリスとラーマンが計画した大マレーシア構想への危機感から決定的になったと考える。しかし、バンドン会議の際にインドネシアが、この地域の主導権をマラヤ独立前に握っておきたいと考えた可能性は十分にある。確かに前述のマーシャルの地域協力案に対しても、インドネシアが積極的反応を示した証拠はない。また、それまで東南アジアの中では英領マラヤとの関係回復に努力を傾けていち早くその目的を達し、独立前から急速な経済関係の進展に成功していた日本が、岸信介内閣の頃から急速にインドネシア重視へと傾いてゆくことの契機のひとつが、このバンドン会議でのインドネシアの活躍ぶりと、そこでの日本代表団との接触の緊密化だったと考えることもできよう。

また、バンドン会議ではネルーの軍事的同盟などに対する非妥協的態度が目立ち、アジア諸国のインド離れが進んだのに対して、周恩来の穏健で協調的な態度が評価されて、中国への一定の信頼が作られていった[*ibid.*, pp. 24-5; Romulo 1956, pp. 9-12]。このように考えると、未だ推論の域を出ないが、バンドン会議は、アジア国際関係の重心を、旧英領系の南アジア、マラヤから、インドネシア・中国寄りの東へ、すなわち現代の「東アジア共同体」の領域に近い方向へとシフトさせる役割を果たした、とも考えうるのではないか。

おわりに――バンドン会議の成果と限界

以上見てきたように、バンドン会議は参加国と会議の影響を警戒した英米などの外交のスタイルを、「個人的アプローチ」を伴う訪問・招聘外交、文化外交・マルチラテラル外交へと変容させ、アジア諸国の経済協力を技術協力の重視と域内協力の進展へと向かわせた。またオブザーバーやジャーナリストたちの交流、会議が提案した文化交流の促進や人種差別主義への抵抗をとおして、政府を介さないトランスナショナルな学生間・市民間の交流と、大衆が外国市民を支援するトランスナショナルな運動を刺激・促進させた。さらに、インドと中国は、アジア関係会議とバンドン会議をとおして、東南アジア諸国に住むインド人と華僑に二重国籍の否定を宣言し、その後、より積極的な現地化奨励政策をとるに至った。このことによって、彼らディアスポラのトランスナショナルな生活様式とアイデンティティのホスト社会への傾斜は追認される形となった。また、参加諸国のインド離れと中国への信頼感の高まり、ホスト国としてのインドネシアの国際的地位向上によって、アジア地域の比重がより東へと動き、現代の東アジア共同体とほぼかさなる領域に重心がおかれるようになった可能性もある。これらをまとめて変化の全体像を俯瞰してみると、バンドン会議をきっかけに、東アジアをめぐる国際関係が、公式のみならず非公式の接触ルート、地域協力や国連を通じたマルチラテラルな回路、時にアフリカにも広がるトランスナショナルな連携がふえることによって重層化し、同時に、関係が結ばれる分野も、経済面・文化的領域に広がって多面化した、と結論づけることができる。

バンドン会議はアジア地域に以上のような新しい変化をもたらした。しかし、既に複数の先行研究が指摘しているように、会議の規模と影響のグローバルなひろがりに注目するあまりに、「バンドン精神」「アジア・アフリカの連帯」「中立主義の源流」などの一定の成果が神話化され拡大解釈されて、他の背景要因を覆い隠し、会議の影響が過大評価される危険が常にある。最後にその陥穽を避けるために、会議の限界をいくつか挙げておきたい。

まず、出席国が期待し、英米が危惧したような常設機関の設置や会議の継続は見られなかった。会議の終盤にナセルが次回会議のカイロでの開催を提案し、一九五七年秋にアジア・アフリカ連帯会議としての招待状がバンドン会議参加国とマラヤなどその他の新興独立諸国に送られたが、スエズ戦争の後でもあり、ソ連寄りの会議となって国際的注目を集めなかった[DO35/9914; McDougall & Finnane eds. 2010, p. 98]。別に六五年一一月にアルジェで非同盟諸国会議として第二回が計画されたが、現地でのベン・ベラ大統領の失脚、九・三〇事件によるスカルノの外遊不能、中印国境紛争などにより無期延期となった[*ibid*., pp. 21–24]。同年四月にはインドネシアで十周年記念会議が開かれたが、小規模な同窓会形式となって大きな政治的影響を残すことはなかった。また、ムアンギが指摘するように、バンドン会議は「植民地主義のあらゆる現れ」の解決を目指すことで一致したにもかかわらず、インドネシアの西イリアン、東チモール領有を支持し、台湾を中国の一部とする中国の主張を認めるなどの矛盾をかかえてもいた[ムアンギ 二〇〇六、一三六—一三九頁]。

バンドン会議から拡がった「個人的アプローチ」は、リーダーの個性やカリスマ性によるところが大きいため、政治が不安定で政権交代の多い新興国の場合には継続性が薄いという問題点もあった。一九六〇年代末までには、スカルノ、ネルー、ナセルらバンドン会議の牽引役たちはすべて政治の表舞台から姿を消し[Westad 2007, p. 107]、周恩来も文化大革命の影で外交からは一歩退き、少なからぬアジア・アフリカの建国の父たちが政変などにより失脚してしまった。六五年の第二回アルジェ会議の無期延期を報じた『タイムズ・オブ・インディア』が、「バンドン会議で開かれた時代は終わりを迎えた」[McDougall & Finnane eds. 2010, p. 24]と述べたのは、この意味で的を射ている。

さらに、トランスナショナルな連携の萌芽にも限界が見られた。たとえば、イギリスがインド留学中のアフリカ人学生への共産主義の浸透を懸念したこと(DO35/5347)にも現れたように、学生交流は冷戦構造の中で諸政府当局に警戒されがちであった。六二年にアメリカのポート・ヒューロンで「民主的社会を求めるアメリカ学生組織」によって出された声明が、第三世界の人々の解放運動を支持する内容であったことはアメリカの学生運動との連携を期待させた。しかし、その声明の主旨はむしろ第三世界の人々の意識の強さと勢いに比してアメリカの人々の無気力を嘆くものであり[Westad 2007, p. 106]、アジア・アフリカの学生が公民権運動とつながってゆくような事態はほとんど生じなかったようだ。また、シンガポールに見られた人種・地域を越える目標をもった草の根市民運動もまた、一九六〇年代に生じたマレーシア連邦結成をめぐる地域紛争の発生により、シンガポール内政自治政府と、イギリスが支援した大国家形成の論理によって押さえ込まれてしまったのである[Amrith 2005, pp. 566f.]。

バンドン会議の成果は、参加諸国の国連での一国一票を生かした連帯と六〇年の総会における植民地独立付与決議につながってはじめて諸大国への実効的圧力となって、長期的な影響を持てたのではないかと思われる。アジア・アフリカの学生や市民のトランスナショナルな連携が欧米の学生・市民運動ともつながり、より直接的に大国への圧力となり得たのは、六〇年代末のベトナム反戦運動の高まり以降であろう。

(1)　日本と他地域の国々との文化協定調印はこの間に、五七年のドイツとの調印があるのみで、その後は六一年のブラジル、イギリスとの調印までなかった(『外交青書』)。
(2)　一九四七年三月に独立前のインドがニューデリーで主催した会議で、同じく独立前のビルマ、インドネシア、マラヤなどの代表を集めて共通問題を討議した会議。

【文献一覧】

英国公文書館外務省ファイル FO371/116975, FO371/116978, FO371/121800,FO371/ 123271, FO371/129342, FO371/129343
英国公文書館自治領省ファイル DO35/5344, DO35/5347, DO35/9914

外務省　一九五七―一九六一『外交青書』
国会会議録(http://kokkai.ndl.go.jp/)
周恩来　一九五五「アジア・アフリカ会議についての報告――一九五五年五月一三日、全国人民代表大会常任委員会第十五回拡大会議における報告」『中国資料月報』八八号
岡倉古志郎編　一九八六『バンドン会議と五〇年代のアジア』大東文化大学東洋研究所
佐々木雄太　一九九七『イギリス帝国とスエズ戦争――植民地主義・ナショナリズム・冷戦』名古屋大学出版会
佐野方郁　一九九九a「バンドン会議とアメリカ――戦後アジア国際関係の新展開という文脈の下で」『史林』第八二巻第一号
佐野方郁　一九九九b「バンドン会議と鳩山内閣」『史林』第八二巻第五号
史文　二〇〇三「新中国の東南アジア外交と「バンドン会議」――「周恩来外交」を手がかりに」『大東法政論集』第一一号
田中恭子　二〇〇二『国家と移民――東南アジア華人世界の変容』名古屋大学出版会
都丸潤子　一九九九「東南アジアの地域主義形成とイギリス(一九四一―一九六五)――東南アジア総弁務官と駐在官会議の役割」『国際法外交雑誌』第九八巻第四号
都丸潤子　二〇〇六「イギリスの対東南アジア文化政策の形成と変容(一九四二―一九六〇)」『国際政治』第一四六号
都丸潤子　二〇〇九「バンドン会議と日英関係」北川勝彦編著『イギリス帝国と20世紀　四巻　脱植民地化とイギリス帝国』ミネルヴァ書房
宮城大蔵　二〇〇一『バンドン会議と日本のアジア復帰――アメリカとアジアの狭間で』草思社
ムアンギ、ゴードン・サイラス　二〇〇六「コラム　バンドン会議とアメリカ帝国主義」戸田真紀子編『帝国への抵抗――抑圧の導線を切断する』世界思想社
渡辺靖　二〇〇八『アメリカン・センター――アメリカの国際文化戦略』岩波書店
Abdulgani, Roeslan 1981, *The Bandung Connection: The Asia-Africa Conference in Bandung in 1955*, Molly Bondan (trans.), Jakarta Pusat.
Ampiah, Kweku 2007, *The Political and Moral Imperatives of the Bandung Conference of 1955: The Reactions of the US,*

UK and Japan, Folkestone.

Amrith, Sunil S. 2005, "Asian Internationalism: Bandung's echo in a colonial metropolis" *Inter-Asia Cultural Studies*, vol. 6, no. 4, pp. 557–569.

Geduld, Victoria Phillips 2010, "Dancing Diplomacy: Martha Graham and the Strange Commodity of Cold-War Cultural Exchange in Asia, 1955 and 1974", *Dance Chronicle*, vol. 33, no. 1, pp. 44–81.

Hack, Karl 2001, *Defence and Decolonisation in Southeast Asia: Britain, Malaya and Singapore 1941–1968*, Richmond.

Kahin, George McTurnan 1956, *The Asian-African Conference, Bandung, Indonesia, April 1955*, Ithaca.

Long, S. R. Joey 2008, "Winning Hearts and Minds: U. S. Psychological Warfare Operations in Singapore, 1955–1961", *Diplomatic History*, vol. 32, no. 5, pp. 899–930.

McDougall, Derek & Finnane, Antonia (eds.) 2010, *Bandung 1955: little histories*, Victoria.

Richmond, Norman (Otis) 3 May 2010, "The Legacy of the Bandung Conference", Pan African News Wire Homepage: http://panafricannews.blogspot.com/2010/05/legacy-of-bandung-conference.html, accessed on 14 November 2010.

Romulo, Carlos P. 1956, *The Meaning of Bandung*, Chapel Hill.

Tan, See Seng & Acharya, Amitav (eds.) 2008, *Bandung Revisited: The Legacy of the 1955 Asian-African Conference for International Order*, Singapore.

Tomaru, Junko 2000, *The Postwar Rapprochement of Malaya and Japan, 1945–61: The Roles of Britain and Japan in South-East Asia*, Basingstoke.

Tomaru, Junko 2008, "Japan in British Regional Policy towards South-East Asia, 1945–1960", Iokibe Makoto, Caroline Rose, Tomaru Junko, & John Weste (eds.), *Japanese Diplomacy in the 1950s: From Isolation to Integration*, Abingdon.

Westad, Odd Arne 2007, *The Global Cold War: Third World Interventions and the Making of Our Times*, Cambridge.

Wright, Richard 1956, *The Colour Curtain: A Report on the Bandung Conference*, London.

トピック・コラム

日華平和条約と賠償・請求権問題

浅田正彦

日華平和条約は、一九五二年四月二八日に署名された日本国と中華民国との間の平和条約である。中華民国政府(国民政府)との間に署名されたこの条約に関しては、①大陸中国との間の戦争状態を終結させたものであるのか、②そうであれば、一九七二年九月二九日に中華人民共和国政府(人民政府)との間に署名された日中共同声明の関連条項にはいかなる意味があるのかなど、様々な難問がある。ここでは、日華平和条約の締結の経緯と、戦後補償裁判との関係で今日まで争いの続く賠償・請求権問題を中心に述べることにしたい。

日華平和条約は、米国における対日平和条約(一九五一年署名)の批准問題と密接にリンクしつつ締結されることとなったものである。北京と台北の間で二つの政府が対立していた中国の、いずれの側の政府が対日平和条約に署名するかで、英米が合意に達することができず、その結果、中国は対日平和条約には署名せず、日本との間に同様な内容の二国間の平和条約を別途締結することとされた(対日平和条約二六条)。

当時、台湾派が多数を占めていた米国上院では、日本が中国との二国間平和条約の相手として台湾の国民政府を選択することを、対日平和条約の批准承認とリンクさせる主張が強くなっていた。そして、その点を確実にするため、五一年一二月にはダレスが訪日し、日本が国民政府との間に二国間の条約を締結する用意があることを認める「吉田書簡」(ダレスが起案)が発出された。これを受けて日華間で条約交渉が始まったのである。

吉田茂首相自身は、北京か台北かの選択はなるべく先延ばししたいとの考えであり、国民政府との間に平和条約を結ぶことには消極的であった。実際当初は、日華間で交渉する条約の名称(平和条約とするか否か)さえ交渉対象とされており、会議の名称も日本語では日華条約会議、中国語では中日和会(中日講和会議)とすることになったほどである。

ほどなく日本側も平和条約交渉に応ずることになったが、交渉段階における両者の立場の隔たりは大きかった。賠償問題については、国民政府側が、対日戦争の最大の犠牲国である中国が賠償を放棄しては、中国の国民感情が許さないとして、賠償条項の存続を主張したのに対して、日本側は、大陸における中国の戦争損害については、この条約の適用範囲外のことであるから削除すべきであると主張した。条約の適用範囲は、「吉田書簡」において「中華民国に関しては、中華民国国民政府の支配下に現にあり又は今後入るべきすべての領域に適用がある」ものとされていたのである。この適用範囲については、条約交渉の期間を通じて日本側は一切譲歩せず、最終的に日華平和条約に附属の交換公文の形をとって規定されることになった。

　ところが日本政府は、一九五二年六月、日華平和条約批准のための国会審議の過程で態度を変化させ、「戦争状態」とは国と国との関係であり、国の一部について戦争状態が終結し、他の部分とは継続しているということはありえないとして、日華平和条約によって、大陸を含めて中国という国との間の戦争状態が終結したとの立場を示した。その後、賠償・請求権問題についても、対日平和条約の「相当規定」(一四条(a)が役務賠償と在外資産の処分を、同条(b)がそれ以外の賠償・請求権の放棄を定める)の準用を規定する日華平和条約一一条と、さらに役務賠償の放棄を規定する日華平和条約議定書一項(b)で、法的に処理済みとの立場を示した。そしてこのような立場は、今日に至るまで一貫して維持されてきている。

条約調印の国民政府代表と日本政府代表
(1952 年 4 月．毎日新聞社提供)

　それから五五年後、日本の最高裁判所は、中国関係の戦後補償裁判にかかる決定的な判断を下した。二〇〇七年四月二七日の西松建設事件(第二次世界大戦中の強制連行・強制労働事件)判決において、最高裁は、日華平和条約で処理済みとする国の見解を採用せず、日華平和条約は附属交換公文の規定からして大陸に適用されるとは断定できないとした上で、大陸中国との関係については日中共同声明が「平和条約の実質」を有するとして同声明の賠償条項の解釈を行い、その交渉経緯等に照らして、本件賠償請求の基礎となるべき個人の請求権は同声明によって放棄されているとの結論に達した。こうして最高裁は、結果的には国と同様の請求権放棄という結論に至っているが、日華平和条約が大陸も含めた形で日中間の平和を達成したという国の立場を否定し、むしろ日華平和条約の交渉過程における国の立場に沿った判断を示したことになる。

　この判決を政治的な側面から見れば、大陸中国との関係は日華平和条約ではなく日中共同声明で解決したとする点で、部分的には人民政府に配慮した形になるが、「戦争賠償の請求」を放棄するとの同声明五項の規定に「個人の請求権」の放棄を読み込んだ点では、日中間にある種の禍根を残すことになったかも知れない。

　この判決に対して中華人民共和国政府は、「日本最高裁が『中日共同声明』について行った解釈は違法なものであり、無効だ」とする外交部報道官のコメントを発表している。

人物コラム

李承晩と金日成（이승만、김일성）

李 鍾 元

李承晩《イスンマン》は一八七五年黄海道生まれ。九四年から米宣教師が設立した培材学堂で学び、大韓帝国期（一八九七―一九一〇）に開化派の独立協会を中心に、改革・独立運動の活動家として頭角を現した。投獄を機にキリスト教に帰依し、一九〇四年に釈放後、渡米。プリンストン大学で国際法の博士号を取得後、韓国併合の一〇年に一旦帰国したが、一二年再び亡命し、四五年一〇月の帰国までワシントンとハワイを拠点に抗日独立運動を展開した。一九年、上海に大韓民国臨時政府が樹立された際には、その大統領に推戴されるなど、右派民族主義陣営の指導的地位にあったが、独善的な性格で内紛も絶えなかった。四八年八月、大韓民国の初代大統領となり、三選を果たしたが、六〇年四月、独裁政治に抗議する学生革命で退陣し、六五年亡命地のハワイで九〇年の生涯を閉じた。

一方、金日成《キムイルソン》は一九一二年平壌近郊で生まれ、本名は金成柱。少年期に一家とともに中国東北地方（満洲）に移住し、一〇代半ばから社会主義系列の民族運動に関わった。満洲事変後、各地で組織された抗日遊撃隊闘争に逸早く加わり、その頃から「金日成」を名乗った。中国共産党が主導した東北抗日連軍の朝鮮人指導者の一人として活躍し、三七年六月、朝鮮領内の普天堡《ポチョンボ》攻撃で勇名を馳せた。日本軍の討伐作戦を逃れて、四〇年後半ソ連領に入り、ソ連軍の特別部隊に編入され、日本降伏後の四五年九月、帰国。四八年八月、朝鮮民主主義人民共和国の初代首相に就任して以来、九四年七月の死去まで、北朝鮮の神格化された最高指導者として君臨した。

四五年の「解放」のとき、李承晩は七〇歳、金日成は三三歳。生い立ちや世代は大きく異なる二人だが、ともに長年の国外での亡命闘争の末、高い知名度の指導者として帰国したという点では共通する。しかし、その抗日運動の軌跡は、後の冷戦と戦争を予期させるものであった。金日成は、朝鮮の独立を中国革命などアジアの民族解放運動の一環として捉え、中ソとの連携や支援による武力闘争路線を追求した。彼にとって、米軍政と李承晩の庇護の下、「親日派」が復権しつつある韓国は、「解放」の対象に他ならなかった。一方、李承晩は青年期の開化派運動の時代から、新興大国アメリカの支援による近代国家建設を希求し、三三年間の亡命活動もアメリカ政府の支持を引き出すための「外交路線」に終始した。彼は反日だけでなく、早くから「反共反ソ」を唱えたが、その淵源は開化派活動期の「反清反露」意識にまで遡る。

米ソ冷戦の落とし子として誕生した分断国家体制で、二人はいずれも「建国の父」となったが、その権力への道は、冷戦の到来と不可分の関係にある。米・ソの占領軍の後押しが、「建国の父」への決定的な要因であったが、李承晩や金日成の抗日運動の経歴が、政治的正統性を競い合う南北の分断国家にとって重要な基盤となったのも事実である。

李承晩と金日成は、米・ソに依存したが、単なる「傀儡」や「駒」には止まらなかった。むしろ自らが追求する統一国家の建設のため、米・ソを巻き込み、その冷戦戦略を利用しようとした点でも二人は共通していた。南北の分断が確定する以前から、南で李承晩は「単独政府の樹立」を唱え、北では金日成を中心に「民主基地論」が台頭した。米・ソの支援でそれぞれの体制を固めた上で、相手の「解放」による統一を目指す戦略である。

現に、四八年の分裂国家の成立以後、李承晩と金日成にとって、「武力による統一」は避けられない課題であり、また米・ソの支援さえあれば達成可能な目標であった。李承晩が掲げた「北進統一」は単なるスローガンやブラフではなく、アメリカを巻き込んだ統一戦略の構想であり、信念であった。五三年七月、朝鮮戦争休戦の際にも、李承晩は戦争の継続を主張し、最後まで休戦協定への署名を拒否した。一方の金日成は「国土完整論」を唱え、南を「解放」すべく統一戦争を積極的に進めた。朝鮮戦争はソ連の支援や許可なしには不可能なものであった。しかし、戦争の開始に至る過程で、短期戦の勝利という楽観的な展望に立ち、当初消極的であった中ソに働きかけた主役は金日成であった。「平和」より「統一」を優先させた選択だったが、同じ民族同士の戦争で、分断国家の政治的対立は民衆レベルの憎悪にまで拡大し、今日に至るまで南北関係に大きく影を落としている。

李承晩と金日成は、それぞれ後ろ盾であった米・ソ(中)との間で、「依存と自立」のジレンマに苦心し、そのバランスに政治外交的な活路を求めた点でも共通している。抗日闘争の時期から、李承晩と米、金日成と中ソとの間の関係は「愛憎」の両面を持ち、単なる「親米」や「親ソ(中)」と形容されうるものではなかった。朝鮮戦争の後、金日成は中ソからの一定の自立を図る「主体外交」を模索し、李承晩は政権の最後までアメリカ政府との間で軋轢が絶えなかった。二人の辿った軌跡は、「大国依存(活用)型ナショナリズム」とでもいうべき選択の矛盾と限界を集約的に表している。

李承晩(1948年5月)

「祖国解放戦争勝利」を宣言する金日成(1953年7月28日)

Ⅲ　アジアの中の戦後日本

個別史／地域史

個別史／地域史Ⅲ

日本の戦後改革

三宅明正

一　日本の降伏——八月一五日前後

アジア・太平洋戦争で日本が降伏をしたのはいつか、答えは必ずしも簡単ではない。一九四五年八月一四日、日本政府はポツダム宣言の正式受諾を連合国へ通告した。ただし、八月一四日付のいわゆる「終戦の詔書」が、「玉音放送」と内地の新聞配布で一般に知らされたのは、翌一五日昼のことである。これに先立ち八月九日の夜から一〇日にかけての御前会議を経て、日本政府は「国体護持」を留保してポツダム宣言を受諾する旨を連合国に申し入れていた。一二日、天皇制に直接言及しない回答(バーンズ回答)がアメリカから届いた。一四日昼、再び御前会議が開かれ、再照会か否かでもめたのち、そのままポツダム宣言を受諾すると決めた。この間一〇日に阿南陸軍大臣は全軍に「驕敵撃滅に驀直進前すべし」との布告し、下村情報局総裁は国民に「国体の護持」を訴える談話を発表していた。

九月二日、東京湾のミズーリ号上で、日本全権とマッカーサー司令官、米中英ソ四国代表、さらにオーストラリア、カナダ、フランス、ニュージーランド各国の代表が日本降伏文書に調印した。法的にはこのときが日本の降伏であった。トルーマンはラジオ演説し、九月二日をＶＪデー(Victory over Japan Day)とした。

だが列島の南と北、植民地、占領地では様相が違っていた〔佐藤 二〇〇五／佐藤・孫編 二〇〇七／加藤 二〇〇九〕。四月から本格化した沖縄戦では七月二日に米軍は作戦の終了を宣言したが、小規模な戦闘は継続した。降伏文書が沖縄で調印されたのは九月七日のことであった。いっぽう北ではソ連の八月八日の対日宣戦布告後、南樺太で九日に始まった戦闘は二二日の停戦協定まで続いた。千島では最北端の占取島《シュムシュ》を皮切りにソ連軍が列島をひとつひとつ南下した。国後・色丹は九月一日、歯舞諸島は三日に占領された。

植民地、占領地に目を転じると、ソウルでは八月一五日に「終戦の詔書」が伝えられ、西大門刑務所からの政治犯出獄は翌一六日のことであった。カイロ宣言で、連合国側は朝鮮の独立と「満洲」、台湾などの中国への返還を謳っていた。一六日、ソウルでは解放を祝う大規模なデモが実施された。平壌では一五日の夜に神社が壊された。朝鮮総督府の降伏文書調印は九月九日、北緯三八度以北の行政権がソ連に委譲されたのは八月二七日であった。台北では一五日に「玉音放送」が流れ、「終戦の詔書」は一六日に新聞掲載された。台湾は中国に復帰することが決まったが、重慶の国民政府軍は遠く、しばらくの間台湾総督府が行政と治安を担当し、日本の支配が継続した。九月九日、中国の日本軍が南京で投降し、一〇月二五日に台湾総督が台湾統治責任者の陳儀に施政権を引き渡し降伏した。南洋諸島では九月二日にパラオで米軍司令官と日本軍司令官が停戦協定に調印した。島ごとに停戦協定が結ばれ、それは一〇月のトラック島にまで及んだ。「満洲国」は日本の降伏を受けて八月一七日に解散を決定、一八日に溥儀は退位した。彼らは平壌経由で日本へ「亡命」を予定したが、中途でソ連軍に拘束された。九月五日、ソ連極東軍総司令官ワシレフスキー元帥の命令で関東軍総司令部は武装解除され、関東軍は解体した。在留日本人は、政府や大使館関係者までソ連軍に拘引される中で、独力で自らを守るしかなかった。

八月一四日から一五日にかけて、東京で戦争継続をはかろうとする陸軍軍人によるクーデタ未遂事件があった。松江市では、「終戦」を信じず本土決戦を完遂するため民間の右翼十数人によって県庁焼き討ち、知事暗殺計画が企てられた。八月二四日に県庁、新聞社、知事官舎などが襲撃されて県庁舎は焼失、殺害されたものも出た（松江騒擾事件）。戦時中の政府による報道統制と情報コントロールに加え、松江の場合、ほとんど戦災を受けていないことが、事件の背後に存在した事情であった（山陰中央新報社『新聞に見る山陰の世相百年』一九八三年）。

日本の降伏にともなう各地の様相は、このように国外でも国内でも多様であった。そして戦争が終結したとされるその日にちも一様ではなかった。

日本で八月一五日が戦争終結の日とされた根拠は、一九六三年五月、第二次池田内閣「全国戦没者追悼式」実施要項の閣議決定と、八二年四月、鈴木内閣の「戦没者を追悼し平和を祈念する日」閣議決定であった。それ以前には、もっぱらマスコミの報道によって八月一五日が扱われていた。各国の終結日をみると、韓国は八月一五日を光復節、北朝鮮は解放記念日としている。同じ光復節といっても、台湾のそれは総督が降伏した一〇月二五日である。中国は、中華人民共和国の設立後しばらくは八月一五日を抗日戦勝記念日としていた。しかし一九五一年に周恩来が九月三日に変更する布告を出し、九九年にそれが法制化された。九月三日としたのはソ連の影響と考えられる。アメリカは先に見たように九月二日を連邦政府のＶＪデーとしたが、州によっては八月一四日ないし一五日を同じ名称で呼んでいる。イギリスもほぼ同じである。ソ連は四五年九月二日にスターリンが日露戦争以降の「日本の侵略」に対する勝利を宣言、翌三日を対日戦勝記念日として布告した。だがソ連解体と共に三日の記念日が廃れ、ロシアは二〇一〇年七月に九月二日を「大戦終結の日」と定めた（『朝日新聞』二〇一〇年八月四日、『東京新聞』同年九月七日）。

四五年八月一六日、天皇は、東久邇宮稔彦王に組閣させ、「軍ノ統制、秩序ノ維持ニ努メ、時局ノ収集ニ努力セヨ」と命じた。同日全軍に停戦命令を発し、南京（支那派遣軍）、サイゴン（南方軍）、長春（関東軍）に、それぞれ皇族を派遣して武装解除を働きかけた。天皇を中心とする日本の支配層が最も重視したのは、「国体護持」に向けて「上から」整然とした降伏を実施することであった。そのために、東久邇宮に命じたように、軍の統制と、秩序の維持、すなわち治安対策の強化が図られた。治安対策の対象は、第一に降伏に反対する軍人及び民間右翼、第二に左翼や民主主義者、自由主義者などの「思想犯前歴者」「要注意者」であった〔粟屋編 一九八〇〕。一部の陸軍将校による八月一五日当日のクーデタ計画は瓦解した。先に述べた松江の騒擾や、これに先立つ東京愛宕山の右翼と警官との衝突事件(死者一〇名)は、押さえ込まれた。特高警察は、獄外にいるかつての運動家や言論人に監視の目を光らせた。民主化を目指す人々も、しばらく声を上げることはなかった〔三宅 二〇〇七〕。

二 アメリカの構想と占領の開始

アメリカは日本占領とその改革にむけた検討を戦争初期から始め、準備を進めた〔竹前 一九七七〕。一九四二年八月、国務省に特別調査課東アジア班が設置されて戦後政策立案に着手した。さらに四四年一月、長官・次官・次官補などからなる戦後計画委員会 Postwar Program Committee(PWC)が設置され、同省の公式見解となる文書が作成されるようになる。PWC 108/b や 152/b には、アメリカの「戦後目的」(「日本が再び米国及び他の太平洋諸国に対する脅威となることを防止」し「他国の権利と国際的義務を尊重する政府を確立する」)や、非軍事化と民主化という対日占領政策の原型(「軍国主義の根絶と民主化の強化」)となる文書が含まれていた。こうした国務省の動きとあわせて、陸軍省と海軍省は四三年夏以降軍政府要員の養成を始めた。複数の大学に軍政学校や養成コースが特設され、軍事的知識のみならず国際法、民事行政、占領地域の地理、歴史、経済、文化等広範囲の知識が教えられた。さらに陸軍省は、四四年夏以降統合参謀本部戦略局などの協力を得て、司令官たちが実際の占領行政に際して指針とする民事ハンドブックや民政ガイドを作成し、それらは占領下に活用されることとなる。

ドイツと日本の敗戦が決定的になる中で、一九四四年一二月、対独、対日政策等をアメリカ政府として決定するために、国務・陸・海軍三省の調整委員会 State-War-Navy-Coordinating Committee(SWNCC)が設置された。SW

NCC内の極東小委員会がPWC文書を元に案を作成し、統合参謀本部の意見を聴取して了解の上、SWNCCの文書となり、それに大統領が署名してアメリカ政府の政策とされた。対日占領政策の基本となる「降伏後における米国の初期対日方針」(SWNCC 150)は、最初の案が四五年六月にまとまったものの、連合国のポツダム宣言との調整を経て、重要な変更ののち八月三一日にSWNCCで決定され、九月二二日に公表された(SWNCC 150/4A)。重要な変更とは、直接軍政から間接統治へ、さらには財閥解体の明記等であり、日本の降伏に伴いあわただしく行われた。

事実、本土降伏文書調印の翌九月三日に千葉館山へ上陸した第一一二騎兵連隊は、館山地区にいったん軍政をしくことを布告した。これは日本側の申し入れで撤回された。九月六日付の大統領指令は、マッカーサー司令官に大幅な裁量権を認めるなど、現地での判断にゆだねるところが少なくなかった[竹前・湯浅 一九八〇]。

占領開始と同時にアメリカがまず行ったのは、日本の旧来の国家機構改変であった。本土における降伏文書調印当日及び翌日に出た指令の第一号、第二号は、日本軍の武装解除と戦地からの復員であり、大本営や大東亜省などが廃止された。一〇月二日、連合国軍最高司令官総司令部(GHQ／SCAP)が設置され、四日には「政治的、公民的及び宗教的自由に対する制限の除去の件」(SCAPIN 93, いわゆる人権指令)が発せられた。人権指令は弾圧法規廃止、特高警察等罷免、政治犯思想犯釈放などを求めた。「全国民総懺悔」をとなえ、旧来の体制を維持したまま危機を乗り切ろうとした皇族内閣、東久邇宮内閣はつぶれた[松尾 二〇〇二]。

マッカーサーは発足したばかりの幣原内閣に、女性参政権、労働組合の組織化促進、教育の自由化、秘密警察廃止、独占的経済機構民主化の、五大改革を指示した。それは一方で、中央統制的、秘密主義的、独占的な機構を廃するとともに、他方で、それまで抑圧されていた女性や労働者、自由主義者などの勢力にてこ入れすることで、民主化を進めようとするものであった。さらに一二月には神道指令(SCAPIN 448)を発し、国家神道を廃して政教分離を推し進めた。

このようにアメリカの対日占領政策の基調となったのは、「非軍事化・民主化」政策であった。「降伏後における米国の初期対日方針」(SWNCC 150/4A)は、武装解除及非軍事化、個人の自由及民主主義過程への冀求の奨励、経済上の非軍事化、民主主義勢力の助長など、政治・経済全般での改革をうたっていた。さらにSWNCCとその極東小委員会は、戦争犯罪人の扱いと追放、天皇制の扱いをはじめ、政治、経済ならびに文化の各分野の個別具体的な政策文書を次々と決定した。

こうして行われる戦後改革は、天皇主権を廃して国民主権とするための憲法改正にとどまらず、財閥解体、労働改革、農地改革などの経済改革、司法、行政、財政、税制の改革、地方自治を中心とした地方制度改革、警察改革、教育改革、マス・メディア政策、政教分離と信教の自由など、国民生活の全領域に及ぶものとなるのは必至であった。それはアメリカの日本理解の主流が、明治維新以降の日本の国家と社会が封建的な要素を色濃く残したものと捉えていたからである。これを根本から作り替えることで、日本は近代的、民主的な国家と社会になると考えられていた。

日本理解の実際の例を労働の分野に即してみてみよう。「軍事占領期における日本の労働者組織」(PWC 290/a)、ならびに、GHQ経済科学局初代労働課長をつとめるW・カルピンスキーがハーバード大に設けられた軍政府要員養成コースで四五年三月の修了時に書いた論文「日本労働問題概観」(いずれも[竹前・三宅・遠藤編 一九九二]所収)をみると、日本の労働の像は次のようであった。すなわち、西欧に追いつくために急速な工業化が日本で進んだが、労働組合主義はそれに見合う形で発展しなかった、個人の従属的地位といった要素が産業内に持ち込まれ、いっぽうで国家権力と密接に結びついた少数の世襲的資本家は労働組合運動を妨害した、天皇制は精神的な美徳や義務、規律を力説する宗教的・愛国的顕示と結びつき、個人的な充足や労働者の集団利益に目を向けることを押さえた、農村に過剰労働力が滞留しており、労働力調達は農村の家庭との取り決めによっている、そうした労働の主軸は女工中心の出稼ぎ型である、経済全体は少数の資本家によって支配され、労使関係はパターナリズムが支配的である、これらの構造を変換しない限り「強力な民主的労働組合運動」は可能とならない、というものであった。雇用においても企業内労使関係においても封建的な要素が強く残り、労働組合運動は存在したが劣弱で、民主化は進まず、また政治的な力も弱く軍事化に抗せなかったと捉えられたのである。

労使関係が封建的であるという認識は、アメリカの労働界に共通したものであった。四六年八月から経済科学局労働課で労働教育係長をつとめるリチャード・デヴェラルは、もと全米自動車労組の活動家で、四五年一一月に憲兵として来日し、日本各地の労働関係調査を実施、それが認められて四六年初頭に経済科学局労働課に転属した人物で、来日時から四七年初めまで二六の都道府県に関する膨大な調査記録、見聞録を残している。(1) このうちNotes on Japanと題する記録群には、「Gumi」の語がタイプと手書きで数多く記載されている。これは彼らが日本の労働組織の中心に「労働ボス」の支配する封建的、暴力的な「組」組織があると考えていたためであった。

四七年一一月に失業保険法、ついで職業安定法が公布されるが、これら二法は経済科学局労働課と厚生省(労働省発足は四七年九月)との協議で立案され、その過程でアメリカ側は民主化の視点から「労働ボス」などの「前近代的」雇用慣行の排除を強く求めた。労働ボスによる搾取が批判され、職業安定法では従来の労務供給業は禁じられた。その徹底に向けて経済科学局労働課は担当係官を工事現場に派遣した。土木建設業界で、「(昭和)二二年には鹿島組が鹿島建設に、二三年には清水組が清水建設にそれぞれ改称している。「組」から「建設」へと改称したことについてはGHQの担当官が、組であると暴力団と区別がつきかね、組を改めるようにと示唆した」(『松尾工務店七十年の歩み』一九八五年)といわれたことは、そうした状況をよく物語っている。

三　戦後改革の進展

改革は広範囲に及び全面的なものとなった。全国的に、ただし沖縄を除いて進められた改革を概観しよう[袖井・竹前編 一九九二]。軍の解体、国家神道廃止、戦犯逮捕、天皇神格否定宣言、指導者公職追放と続く中で、帝国憲法に基づく天皇制国家は否定された。憲法改正は、天皇から国民への主権の変更という根本的転換であり、さらに平和主義と基本的人権の尊重は、近代日本の原理的な改変に他ならなかった。日本国憲法と同日に施行された地方自治法は、日本において地方自治の確立をめざす初めての法律であった。知事をはじめ首長は住民の直接選挙によることとなり、後述する警察改革とあわさって、内務省の中央集権的支配は解体した。新たに発足する官庁(労働省)では、単なる統治よりも国民へのサービスがめざされた。民法改正により旧来の家制度は廃止され、刑法も改正されて大逆罪・不敬罪・姦通罪等は廃止、自白を証拠としないことなどを定めた新たな刑事訴訟法も作られた。憲法の基本的人権尊重という理念がその基礎にあった。

経済改革[浅井 二〇〇〇/原 二〇〇七]では、財閥解体、独占禁止法制定、過度経済力集中排除法などにより、集中や独占が排除された。経営者の追放は多くはなかったが、一連の改革の中で個別の企業ではその従業員出身の経営者が増大した。新たな経営者は従来とは異なり一般に斬新な行動をとることが少なくなかった。また経済同友会のように、「修正資本主義」を指向する経営者団体も作られた。農地改革により地主制は解体された。それぞれの農地は狭隘であったが、自作農が農村の中心となり、経済危機の中で多くの労働力を吸収しつつ食糧増産に向かった。第二次世界大戦前には実現することの無かった労働組合法が制定され、団結権・団体交渉権・争議権が保障され、労働関係調整法、労働基準法の制定とあわさって、労働者の権利が大幅に拡張された。労働組合が復活し、労働者はいっぽうで権利の獲得を目指しつつ、他方で各企業・産業で生産の復興を目指した。

教育改革もまた理念の変更を伴う根底的なものとなった[久保 二〇〇六]。天皇制国家は政治と宗教を渾然一体化させて成立しており、「天皇の軍隊」すなわち帝国陸海軍と、維新後政権の正統性を作るために創出された国家神道、さらには教育勅語のもと「臣民」の忠孝を淵源とする教育が、内面からこれを支える仕組みを作っていた。憲法の施行に先立ちその理念をいかした教育基本法が施行され、教育勅語はのちに国会で排除、失効が決議された。教育基本法は、前文をもつ初の法律として施行された。法の前文は、一般に理念を明確にする宣言であり、前文をもつ法は関係法規の根拠法となるべき性格をもっていた。個人の尊厳を重んじ、人格の完成をめざすという理念は、旧来の教育と決別して、あらたな理念を宣言したものであった。

改革は連合国、実際にはアメリカの指示のもとに行われたが、それが具体化するに際しては、日本側の働きかけが大きく影響している。働きかけには、改革に対する守旧派の抵抗と、それをより徹底しようとした改革派による推進という、両面のものがあった。

改憲過程をみると、当時の為政者には、もとより憲法改正の意志自体なかったし、国民主権への移行も想定外のことであった。だがGHQの草案提示と、これを否定した場合におこりうる事態を想定するなかで、彼らはむしろ積極的に新憲法に賛成する側にまわった。もっとも官僚が、たとえばGHQの案にあった「外国人は法の平等な保護を受ける」を削るなど、自らに不都合と考えるのを排除する点で守旧派は相当活発に行動した［古関　一九八九］。また民法に関わって、家制度は廃止されたものの、戸籍制度は形を変えて残すなど、旧来の装置を維持することに努めた。

いっぽうで改革を進めようとする勢力はしだいに増大した。同じく憲法制定過程をみると、衆議院では第二五条第一項に生存権規定がはいり、また第二六条第二項は当初は初等教育に限定されていたものが教員らの努力で普通教育の義務へと修正された。教育改革をみると、たとえば普通教育における六・三・三制は、米国教育使節団の来日に先立ち日本の教育家委員会が提案し、当初八・五制などを考えていた使節団に働きかけて実現したものであった。

他方、アメリカ側の主導で新たな制度が導入されても、それが十分には活かされず、いわゆる逆コースのなかで退行したものも少なくなかった。代表例は、分権的な自治や、それにかかわって新たに導入された仕組みである。憲法は第八章で地方自治を定めた。警察や教育は、かつての帝国憲法下の中央集権的な官僚統制からの解放が目指された。自主化と民主化に向けて新たに設けられたのが教育委員会や公安委員会であった。教育委員会は米国教育使節団の第一次報告書で設置が勧告され、地方分権と自主性の理念のもと、教育行政の安定性と中立性の確保をめざし、自治体の長から独立した、当初は公選制の行政委員会として、全都道府県と市町村で発足した。検定制度が採用された学校用教科書も、当初は都道府県教育委員会が検定を行うものとされていた。

警察も、市町村の自治体警察が基本とされ、すべての市及び人口五千人以上の市街的町村は警察を組織し、その他の地域は国の機関である国家地方警察の管轄とされた。警察を民主的に管理し、かつ政治的中立性を確保する制度として、公安委員会制度が採用された。公安委員会は、住民の代表である委員によって構成され、国、都道府県及び市町村に置かれて、内閣総理大臣及び首長から独立していた。市町村警察は、非常事態を除き国家地方警察の指揮監督を受けずに市町村の公安委員会が、また、都道府県の国家地方警察は、都道府県公安委員会がその運営を管理した。

しかし官僚をはじめ守旧派による猛烈な抵抗の中で、教育や警察の改革は逆流し、一九五〇年代にそれらは再び中央集権的な統制の方向に転じていく。教育委員会による教科書検定は当初から一度も実施されることなく文部大臣へと移され、また教育委員会の公選制は廃止された。自治体警察も廃されて、警察庁と都道府県警察に統合された。改革の逆流とみられる動きには抵抗がおき、しくみとその運用は単純に改革前のものにもどったわけではない。自治や分権をめぐる問題は、日本社会に多くの課題を残していくことになる。

四　アメリカの政策転換——NSC 13/2

占領後期からの改革の退行は、アメリカ本国の対日政策転換を背景にしていた。占領当初、何よりも日本の非軍事化と民主化を進めようとしたアメリカは、冷戦の中で急速にその姿勢を変えた。日本を共産圏への対抗国家とするために、非軍事化・民主化に替えて経済復興を重視すべきだとしたロイヤル陸軍長官演説（四八年一月六日）は、米陸軍による公然とした政策転換要求であった。国務省企画部長を務めたジョージ・ケナンが四八年三月に来日し、対日講和をめぐってマッカーサーと会談、講和が尚早であるとする報告書をまとめた。同年一〇月、対外政策を大統領に助言する国家安全保障会議（ＮＳＣ）は、ケナンの報告書を受けて対日政策に関する勧告についての報告（NSC 13/2）を決定した［大蔵省財政史室編　一九七六］。

NSC 13/2 には「日本が占領の終了後も安定を維持し、自発的意志でアメリカの友好国として残る」ことをめざし、講和は急がず、日本の米軍基地は「現在享受する便益を講和後は」「できる限り多く保持できるよう拡充する」、警察は「中央統制警察組の拡大によって強化する」、「ＳＣＡＰが日本政府に新たな改革立法を強要しないよう指導す」る、「公職追放をさらに拡大する企画はなく」軌道を修正する、「アメリカの安全保障の利益に次いで、経済復興を、次期におけるアメリカの対日政策の主要目的となす」と、政策の転換が掲げられていた。さらに「これらの政策と競合し、抵触する従来の政策は無効とする」と付言されていた。転換は全面的なものであった。

マッカーサーは、ＧＨＱ／ＳＣＡＰの権限を押さえるこの勧告に反発した。しかし連合国の日本管理政策機関である極東委員会指令の形をとった、経済復興のための「経済安定九原則」は受け入れ、また反発した他の政策も、朝鮮戦争下には現実化していくこととなる。またこのころから、日本の官僚や政治家の中には、ＧＨＱ／ＳＣＡＰとアメリカ本国の齟齬に着目し、ＳＣＡＰの頭越しに本国が直接派遣する人々と連動して自らの意志を通そうとする行動がめだつようになる。

九原則にそった日本の経済復興に向けて、デトロイト銀行頭取で古典的自由経済論者ジョセフ・ドッジが公使として四九年二月に来日した。彼は日本経済がアメリカの援助と日本の政府補給金で支えられており、それを短くすることで経済復興を図るという有名な「竹馬演説」を行った。彼は予算編成に取り組み、緊縮財政、単一為替レート設定を進めた。デフレ政策のもと、インフレはおさまったが、深刻な不況となった。日本政府はもとよりGHQの予想も超えた厳しさであった。企業整備、行政整理がすすめられ、行政機関、民間企業で短期間に七〇万人近くの人々が職を失った。

四九年四月、団体等規正令が交付された。もともとは国家主義団体を取り締まるために作られた四六年の勅令「政党、協会その他の団体の結成の禁止等に関する件」が、矛先を完全に移して、労働者政党や関係団体が対象となった。地方単位でも公安条例が作られ、社会運動への取り締まり体制が強められた。労働組合法や労働関係調整法が、たとえば労働協約の自動延長を認めないなど、全体として労働側に不利な方向に改訂された。もちろん労働組合や労働者の抵抗がなかったわけではない。しかし労働運動は内部の対立に加え、下山・三鷹・松川事件などに伴う異様な不安感の高まりの中で後退を重ねた。行政整理や企業整備のなかで、労働運動の活動家たちは意識的に排除された。これらは、実際にはレッドパージの始まりであった[竹前 一九八二]。

一九五〇年六月、朝鮮戦争が始まった。周到な準備のもと優勢な北側の軍事力に対して韓国軍は弱く、米軍は国連軍としてこれに介入した。その後中国も参戦し、朝鮮半島の内戦は、一挙に国際紛争へと拡大した。米軍の作戦基地となった日本では、在日米軍を補完する警察予備隊が創設された。アメリカ政府は四八年の政策転換後、日本再軍備の方向に転じており、当初はこれに難色を示したマッカーサーも、四九年には警察軍の創設に賛成していた。朝鮮戦争の開始は、これを急がせた。さらに共産党の非合法化示唆、中央委員の追放が実施され、レッドパージが本格化し、この年のみで一万三千もの労働者が思想上、政治的な立場から職場を追われた[三宅 一九九四]いっぽうで、戦時中の政治家や財界人一万人が追放を解除された。「逆コース」の由来となる記事を読売新聞が掲載するのは、一九五一年一一月からだったが、五〇年の朝鮮戦争開始に前後する時期の事態は、アメリカの対日政策転換を誰の目にも明らかにした。

五　講和と占領の終焉

講和のあり方については、日本国内には政府が進める片面講和と、民間、とくに学者などから主張された全面講和の激しい対立があり、これは国論二分とよばれる状況を作り出した。全面講和論は、アメリカ陣営のみとの講和に与しないもので、その主張内容は、経済的自立と中立不可侵、国連加盟と軍事基地提供反対から成り立っていた。日本政府も当初はこうした全面講和の主張内容と等しい講和を想定していた。しかし四九年秋以降は、アメリカ主導の単独講和の方向に明らかに傾斜した。たとえ直ちに全面講和が実現できなかったとしても、その方向が徹底して追究されなかったことは、さまざまな問題を残すことになる。まずは日ロ、日韓、日朝、日中といった近接諸国との問題である。地理的に最も近い国々が、しかも日本の戦争に深く関わった国々が、すべてはずれた講和という事態は、異様であった。

さまざまな問題の一つは領土問題である。ポツダム宣言は「「カイロ」宣言ノ条項ハ履行セラルベク又日本国ノ主権ハ本州、北海道、九州及《および》四国並《ならび》ニ吾等ノ決定スル諸小島ニ局限セラルベシ」と、日本の領土を制限していた。南樺太および千島列島は、ヤルタ協定の密約によりソ連に引き渡されることとなっており、四五年八月から九月にかけてソ連が実際に支配を進めた。沖縄については、一九四五年四月一日、沖縄本島上陸に際して米軍から出されたニミッツ布告により、日本の行政権は停止され、三日、統合参謀本部からの日本本土作戦のためのマッカーサー宛指令で、北緯三〇度以南の諸島を「日本」から除外したことで、アメリカ軍部による沖縄分離の方向は明白になった。ただし琉球諸島、ならびに小笠原など南方諸島については、それがポツダム宣言にある「吾等ノ決定スル諸小島」に含まれるか否かは、アメリカ国務省内で見解がまとまっていた訳ではなかった。実際に沖縄を占領した軍部がその立場を強めていったというのが実情である［宮里 一九八五］。アメリカの政策転換となったNSC 13/2後、米軍は沖縄の恒久的な保持をめざし基地拡充を進めた。朝鮮戦争の開始はそれに拍車をかけた。サンフランシスコ講和条約で日本は、朝鮮、台湾、千島、南樺太、南洋諸島を放棄、沖縄、小笠原諸島をアメリカを施政権者とする信託統治下におくとした。潜在主権は認められたものの沖縄、小笠原の分離は様々な問題を起こした。そして日ロ、日韓朝、日中の間には、領土問題をかかえこむこととなる［芹田 二〇〇二］。

さらに賠償の問題である。日本の経済復興を急ぐアメリカは、講和条約で賠償請求権を放棄することを諸国に求めた。もともと、占領当初にアメリカが想定していた計画は、ポーレー案、ストライク案、ジョンストン案と、冷戦とともにに急速に小さくなっていった経緯があり、講和条約では「別段の定がある場合を除き」と、賠償請求権は原則として放棄された。例外は、日本が直接占領した国に限られ、請求権内容も限定的で、日本との個別折衝にゆだねられた。講和条約発効後にビルマ、インドネシア、フィリピン、南ベトナムとは賠償協定が結ばれ、その他一部の諸国と経済協力が行われた。インド、台湾、ソ連、中国政府は、個別の条約や宣言で賠償を放棄した。賠償や経済協力実施に際しては、政界への献金疑惑や特定企業の進出が絡むなどの問題が生じた。こうした賠償のあり方は、のちに各国の人々から不満をまねき、一部は訴訟となった。

講和条約と同時に日米安保条約が結ばれた。早期の講和で当初は日本本土の非武装・中立を考えていたGHQ／SCAPと、早期講和に批判的だった米軍部、国務省の調停をめざし、五〇年四月に米国務省顧問となったジョン・ダレスは、来日してマッカーサーに米軍駐留を認めさせた。その間、吉田首相はマッカーサーの頭越しにアメリカ本国へ基地の自由使用と米軍常時駐留の意向を伝えていた。講和と米軍駐留、基地使用は一組のものとなった。五一年一月に再来日したダレスは、米軍を「極東の安全の維持」のために駐留させること、さらに日本の再軍備を吉田首相に要求した。こうした講和の方向には、昭和天皇も働きかけを行っていた。天皇はダレスに自ら会って講和条約案支持を表明した。この過程について、再軍備要求に対し、吉田が抵抗し、軽武装・経済優先の路線を貫いたとする評価があったが、最近は米軍の基地自由使用こそがダレスの要求であり、米軍の常時駐留を申し出ることで日本は逆に大きな代償をおわされたとする見解が出されている［室山　一九九二／三浦　一九九六］。さらに近年は、日本に極端に不利な講和と安保の交渉の背後には、「米軍駐留の安全保障体制の構築」を至上課題とした昭和天皇の「天皇外交」の影響が強かったとする有力な主張が出ている［豊下　二〇〇八］。

安保条約は、米軍は日本国内に常駐するが日本防衛の義務を負わず、その駐留米軍は極東の「平和と安全の維持」に使用でき、基地・駐留条件をきめた日米行政協定では、基地設定は無制限で兵士と家族に治外法権を認め、駐留費は分担という、「不平等」条約であった。松尾尊兊の指摘するとおり、日米安保条約調印の場所が「サンフランシスコの町外れの米軍の下士官・兵が使うクラブであったことは、条約の不平等な内容を象徴するもの」であった［松尾　一九九三］。

六　戦後改革の画期性

一九七〇年代以降、三〇年代からの戦時下におきた変化に力点を置き、それを現代日本に直接的につなげて把握しようとする議論がおきた。国家独占資本主義論、総力戦体制論、一九四〇年体制論などである。もとより、何を現代の課題と考えるか、特質ととらえるかによって、いかなる対象のどういう面に光を当てるのかは異なるし、それにより歴史の理解の仕方は違うものとなる。しかしながら一九四〇年体制論［野口　一九九五］のように、戦後改革期の変化を無視して、それを九〇年代以降の日本社会に接合してとらえるのは、課題設定の強引さと、歴史的な実証の無視の両面において問題と思われる。この点は原朗によってすでに批判が行われている[原 一九九五・二〇〇七]。

もちろん戦時中に起きた変化が以後の社会のありようを規定する面は大きい。たとえば労使関係についてみると、大日本産業報国会の時点での単位産業報国会の体験は、工員と職員を一つにまとめあげたという、イデオロギーと組織体験の両面で、第二次世界大戦後の日本の労働組合(従業員組合)の前提となった[三宅 一九九一]。しかしそれは、産業報国会が労働組合に代わって労働条件を向上させたとか、それが企業別組合となった、などということではない。戦後改革期に日本の労働者が組織を作り、運動を起こし、労働条件と自らの地位を向上させていったのであり、その際に作られた組織が戦時下の変化を前提にしたものでしかありえなかったということである[三宅 二〇一〇]。

最後に、戦後改革の性格にかかわって、二〇世紀末から大きな注目を集めるようになったいわゆる社会格差の問題に即して述べよう。長期的な視点から近代日本における所得分布の推移を追った研究[南 一九九六]によると、戦前と戦後では不平等度に「大きな断絶」がみられ、ギャップをもたらしたものは農地改革、占領期に実施された財産税、そして労働改革といった戦後改革であった。もとより格差と言っても何を指標ととるか、また実体面とイメージとのずれもある。橋本健二はこれらの点を多面的に論じ、戦争直後における格差の縮小と戦後改革の意義を強調している[橋本 二〇〇九]。近代日本の長期的な見通しのうちに戦後改革を位置づけるならば、その画期性は明らかであろう。そしてその画期性は、東アジアという時空間では、さらに顕著になろう。

(1) デヴェラルの資料は、ワシントンDCのカソリック大学に所蔵されており、そのうちの神奈川・横浜関係の一部が、[横浜市史編集室編 一九九五]に、収録されている。

【文献一覧】

浅井良夫 二〇〇〇 『戦後改革と民主主義——経済復興から高度成長へ』吉川弘文館

粟屋憲太郎編　一九八〇　『資料日本現代史2　敗戦直後の政治と社会1』大月書店
五百旗頭真　一九八五　『米国の日本占領政策』上下巻、中央公論社
大蔵省財政史室編・秦郁彦執筆　一九七六　『昭和財政史　終戦から講和まで』第三巻
加藤聖文　二〇〇九　『「大日本帝国」崩壊──東アジアの一九四五年』中公新書
久保義三　二〇〇六　『新版　昭和教育史──天皇制と教育の史的展開』東信堂
古関彰一　一九八九　『新憲法の誕生』中央公論社
佐藤卓己　二〇〇五　『八月一五日の神話──終戦記念日のメディア学』ちくま新書
佐藤卓己・孫安石編　二〇〇七　『東アジアの終戦記念日』ちくま新書
芹田健太郎　二〇〇二　『日本の領土』中央公論新社
袖井林二郎・竹前栄治編　一九九二　『戦後日本の原点──占領史の現在』上下巻、悠思社
竹前栄治　一九七七　「対日占領政策の形成と展開」『岩波講座日本歴史22　現代一』
竹前栄治・湯浅博　一九八〇　「日本占領と地方政治──千葉県の場合1」『東京経大学会誌』第一一五号
竹前栄治　一九八二　『戦後労働改革──GHQ労働政策史』東京大学出版会
竹前栄治・三宅明正・遠藤公嗣編　一九九二　『資料日本占領2　労働改革と労働運動』大月書店
豊下楢彦　二〇〇八　『昭和天皇・マッカーサー会見』岩波現代文庫
野口悠紀雄　一九九五　『一九四〇年体制──さらば「戦時経済」』東洋経済新報社
橋本健二　二〇〇九　『「格差」の戦後史──階級社会日本の履歴書』河出書房新社
原朗　一九九五　「戦後五〇年と日本経済」『年報日本現代史』創刊号
原朗　二〇〇七　「被占領下の戦後変革」石井寛治・原朗・武田晴人編『日本経済史』第四巻、東京大学出版会
松尾尊兊　一九九三　『国際国家への出発』（日本の歴史第二一巻）、集英社
松尾尊兊　二〇〇二　『戦後日本への出発』岩波書店
三浦陽一　一九九六　『吉田茂とサンフランシスコ講和』上下巻、大月書店
南亮進　一九九六　『日本の経済発展と所得分布』岩波書店
三宅明正　一九九一　「戦後改革期の日本資本主義における労資関係──〈従業員組合〉の生成」『土地制度史学』第一三一号

三宅明正 一九九四 『レッド・パージとは何か――日本占領の影』大月書店
三宅明正 二〇〇七 「戦後危機と経済復興2 生産管理と経営協議会」石井寛治・原朗・武田晴人編『日本経済史』第四巻、東京大学出版会
三宅明正 二〇一〇 「日本における「労働非商品の原則」の受容」安孫子誠男・水島治郎編『双書 持続可能な福祉社会へ――公共性の視座から 第三巻 労働』勁草書房
宮里政玄 一九八五 「沖縄の戦後」『歴史学研究』第五四五号
室山義正 一九九二 『日米安保体制――冷戦後の安全保障戦略を構想する』上巻、有斐閣
横浜市史編集室編 一九九五 『横浜市史Ⅱ資料編 第五巻 戦時・戦後の労働と企業』

北方領土問題と平和条約交渉

原 貴美恵

はじめに

第二次大戦後、現在に至るまで日本とソ連・ロシアの間には平和条約が締結されていないが、その最大の障害となってきたのが北方領土問題である。戦後日ソ交渉といえば北方領土交渉といってよいほど、この問題は両国間に立ちはだかり続け、戦後日ソ関係は「無関係という関係」あるいは「遠い隣国」と称されるほど［木村 一九九三／二〇〇二］、離れた間柄に終始し、首脳会談も三回しか行われなかった。ソ連崩壊後、日露間ではより頻繁な首脳レベルの会談が持たれるようになってきたが、未だこの問題の解決には至っていない。この北方領土問題に関しては、これまで多くの学者、ジャーナリスト、政府関係者等により様々な角度から研究、議論がなされてきた（本稿末文献参照）。本稿では、第二次大戦の終結から戦後初期にかけてこの問題が発生した経緯を辿り、戦後二国間関係の縺れの根底部分を再考する。

二国間国境線の歴史的変遷

日露間の国境線は過去何度か変更されている。最初の国境線は、一八五五年の日露通好条約によりロシア帝国と徳川幕府の間で設定された。この条約によって両国の国境は日本が現在主張している国境線と同じ位置、択捉島と得撫《ウルップ》島との中間とされた。また、同条約は樺太を両国民混住の地とした。それから二〇年後の一八七五年、日本は千島樺太交換条約により、全千島列島と交換するという条件で樺太のすべての請求権を放棄した。これで混住の地がなくなり、両国の境界線が明確になった。さらに三〇年を経た一九〇五年、日本はポーツマス条約により南樺太を獲得しているが、これは日露戦争に勝利した結果である。この後さらに四〇年を経て、物理的占領地域あるいは事実上の国境線が再び変化した。第二次大戦末期の一九四五年夏、ソ連は南樺太そして北海道とカムチャッカ半島間のすべての島々を占領した。一九九一年末、行政当局はソ連からロシアに移行したが、その占領は続き今日に至っている。

北方領土問題は第二次大戦の戦後処理に起因する問題である。それより前の二国間の国境は、平和時であれ戦争の結果であれ、両者合意のもとで画定されており、今のような係争は存在しなかった。しかしながら、大戦後の国境線変更については、未だ二国間の合意が成立していない。

サンフランシスコ平和条約

日本国は、千島列島並びに日本国が一九〇五年九月五日のポーツマス条約の結果として主権を獲得した樺太の一部及びこれに近接する諸島に対するすべての権利、権原及び請求権を放棄する。（第二条c項）

一九五一年、日本はサンフランシスコで四八カ国との間に平和条約を調印した。同条約はその領土条項で千島列島から南極、またミクロネシアから南沙諸島に亘る広大な領域の処理を規定しているが、個々の処理領土の最終帰属先や厳密な範囲を明記しておらず、曖昧な内容になっている。ここに様々な紛争の種が残され、北方領土問題もその例外ではなかった(1)。条約第二条c項で日本は千島列島と南樺太を放棄したが、「ソ連」に対して放棄したとは書かれておらず、条文では帰属先は未定である。加えて、ソ連はこの条約に調印しておらず、この処理の当事国とはなり得なかった。放棄した領土の範囲で問題になるのは、「千島列島」の範囲である。そこにどの島が含まれるか否かが、長い間争点の一つとなってきた。現在係争の対象となっている北方領土とは、国後島、択捉島、色丹島及び歯舞群島の四島群であるが、日本政府はこれらの島はサンフランシスコ平和条約で放棄した「千島列島」ではなく、ソ連、そしてその後のロシアによる占領は不当であるとしている。

サンフランシスコで調印された対日平和条約は米英共同草案として起草された。しかし、占領政策に始まり、対日処理一般で主導権を握ったのは米国である。すなわち、新しい国境画定を含め、日ソ間の戦後処理は直接当事国間で行われたのではなく、ソ連にとっても日本にとっても主な交渉相手は米国であった。そして当然のことながら、米国の政策とその変容がこの北方領土の起源とも大きく関係していた。

一　ソ連の対日参戦と千島

ヤルタ構想――協力と代償

ソ連の対日侵攻は一九四五年二月に米英ソ三首脳間で取り決められたヤルタ協定に基づいている。この協定中、ローズヴェルトとチャーチルは、スターリンに対日参戦の条件として南樺太と千島列島のソ連への割譲を約束した。対日領土処理に関係する戦時国際合意は他にも存在する。一九四三年のカイロ宣言は、日本国は「暴力と貪欲」により日本国が奪取した他の一切の地域から駆逐されなければならないと謳い、一九四一年の大西洋憲章にある領土不拡大原則を踏襲している。しかしヤルタでの合意は、この領土不拡大原則を超えていた。全千島列島の地位は、日本とロシア双方が同意した二つの条約により平和裡に決定されたのであり、日本が暴力により奪取したのは南樺太のみであった。それ故、ヤルタ協定では、千島列島はソ連に「引き渡す」、そして南樺太はソ連に「返還する」とし、その違いを区別している。

ヤルタでは、ソ連の欧州における領土拡大にも合意が与えられており、ローズヴェルトもチャーチルも領土不拡大原則を必ずしも遵守する意図がなかったことが理解できる。ヤルタでの千島引渡しの約束は、ソ連に日本との中立条約を破棄させ対日戦に参戦させるための「協力の代償」であった。当時、米英両国にとって第二次世界大戦を迅速かつ最小限の死傷者で勝利するためにはソ連の参戦が必要であり、また大戦後の国際秩序構築の中心的機関となる国際連合の設立にもソ連の協力は不可欠であった。ヤルタ会談に先立ち米国務省で作成されたブリーフィングには「南千島は日本が保持すべき」とされていた。だが、ローズヴェルトはそれを鵜呑みにするのではなく、当時の彼自身の大局的見地から千島割譲という政治的判断を下したのである。このヤルタ協定は、ソ連の対日参戦とその条件については秘密協定であり、その公開は一年後の一九四六年二月一一日、終戦から半年近くを経過してのことであった。こうして、当時の所有者である日本の知らないところで、その北方に位置する島々の将来が約束されていたのである。

ポツダム——対ソ密約への陰り

一九四五年七月二六日、米英及び中国政府は、日本への最後通牒であるポツダム宣言を発表した。その第八条には、「カイロ宣言の条項は履行され、また、日本国の主権は本州、北海道、九州及び四国並びにわれらが決定する諸小島に局限される」とある。

冷戦の起源は、米ソ関係が協調から敵対へと変化していく過程に求められる。ヤルタ会談後、それがはっきりと表面化したのが、ポツダム会談の場であった。米英両国では指導者が交替し、ドイツは降伏し、そして対日戦も終りに近づきつつある状況下、連合国間にはもはや共通の敵と戦うための結束はなかった。さらに、ポツダム会談開催前日の七月一六日、米国は原爆実験を成功させ、ソ連の参戦前に対日戦争を終結させる可能性が出てきていた。

ポツダム宣言は米国が起草した。カイロ宣言にある領土不拡大原則を超える領土割譲をヤルタ協定中でソ連に約束したはずの米英両国は、この対日最後通牒の中で、「カイロ宣言の条項」を再び取り出している。ヤルタ協定やその内容には全く触れていない。ポツダム宣言では、日本に残る領土は主要四島及び「我々が決定した諸小島」と漠然と記され、将来に解釈の余地が残されていた。ポツダム会談に出席しなかった中国には電報で合意を求め、同会議の主催国であり対日参戦を目前に控えていたソ連には何の打診もなかった。ソ連への約束に陰りが見え始めていた。ローズヴェルト没後大統領に就任したばかりのトルーマンはバーンズ国務長官と共に、既に米ソ対立の文脈で日本を認識し始めていた。三年半に渡る対日戦を戦ってきた米国としては、大した犠牲も払わず終戦直前に参戦したソ連にヤルタで約束した利益をごっそり持っていかれるのは面白くなかった。出来ればソ連の参戦無しで終戦を迎えることを望んでいたのである[Harriman and Abel 1975, p. 492]。

一方、スターリンには対日参戦を諦める気は毛頭なかった。ポツダム会談の後、最初の対日攻撃は八月一〇日に設定されていた。しかし、八月六日に原子爆弾が広島に投下された時点でソ連の計画は変更され、予定より早い八月八日、ソ連は対日宣戦を布告し、長崎に第二の原子爆弾が投下される一二時間前に満洲と朝鮮に侵攻した。八月一四日、日本はポツダム宣言を受諾する旨を連合国側に通告したが、この時南樺太と千島列島はまだ占領されていなかった。

一般命令第一号――占領を巡る駆け引き

日本のポツダム宣言受諾直後、米政府は日本占領に関する「一般命令第一号」の草案をマッカーサー連合軍最高司令官に送っているが、この草案にはソ連軍が占領する地域に千島列島は含まれていなかった。スターリンはこれを受けて米国に、ヤルタ会談の決議に従い千島列島全体、及び北海道の北半分をソ連軍の占領地域に入れるよう提案した。だが、同草案にあった朝鮮分割占領案には反対しなかったので、トルーマンは安堵したという。なぜなら、朝鮮分割占領は「はじめての提案で、既に朝鮮で戦闘中のソ連がそれを呑むかどうか、それがもっとも心配された」点であったからである[和田 一九九九、一七二頁]。トルーマンは千島列島の処理には同意したが、ソ連による北海道の北半分の占領には反対した。そして、千島列島の中程に米軍基地の設置を逆提案した[スラビンスキー 一九九三、四一―六六頁]。

このやりとりからは、千島処理について米国にヤルタ協定の再考が始まっていたこと、また交渉カード的性格が付されている事がうかがえる。アジア太平洋地域における両国の勢力範囲の行方は、旧日本領土の処理方法と深く関係しており、戦略的にはソ連への千島移譲は米軍部にとって、好ましくなかった[Gallicchio 1991, p. 83-85]。即ち、政治、軍事的思惑が絡んだ領土間のリンケージであった。この場合、千島処理のリンク先は朝鮮の分割占領案受諾であった。八月二五日、トルーマンはスターリンに、次のように書き送っている。

私はソビエト共和国の領土について何か述べているのではありません。私が言っていたのは日本の領土、千島列島のことで、これに対する措置は平和調停のうちにとられなければなりません。私の得た情報では、私の前任者は平和調停において、この列島のソ連の取得を支持することに同意しました[茂田・末澤編 一九九〇、五五頁]。

一方、北海道の分割占領というソ連の新提案もまた、千島列島引渡しという「ヤルタでの合意を米国に守らせるための駆け引き」であった[和田 一九九九、一七四頁]。この後も千島列島への基地設置問題を巡り、二国首脳間で応酬が見られる。八月三〇日、スターリンは日本占領期間中緊急の場合は千島列島にあるソ連の空港への米機の着陸を認めるが、米国もアリューシャン列島にある空港をソ連機に使用する権利を認めるよう求めた。それ以後、米国は航空使用権問題を取り上げるのを止めている。

その間、ソ連軍は日本の北方領土占領計画に着手していた。八月一一日に樺太で攻撃が始まり、八月一八日には千島列島の占守島《シュムシュ》上陸作戦が開始されていた[スラビンスキー 一九九三、八六―一二三頁]。

降伏文書調印後の歯舞占領

一九四五年九月二日、降伏文書が東京湾で調印された。この時、日本は一般命令第一号にも調印し、ポツダム宣言の条項を受諾した。その時までにソ連軍は、国後・色丹島以北の全ての島々を占領していた。しかし歯舞群島の占領は、日本の正式な降伏後に行われ、九月五日に完了した［スラビンスキー　一九九三、一四三―一五七頁］。

二　「未解決の諸問題」へ――サンフランシスコ平和条約の「千島」処理

降伏文書調印から一九五一年九月の平和条約調印に至るまでの六年間で、軍事、政治、あらゆる面で米ソ対立は激化し世界現象化する。この間、ヤルタで描かれていた大国間の協力関係に基づく戦後国際秩序構築案は完全に崩壊した。ソ連の核兵器開発で米の核兵器独占は崩れ、共産主義は欧州に続きアジアでも脱植民地化運動と迎合し拡大していた。朝鮮、ベトナムの北半分及び中国本土に共産主義国家が誕生し、一九五〇年には北の侵攻により朝鮮戦争が勃発した。そうした中で、米国の大幅な政策転換により、日本の立場は厳粛に罰せられるべき敵国からアジアにおける米国防衛戦略の要へと変化する。対日平和条約はこうした状況を背景に準備され、千島・南樺太処理もその中で検討が重ねられた。

ミクロネシア信託統治と千島

一九四七年四月、国連安全保障理事会は、旧国際連盟の日本委任統治領ミクロネシア（南洋）について、米国を唯一の施政国とする国連の戦略的信託統治下に置くこと、すなわち米国による独占支配を決定している。ここでも千島が交渉のカードとして巧みに利用された。

先のヤルタ会談で英米ソ三首脳は、信託統治制度の基本条項を含んだ国連憲章の草案にも同意していた。そこでは、信託統治は、①従来の国際連盟委任統治地域、②敗戦国から分離される地域、③施政国が自発的にこの制度下に移行させる地域に適用することになっていた〔*FRUS: The Conferences at Malta and Yalta 1945*, p. 859. これはその年の一〇月二四日に採択された国連憲章の第七七条となる〕。だが、米国にとってミクロネシアは戦時中から沖縄・小笠原と共に戦略的要所であり、特にミクロネシアは終戦の翌年から核実験場として使用されており、米軍部はその所有あるいは恒久的独占支配を求めていた。それゆえ、国務省では併合という形を避けてそれを信託統治制度の中で実施する案を模索した。そして、一九四六年一一月、トルーマン大統領が次のような発表を行うに至った。

米国は、旧日本委任統治諸島及び第二次大戦の結果としてその責任を負う如何なる日本の諸島も、施政国として信託統治領に置く準備をしている〔*FRUS*, 1946, I, p. 674〕。

ソ連は当然これに反発した。プラウダは、米国の試みは「将来の戦争準備と関連しかねない」、太平洋を「アメリカの湖」に変えようとしていると報じ、「赤い艦隊」誌は米国の計画を「米帝の野望、防衛というには程遠い」と非難した〔*ibid.*, pp. 679–682〕。ソ連は、信託統治協定には米国だけでなく国連安保理の常任理事国五カ国を「直接関係国」とするよう何度も迫った。しかし米国は、平和条約での千島処理はこの件でのソ連の出方次第であるとして、千島をバーゲニング・カードとして再び持ち出したのである。ソ連の千島併合は既に合意済みであり「別問題」であるとするソ連に対し、米国はそれは平和会議での最終決定を待つ非公式合意であり、ソ連占領地を棚に上げて米占領地だけが管轄と査察を受けるという「ダブル・スタンダード（二重基準）」には同意しない、と応酬した〔*ibid.*, p. 691〕。ソ連はそれなら両者とも平和条約の中で決定すべきだとしたが、米国は信託統治協定の適応範囲をミクロネシアに限って草案を提出することにし、結局、ソ連も国連安保理事会で米提案を支持するのである〔原 二〇〇五、一七六―一八二頁〕。

この交渉で中心的役割を果たしたのは、当時国連信託統治委員会の米国代表を務め、後に対日平和条約の起草でも活躍するジョン・フォスター・ダレスであった。交渉は一九四六年一〇月から始まった国連総会の舞台裏で行われたが、同時期に米国国務省内に対日講和委員会が作られ、平和条約草案の作成が始まっている事から、米政府内でも当初は信託統治協定と平和条約は近い時期に成立が予測されていたと思われる。ソ連が米国の信託統治案に合意したのも、平和条約での千島列島処理を近い時期に期待して取引したつもりでいたのであろう。しかし、結論からいえば、信託統治協定は翌四七年四月に可決されたものの、平和条約の調印はそれから四年五カ月も後のことであった。

米国主導の条約起草

米国で作成された初期の平和条約草案は、連合国間の協調と日本に対する「厳格な平和」を特徴としていた。草案は長大で詳細なもので、領土条項では戦後日本の新しい国境線が緯度・経度を用いて克明に記載されており、それを示した地図も添付され、また「歯舞・色丹」や「竹島」といった個々の島名も帰属先も明記されていた。内容は連合国間の戦中合意を大まかに踏襲するものとなっており、全体として、初期草案は「将来に係争が残らない事」を特に配慮して準備されていた。

しかし、冷戦の激化に伴い米国のアジア戦略における日本の重要性が増し、その防衛と「西側」確保が最重要課題の一つとなると、対日講和は「厳格」から「寛大」なものへと変容していく。米政府内や関係国との折衝を経て、ダレスの下で仕上げられた草案の内容は、初期のものとは随所で異なり、条文は「シンプル」になり、諸々の問題が曖昧にされた。締結された平和条約には、千島・南樺太のほか、台湾や朝鮮等に対する日本の領土放棄が規定されているが、初期草案に見られたような処理領土の厳密な範囲や、戦後の新しい国境線についての規定はなくなっていた。

千島・南樺太については、朝鮮戦争勃発後に一時「国連の決定を受諾する」という内容の案が一時浮上したが、これは朝鮮処理案が波及したものだった。結局、それが廃案になったのも、朝鮮戦争の展開が(米国に不利になり)その採用を難しくしたのに加えて、国連で領土を処理すると英国が中華人民共和国を承認したため台湾が中国に渡り共産化することが懸念された、すなわち台湾処理が影響したためでもあった。結局、千島・南樺太と台湾については、初期草案にあった「ソ連」や「中国」という帰属先の記載が消え、最終的には、すべての処理領土について帰属先名は明記されなかった。

千島については、平和条約が起草されていく過程で、その定義とその処理に関する問題が発生していた。大戦中から進められていた米政府内での対日領土処理検討では、大西洋憲章がその導きの星となっていたが、ヤルタ協定の存在が公表されると、その矛盾を解消するために様々な打開策が検討された。度重なる検討が行われ、日本への「零」「二島」「四島」返還を想定した様々な条約草案が作成された。だが結局、「シンプル」に仕上げられた条項では「千島」の定義もその帰属先も未定にされてしまう。

この千島と南樺太の帰属先「ソ連」が消えたのは、講和会議の三カ月前に作成された一九五一年六月草案である。同年の五月案までは、ソ連は参加しさえすれば千島と南樺太を得ることが出来るようになっていた。帰属先を明記しないという案は、五月案が作成される前から中華民国やカナダ政府によって提案されていた。中華民国は、四月二四日付覚書で、台湾と澎湖島については日本による放棄のみが記されているが、南樺太と千島列島についてはソ連という帰属先が記されている点を指摘し、整合性を持たせるために、これらも放棄のみの表現に置き換えるよう要求した。カナダ政府も五月一日及び一八日付の覚書で、領土処理における合意欠如という状況に鑑み、「個々の領土が差別的に処理されたと非難されることのないように」、全ての領土処理に一貫性を持たせることを提案した[*FRUS*, 1946, I, pp. 1058–1062]。

当初、この点に関して米国の反応は否定的であった。六月一日に国務省が作成した見解では、この方式は各領土間の事情の違いが考慮されていない、台湾処理について条約中で合意するのは無理だが、ソ連が条約当事国になれば、千島・南樺太に対するその法的権利を問題にする根拠はないとしていた。しかし更なる検討が重ねられた末、先の提案は採用されることになる。六月五日、ダレスはロンドンにて、日本の千島・樺太の放棄のみを記し、台湾処理と整合性を持たせる旨提案している[*ibid.*, p. 1106–1107]。この理由として、前の草案では、ソ連に「直接利益」を与える形になっており、国内的に上院での批准が困難であることを挙げていた[FO371/92554, PRO]。当時はソ連の講和会議欠席が予想されていた。ソ連は条約を承認しなくても島の占領を続けるであろうから、これらの島の主権が日本に留まれば、日本と安保条約を結ぶ米国には不都合な状況が出てくる可能性がある[FO371/92547; FJ1022/376, PRO]。日ソの離反は望ましいが、それが米ソ直接武力衝突にエスカレートする事態は避けなければならない。それ故、日本にこれらの島々を放棄させる一方、帰属先も故意に未定にしておいたのである[和田　一九九九、二一三—二一四頁]。米国は、この処理に心理的効果も見越していた。すなわち、日本の領土かもしれない島々をソ連が占領していることに対して、日本人は否定的な感情を持つ一方、米国は同情的態度を見せることで、日本人から好感を得るという効果である。

平和条約の共同起草国である英国は、一九五一年初期までヤルタ協定遵守の姿勢を持っていた。しかし、米側の説得により米国案を受諾し、六月八日の米英会談ではソ連という帰属先の削除が決定された〔FO371/92556, PRO〕。千島・南樺太に関しては、この結果作成された六月一四日付草案が講和会議で調印された最終草案となる。

サンフランシスコ講和会議

ソ連は米国による対日平和条約の準備に大きな不満を持っていた。その具体的な問題点については、メディアを通して、あるいは再三にわたり公式覚書を送って米国政府に指摘していた。その立場は、領土処理はカイロ、ポツダム宣言及びヤルタ協定に基づきすでに決定済みである、というものであった、一九五一年六月一〇日のソ連の覚書には、「領土問題についてソ連が提案するのは唯一つ、すなわち上述した国際合意の公正な遂行を保障することだけである」と記されていた。しかし、ダレス自身が九月三日のニューヨークタイムズ紙上で答えているように、最終草案はポツダム宣言のみに則したものであった〔*New York Times*, 1951. 9. 3〕。

大方の予想に反してソ連は講和会議に出席した。朝鮮では七月一〇日に休戦に向けた話し合いが開始されていた。中国は講和会議に招待されなかったが、ソ連は講和会議を棄権するより代表を送り込んで米英草案を批判し、公の席で自国の立場を説明して条約案の修正を迫る道を選んだ。九月五日の第二総会で、ソ連代表グロムイコは長い演説をぶちまけている。そこでは、米英草案が、ヤルタ協定で保障されていたはずの千島・南樺太のソ連割譲について矛盾している点を指摘し、訂正案を提示した。領土処理については、他にも台湾や南沙諸島の帰属先が「中国」と明記されず、故意に最終処理が未定にされている。沖縄・小笠原諸島の処理は信託統治を口実にこれらの島を米国の管理下に置き、日本から分割するもので不法である。その他にも、条約は日本の軍国主義再建の危険を伴うものである。草案は外国占領軍の撤退について何等規定もしていないだけでなく、外国の軍事基地在留を保障し、防衛の名をかりて日米の侵略的軍事同盟参加を規定し、また米国極東軍事ブロックに日本参加の道を開いている。さらには、「平和条約ではなく、極東における新しい戦争の準備のための条約である」として、米国草案を厳しく非難した〔日本国外務省・ロシア連邦外務省 一九九二、二〇〇一、一二一頁〕。

ソ連の講和会議出席およびグロムイコの演説にもかかわらず、米英草案は修正されなかった。講和会議は結局、開催国である米国によって選ばれ招待された国々による調印式典でしかなかった。平和条約の内容に不満を持つソ連は調印を拒否した。よって日ソ間には平和条約は締結されることなく、領土問題はここで棚上げにされ、二国間の平和交渉は一九五五年にようやく始まることになる。

図1 1946年外務省調書表紙.

北方領土に関する日本の初期方針

終戦直後の一〇年間、日本には確固とした北方領土政策は存在しなかった。日本にとって、もともと北方領土とは、大戦の最終段階にソ連に占領された北方の領土すべてであり、南樺太と千島列島もすべて含まれていた。日本では平和条約交渉に向けた準備は外務省が中心となって始まったが、占領期間中に領土問題に関する英文調書七冊が作成され、そのうち三冊は北方の領土を扱っていた［西村 一九七一、四四四頁］。日本では非公開にされてきたこれらの冊子のうち最初の「千島、歯舞、色丹」（一九四六年一一月作成）は、一九九四年にオーストラリア公文書館で見つかった。

その内容で特筆すべきは、この問題の争点の一つ「千島」の範囲である。同調書では、国後・択捉島は千島列島の一部「南千島」として扱われている一方、歯舞・色丹の二島群が千島列島の一部ではない点が強調されている。「歯舞群島及び色丹島」と題された第二章では、ロシアや米国の航行要覧等を含んだ様々な国の史料及び百科事典を参照し、この二島群は千島列島とは異なり、北海道の一部である点を強調している。掲載されている地図の一つでは、歯舞・色丹が枠で囲んであり、それらがこの調書の焦点であることを明示している（**図1・2**）。

ところで、大戦末期に日本がソ連を仲介とする和平工作を模索していた際、軍部と外務省により様々な譲歩案が検討されていたことがわかっている。和田春樹氏の研究によれば、最終局面に入った七月の段階で、軍隊の解体を含んだ降伏案に至った時点でも、沖縄、小笠原、あるいは樺太を捨てても、南千島は最後まで譲歩案に入っていなかったという［和田 一九九九、一五三―一五六頁］。これはカイロ宣言または大西洋憲章中にある領土不拡大原則が、反映されていたことを示している。当時、すでに米軍占領下にあった沖縄（琉球）は、かつて独立国で中国の朝貢国だったこともある。しかし、南千島は日本固有の領土であり、過去一度も他国の領土になったことがない。日本は南千島を手放すつもりはなく、また奪取されることも予期していなかった。翌年発表されたヤルタ協定の内容は、日本にとっては衝撃であった。

ポツダム宣言受諾後、日本にとっては連合国が保持を許可する「諸小島」の特定が重要になり、さらに一九四六年のヤルタ協定発表後は「千島列島ではない」島々を取り戻すことがその課題となる。全体を通して一九四六年調書か

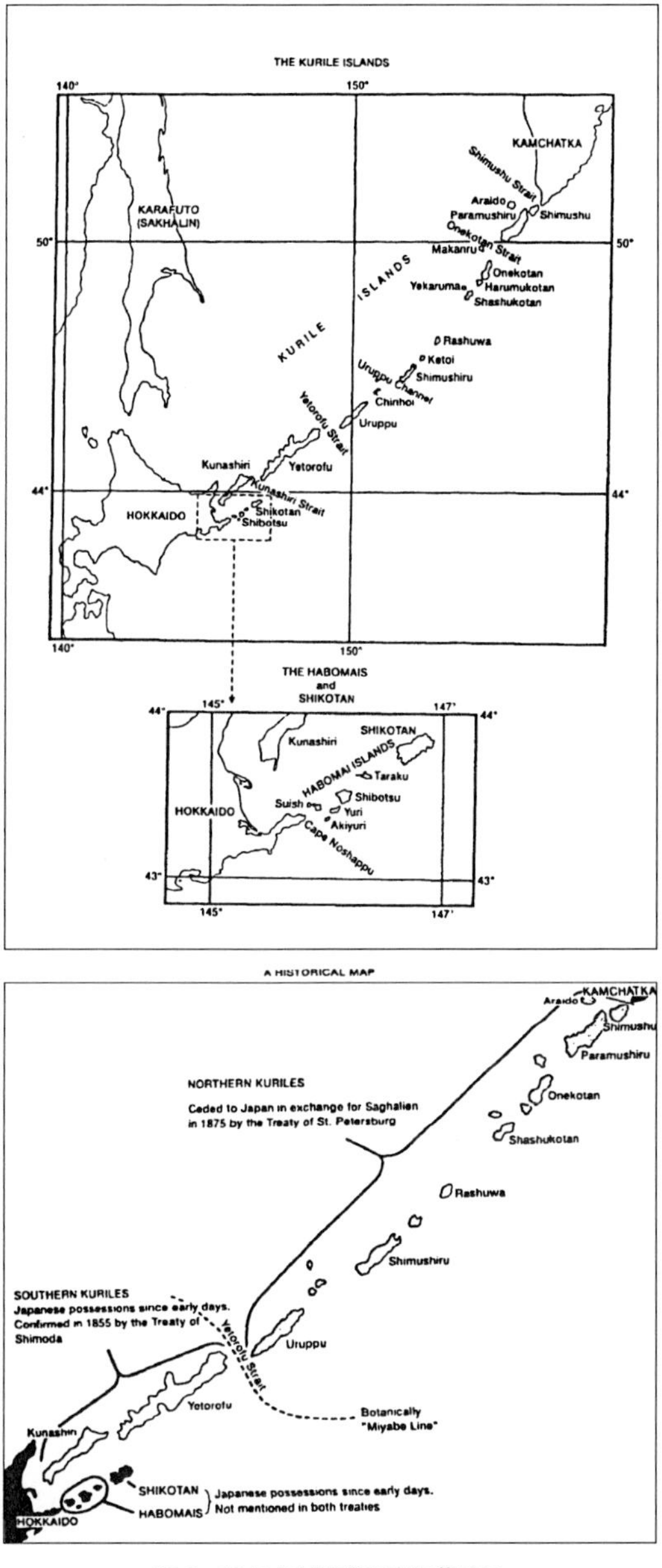

図2　1946年外務省調書掲載地図.

らは、当時の日本政府の現実的目標が・歯舞・色丹のいわゆる「二島返還」であったことが理解できる。これは敗戦国日本、勝利した連合国側のソ連という、第二次世界大戦の結果を踏まえた上での現実的領土返還要求であった(2)。

一九五一年三月、国会初の北方領土決議が出されているが、これは「歯舞諸島返還懇請に関する決議」と呼ばれるものであった。冷戦対立が顕著になりつつも、第二次大戦の清算である平和条約交渉では、日本は敗戦国という立場から領土交渉に臨まなくてはならず、戦勝国側である連合国が設けた条件を受け入れることが求められていた。ヤルタ協定を含め、関係する全ての戦時国際合意を受諾し、それでもこれらの島々に関してはポツダム宣言にある「諸小島」のうちに含まれるとして、その返還を求めることにしたのである。

三　日ソ交渉と四島返還論

サンフランシスコ平和条約締結から四年後、大戦終了から一〇年を経た一九五五年、日本とソ連との間で平和条約交渉が開始された。この交渉の期間中に「四島返還」が日本政府の中核的方針となる。これと関係する主要な出来事には、米国の干渉及び「一九五五年体制」の成立がある。

日ソ交渉への米国の介入は、「ダレスの脅し」としてよく知られている。一九五六年八月、日本側全権であった重光葵外相が、ソ連の歯舞・色丹オファーを受諾し平和条約を締結しようとしたところ、当時米国務長官になっていたダレスが、もしソ連に譲歩して国後・択捉を諦めるなら、沖縄に対する日本の潜在主権は保障できないと警告したのである［松本 一九六六、一一四―一一七頁／久保田 一九八三、一三三―一三七頁／*FRUS*, 1955-57, pp. 202-203］。米国の介入には主として二つの理由があった。一つは米国の沖縄支配を確実にするため、もう一つは日ソの和解を阻止するためである。

米国務省記録に残る「米国にとって琉球諸島(沖縄)は、ソ連にとっての千島列島よりも、価値がある」というダレス発言にみるように、沖縄の戦略的重要性は、アジア太平洋地域で冷戦が激化するにつれて増大していた(*FRUS*, 1955–57, p. 43)。しかし、米国には沖縄を自国の管理下に留めておく強い根拠がなかった。もし日ソ間で北方領土問題が解決されたら、次は米国に沖縄を返還するよう圧力が掛かるであろう。それは、歯舞・色丹をオファーして領土問題の解決を図ったソ連の狙いでもあった。そこでダレスは、彼自身が平和条約に挿入しておいた「歯止め条項」第二六条を使って、もし日本が北方領土でソ連に譲歩したならば、米国は沖縄を請求できるという議論を持ち出したのであった(3)。

米国政府が日本の「四島返還」を支持したのは、それがソ連には受け入れ不可能と解っていたからであり、四島が千島列島ではないと考えたからではなかった。日本は西側陣営に確保し、共産主義陣営との和解は阻止しなければならない。日ソ平和交渉は一九五〇年代半ばの「雪解け」あるいは「平和的共存」という状況下で始まったものの、米国にとってこのデタントは一時的なもので、ソ連の「平和攻勢」はアジアにおけるナショナリズムや反植民地運動に呼応しながらその影響範囲を広げ、戦略的にはソ連に有利に働いているようにさえ認識されていた。日ソ平和条約締結は、日本と中華人民共和国との間の国交正常化へと発展しかねない。これもまた米国には受け入れられなかった。

この日ソ交渉は、国内政治的には自由民主党による長期政権、いわゆる「五五体制」が確立された時代と重なっている。五五年体制は、分裂していた右派・左派の合同により勢力を増していた社会党に対抗するため二大保守政党が合同したことによるもので、冷戦が国内政治に反映されたものであった。この際に政争の具とされたのが対ソ交渉政策であった。この合同を機に、新設の自民党は「日ソ交渉の合理的調整」と銘打った独自の対ソ政策案を公表しているが、そこでは、北方領土について「四島の無条件返還」が最小限の必要条件となっていた。民主党の鳩山一郎首相は、対米協調を最優先政策とする吉田茂前首相率いる自由党に譲歩し、四島返還論が新しい与党自由民主党の政策、すなわち以後「国論」として確立していくのである。

四島返還論は、もともと歯舞・色丹オファーをソ連から引き出すために外務省が発案した交渉戦術であり、相手の出方次第では柔軟になり得るものであった。しかし、ソ連からの歯舞・色丹オファーが予想外に急であったため、外務省は主張を強硬にし、国後・択捉を加えた四島の即時返還を求めた。ところが、この官僚主導の下で設定されていた対ソ交渉方針は、対ソ交渉と並行して進んでいた保守政党間の政争の具とされ、発案者の思惑を離れたところで与党の方針として固まってしまう〔田中　一九九三、一九二―一九五頁〕。

五六年一〇月、鳩山は自民党の党議決定を得ることができず、閣議決定だけで訪ソした。モスクワ会談に先立つ一九五六年九月、首脳間で取り交わされた鳩山・ブルガーニン往復書簡、および松本・グロムイコ書簡では、領土問題と平和条約を棚上げにして国交を回復し、その後に領土問題を含む平和条約交渉を継続することを予め確認していた。これはその前年のソ連・西独間のいわゆる「アデナウアー方式」に沿ったものであった。しかしその間、自民党内では吉田派が「歯舞・色丹の即時返還、択捉・国後は平和条約締結後も継続交渉」という線で新方針を採択する〔田中　一九九三、一一七五頁〕。モスクワ会談で日本側代表は党の新規方針に沿った領土政策に言及せずに帰国することはできなかった。しかし、それまでの交渉の経緯からソ連が四島返還に応じないことも明白であった。結局、一〇月一九日に長期間にわたった日ソ交渉は、以下のような文言を含む共同宣言の調印をもって終了した。

ソヴィエト社会主義共和国連邦は、日本国の要望にこたえかつ日本国の利益を考慮して、歯舞群島及び色丹島を日本国に引き渡すことに同意する。ただし、これらの諸島は、日本国とソヴィエト社会主義共和国連邦との間の平和条約が締結された後に現実に引き渡されるものとする。

宣言文についての合意は得られたものの、全権使節が国内で体面を保てるような解釈が求められた。そのため松本・グロムイコ書簡が発表され、共同宣言と共に解釈されることになる。この書簡には、日ソは「正常な外交関係の回復後に、領土問題を含む平和条約の締結に向けて交渉を継続する」と謳われている。すなわち、歯舞・色丹は共同宣言の中で約束され、国後と択捉に関しては引き続き平和条約交渉の中で解決していく、とされたのである。この共同宣言では、両国間の戦争状態の終了、大使館の相互設置、抑留者の送還、漁業協定の発効等の他、日本の国連加盟へのソ連の支持も約束され、それまでソ連の拒否権行使で実現しなかった国連加盟が実現することになる。この五六年末、鳩山は政界を引退した。

六〇年代に入ると日米安保改定を機に、日ソ関係は悪化の一途を辿る。六〇年一月、ソ連は覚書を出して、歯舞・色丹の引き渡しに日本からの全外国軍隊の撤退という新条件を一方的に課した。新安保条約の発効後、翌六一年九月になるとソ連は対日書簡の中で「領土問題は一連の国際協定によって久しく以前に解決済み」とし、立場をさらに硬化した。以後、冷戦時代を通じてこのソ連の立場は貫かれることになる。日本もまた自民党長期政権の下、四島返還は政策規範として固定していく。

日ソ間ではその後、一九七三年の田中・ブレジネフのモスクワ会談、一九九一年の海部・ゴルバチョフの東京会談という二回の首脳会談が、一七年と一八年というほぼ等しい間隔で催された。これらの機会には東西の緊張緩和を背景に、日ソ和解への期待も高まった。しかし、領土問題の解決も平和条約の締結もないままに、一九九一年、ソ連は崩壊してしまった。ゴルバチョフの「新思考」外交以降、ソ連・ロシアでは自国の政策の再検討がはじまり、その結果、一時は領土問題の存在自体を否定した頑な姿勢は、一九五六年の日ソ共同宣言の有効性を認めるまで柔軟化した。

おわりに

対日平和条約は戦争を終結させ、新しい時代に入るための清算作業のはずであった。しかし、戦争の清算がきちんとなされ「戦後」が始まる前に、日本と隣国との関係は冷戦という新しい国際政治の波に巻き込まれてしまった。サンフランシスコ平和条約、そしてそこから派生した地域紛争の一つである北方領土問題も、この冷戦の副産物であった。日本が掲げた初期の「二島返還」という目標は、敗戦国日本と戦勝国ソ連という現実を反映させた「第二次大戦の結果」生まれたものであり、その後固まっていく「四島返還」は、冷戦という新しい現実が日本の方針に反映されたものであった。この問題は当事者である日ソ二国間の枠組みで発生したというより第三国、特に同平和条約の起草国であり、戦後絶大な国力、影響力そして交渉力を誇った米国の手によるところが大きい。千島は米国にとって都合の良い交渉のカードでもあった。戦後交渉における様々な段階で、南朝鮮、ミクロネシア、台湾そして沖縄と巧みにリンクして、米国はこれらの領土全てを自国の管轄下または影響下に留めることに成功している。一九五六年の「脅し」以降、米国は積極関与を止めるが、「北方領土問題」は長年の冷戦期間中に日ソ間にしっかりと固定され、米ソ冷戦の終焉、ソ連崩壊後もなお日露間に立ちはだかり続けている。

(1)　対日戦後処理に関係する他の地域紛争には、竹島・尖閣、南沙・西沙諸島等を巡る領土係争、朝鮮半島や台湾海峡に見られる分断国家の問題、それに沖縄に見られる領土の地位に関する問題等がある。詳細は[原 二〇〇五／Hara 2007]を参照されたい。

(2)　当時、日本の現実的目標が「二島返還」であったことは明らかであるが、一九四六年調書は、日本がすでに後々の主張の準備をしていた証拠としても注目に値する。調書は国後・択捉を「千島列島」として扱っているが、既に千島列島を「北千島」と「南千島」に分け、根拠の強さの度合いに応じて、日本が失うと考えられた領土を三段階に分けていた。そこでは、歯舞・色丹を北海道の一部、国後・択捉を千島列島の一部(南千島)ではあるが古代から日本固有の領土とし、その他の千島列島(北千島)については一八七五年以来の日本領土であると記している。

(3)　第二六条には、「日本国がいずれかの国との間で、この条約で定めるところよりも大きな利益をその国に与える平和処理又は戦争請求権処理を行ったときは、これと同一の利益は、この条約の当事国にも及ぼされなければならない」とある。

ダレスは、ソ連への領土の割譲はサンフランシスコ平和条約には言及されていないので、日本がソ連のオファーを受諾し残りの島を諦めることは、米国よりもソ連に大きな利益を与えることになり、その場合、第二六条によると米国は沖縄を請求できることになると主張したのである。

＊ 本稿は拙著『サンフランシスコ平和条約の盲点――アジア太平洋地域の冷戦と「戦後未解決の諸問題」』（溪水社、二〇〇五年）の中から北方領土問題に関係する部分を抜粋し加筆修正を加えたものである。関連する研究所見の詳細は同拙著を参照されたい。

【文献一覧】

外務省大臣官房国内広報課 二〇〇八 『われらの北方領土』

木村汎 一九九三 『日露国境交渉史――領土問題にいかに取り組むか』中公新書（新版、二〇〇五年、角川選書）

木村汎 二〇〇二 『遠い隣国――ロシアと日本』世界思想社

久保田正明 一九八三 『クレムリンへの使節――北方領土交渉一九五五―一九八三』文藝春秋社

茂田宏・末澤昌二編 一九九〇 『日ソ基本文書資料集・一八五五年―一九八八年』第二版、世界の動き社

下斗米伸夫 二〇〇四 『アジア冷戦史』中公新書

スラビンスキー、ボリス 一九九一 『無知の代償――ソ連の対日政策』菅野敏子訳、人間の科学社

スラビンスキー、ボリス 一九九三 『千島占領――一九四五年夏』加藤幸廣訳、共同通信社

高野雄一 一九八六 『国際法から見た北方領土』岩波ブックレット

田中孝彦 一九九三 『日ソ国交回復の史的研究――戦後日ソ関係の起点一九四五―一九五六』有斐閣

塚本孝 一九九一 「米国務省の対日平和条約草案と北方領土問題」『レファレンス』四八二号

長谷川毅 二〇〇〇 『北方領土問題と日露関係』筑摩書房

原貴美恵 二〇〇五 『サンフランシスコ平和条約の盲点――アジア太平洋地域の冷戦と「戦後未解決の諸問題」』溪水社

西村熊雄 一九七一 『日本外交史27 サンフランシスコ平和条約』鹿島研究所出版会

日本国外務省・ロシア連邦外務省 一九九二、二〇〇一 『日露間領土問題の歴史に関する共同作成資料集』

松本俊一　一九六六　『モスクワにかける虹――日ソ国交回復秘録』朝日新聞社
村山七郎　一九八七　『クリル諸島の文献学的研究』三一書房
和田春樹　一九九〇　『北方領土問題を考える』岩波書店
和田春樹　一九九九　『北方領土問題――歴史と未来』朝日新聞社
Deane, J. R. 1947, *The Strange Alliance: The Story of Our Efforts at War Time Cooperation with Russia*, Viking.
Gaddis, J. L. 1972, *The United States and the Origins of the Cold War, 1941–1947*, Columbia University Press.
Gallicchio, M. 1991, "The Kuriles Controversy: U. S. Diplomacy in the Soviet-Japan Border Dispute, 1941–1956", *Pacific Historical Review*, February, pp. 69–101.
Hara, K. 1998, *Japanese-Soviet/Russian Relations since 1945: A Difficult Peace*, Routledge.
Hara, K. 2007, *Cold War Frontiers in the Asia-Pacific: Divided Territories in the San Francisco System*, Routledge.
Harriman, W. A. & Abel, Elie 1975, *Special Envoy to Churchill and Stalin, 1941–1946*, Random House.
Jukes, G. 1993, *Russia's Military and the Northern Territories Issue*, Australian National University.
Khruschev, N. S. 1990, *Khrushchev Remembers: The Glasnost Tapes*,（Translated and Edited by Jerrold L. Schecter with Vyacheslav V. Luchkov）Little Brown.
Slavinsky, B. 1997, *Sovetsko-Iaponskaia voina 1945 goda, Istoria voienno-politicheskogo protivoborstava dvukh derzhav v 30–40e gody, Dokumenty I Materialy, Russkii Arkhiv: Velikaia Otechestvennaia*, Tom 7(1), Moscow, Terra.
Stephan, J. J. 1974, *The Kuril Islands: Russo-Japanese Frontier in the Pacific*, Clarendon Press.

Foreign Relations of the United States（FRUS）: *The Conferences at Malta and Yalta 1945*.
FRUS 1946, Vol. I.
FO371/92547, FO371/92554, FO371/92556, FJ1022/376（英国公文書館）
Minor Islands Adjacent to Japan Proper, Part I. The Kuril Islands, the Habomais and Shikotan, Foreign Office, Japanese government（豪州公文書館）

個別史／地域史Ⅲ

恩給と慰霊・追悼の社会史

南相九

はじめに

敗戦とGHQ／SCAP（連合国軍最高司令官総司令部）の非軍国主義化政策は、無謀な戦争に動員され被害を受けた国民とそれを強制した国家という構図をつくり、国家に最高の価値を置いて構築された国家と国民の関係を問い直す機会を提供した。日本遺族会の前身である日本遺族厚生連盟の副会長の佐藤信が、国会で「私たち遺族は、無謀なる戦争によってそれぞれその肉身を失ったものでございます。しかも、それはおおむね特攻戦術とか、その他これに類するような、絶対死ぬ境地に陥れられて、野蛮きわまる方法を強制された殺人行為であって、人命の尊厳を蹂躪した鬼畜の行為を、国家の名において行った」（第一三回国会衆議院厚生委員会公聴会、一九五二年三月二五日）と発言したのは、このような状況を象徴的に表している。

本稿の目的は、敗戦後の戦後処理と戦後社会の建設の中で、戦没者についての恩給付与と慰霊・追悼の問題がいかなる意味を持ち、社会的役割を演じていったかを検討することである。戦後における政府の戦争被害者補償、慰霊・追悼・記念政策の概要は**表1**の通りである。本稿では、恩給法と援護法による補償、政府主催の全国戦没者追悼式、靖国神社合祀、「無名戦没者の墓」の建設問題を中心に検討したい。

表 1　日本政府による戦争被害者補償，慰霊・追悼政策の概要

		政策	年度	身分	国籍条項
補償	戦傷病・戦没者の遺族	恩給法	1923-46, 53-	軍	有
		軍事扶助法	1937-46	軍	有
		戦時災害保護法	1942-46	民	有
		戦傷病者戦没者遺族等援護法（援護法）	1952-	軍	有
		戦没者等の妻に対する特別給付金支給法	1963-	軍	有
		戦傷病者特別援護法	1963-	軍	有
		戦没者等の遺族に対する特別弔意金支給法	1965-	軍	有
		戦傷病者等の妻に対する特別給付金支給法	1966-	軍	有
		戦没者の父母に対する特別給付金支給法	1967-	軍	有
	未帰還	未帰還者留守家族援護法	1953-	軍　民	有
		未帰還者に関する特別措置法	1959-	軍　民	有
	引揚	引揚者給付金等支給法	1957-	民	有
		引揚者等に対する特別交付金の支給に関する法律	1967-	民	有
		平和祈念事業特別基金等に関する法律	1988-	軍　民	
	抑留	戦後強制抑留者に係る問題に関する特別措置法	2010-12	軍　民	有
	被爆	原子爆弾被爆者の医療等に関する法律	1957-	軍　民	無
		原子爆弾被爆者に対する特別措置に関する法律	1968-94	軍　民	無
		原子爆弾被爆者に対する援護に関する法律	1994-	軍　民	無
	旧植民地出身	台湾住民である戦没者の遺族等に対する弔慰金等に関する法律	1987-93	軍	無
		特定弔意金等の支給の実施に関する法律	1988-93	軍	無
		平和条約国籍離脱者等である戦没者遺族等弔慰金等の支給に関する法律	2001-04	軍	無
追悼・慰霊・顕彰・記念	慰霊追悼	全国戦没者追悼式	1952, 63-	軍　民	無
		戦没者を追悼し平和を記念する日（8.15）	1982-	軍　民	無
		靖国神社合祀（敗戦後国家との公的関係は断絶）	1869-	軍	有
		千鳥ヶ淵戦没者墓苑の建設及び追悼式	1959-	軍	無
		沖縄戦没者墓苑	1979-	軍　民	無
	顕彰	戦没者叙位叙勲の再開	1964-	軍	有
		旧勲章年金受給者に関する特別措置法	1967-	軍	有
		戦没者に対する賜杯	1970-	軍	有
		定例未伝達勲記勲章の伝達	1970-	軍	有
		定期叙位未伝達位記の伝達	1972-	軍	有
	遺骨	海外遺骨収集（南方）	1952-	軍	無
		海外遺骨収集（ロシア）	1992-	軍	有
		海外戦没者慰霊碑の建設	1971-	軍	無
		海外激戦地慰霊巡拝	1976-	軍	有
	記念施設	昭和館	1999-	軍　民	無
		平和祈念展示資料館	2000-	軍　民	無
		国立原爆死没者追悼平和祈念館	2002-	軍　民	無
		しょうけい館（戦傷病者史料館）	2006-	軍　民	無

一　占領下での恩給と慰霊

軍人恩給の廃止・制限と生活保護法の成立

戦前は、国家無答責の法理に基づいていたため、戦争被害者に対する国家の補償責任が問われる余地がなかった。しかし、戦没者遺族に対しては、恩給法と軍事扶助法、軍事保護院や銃後奉公会などの各種軍事援護団体及び地域の軍事援護事業による援護が行われた。また、戦時災害に対しては戦時災害保護法（一九四二年二月公布）による「救助」が行われた。このような装置は、国民を戦争に積極的に動員するための経済的な基盤であった。

軍国主義の一掃を目標に挙げたＧＨＱ／ＳＣＡＰは、恩給法をはじめとする軍国主義の経済的な基盤の解体に取り組んだ。まず一九四五年一一月二四日、「恩給及び恵与」の覚書で日本政府に恩給の制限を命じた。その翌日にはＧＨＱ／ＳＣＡＰ渉外局が、「軍人の恩給停止の件」を発表し、「この制度こそは世襲軍人階級の永続を計る一手段であり、その世襲軍人階級は日本の侵略政策の大きな源となったものである〔中略〕現在の惨憺たる窮境をもたらした最大の責任たる軍国主義者が他の多数人の犠牲において極めて特権的な取扱いを受けるが如き制度は廃止されなければならない」と恩給制度を批判した。一九四六年二月一日勅令六八号「恩給法ノ特例ニ関スル件」によって恩給法は文官恩給と傷害恩給の一部を除いて廃止された。また、「戦時利得の除去および国家財政の再編成に関する覚書」（一九四五年一一月二四日）によって企業などの戦争被害に対する政府の戦時補償も打ち切られることになった。ＧＨＱ／ＳＣＡＰの戦争被害者対策は、すべての戦争被害に対して国家の補償責任を認めず、戦争被害者を社会保障制度によって一般生活困窮者と無差別平等に援護することであった。

ＧＨＱ／ＳＣＡＰは一九四五年一二月八日、戦争被害者対策として「救済並《ならびに》福祉計画ノ件」と題する覚書を発し、公的扶助による最低生活の維持、戦争被害者と一般生活困窮者の無差別平等な処遇を指示した。日本政府はＧＨＱ／ＳＣＡＰの政策に応じて、一九四五年一二月一五日、「生活困窮者緊急生活援護要綱」を閣議決定し、一九四六年九月九日、戦争被害者か否かを問わず貧困状態の国民を無差別平等の原則に基づき保護救済（生活・医療・助産・失業・葬祭扶助）する生活保護法を制定した。生活保護法の公布に伴なって、軍事扶助法や戦時災害保護法なども廃止された。

一方、占領期にも一九四九年五月一四日、衆議院本会議で戦没者遺族の援護問題を取り上げた「遺族援護に関する決議」が行われるなど、戦没者遺族及び戦傷病者に対する「国家補償」を求める動きはあった。しかし、ＧＨＱ／ＳＣＡＰの政策は、逆コースの進行とは連動せず占領終了まで変わらなかったため、戦没者遺族及び戦傷病者に対する補償は行われなかった。戦没者遺族に対する補償ができなかったもう一つの原因は、吉田茂首相の「ただ特に軍人遺族であるがために特別な扱いをするということになりますと、尚、日本においては軍国主義が、政府としても、国家としても軍国主義であるかのごとき感じを与える危険がありましたために」（第七回国会参議院本会議、一九五〇年三月三日）という発言にも表れているように、戦没者遺族への補償が軍国主義につながるものとして見られるのをおそれたからである。

神道指令と戦没者慰霊の制限

戦前の国家神道体制下において国家による戦没者慰霊の中心的な施設は靖国神社であった。一九三八年から一九四四年までの新しい戦死者の合祀のための臨時大祭には、天皇が大元帥の軍服着用で参拝し、大祭の様子がラジオで全国に実況放送された。戦前、靖国神社は陸軍省と海軍省が管理する軍事施設であり、宗教として扱われなかった。ＧＨＱ／ＳＣＡＰは、国家と結びついた神道が侵略戦争を遂行する精神的な基盤であったことに注目し、日本の非軍国主義化の一環として厳格な政教分離を推し進めた。靖国神社は存廃の危機に立たされたが，かろうじて宗教団体として生き残った[中村ほか 二〇〇七]。

靖国神社において重要な行事は新しい祭神を合祀する臨時大祭と春季・秋季の例大祭であった。しかし，敗戦後戦没者の合祀が不可能になると判断した陸・海軍省は一九四五年一一月一九日，臨時の招魂式を執行，「満洲事変」から降伏文書に調印した九月二日までの戦没者を未調査のまま一括合祀した。そして，翌日には天皇や皇族，幣原喜重郎首相と各閣僚，在京陸海軍部隊代表が参加した中で公的な行事としては最後の臨時大招魂祭を行った。靖国神社を管理していた陸・海軍省は一九四五年一二月一日，廃止された。以後，戦没者を個別的に調査して霊璽簿に記入し，本殿に正式に合祀することは靖国神社の課題として残されることになった。

敗戦直後の靖国神社合祀で注目すべきことは，一般戦災死者の合祀問題が議論になったことである。大本営報道部は一九四五年六月二七日，『週報』に「本土新戦場の覚悟」を発表し，「本土が戦場と化した現在においては，既に軍・民の区別もなければ，前線，銃後の距離もない。しかし近代戦は国民の総力戦である。従って若し万一にもその総力戦を傍観する者や，私利貪戻のために戦争完遂を妨害する者があるとすれば，それらの人々は意識せると否とに拘らず，それこそおそるべき戦争犯罪者たるの汚名を永遠に甘受せねばならぬのである」と訓令をした。大戦は民間人を巻き込んだ総力戦であったが，空襲や原爆により多数の民間人死者が出たのは，主に戦争末期のことであり，一般戦災死者の慰霊の問題はほとんど議論されなかった。

一般戦災死者を合祀対象として取り上げたのは陸軍省であった。陸軍省は，「国家ノ総力ヲ挙ゲ，且本土モ戦場トナリタル今次戦争ノ特性ニ鑑ミ，敵ノ戦斗行為ニヨリ死没シタル者ハ軍人・軍属ニ限定スルコトナク，全般的ニ合祀セラル，ヲ適当ト認ム」という理由で，「敵ノ戦斗行動ニ因リ死没セル常人（戦災者，鉄道・船舶等ニ乗車船中遭難セルモノ）」つまり，戦災死者も靖国神社の合祀対象に入れるべきだと主張した。しかし，宮内省と海軍省の反対に遭

図1　占領期靖国神社の付属地から撤去し，九段会館の地中に埋めた常陸丸殉難記念碑を靖国神社へ運ぶ自衛隊．東京・千代田区九段南（『毎日新聞』1965年6月24日夕刊）．

い、陸軍省の案は実現しなかった。

GHQ／SCAPは、一九四五年一二月一五日には厳格な政教分離と宗教の非軍国主義化を内容とする「国家神道に関する覚書」、いわゆる「神道指令」を発した。占領期の宗教政策と戦没者慰霊は、「神道指令」の強い影響を受けながら展開された。靖国神社は一九四六年二月二日の宗教法人令改正（勅令七〇号）により法人とみなされた。靖国神社の例大祭の日は、四月三〇日（日露戦争の陸軍凱旋観兵式の日）と一〇月二三日（同海軍凱旋観艦式の日）から祖霊祭祀の日として春分の日と秋分の日を西暦に換算した四月二二日と一〇月一八日に改定された。合祀祭も、一九四六年四月三〇日の合祀祭を最後にGHQ／SCAPにより禁止され、遺族の参列なしの「神社限リニテ」の霊璽奉安祭だけが行われた。

また、占領期にはGHQ／SCAPの指示に基づいた日本政府からの通牒により、地方での公的な戦没者慰霊も厳しく制限された。公葬等に関する通牒（一九四六年一一月一日）は、地方官衙《かんが》または地方公共団体が戦没者に対する葬儀・儀式・行事を主催もしくは援助すること、その名において敬弔の意を表明することは避けるべきと指示した。遺骨の伝達においても、公共建物や用地を使用するのは認められたが、伝達式に一般公衆が参列することは認められなかった。忠霊塔・忠魂碑その他戦没者のための記念碑・銅像などの建設は禁止されたし、学校及び構内に存在するものは撤去を余儀なくされた。撤去・解体された碑の多くは、講和後再建されることになる。

二　援護法の成立と恩給法の復活

援護法の成立をめぐる議論

一九五一年に入って講和条約をめぐる交渉が本格的に行われるようになると、戦傷病者と戦没者遺族の補償問題に対する論議も活発になった。講和条約調印直後の一〇月一六日には、戦傷病者及び戦没者遺族等の処置に関する打合せ会議設置が閣議決定され、この問題が政府によって本格的に取り上げられるようになった。また衆・参両議院にも遺族援護に関する小委員会が設置され、戦没者遺族の問題が議論されるようになった。

戦没者遺族の補償をめぐる議論は、戦没者に対する評価と密接な関係にあった。保守系の政党だけではなく、社会党も、戦没者を「祖国を守った、国民生活を守った戦争犠牲者のために」(第一三回国会衆議院厚生委員会、一九五二年四月三日、青野武一、左派)のように、国のための死つまり「殉国」として積極的に評価した。そして、このような認識から「最高の愛国心を発揮して国に殉じた戦没者の遺族及び戦傷病者等に対しましては、戦いの勝敗を問わず、手厚き処遇をいたすのが、国家として当然の責務」(同本会議、五二年四月三日、大石武一、自由党)、「当然年金は、命をささげられた個人すべてに出すべきもの」(同厚生委員会、一九五二年四月三日、苅田アサノ、共産党)という補償の論理が引き出されたのである。

日本の軍人軍属であった朝鮮人・台湾人の戦没者に対する認識を見ても、「少なくとも日本の国籍を持って日本国のためにいわゆる殉国された人々」(第一六回国会衆議院厚生委員会、一九五三年七月九日、山縣勝見、厚生大臣)という発言に表れているように、日本の戦没者と同様に「殉国」として評価された。しかし、朝鮮人・台湾人の補償問題は国会で言及はされたものの、本格的な議論にはいたらないまま終った〔池谷　一九九九〕。

戦没者遺族に対する補償の当為性については異論がなかったが、その具体的な方法をめぐっては恩給法を復活させるべきだという意見と社会保障的な見地からの措置を図るべきだという意見の対立があった。恩給局は、恩給は国家の約束であり国家に雇用された者としての権利であるので、廃止された恩給法を復活させるべきだと主張した。これに対して厚生省と大蔵省は内外情勢と国家財政の問題を理由に、対象者は恩給法を前提とするものの、現実的な方法として階級による差をつけない社会保障制度的な方法による補償をすべきだと主張した。

講和条約が調印されたとはいえ、まだ占領中であり、講和会議でフィリピンとインドネシアが賠償問題を強く取り上げるなど賠償の問題が残っていたからである。池田勇人大蔵大臣の「我々は、この戦争犠牲者に対しましてできるだけの措置は講じなければなりませんが、賠償を要求しておりますす連合国のこれ又戦争犠牲者のことも考えて行かなければならんのであります。而《しか》もその戦争犠牲者の問題がやはり賠償のいわゆる根本になるわけでございますから、自分のところの戦争犠牲者だけを考えて、ほかは知らないのだというのもこれはいかない問題でございます」（第一二回国会参議院予算委員会、一九五一年一一月二二日）という発言に見られるように、戦没者遺族の補償をめぐる議論は、対外賠償問題との関係も考慮しながら行われたのである。

一九五二年四月三〇日、戦傷病者戦没者遺族等援護法（以下、援護法）が公布された。援護法は階級による受給額の差がなく、戸籍上の身分関係がない内縁の妻や事実上の父母も対象に含まれるなど社会保障的性格を持っていた。また、戦傷病者及び戦没者遺族の窮状の救済と限られてはいるものの、民間人戦争被害者に対する補償の機能を果たしたのも事実である。木村卓滋と田中宏はこの側面に注目し、援護法を社会保障的性格が強いものであり、階級と勤続による年金制をとっている恩給法とは明確な相違があると、高く評価する〔木村　一九九七、二二頁／田中ほか　一九九五、九四頁〕。

しかし、援護法の審議過程と法理、対象を見る限り、援護法は恩給法との連続性が非常に強い。まず援護法は、「暫定的措置である。よって政府は速かに恩給法特例制度審議会を開き戦没者遺族、戦傷病者等に対する国家補償的制度を急速に確立すべき」(第一三回国会衆議院厚生委員会、一九五二年四月三日)という戦傷病者戦没者遺族等援護法附帯決議案に見られるように、恩給法の復活を前提とした臨時的な措置としての性格が強かった。法律の目的も、「軍人軍属の公務上の負傷若《も》しくは疾病又は死亡に関し、国家補償の精神に基づき、軍人軍属であった者又はこれらの者の遺族を援護する」ことであり、公務上の被害に対する補償だということが強調された。

また、援護法の受給者数(一九六一年累計)を見ても軍人軍属が対象である遺族年金は一、四六七、三八一名、民間人であった準軍属が対象である遺族給与金は二四、八六八名であり、軍人軍属が大多数であった。北村和男(援護局長)の「やはりこれは恩給法が観念的には先でございまして、援護法はその裏番組みたいな関係になるわけでございますが」(第九六回国会衆議院社会労働委員会、一九八二年四月一日)という発言に端的に見られるように、政府も援護法を恩給法と強い連続性を持つものとして認識していたのである。

恩給法の復活をめぐる対立

軍人恩給の復活を検討するため、一九五二年六月二〇日恩給法特例審議会が設置された。同審議会は、一一月二二日「旧軍人軍属及びその遺族の恩給に関する建議」を提出し、「国家は使用者としての立場から、かかる能力の喪失に対しては、これを十分補うべき」であるので、すみやかに恩給を支給すべきだと主張した。恩給法の復活を主張する側の論理は、恩給は被雇用者としての権利だということであった。しかし、現在総務省が恩給の性格について「(受給者の大部分は)先の大戦において生命を捧げて国に尽くされた方々(戦没者遺族、傷痍軍人及びその遺族、退職軍人及びその遺族)となっており、これらの方々に国としては、誠意を持って処遇に当たる責任があると考えています」と説明しているように、恩給は「殉国」した者に対する国家の責任だという認識に基づいていたのである。

社会保障制度審議会は、同年一二月二三日「厚生年金保険、公務員の恩給、軍人恩給等年金問題に関する意見書」を提出し、恩給法特例審議会の主張を一部軍人が厚遇される軍人恩給の復活だと批判した。さらに、一般国民に対する社会保障費との均衡、戦争による被害が全国民的であった点を考慮し、社会保障の見地から生活保障の措置を講ずるべきだと主張した。

両自由党と改進党は、一九五三年七月二一日、衆議院内閣委員会で恩給法特例審議会の意見が強く反映された政府案に部分的な修正を加えた共同修正案を出した。この案に対して社会党は、旧軍人恩給の復活は再軍備に繋がると反対し、階級差の撤廃（縮小）と公務死の範囲拡大を主張した。八月一日「恩給法の一部を改正する法律」（法一五五）が公布され、軍人軍属とその遺族に対する恩給が復活した。

恩給法と援護法による補償の推移

まず、恩給の種類別の受給者数の推移は、**図2**のとおりである。

在職年数による年金制度としての性格を持つAと、戦没者遺族や戦傷病者に対する補償としての性格を持つBを比較すると、一九六七年まではBが中心であったが、一九六八年からはAがBを超えるようになる。また、Bが急速に減少したことに比べ、Aは緩慢に減少している。Aが急増したのは、実在職年の通算に関する制限の撤廃（一九五八年改正、法一二四号）、地域加算の復活（一九六一年改正、法一三九号）、年齢制限の撤廃（一九六三年改正、法一一三号）などによるものであり、これらの改正により軍人軍属に対する戦前の厚遇が復活した。田中宏は、普通恩給・普通扶助料も含む恩給すべてを戦争被害者援護費として扱っている［田中ほか 一九九五、一四一頁］。しかし普通恩給・普通扶助料は、戦争被害に対する補償とはまったく関係のない年金制度であった。

一方、恩給法の改正により公務扶助料の階級による差は次第に縮小された。階級による差額の縮小過程を見ると、兵は同額（一九五三年）、下士官は同額（一九六五年）、兵から少尉までが同額（一九七二年）、兵から中尉までが同額（一九七六年）、兵から大尉までが同額（一九七八年）、兵から少佐までが同額（一九七九年）と、一九七〇年代に入って急激に階級による差が縮小された。公務扶助料の対象者の中で佐官以上の者は、〇・七一％にすぎなかったこと（『日本遺族通信』一九五七年一一月三〇日）を考慮すると、戦没者遺族に対する補償は事実上平等化されたと言える。

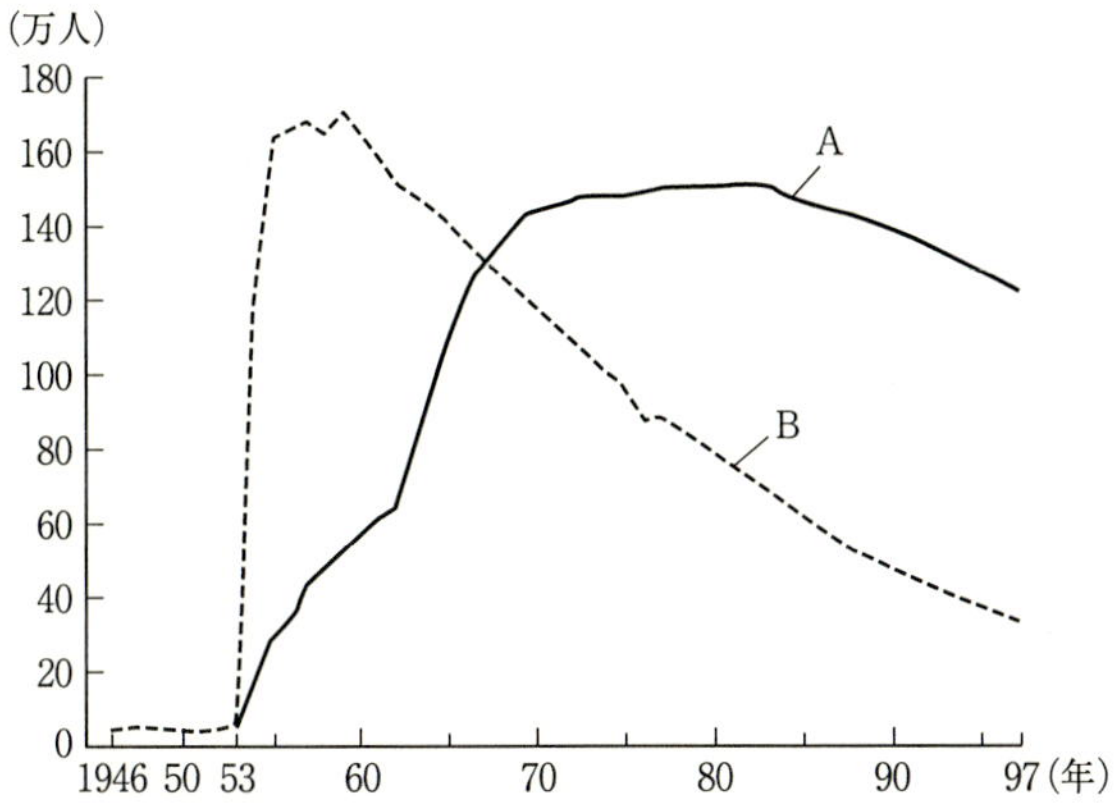

図2　恩給法の対象の推移
A：普通恩給，普通扶助料の受給者数の合計
B：増加恩給，傷病年金，特例傷病恩給，公務扶助料，特例扶助料，傷病者遺族特別年金の受給者数の合計
（出典：総理府社会保障制度審議会事務局編『社会保障統計年報』）

そして、一九五四年六月三〇日の改正（法律二〇〇号）により戦犯者の恩給停止が解除され、刑死または獄死した者にも公務扶助料が支給された。一九五五年八月八日の改正（法律一四三号）では戦犯拘禁期間も通算された。恩給法に「死刑又ハ無期若《もしく》ハ三年ヲ超ユル懲役若ハ禁錮ノ刑ニ処セラレタルトキ」は権利を消滅するという規定があるのにもかかわらず、戦犯者も恩給法の対象としたのである。

援護法もその対象の範囲拡大（公務傷病の範囲拡大、軍人軍属・準軍属の範囲拡大）と準軍属に対する処遇の改善を中心に改正が行われた。援護法の範囲拡大の基準は「国家との特別な関係」の有無であった。援護法の遺族年金と兵の遺族に受給される恩給法の公務扶助料との年額の差は、わずか四七円から二二〇〇円であったのが、一九七五年からは同額となる。そして、一九七九年になると兵から少佐までの公務扶助料が同額となったため、準軍属の遺族に対する補償は、少佐の遺族に対する補償と同額となった。援護法の改正により、その対象が限られてはいたものの、民間人戦争被害者が事実上軍人軍属と同様の補償を受けるようになったのである。民間人戦争被害者が援護法の対象になったことによって、彼らが被った戦争被害が戦争協力にすりかえられたこと〔田中ほか　一九九五〕に見られるように、援護法は無謀な戦争に国民を動員した国家に免罪符を与え、戦前と同様に、民ではなく国家に価値をおいて社会を再構築する役割をした。

三　国家による慰霊と追悼

靖国神社合祀と国家の関与

加藤典洋は、『敗戦後論』で「いまもたとえば、日本の護憲派、平和主義者は、戦争の死者を弔うという時、まず戦争で死んだ「無辜《むこ》の死者」を先立てる。その中身は、肉親であり、原爆など戦災の死者であり、二千万のアジアの死者であり、そこに、侵略者である「汚れ」た死者は、位置を与えられていない。ここで三百万の自国の死者はいわば日陰者の位置におかれるので、あの靖国問題は、このことの正確な陰画、この「空白」を埋めるべく三百万の自国の死者を「清い」存在（英霊）として弔うという内向きの自己、ハイド氏の企て」だと論じた〔加藤　一九七七、五六頁〕。加藤の論理は、「護憲派、平和主義者」の戦争被害者の慰霊・追悼に対する認識は戦後一貫しているという仮説の上に立っている。しかし、社会党も一九六〇年代初期までは、戦没者の遺徳を顕彰し、戦没者に対しては感謝と尊敬をはらうべきだという認識を持っていたのである。

靖国神社合祀のためには政府と地方自治体が持っている戦没者個人の身上資料の調査が必要であった。政府は靖国神社の合祀基準に関する打合せ会にも参加するなど、戦没者の靖国神社合祀に積極的に関与した〔国立国会図書館調査

及び立法考査局 二〇〇七〕。また、一九五六年からは「靖国神社合祀事務に対する協力について」(厚生省引揚援護局長、援発第三〇二五号、一九五六年四月一九日)によって、組織的な戦没者の身元調査を行い、その結果を靖国神社に提供した。靖国神社に合祀された戦没者の遺族の靖国神社参拝の際には一九五三年七月から戦没者一人に付き二枚の交通費割引券を配布した。しかし、これらに対する批判が出たのは一九七三年七月三日、参議院社会労働委員会で共産党の小笠原貞子議員が靖国神社に対する合祀協力は憲法違反だと発言したのがはじめてであった。つまり、政府の靖国神社合祀に対する協力は、加藤の言う「護憲派」の黙認下で行われたのである。

一方、一九五九年から朝鮮・台湾出身の戦没者も合祀された。朝鮮人と台湾人は日本の植民地支配が終わってから一四年も過ぎた時点で、日本のために亡くなった日本人として合祀されたのであるが、これに対する批判は出なかった。

全国戦没者追悼式と追悼の儀礼化

一九五二年五月二日、政府主催の全国戦没者追悼式が開催された。追悼式は一九六三年以後恒例化される。一九六〇年代は東京オリンピックの開催、新幹線の営業開始、ＯＥＣＤ加盟など、日本が経済的に急成長を遂げ、国際的な地位の上昇が目にみえる形で表れた時期である。また、一九六二年には選挙で強い影響力を発揮していた日本遺族会の会長にA級戦犯であった賀屋興宣が就任し、保守的な色が強くなった。一九六〇年代は、このような内外の情勢を反映して紀元節復活、戦没者叙位叙勲の再開など戦前への回帰傾向が強くなった。

追悼式の追悼対象は、「支那事変以降の戦争による死没者(軍人、軍属及び準軍属のほか、外地において非命にたおれた者、内地における戦災死没者等をも含むものとする)」(一九六三年五月一四日、閣議決定)であった。追悼式には、意図されたのではないものの、国籍条項がないので旧植民地の戦争被害者も対象となっており、韓国出身戦犯者同進会会長と台湾出身戦犯者同志会会長も追悼式に招待された。しかし、追悼式で旧植民地の戦争被害者の問題はまったく取り上げられなかった。

式次をみると、天皇は「お言葉」を、内閣総理大臣は式辞を、衆・参両院議長、最高裁判所長官、遺族代表(一名)は「追悼の辞」を述べた。そして、内閣総理大臣、衆・参両院議長、最高裁判所長官、厚生大臣、地方公共団体代表、遺族代表(各都道府県)が献花をした。献花に参加する範囲は拡大され、一九六六年からは各政党代表、日本商工会議所会長、日本学術会議会長、日本新聞協会会長、日本遺族会会長が、一九七九年からは日本宗教連盟理事長が、一九八一年からは全日本労働総同盟会長(労働団体代表)と日本共産党の中央委員会議長が[1]、一九八七年からは一般戦災死没者代表と原爆死没者遺族代表が加わった。

また、各都道府県知事や全国の都道府県議会議長会会長、全国市長会会長、全国市議会議長会会長、全国町村会会長、全国町村議会会長が供花をし、各大臣や政府主要機関の長、主要新聞社の社長などが出席するなど、追悼式は国をあげての公式的な行事として儀礼化された。しかし、追悼式の放送時間が、一九五二年NHKラジオ、九・四〇―一一・〇〇、ラジオ東京、九・四〇―一〇・三〇、一九六三―六五年NHKテレビとラジオ、一一・五〇―一二・三〇、一九六六年以降は、一一・五〇から一二・〇五までと短くなったことに見られるように、国民の関心は急速に薄くなった。

追悼式は国家の公式的な行事であり、首相の式辞には政府の戦没者に対する認識が象徴的に表れている。歴代首相の式辞に共通しているのは、殉国した戦没者への追悼・顕彰、遺族慰藉、恒久平和への決議であった。首相の式辞は、戦没者を「戦争のため祖国に殉ぜられた各位」(一九五二年、吉田茂)、「祖国の危難に際して身命をささげられた戦没同胞の尊い犠牲」(一九八一年、鈴木善幸)と、国の危難に一身をささげた尊い「殉死」として意味づけている。追悼の対象の「三百余万同胞」には、空襲や原爆などによる民間人戦争被害者も入っていたが、戦争の被害に対する反省や省察ではなく国家による戦没者顕彰が浮き彫りになった。一九九〇年代に入ると、アジア諸国の戦争被害者に対する追悼と「侵略戦争」への反省が加わるなど、形式的には内向きの性格が弱くなるが、戦没者＝「殉国」という認識は変らなかった。

「無名戦没者の墓」の建設

憲法の政教分離原則により靖国神社が国家の公的な追悼施設になり得なかった状況の中で、公的な戦没者追悼施設をめぐる動きは、靖国神社を国営化する方向と無宗教の新しい追悼施設を建設する方向から展開された。靖国神社国営化問題については多くの先行研究があるので、本稿では無宗教の新しい追悼施設建設をめぐる議論について検討したい。政府による新しい追悼施設の建設をめぐる議論は、「無名戦没者の墓」という名で行われた。

「無名戦没者の墓」の建設経緯を見ると、一九五三年九月二六日厚生省は文部省、法制局と会議を開き、戦没者の墓を国家が建設しても憲法解釈において「支障なし」という結論を得た。その後、関係機関や団体との懇談会を経て、一二月一一日、遺族に引き渡すことができない戦没者の遺骨を納めるため「無名戦没者の墓」を建設するという件が閣議で決定された。その背景には、旧満洲の奉天忠霊塔や中国から持ち帰った七万三千人の分骨と一九五三年から政府派遣遺骨収集団が集めてきた遺骨の処理問題、一九五三年一一月一五日アメリカのニクソン副大統領が日本訪問の際に宗教施設だという理由で靖国神社参拝を断った事件があった。また、講和直後から全日本無名戦没者合葬墓建設会、海外戦没者慰霊会などの民間団体による戦没者の墓建設の動きもあった。

厚生省は、一九五四年六月から一九五七年二月まで厚生大臣主催下に「無名戦没者の墓」に関する打合せ会を開催し、墓の名称、性格、敷地、設計について議論した。打合せ会の主な出席団体は全日本無名戦没者合葬墓建設会（一九五四年解散）、日本宗教連盟、海外戦没者慰霊会（一九五四年解散）、全国戦争被害者援護会、日本英霊奉賛会、靖国神社、日本遺族会、関係省庁であった。出席団体は墓の建設には基本的に賛成したが、墓の性格と建設の場所をめぐって意見が対立した。

「無名戦没者の墓」の性格をめぐっては、欧米の無名戦士の墓に相当する全戦没者の記念施設にすべきだという意見と、限られた戦没者の遺骨を安置する施設だという意見の対立があった。特に日本遺族会と靖国神社は、新しい追悼施設が「戦後版靖国神社」となるのではないかという危機感から、記念施設となることについて強く反対した。

一九五三年の閣議決定は「無名戦没者の墓」の埋葬対象を、遺族に引き渡すことができない戦没者の遺骨だと規定していた。しかし、全日本無名戦没者合葬墓建設会と全国戦争被害者援護会は、一九五二年五月二日政府が主催した全国戦没者追悼式の対象と同様に、一般戦争犠牲者も対象にすべきだと主張した。朝日新聞も社説で、「無名戦士ばかりではなく、戦火にたおれた戦争被災者」も合わせてまつるべきだと主張した。埋葬対象を一般戦争被害者まで拡大すべきだという意見は、敗戦直後陸軍省が靖国神社の合祀対象に戦災死者も入れるべきだと主張したのと一致している。一方、日本遺族会など靖国神社を国家による戦没者慰霊の中心的な施設とみなす側は、軍人軍属と一般戦争被害者を一緒に埋葬すると国民の戦没者に対する追悼意識が不明瞭になるという理由で強力に反対した。

「無名戦没者の墓」の性格と対象をめぐる関係諸団体の意見が対立したまま、一九五九年三月二八日、千鳥ヶ淵戦没者墓苑が竣工された。千鳥ヶ淵戦没者墓苑に対する政府の位置づけについて、先行研究は、国立国会図書館調査立法考査局が「政府の統一見解」と評価した一文を根拠に、政府が全戦没者の象徴的な追悼施設として位置づけていたと評価する。しかし、今村譲(厚生事務官、大臣官房国立公園部長)の「結局、いまのところにおきましては、全戦没者の象徴的な御墓所であるというところまでは決定しないままに今日まできておる」(第四六回国会衆議院予算委員会第一分科会、一九六四年二月二一日)という発言や歴代政府の見解を見る限り、政府が千鳥ヶ淵戦没者墓苑を全戦没者の象徴的な追悼施設として位置づけていたとは言い難い。

「無名戦没者の墓」の性格をめぐる対立は、千鳥ヶ淵戦没者墓苑の建設後には墓苑の性格をめぐる対立として続いてきた。しかし政府は、与党の大票田である日本遺族会と新宗教連合団体が対立するなど、支持基盤が複雑に絡んでいたため、対立のまま現在まで放置してきた。

天皇の靖国神社参拝が靖国神社のA級戦犯合祀後中止されたのは、よく知られた事実である。しかし、それと同時に千鳥ヶ淵戦没者墓苑に対する参拝も中止された。天皇の千鳥ヶ淵戦没者墓苑への参拝を見ると(括弧は靖国神社参拝)、一九五九年三月二八日(同年四月八日)、六五年三月二八日(同年一〇月一九日)、七〇年四月二五日(六九年一〇月二〇日)、七五年一一月二一日(同日)であり、天皇の参拝は靖国神社を配慮して行われたことがわかる。天皇との関係からも千鳥ヶ淵戦没者墓苑と靖国神社は、一方が優越な地位を占めることはできなかったのである。

おわりに

戦没者＝「殉国」であり、国家による追悼(慰霊)と補償は当然だという認識を前提として行われた戦争犠牲者政策は、敗戦とGHQ／SCAPの占領政策によって亀裂が生じた国家と国民の関係を国家側の論理で修復する役割を演じた。圧力団体である日本遺族会の活動が援護法と恩給法の改正による遺族の処遇改善につながったのは周知のことであるが、本稿で検討したように戦死者や戦傷病者の遺族がもらう年金の階級による差が事実上なくなったのは、戦没者＝「殉国」という論理の反映だと言える。また「殉国」の論理は、民間人戦争被害者と外国の被害者の排除によって強化される論理でもあった。

敗戦から六五年が過ぎている今日、恩給と戦没者の慰霊をめぐる状況は大きく変わっている。まず、恩給は自然消滅を目の前にしている。一九六九年最大二八二万人もあった恩給の対象者が二〇〇九年三月現在、九三万人(旧軍人関係が九八％）に減った。受給者の平均年齢は旧軍人が八六・九歳、一般文官が八九・七歳であり、ここ数年恩給の受給者数は毎年六万人台で減少している。恩給費の一般会計に対する割合も一九五四年に最大九・四九％（決算）であったのが、二〇〇九年には〇・八八％（予算）と一％を切った。恩給が孕んだ多くの問題が真正面から問われないまま、自然消滅しようとしている。このような状況のなかで二〇〇七年三月、東京空襲の被害者と遺族一一二名が、二〇〇八年一二月八日には大阪空襲の被害者と遺族一八名が、国家によって不合理な差別を受けたとして、国家に謝罪と補償を求める裁判をおこしたのは、国家と国民の関係を「民」の視点からとらえなおすという点において大きな意味を持つと言える。

（1）　共産党は現在、追悼式が国民主権にそぐわないという理由で参加していない。

【文献一覧】

赤澤史朗　一九九二　『日本人の民間戦争犠牲者の補償問題に関する政治史的研究』平成三―四年度科学研究費補助金（一般研究c）研究成果報告集

赤澤史朗　二〇〇五　『靖国神社――せめぎあう〈戦没者追悼〉のゆくえ』岩波書店

池谷好治　一九九九　「戦争犠牲者援護関連法の立法過程にみる国籍論議」『歴史学研究』七二八号

大江志乃夫　一九八四　『靖国神社』岩波書店

大原康男　一九八四　『忠魂碑の研究』暁書房

奥原敏雄　一九九二　「欧米諸国における戦争犠牲者の補償制度」『法学セミナー』四五二号

加藤典洋　一九九七　『敗戦後論』講談社

北河賢三　二〇〇〇　『戦後の出発――文化運動・青年団・戦争未亡人』青木書店

木村卓滋　一九九七　「戦傷病者戦没者遺族等援護法の制定と軍人恩給の復活――旧軍人関連団体への影響を中心に」『人民の歴史学』一三四号

厚生省　一九七七　『引揚げと援護三十年の歩み』ぎょうせい
國學院大學研究開発推進センター　二〇〇八　『慰霊と顕彰の間――近現代日本の戦死者観をめぐって』錦正社
国立国会図書館調査及び立法考査局　二〇〇七　『新編　靖国神社問題資料集』
総理府恩給局　一九八四　『援護局百年史』
田中伸尚・田中宏・波田永実　一九九五　『遺族と戦後』岩波書店
田中伸尚　二〇〇二　『靖国の戦後史』岩波書店
千鳥ヶ淵戦没者墓苑奉仕会　一九八九　『千鳥ヶ淵戦没者墓苑創建三十年史』
中村直文・ＮＨＫ取材班　二〇〇七　『靖国――知られざる占領下の攻防』日本放送出版協会
南相九　二〇〇五　「戦後日本における国家による戦没者追悼――「無名戦没者の墓」の建設をめぐる議論を中心に」『歴史評論』六六二号
日本遺族会編　一九七六　『日本遺族通信　縮刷版（第一―第三〇〇号）日本遺族会
日本遺族会編　一九九〇　『日本遺族通信　縮刷版（第三〇一―第四七一号）』日本遺族会
村上重良　一九七四　『慰霊と招魂――靖国の思想』岩波書店
矢野敬一　二〇〇六　『慰霊・追悼・顕彰の近代』吉川弘文館
吉田裕　一九九五　『日本人の戦争観――戦後史のなかの変容』岩波書店

国会審議録（国会会議録検索システム、http://kokkai.ndl.go.jp/）

個別史／地域史Ⅲ

沖縄占領と東アジア国際政治

我部政明

はじめに

米国の軍事戦略を大統領へ進言する組織として、国防省内に統合参謀本部 Joint Chiefs of Staff（ＪＣＳ）がある。第二次世界大戦を遂行する上で大統領に軍事的進言を行うため一九四二年二月、当時の陸軍と海軍との協力を進める軍事組織として、ＪＣＳが設置された。当初は、陸軍からは陸軍を指揮する参謀総長と航空隊を指揮する司令官の二人、海軍からは海軍を指揮する海軍作戦部長と議長役となる大統領付き参謀長の二人の都合、四名から構成される組織だった。その後、ＪＣＳ内に下部組織が整備され、各軍からスタッフが送りこまれてさまざまな委員会が設置された。これらの委員会で戦争遂行だけでなく、戦後の軍事態勢のありようについても検討されていく。大統領への軍事分野でのアドバイザーとしてＪＣＳにおける検討は、軍事の論理を外交に組み入れる際に影響を持った。とりわけ軍事的考慮が優先する分野においては、統合参謀本部からの大統領への勧告は、外交を遂行する国務省へ影響を与えた。

本稿では、対日戦争の一環として行われた沖縄占領が、米国の対アジア外交の中で、とりわけ対日政策の中で継続され、アジアへの米国の関与として展開する基本的枠組みを明らかにする。つまり、ＪＣＳでの検討における世界規模の軍事戦略の上での沖縄についての位置づけが重要となり、その結果として対日政策と対アジア政策との関連から沖縄の地位が決定される過程を取り扱う。

一　前方基地としての沖縄

沖縄が米国の対日戦争で注目される契機は、ＪＣＳ内における一九四三年一一月六日付の「米国にとって必要な戦後の航空基地」に関する検討にある〔我部 二〇〇七、二六―四五頁〕。直接的に沖縄が軍事的に不可欠だとする見解ではなかった。むしろ、戦後の民間航空に関する検討において、米国の安全保障上からの見解がＪＣＳに求められたことにあった。同年三月から四月にかけてＪＣＳ内で検討された結果、米国の航空部隊が展開するための飛行場がリストアップされた。その一つに沖縄が挙げられていたに過ぎない。同時にこの検討は、戦後計画全体のなかでここの基地を検討すべきだとの勧告を付していた。それを受けてＪＣＳは大統領へ戦後における全般的な航空基地計画を提出することで国務省との調整を諮り、米国の戦後計画作成の準備に入ったのであった。

ＪＣＳは、一九四四年一月一〇日、海外基地体系の基本をまとめあげた(JCS 570/1 (15 November 1943) ; CCS 360 (12-9-42) Sec. 2: JCS 1942-45, RG 218: National Archives 所蔵、以下同)。この検討は、最高指揮官である大統領の参謀長であったウィリアム・Ｄ・リーヒー提督を通じてローズヴェルトの承認を得ていた。そして、ＪＣＳは海外における航空基地体系に加えて、陸軍基地、海軍基地を含む、より広範で具体的な場所をめぐる検討へ移っていった。この段階では、沖縄は米本土から南太平洋、西太平洋に広がる「米国防衛のための基地」の中にではなく、千島、台湾と並んで「対日戦争のための基地」とされていた。そして、日本が敗北した後は、千島、台湾、日本本土と同列に「主要国の一員として米国が必要とする基地」であるとされていた。対日戦争の具体的展開に伴って、戦後海外基地体系には修正が加えられていった。

ＪＣＳは、一九四五年五月に、ジョージ・Ｃ・マーシャル米陸軍参謀長の提案を受けて、戦後において主要国との戦争で必要とされる基地、そして戦後の平和維持のために必要とされる基地とに整理し、最大限および最小限の必要度を明確にした上で、外交交渉により確保するための検討を開始した。ＪＣＳ内での検討の進捗ははかばかしくなかったものの、外交交渉にあたる国務省からの圧力の中で、作成が急がれた。その検討結果がまとまり、同年一〇月二三日にＪＣＳで最終承認された。この最終文書が、JCS 570/40となる。

この検討過程での原案は、次の四つを前提に作成された。①琉球および小笠原を含め、日本から切り離された旧委任統治領を、望ましくは全面的な主権下に置く、そうでないときは戦略区域に指定した上での信託統治として、米国が基地を確保する。②南、中央アメリカおよびメキシコにおける軍事的基地権と航空通過権が獲得できる。③カナダにおける軍事的基地権と航空通過権が、現行の米加協定ないし新たに代替する協定によって獲得できる。④米国が国連によって課せられる任務を遂行するため必要となる場合に追加的基地が使える。

その上で、重要度に応じて四つの基地群が設定された。重要度の最も高いのが「主要基地 Primary Base Areas」である。米国の安全保障に不可欠であり、基地体系の根幹をなし、戦略的に重要な位置にあり、適度に開発された地域にある基地である。パナマ海峡、ハワイ、マリアナ諸島、フィリピン諸島、アラスカ＝アリューシャンの南西部、アゾレスなどである。次に重要度の高いのが「二次基地 Secondary Base Areas」である。主要基地へのアクセスと防衛のために必要とされる地域にあった。太平洋においては、ミッドウェイ、マーカス島（南鳥島）、小笠原諸島＝火山列島、琉球諸島、大西洋においては、バミューダ、アイスランド、グリーンランドなどであった。三つめの基地群が「補助基地 Subsidiary Base Areas」である。少なくとも限定的な機能が確保され、主要基地や二次基地の体系を柔軟にするために必要な基地である。上記の補助基地群に周辺にある地域、四つめの基地群は「下位基地 Minor Base Areas」である。

この原案では、主要基地は、米国領ないし米国の支配が及ぶ範囲に設定されていたが、「二次基地」の地域が米国の支配下にないため、「重要 essential」「必要 required」「望ましい desired」の優先度をつけて外交交渉による確保を求めていた(JCS 540/34(24 September 1945) : CCS 360(12-9-42) sec. 8; JCS 1942-45, RG 218)。

こうした海外基地体系の分類について、マーシャルは作業グループが戦略重要性を誤解した結果だとして、財政的・政治的理由によっては戦略的に重要な地域であっても重要ではないように誤解されてしまう原案の孕む危険性を指摘した。海外基地の重要性が望ましい予算支出を決めるものでもないし、また戦略的重要性を満たそうとする努力に対し反対するようなことがあり得ない点などを理由にしてマーシャルは、国務省に対し基地がおかれる外国政府への米国による何らかの財政支出によって基地の確保を可能とする取り決めの検討を依頼すべきだとの提案を行った。国務省を通じて作成される協定が、外国領に米軍を駐留させる複雑な政治問題への実際的な方法であり、同時に米国の費用や兵力の節約にもつながると指摘していた[Schnabel 1979, pp. 307-308]。

JCS内での検討の最終段階に集中したのは、二次基地と主要基地のいずれかに含むべき基地をめぐってであった。リーヒーは、琉球と小笠原を含め日本の旧委任統治地域を取り上げ、これらの島嶼が米国の排他的な戦略支配の下に置かれるべきであり、具体的方法についての検討の必要性を訴えた(JCS 540/36(8 October 1945) : CCS 360(12-9-42) sec. 8; JCS 1942-45, RG 218)。

アゾレスをめぐって、アーネスト・J・キング米海軍作戦部長は二次基地へ格下げすべきだと主張したのに対し、マーシャルは重要だとして反対した。台湾とラバウル(ニューブリテン島)確保の外交交渉めぐって、マーシャルは、「必要」から「望ましい」への格下げを求めた。航空力の役割増大を求めるヘンリー・H・アーノルド米陸軍航空隊総司令官は、アイスランド、グリーンランド、琉球を二次基地から主要基地への格上げ、ダカール(アフリカ大西洋岸)を外交交渉において「望ましい」から「必要」への格上げを主張し、台湾の格下げに反対し、アゾレスを主要基地に残すように求めた。こうした主張を根拠づけるために、アーノルドは前方基地 forward bases という表現を使う。琉球を主要基地に含めるアーノルドの提案に賛成した上でキングは、主要基地の基準について、①海外基地体系の根幹をなすこと、②米国の主権下あるいは排他的な米国の戦略的支配下にあること、③適切な防衛能力が備わっていること、④陸、海、空を問わず、一定規模の機動部隊を集結させ、支援できる物理的な条件を備えていること、などを挙げている。キングは、グリーンランドは基準を満たしていない、アイスランドやダカールは攻撃的航空基地であるなどとして主要基地に含むべきではないとした。

一〇月二三日にＪＣＳ内で、以上のような修正が加えられて、JCS 570/40 となったのである。そのなかで、海外基地体系を構成する四つのカテゴリーの内の主要基地は、次のように定義された。残りのカテゴリーの変更はほとんどなかった。

主要基地とは、米国、米国の属領、西半球、そしてフィリピンの安全と軍事作戦を実施するために不可欠な基地体系の根幹をなし、戦略上の重要な位置にある基地群である。

アゾレスは原案通りに主要基地に残り、琉球とアイスランドが新たに主要基地に加えられた。前進基地としての沖縄が、戦後の海外基地体系の根幹に位置づけられた。

二　白地図上から占領地に基づく体系へ

この JCS 570/40 にて基地のおかれる場所が決まったものの、従来の戦略フロンティアからさらに伸びる海外基地へ展開する能力を米軍自身が持つことは必須だった。しかし、これらの基地への緊急展開能力をどのように確保するのかをめぐる議論は先送りにされていた。

実際に、米国領でない地域にも戦略上の重要な基地が想定されていた。たとえば、ＪＣＳは、日本の領土であった琉球や小笠原と日本の旧委任統治地域や中部太平洋の島嶼は米国の排他的な戦略支配により、フィリピンの基地は米比軍事協定により、英領やカナダ領におかれた基地はそれぞれの二国間協定により、確保できると考えていた。また、国務省による外交交渉を通じて、優先順の最も高い「重要」な基地のカテゴリーにあるアイスランド、グリーンランド、アゾレス諸島などに加え、「必要」な基地も確保が必要とされていた。しかし、外交交渉で、実際にこれらの地域において米軍基地を確保するのは容易ではなかった。

米太平洋艦隊司令長官から海軍作戦部長に昇格したチェスター・Ｗ・ニミッツは、一九四六年三月、外交交渉を必要とする基地の再評価を行うようＪＣＳへ提案している。それを受けたＪＣＳは検討を進め、同年五月一五日に排他的な権利を必ずしも必要としないアイスランド、グリーンランド、パナマ、ガラパゴス、カントン、台湾では、「ある程度の主権」の下ないし領域外の扱いの下で軍事的要求を満たすことができるとの結論を見出した。「基地権」とは、平時・戦時を問わず米軍が必ずしも駐留することを意味しないこと、この権利の行使は、戦略的概念、新兵器、国際情勢、配備する米軍兵力の有無などによって決まるとの解釈をつけている。加えて、アイスランド、グリーンランド、アゾレスなどを重要基地としたものの、海外基地の数を減らし、交渉すべき優先順位を整理し直した。つまり、米国領以外に基地を確保することの困難に直面したため、質的にも量的にも海外基地体系の規模縮小を図ることになったのである。

しかし、海外基地体系の基本に変更が加えられることはなかった。フィリピンについては、米比協定、カナダについては米加共同基本防衛計画、メキシコ、中央・南アメリカについてはチャプルテペック法にもとづいて、そして琉球、小笠原を含めて日本の旧委任統治領の戦略支配などによって、それぞれに基地を確保することにしていた。

こうした確保すべき海外基地のリストをＪＣＳから受け取った国務・陸軍・海軍調整委員会（ＳＷＮＣＣ）は、六月一四日に非公式ながら承認した。太平洋における海外基地体系構築の焦点は、旧委任統治地域、フィリピン、沖縄(上記でいう琉球)と小笠原に加えて日本本土の米軍基地の確保をどのような形態でもって実現できるのかへと移った。

沖縄の長期保有を決める前に、米国はフィリピンと日本の旧委任統治地域での基地確保をめぐる課題に取り組んでいる。前者の場合は、二国間協定によって基地を確保するものの、特に陸軍にとっての戦略的重要性の低下により、米軍の駐留規模が縮小されるのである。後者の場合は、国連での承認を得るという意味での多国間交渉を経て、戦略区域に指定した信託統治による処理を行った。海外基地体系構築に向けてこの二つの経験は、多国間交渉よりも二国間交渉、フィリピンよりも日本本土の基地の重要性を再認識させる契機になったと考えることができよう。

フィリピンに基地を確保することは、一九四五年五月のトルーマンとオスメニャの両大統領に合意にもとづいていた。正式の基地協定交渉は、四六年六月フィリピンが完全な独立(四六年七月四日)を果たす直前に始まり、新たに選出されたマニュエル・ロハス大統領とポール・マックナット駐比米大使の間で継続した。だが米兵の犯罪増加により、米軍駐留はフィリピン国内の政治論争へと発展していった。当初、JCSの検討ではフィリピンに二個歩兵師団、四つの航空基地、二つの海軍基地、一七の補助飛行場、一三の沿岸防衛基地、二〇のレーダー・サイトや通信基地を置く計画であった。四七年三月一四日、米比間で合意したのは、陸軍のほとんどを撤退させ、スービックとカビーテ海軍基地と、クラーク航空基地、そしてフォート・シュトツェンブルグとキャンプ・ジョン・ヘイを、九九年間にわたりリースすることであった。フィリピンに基地を確保できたものの、海と空の基地だけにとどまった[Schnabel 1979, pp. 341–346]。

一九四六年一月一八日、JCSは、日本の旧委任統治地域を米国の主権下とし、琉球と小笠原を戦略区域としての信託統治として、これらに地域の戦略的支配を可能とする方法と決定した(JCS 570/48 (17 January 1946) : CCS 360 (12–9–42) sec. 8 ; JCS 1942–45, RG 218)。この決定の背景には、国際連盟下の旧委任統治地域について、国連の安保理事会において戦略区域に指定する信託統治を検討されることになったことを受けて、国務省からJCSへ問い合わせが行われたからであった。しかし、米国が日本の旧委任統治地域を領土化するには困難さが伴っていた。たとえば、米国は大西洋憲章(四一年八月)において領土不拡大の原則を謳い、ヤルタ会談(四五年二月)で旧委任統治地域を国連の信託統治地域とすることに合意していた。また、ローズヴェルトの死後に大統領となったトルーマンは、四五年一〇月二七日に領土不拡大の原則を確認し、さらに四六年一月一五日、米軍に占領され米国の安全に死活的な日本の旧委任統治地域は、米国を唯一の施政権者とする信託統治になるとの発言をしていた。

一九四六年の二月中旬に当初予定されていた国連総会が一〇月下旬に延期されたため、日本の旧委任統治地域の処理をめぐるJCSと国務省の対立を調整する時間的余裕が生まれた。JCSは、軍事的観点から琉球と小笠原、そして旧委任統治地域の排他的な無制限の戦略支配を主張し、特に旧委任統治地域については無制限かつ排他的主権を繰り返し、同年一月の決定にこだわり続けた。これに対し国務省は、琉球と小笠原、旧委任統治地域を併せて、戦略区域指定の信託統治に置く案を提案した(JCS 1619/5 (27 June 1946) ; CCS 360 (12-9-42) sec. 21; JCS 1942-45, RG 218)。

琉球と小笠原について、JCSは米国を唯一の施政権者とし、戦略区域に指定し、米国の安全保障にとっての無制限の使用が保証され、米国に軍事施設への視察を拒否できる権利が与えられる条件で、信託統治案を受け入れることにしていた(JCS 1619/6 (28 June 1946) ; CCS 360 (12-9-42) sec. 24; JCS 1942-45, RG 218)。国務省は、このJCSの見解と一緒に、琉球諸島はポツダム宣言でいう非軍事化されて日本が保有する「小諸島」であるとの文書を大統領へ送付した。それに対抗してJCSは、沖縄と周辺諸島を戦略区域指定の信託統治にし、残りの小笠原などの南方諸島を日本の主権下へ戻すことがあり得るとの見解を、大統領へ送付した。しかし、旧委任統治地域を排他的主権下に置くことに変更はなかった。南方諸島を返還し、沖縄だけを日本から切り離すのかについてJCSは、「日本本土を除けば、沖縄はこの地域における米国の軍事力を発進できる唯一の基地」であり、「中立、あるいは非友好的な国の下に、逆に、沖縄が置かれるとすれば、北西太平洋における支配権獲得の第一歩となるか、あるいは紛争の種になりかねない」からだとしている(JCS 1619/9(10 September 1946) ; CCS 360(12-9-42) sec. 27 ; JCS 1942-45, RG 218)。これは、沖縄の長期保有が米国の戦略上からの必要性に加え、他国の支配下に置かれることを回避すること、さらには日本本土に基地を確保できるのかどうかによって左右されることを意味していた。

信託統治の形態を記述した表現が出てきたことを契機に、新たな展開が生まれた。ＳＷＮＣＣにおいて、「行政、立法、司法のすべての権限」をもつ施政権者として米国が指定される条件下で信託統治協定を作成することが合意された。この信託統治協定の適用地域をこの段階では明示しないことにより、ＪＣＳの同意が得られていたのである。その後、軍事的観点から排他的、戦略支配を求めていたＪＣＳは、これまでの態度を変更して、一〇月一八日、適切で効果的、かつ恒久的な信託統治を条件に、旧委任統治地域の処理に合意することを決めた(JCS 1619/18(18 October 1946) ; CCS 360(12-9-42) sec. 28 ; JCS 1942-45, RG 218)。そしてＪＣＳは翌一九日には、琉球および小笠原について、旧委任統治地域と同様に排他的、恒久的支配が認められるのであれば、信託統治を受け入れる決定を下したのである(JCS 1619/19(19 October 1946) ; CCS 360(12-9-42) sec. 28 ; JCS 1942-45, RG 218)。

トルーマンは、一九四六年一一月六日、日本の旧委任統治地域についての米国の信託統治案を国連安保理へ送付し、翌年四月二日、国連がこの信託統治協定を承認して、海外基地体系の一部が構築されることになった。

三　統治の正当性を求めて

日本占領の最高責任を負っていたダグラス・マッカーサー連合国軍最高司令官が、一九四七年三月に日本は講和の準備ができたと発言したことを契機に、米政府内で日本との講和が検討されることになった。国務省はマッカーサーに賛同したものの、その前に講和についての検討の必要性を訴えていた。日本との講和の検討はＪＣＳにとって、琉球、小笠原の処理を急ぐことを意味した。

ＪＣＳは、北西太平洋地域を制圧する地にある沖縄が米国の基地計画の「基本的に重要な主要基地」に含まれる、と考えていた。日本本土を除き、アジアの中の潜在的な敵の領土へ空から侵入できることができる基地が沖縄であり、逆に敵の手に沖縄が落ちるようであれば、北西太平洋地域の支配を敵に許し、フィリピン防衛や中国との通信ラインの維持が脅かされると指摘して、陸軍長官と海軍長官に沖縄の保有の必要性を訴えた。

国務省においては、政策企画部の中心に対日政策の再評価が進められていた。一九四七年一〇月一四日付の日本との講和に関する検討をまとめたPPS-10文書は、検討を深めるために東京でのみ入手できる情報によって主要な問題の解決策を見出すことができるとの結論を出していた。そこで、政策企画部部長のジョージ・ケナンが、Ｃ・Ｖ・Ｒ・シューラー准将を伴って、四八年三月一日から一一日にかけて日本占領にあたる米極東軍司令部（ＣＩＮＣＦＥ）を訪問することになった。シューラーが東京訪問をまとめたＪＣＳ宛の報告によれば、マッカーサーは、琉球での基地権を取得すべきであり、特に沖縄本島における基地権は米国の極東における安全保障利益にとり不可欠であり、さらに沖縄における基地建設を緊急に着手すべきだ、と述べた。そして、沖縄を日本に戻すべき環境にはまったくないとも指摘した、と伝えている（"Report of the National Military Establishment Representative on Conference in Tokyo, March 1-11, 1948"（3 April 1948）; CCS 383.21 Japan（3-13-45）sec. 18; JCS 1942-45, RG 218）。

ワシントンに戻ったケナンは、ＣＩＮＣＦＥでの会議を踏まえた報告を作成し、国家安全保障会議（ＮＳＣ）へ提出した。それをＮＳＣスタッフが表現の一部を修正して、四八年九月二四日にNSC 13/1としてＮＳＣの議題に取り上げた（NSC 13/1（24 September 1948）; CCS 383.21 Japan（3-13-45）sec. 19; JCS 1942-45, RG 218）。NSC 13/1 の主な内容は、次の七点である。

①現時点で、米国は日本との講和を押し出すべきではない。②もし連合国が合意できるようであれば、講和条約に向けた交渉へ進む準備を怠るべきではない。③講和条約が発効するまで、米軍は日本に残るべきである。④講和後の日本との安全保障取り決めについての米国の最終的な立場は、講和条約交渉が開始されるときまで延期し、その時点の条件にもとづくものとする。⑤日本および日本が支配した領域における軍事基地の保有は、米国にとってきわめて重要である。⑥北緯二九度以南の琉球を長期保有する決定を、今、行うべきである。また、適切な形態でもって究極的な国際的承認を得るべきである。ただちに沖縄における基地開発を進めるべきである。⑦横須賀海軍基地を講和発効後に商業用に転用できるように整備するべきである。しかし、米海軍基地として横須賀を保有するのかの最終決定は、日本の軍事的安全保障上、最終的に必要かどうかを米国が決めるまでは行われない。

ＪＣＳは、NSC 13/1について、日本の旧委任統治地域を信託統治に置いたように、明確な形で琉球や小笠原を保有すべきだ、また日本の非軍事化については講和条約交渉が予備的な段階を終えるまで慎重となるべきだとのコメントをしていた(JCS 1380/44 (29 September 1948) ; CCS 383. 21 Japan (3-13-45) sec. 18; JCS 1942-45, RG 218)。

ＮＳＣは、ＪＣＳのコメントを受けて一〇月七日に、基地の場所に関する記述を削除して、後の検討に委ねるとの決定を行った。それがNSC 13/2である。琉球と小笠原にある基地だと明記されたのは、一一月五日、ＪＣＳの勧告に沿って「北緯二九度以南の琉球諸島、南鳥島および孀婦《そうふ》岩《がん》以南の南方諸島」における基地保有を大統領が承認することで決定された。それが、NSC 13/3である。しかし、NSC 13/3で述べられた方針が大統領に承認されるのは、四九年二月一日である。そして、沖縄の基地開発が開始されることになるのである。ここで米国の沖縄の基地保有が決まり、基地開発のための財政支出が開始することになる。この決定は、米国の沖縄統治の根拠となり、また統治コストを負うことを自らに課す根拠となったのである。

米政府は海外基地体系における沖縄の処理を決めたものの、一九四九年春になると、日本との講和条約の準備過程で国務省は、日本本土に基地権を確保すべきか否かの検討を迫られることになる。国務省は、日本本土における米軍基地を持つことが不可欠か、もしそうであれば、どのような基地なのか、日本本土に基地が取得できない場合に沖縄の基地や周辺の基地でもって基本的な軍事的要求を満たすことが可能か、などの疑問を挙げた(Memo, Acting Secretary of State to Executive Secretary, NSC (23 May 1949) ; Enclosure to JCS 1380/63 (25 May 1949) ; CCS 383.21 Japan (3-13-45) sec. 21; JCS 1942-45, RG 218)。

ＮＳＣは五月二七日、国務省との協議の上で国防省を通じてＪＣＳに対し、日本の戦略重要性の評価を行うように依頼した。その回答("Strategic Evaluation of US Security Needs in Japan", Enclosure to JCS 1380/65 (10 June 1949) ; CCS 383.21 Japan (3-13-45) sec. 22; JCS 1942-45, RG 218)がＪＣＳからＮＳＣへ届き、六月一五日、NSC 49となった(NSC 49 (15 June 1949) ; CCS 383. 21 Japan (3-13-45) sec. 22; JCS 1942-45, RG 218)。

ＪＣＳは、まずNSC 13/3で述べられている琉球および小笠原保有の必要性を繰り返した。また、沖縄に適切な海軍基地を建設できないと判明したために、商業用への転用を予定していた米海軍基地として横須賀の基地権確保に言及した。その上で、日本の質の高い労働力や潜在的工業力に加え、日本の地理的位置が戦略的に重要であることを指摘して、戦争となれば兵力を集結させ、出撃させることのできる戦略拠点となると指摘している。ＪＣＳは、ソ連の共産主義侵略政策や中国における毛沢東の勝利をみると、日本との講和は時期尚早であるとの見解を明らかにした。近い将来に講和交渉に入るのであれば、①日本の安定、民主主義、西欧志向などが事前に保証されていること、②国内の治安を維持できる能力をもつ保安隊の設置、③戦時に際して国外へ引き抜かれる占領軍部隊を補完できる日本軍の創設計画、④占領軍の漸次的撤退などの条件が満たされるべきだと記している。

ＪＣＳによる日本の戦略評価に対する反応はすぐに現れなかったが、講和を先送りとするよりも講和への手続きをどうすべきなのかへ検討が移っていく。ＪＣＳが提示した条件を契機として、講和に際して米国の安全保障上の不可欠な条件を洗い出すことが求められたのである。国務省が作成した一〇月四日付のNSC 49/1は、国務省とＪＣＳとの間で出来上がっていた基本的な合意を示していた(NSC 49/1(4 October 1949); CCS 383.21 Japan(3-13-45) sec. 23; JCS 1942-45, RG 218)。その内容は、①講和後も米軍は日本駐留を継続できるよう、講和条約とは別個の二国間協定を締結する。②他の連合国の承認を得るために、米軍の駐留時期を適切な安全保障に関する取り決めが出来上がるまでとする。③治安維持および防衛のために軍隊を日本に創設する。④この再軍備を講和条約に入れると他の連合国の批判を浴びるため、条約上は非軍事化を方針とし、調印後、一定期間を経てから調印国間で再検討できるように工夫にする、というものであった。これを基本として、米政府内の対日講和作業が進行していく。

ソ連の膨張や中国での共産主義の勝利の中で、日本本土、韓国、フィリピン、沖縄などのアジア全体において米国の政策を検討する必要性を感じたルイス・ジョンソン国防長官は、一九四九年六月一〇日、対アジア政策の立案をＮＳＣへ求めた(NSC 48(10 June 1949); CCS 092 Asia(6-25-48) sec. 1; JCS 1942-45, RG 218)。ＮＳＣのスタッフは、一二月二三日、次のような内容の報告書NSC 48/1を作成してきた(NSC 48/1(23 December 1949); CCS 092 Asia(6-25-48) sec. 2; JCS 1942-45, RG 218)。①国連憲章の目的や原則と一致する安定的で自助を基礎とするアジア諸国の発展を目指す。②アジア諸国の平和な独立と安定が脅かされない程度までにソ連の影響力を漸次削減させること。③米国の安全保障あるいはアジア諸国の平和な独立と安定を脅かすような同盟や大国関係を防止すること。これらの目標を実現するために、日本本土、沖縄、フィリピンの米軍基地を強化すること、つぎに、軍事援助を通じてアジア諸国の治安維持能力を高めること、さらに、地域集団安全保障の可能性を探ることなどが記された。

それに対しＪＣＳは、基本的に同意をしながら、アジアの非共産主義国家の軍事力増強を基本目的に加えるように求めた。それを受けて、ＮＳＣは修正を加えて、一二月三〇日、NSC 48/2を提出した(NSC 48/2(30 December 1949), Enclosure to JSC 1992/8(5 January 1950); CCS 092 Asia(6-25-48) sec. 3; JCS 1942-45, RG 218)。相互防衛援助法にもとづいて、台湾を除く、反共国家への軍事援助へと移っていく。NSC 48/2に描かれる米国のアジア戦略は、五〇年一月一二日、ディーン・アチソン国務長官の声明で明らかにされた。アチソンによれば、太平洋における米国の防衛線は、アリューシャンから日本、琉球からフィリピンへ伸びていて、日本防衛を放棄しあるいは弱めることはない、また琉球は保持しなければならず将来にわたり保持される、さらにフィリピンへの攻撃を米国が見過ごすことはない、などと言明した。

こうした中で、一九五〇年六月に朝鮮戦争が勃発し、中国の介入の結果、米国は日本との講和交渉を促進することになる。特に無防備となる日本をどのようにして防衛するのかが、当時の米国の関心事であった。アチソン声明でいう防衛線の維持、日本の自衛のための軍事力の配備、地域の相互援助協定、フィリピンとの相互防衛条約などが目標として設定された。翌年には、ジョン・F・ダレスが再び日本を訪問し、講和条約草案作りが始まった。

四　サンフランシスコ平和条約

サンフランシスコ平和条約(対日講和条約ともいう)は一九五一年九月八日に調印された(発効は五二年四月二八日)。その中には、沖縄が日本から明白に切り離されるという条文が織り込まれていた。前文にはじまり、第一章から第七章、議定書、批准国(署名した国々の名前をアルファベット順に掲載)という構成である。

戦争は通常、まずいずれか一方による宣戦布告が行われ、そして実際の武力行使となり、戦争の決着として休戦や降伏などの形態に両者が合意して武力行使に終止符が打たれ、仕上げとして最終段階で講和条約が結ばれる。これで戦争状態が終わるというプロセスだ。これは国際法に則ったもので、講和条約が結ばれないうちは、実際に武力行使をしていなくても、法的には戦争状態が続いていることになる。

日本と連合国との戦争は、サンフランシスコ平和条約の第一章「平和」の第一条〈戦争状態の終了、日本国の主権の承認〉において、「a　日本国と各連合国との間の戦争状態は、第二三条の定めるところによりこの条約が日本国と当該連合国との間に効力を生ずる日に終了する」との手続きが記されている。サンフランシスコ平和条約の発効で、実際に戦争状態が終った。続くb項において、「連合国は、日本国及びその領水に対する日本国民の完全な主権を承認する」と記す。日本の主権から切り離される地域が第二章「領域」の第二条〈領土権の放棄〉（a項からf項）において記されている。

まず、a項で日本の植民地であった朝鮮半島の放棄を記した。続いて、b項で台湾及び澎湖諸島を放棄した。そして、c項で千島列島並びに日本国が一九〇五年のポーツマス条約の結果として主権を獲得した樺太の一部及びこれに近接する諸島を放棄した。だが、どこまでが千島列島なのかをめぐって、今なお日本とロシア（旧ソ連）との間で対立している。d項で、いわゆる南洋群島を放棄し、国連の下でのこれらの信託統治を承認した。さらに、植民地や領土ではなかったが、e項において南極地域での権利若しくは権原又はいずれの部分に関する権益についての請求権を放棄した。加えて、f項で、南シナ海のボルネオ島とベトナムとの中間にある新南群島（南沙諸島・スプラトリー諸島）と、さらに南シナ海にある島で、ベトナムと中国の間に位置する西沙群島（パラセル諸島）も放棄した。これらの諸島については、現在まで、中国、台湾、フィリピン、マレーシア、ベトナムとの間で領土問題となっている。

そして、第三条〈信託統治〉において、主権から切り離されないが日本の施政権（行政、立法及び司法の権）が及ばない地域が明記されている。

第三条　日本国は、北緯二九度以南の南西諸島（琉球諸島及び大東諸島を含む。）孀婦岩の南の南方諸島（小笠原群島、西之島及び火山列島を含む。）並びに沖の鳥島及び南鳥島を合衆国を唯一の施政権者とする信託統治制度の下におくこととする国際連合に対する合衆国のいかなる提案にも同意する。このような提案が行われ且つ可決されるまで、合衆国は、領水を含むこれらの諸島の領域及び住民に対して、行政、立法及び司法上の権力の全部及び一部を行使する権利を有するものとする。

ここに登場する「北緯二九度以南」はこのとき初めて出てきたものではなく、すでにその前から沖縄へは日本の施政権が及んでいなかった。

この範囲は、沖縄戦が始まる以前に日本の沖縄防衛を管轄した第三二軍の守備範囲に由来していた。沖縄戦で壊滅した第三二軍が一九四五年九月七日に米第一〇軍に降伏した際に、管轄範囲を北緯三〇度以南とした。米軍による沖縄占領の範囲であった[我部 二〇〇〇、四六―四八頁]。連合国軍による日本本土の占領より以前より開始していた米軍のみによる沖縄占領がほぼ固定化されたのが、四六年一月二九日である。背景には、連合国の指示により日本政府が、新しい憲法を制定するために国会で議論する議員の選挙を実施するための作業に取りかかり、異なる占領下にあった沖縄や樺太などで選挙区を設定できるのか否かについての日本政府の問い合わせに対し、連合国司令部が沖縄を行政上日本から分離すると発表したのだった。日本本土では同年四月に衆議院選挙が行われ、一一月三日に新しい日本国憲法が公布され、翌一九四七年五月三日に施行された。行政上の都合から、米国の占領区域の境界がトカラ列島と奄美諸島の間の境界へと変更され、北緯二九度以南が米国による沖縄占領区域とされた。尖閣諸島は、すでにこの占領区域に含まれ、五三年一二月二五日の米国民政府布告第二七号「琉球列島の地理的境界」において米国の沖縄統治の範囲にあることが確認され、さらに七一年六月一七日に調印された沖縄の施政権返還協定に付属する「合意議事録」で日本へ返還された[1]。

そもそも戦後日本の領土の外枠を規定しているのは第二条だけで、第三条は「放棄すべき領土」ではなく、沖縄や小笠原などは将来において「信託統治」とし、それまでの間、米国が施政権ももつと記していた。ただこの第三条の条文だけを読むと、沖縄も日本から切り離されて、台湾や南洋群島と同じような位置づけにあると思われるかもしれない。意外にも当時の日本の外務省はそのように考えていた。第二条でなくて、なぜ第三条に沖縄が入っているのか、ということの真意が理解できていなかった（外務省条約局法規課『平和条約の締結に関する調書Ⅵ』上、二〇八―二一一頁、以下『調書』）。

五　設えとしての第三条

日本政府にとって、沖縄がどうなるかは重要な問題だった。当時の首相吉田茂は、アメリカ側の講和特使であったジョン・F・ダレスと会った一九五一年一月二九日、独立への熱望を伝えると同時に、翌一月三〇日に、吉田自ら沖縄について主権を認めた上で五〇年でも一〇〇年でも租借する案を米側に手渡した。租借とは、ヨーロッパ列強が租借という形で領土を切り取り、そこにおける警察権・裁判権を含めたすべての権限を、租借権を得た国が統治する植民地支配の一つの形態であった。租借と植民地との間には大きな違いがあった。租借というのは契約をした上で貸すことで、契約が切れたら自分たちに返還される。一方、植民地のように相手の領土になれば、こちらの権利が及ばなくなる。日本側が沖縄の租借を希望したのは、米国が何年使おうと、沖縄は日本の領土にあることが保たれると考えた結果だった。

それに対しダレスは一月三一日の吉田との会談で、領土ついては「降伏条項で決定済み」と一蹴した（『調書Ⅳ』二七頁）。吉田や外務省は、予想通りに沖縄も日本から切り離されて米国の信託統治下に置かれると理解し、受け入れた（「対処案」一九五〇年一月二九日『調書Ⅳ』一二七頁）。沖縄を日本から切り離す領土処理について、二月六日のマッカーサーとの会談で、吉田は「既決事項である」と理解しているとし、「国民に対する責任者の立場からするほか、他意はない」と述べていた（『調書Ⅳ』八〇頁）。つまり、沖縄の長期租借提案を真剣に扱っていなかったと判断できよう。

さらに、一九五〇年一〇月二〇日に出された米国軍政府布令「琉球列島における外国貿易及び外国為替」により、沖縄では翌年にかけて活発な民間貿易が開始した。貿易及び為替の規定の制定そのものが日本政府に沖縄が切り離されたものと解釈させた。こうした状況の中で、五一年三月二七日、非公式ながらもサンフランシスコ平和条約草案が日本に手渡された。その中で領域を規定する章は、三つの項目から構成されていた。まず、日本が放棄する地域が記された。次に、沖縄を信託統治とするが、それまでの間は米国がすべての権力を行使すると記されていた。残りは、ソ連に南樺太を返還し、千島を引き渡すと記されていた(『調書Ⅴ』二〇—二一頁)。

その後に最初の項と最後の項が第二条となり、沖縄についての項のみが第三条となった。第二条と第三条の違いを外務省は理解できていなかった。沖縄における日本政府の資産についての請求権をめぐって第二条と第三条はなぜ違うのかと質問した外務省に対して米側は、「融通性のある」第三条の規定は、米国の戦略的な管理を条件として本土との交通、国籍上の地位など「これらの諸島の住民の希望にそうため」だと説明した。(『調書Ⅵ』上、二一一頁)。沖縄は、第三条において放棄すべき領土ではないと明かにしたのだった。ただ、この意図は日本側には十分伝わらなかったようだ。

第三条は、「合衆国のいかなる提案にも同意する」という文言の主語は「日本国」であり、日本が米国の提案に同意するのだと定めている。そして、次の「このような提案が行われ且つ可決されるまで、合衆国は、領水を含むこれらの諸島の領域及び住民に対して、行政、立法及び司法上の権力の全部及び一部を行使する権利を有するものとする」というくだりの主語は合衆国である。つまり、日本の「同意」は米国の提案がなされた時に応ずるだけのことで、その提案がなされるまで、米国の沖縄統治について日本が関与できないのだと規定していた。この第三条に基づいて沖縄の行政、立法、司法権限を行使できる「権利を有する」米国であると記されたからこそ、沖縄を統治できた。

第二条でいう「地域」は、日本が放棄する、つまり日本の領土ではなくなる地域であった。しかし、第三条には、沖縄が日本の領土ではないという文言はない。そのため、沖縄の領有権が中国や台湾にあると述べた人々もいた。しかし条文を正確に読み取れば、日本の領土である。米国にとって、沖縄は日本の領土であることが好都合だった。しかし、統治にあたった米陸軍の軍政担当者の多くは、沖縄が米国の領土である方が好都合だと思っていた。これら沖縄での軍政担当者たちの影響で、沖縄の人々自身も、沖縄は日本でなくなったと考え始めたのだった。米国は、実際、沖縄が日本ではないとする統治政策を展開した。

米国はなぜ沖縄の取り扱いを、日本の領土から切り離す第二条にはせずに第三条としたのか［我部 二〇〇二、一二四―一二八頁］。その理由の一つは、米国による沖縄統治は、米国が一方的に日本から領土をとったものではないという正当性を確保し、国際的な承認を得るためであった。つまり、米国が日本の領土である沖縄を占領して、勝手に軍事基地作りをしているのは問題だと諸外国から指摘された場合、米国は日本の了解を得て使用しているのだ、という根拠を準備する必要があった。

二つめの理由は日本政府との関係であった。日本の領土である沖縄を米国が奪ってしまえば、日本は米国を恨むだろう、また日本は沖縄を取り返すために米国との戦争を辞さないかもしれない、と考えた。だから、米国は日本の領土を奪うことはせず、日本に対して賠償金も請求しなかった。しかし実際には沖縄を必要としたため、領土を奪わずに自由に使える軍事基地の用地をどう確保すれば良いかという課題に直面した。見つけ出した解答は、日本政府が了承することと、しかも沖縄のアメリカ統治を「日本の安全に関る問題」の基本にすえることだった。つまり、日米関係において、長期的、安定的、平和的な友好関係を築くための不可欠な沖縄の米軍基地という構造を生み出すことだった。米国の沖縄統治が日本本土の多数の人々に支持されれば、沖縄統治は長期的に安定すると踏んだからだ。つまり、日本政府が認めた上、多くの日本人が「仕方がない」と思えば、沖縄の人が反対しても多数決の原理によって米国は沖縄を統治できるとするのが、潜在主権を思いついたダレスの狙いであった。

三つめの理由として、ダレスは、もし第二条で沖縄を日本から切り離し、沖縄は日本の領土ではないと米国が声明を出すとすればどうなるかという問いを立てた。日本の領土でないとすれば、沖縄は日本のかつての植民地と同様に、いずれは独立ということになる。国連信託統治という形を経ての独立かもしれない。国際連合憲章は、いわゆる「民族自決 Self-determination」の権利を原則承認している。民族自決権は、人々が他の民族や国家によって干渉されることなく、自らの意志で決定するということである。そうなると、沖縄の人たちは、いずれ独立したいと言うだろう、と。沖縄の住民が民族自決で独立し、住民投票の結果、基地は不要であるという結論が出た時に、これを抑え込んで米国が基地を置くということは、非常に厳しくなる。しかも、その可能性は高い。だから沖縄は日本の一部として、住民に自決権を与えず、独立できなくする必要があった[宮里 二〇〇〇]。

第三条は、先に述べたJCSでの沖縄保有の方法で言及した国連の信託統治とNSC 13/3で言及した沖縄と小笠原を対象とした点では、軍部の意向を反映していた。しかし、ダレスは信託統治の下での沖縄統治を想定しなかった。むしろ、日本の了解の下で米国が「行政、立法及び司法上の全部及び一部」を行使する権利を持つことが重要であった。これにより、国際的承認を得ることが可能となり、サンフランシスコ平和条約後の日米協力を進めるためにも日本の領土を奪うことは得策でなく、さらには沖縄住民の基地反対を抑えこむために日本政府の協力を得ることができたのである。特に、日本を西側陣営に取り込み、同時に日本の軍事力増強を求めるダレスの平和条約作りの目的は、米国の対アジア政策の基本となるような日米の同盟関係を生み出すことにあった。平和条約の調印と同じ日の一九五一年九月八日、米軍の日本駐留を認める日米安保条約が調印され、翌年四月二八日に発効した。米軍駐留の法的根拠となる行政協定は五二年二月二八日に調印され、二カ月後の四月二八日に発効した。

おわりに

なぜ沖縄基地が米軍にとって重要なのか。端的に示しているのが、米統合参謀本部（ＪＣＳ）の作成した一九五八年五月一日付の「沖縄の戦略重要性」と題する文書だ（FRUS, 1958–1960, Vol. XVIII, pp. 29–31）。それによると、太平洋地域の戦略的支配 control を効果的に維持するために米軍は、防御および攻撃を全面的に展開できる基地を確保しなければならない。それは、沖縄に基地を持つことにより、米軍は緊急事態への迅速な対応が可能となり、また沖縄の基地を使う際の外国の主権をめぐる政治的処理が必要でなくなるからだ、という。加えて、ソ連、中国、そして極東の他の共産制勢力に対しての核兵器を含む攻撃を要する世界大戦や極度に緊張した敵対する事態に際して、米軍は、沖縄の基地からいかなる拘束も受けずに作戦出撃ができる、と指摘する。もし沖縄が日本へ返還されると、太平洋における米国の戦略的態勢はすべてにわたり深刻な危機に瀕するだろう、と。なぜなら、日本の政治的不安定さによって、最も重要な時点で米軍の作戦部隊が基地を使えない事態が生じるかもしれないからだ、というのだ。

沖縄基地をめぐる戦略的要求を実現するためには、政治的条件と経済的条件を満たすことが不可欠とされた。戦略的要求とは、自由に使える基地を沖縄に確保することであった。政治的条件とは、日本が米軍の基地へ全面的支援をすることである。経済的条件とは、沖縄統治にかかわる費用コストである。この三つの関係を整理することが、沖縄を日本から切り離して、米国の長期保有を実現するときに米政府に求められたのである。具体的には、一九四五年から五二年の米国の対日政策および沖縄統治政策である。経済的条件を満たすと政治的条件の緩和される、あるいは経済的条件を満たせなくなると政治的条件を満たすことで戦略的要求の実現・維持を行う、という関係が現れるのである。

これまでみてきたように、米国が排他的に自由に使える沖縄基地を確保するという戦略的要求を実現するために、サンフランシスコ平和条約第三条にみる日本政府による承認という政治的条件と、NSC 13/3でいう基地開発に伴う沖縄への財政支出を行うという経済的条件とを満たして、米国の沖縄統治はスタートした。一九五二年以降の沖縄統治は、経済的条件と政治的条件の両方において日本への依存を次第に深めていくことになる。こうした日本依存への深化と反発を繰り返しながら、米国の戦略要求が保証されるのであれば、施政権を日本に返還することを認める方針へと米国が転換する。それが、一九七二年の沖縄返還である。

（1）米側は、尖閣諸島の日本領であることの明言を回避し、米国の施政権の及ぶ範囲と記した（「解題」『アメリカ合衆国対日政策文書集成XIX――日米外交防衛問題、一九七二年、日本防衛問題・沖縄編』第一巻、柏書房、二〇〇六年、一五―一七頁）。

【文献一覧】

我部政明 二〇〇〇『沖縄返還とは何だったのか――日米戦後交渉史の中で』ＮＨＫブックス

我部政明 二〇〇二『日米安保を考え直す』講談社現代新書

我部政明 二〇〇七『戦後日米関係と安全保障』吉川弘文館

宮里政玄 二〇〇〇『日米関係と沖縄 一九四五―一九七二』岩波書店

Schnabel, James F. 1979, *The History of the Joint Chiefs of Staff: the Joint Chiefs of Staff and National Policy*, Vol. 1, 1945–1947, Wilmington: Michael Glazier.

トピック・コラム

東京裁判

日暮吉延

東京裁判（正式名称は極東国際軍事裁判）は第二次世界大戦後、一九四六（昭和二一）年五月から四八年一一月にかけて連合国一一カ国（アメリカ、イギリス、中国、ソ連、フランス、オランダ、カナダ、オーストラリア、ニュージーランド、インド、フィリピン）が敗戦国日本の指導者二八名の国際法上の刑事責任を追及した戦争犯罪裁判である。

東京裁判が実施された法的根拠は、日本が一九四五年八月に受諾したポツダム宣言第一〇項の「吾等の俘虜を虐待せる者を含む一切の戦争犯罪人に対しては厳重なる処罰を加へらるべし」という規定にある。この「戦争犯罪人」の範囲について、開廷当初、裁判所の管轄権問題として争われ、弁護側は捕虜虐待ほかの伝統的な戦争法規違反（B級犯罪）に管轄権は限られると主張した。

しかし裁判を主導したアメリカは、ナチ指導者を裁く先行事例のニュルンベルク国際軍事裁判の原則と方法を対日適用する観点から、侵略戦争の計画・開始・共同謀議等を国際法上の犯罪とする「平和に対する罪」（A級犯罪）、一般住民への非人道的行為を国際犯罪とする「人道に対する罪」（C級犯罪）についても日本の「戦争犯罪人」を裁くことを不動の方針とした。こうして連合国の検察側は、以上三つの犯罪類型について二八名を起訴するのである。なお、二八名が例外なく「平和に対する罪」（A級）で起訴されたため、東京裁判の被告人は「A級戦犯」と通称される。

被告人は、荒木貞夫、土肥原賢二、橋本欣五郎、畑俊六、平沼騏一郎、広田弘毅、星野直樹、板垣征四郎、賀屋興宣、木戸幸一、木村兵太郎、小磯国昭、松井石根、松岡洋右、南次郎、武藤章、永野修身、岡敬純、大川周明、大島浩、佐藤賢了、重光葵、嶋田繁太郎、白鳥敏夫、鈴木貞一、東郷茂徳、東条英機、梅津美治郎である（ABC順）。一九二八年（起点は張作霖爆殺事件）以降の日本の政策に責任を負う政治エリートとして、各事件や各組織の代表的人物が起訴されたわけであるが、海軍三名に対して陸軍出身者一五名というように、日本陸軍こそが「侵略」と「共同謀議」をリードした「軍閥の中軸」と位置づけられた。

一九四六年五月からの公判で、検察側は「日本の対内対外政策は犯罪的軍閥に依り支配せられ且《かつ》指導せられたり。斯《かか》る政策は重大なる世界的紛議及び侵略戦争の原因」（起訴状）と断じ、日本の侵略戦争と残虐行為を厳しく糾弾した。こうした審理を通じて、日本国民は政治の舞台裏を知り、また中国やフィリピン等での残虐行為に戦慄と恥辱を覚えた。

東京裁判は、枢軸国側の「邪悪」に関する公的記録を残し、一罰百戒の教育効果で敗戦国民の「精神的武装解除」をするという非軍事化の対日占領政策であった。裁判の推進者は、「極端な軍国主義者」の被告人を処罰することが「正義」だとする「文明の裁き」論(裁判肯定論)を啓発した。

他方の弁護側は、「侵略」と「共同謀議」を否定し、日本は経済的圧迫下で自衛戦争を強いられたと反論した。被告人たちは、職務や命令を遂行しただけだと自己の責任を否認し、真珠湾の奇襲攻撃をめぐる外務省と海軍の対立など、被告間の利害衝突が法廷で噴出することもあった。だが総じていえば、弁護側は、戦争開始について敗戦国指導者の個人責任を追及するのは報復的な事後法であり、原爆投下ほか戦勝国側の行為が問われないのも不公平だとして、「勝者の裁き」論(裁判否定論)を展開した。被告人全員の無罪を訴えたインド代表判事ラダビノード・パルの反対意見書も、この立場である。

判事席に並んだ裁判官と各国国旗(1948年)

判事団は「平和に対する罪」が事後法かどうかをめぐって内部分裂したが、イギリス代表判事による多数派工作の結果、「多数派判事」七名が判決作成権を握った。その結果、判事団は一九四八年一一月、日本の「犯罪的軍閥」が一九二八年以来、東アジア・太平洋支配の「共同謀議」をこらし、「侵略戦争」を計画・開始したと認定する多数判決を下した。

判事団は、そのうえで審理除外の大川周明、病死の松岡洋右・永野修身を除く被告二五名全員に有罪を宣告した(量刑は判事一一名全員の多数決によった)。東条英機ら七名が絞首刑、東郷茂徳が禁固二〇年、重光葵が同七年、その他一六名が終身禁固刑。死刑の根拠は、事後法の批判が強い「平和に対する罪」ではなく、南京事件ほかの「重度の残虐行為」=伝統的な戦争法規違反であった。この関連で、東京裁判の判決が宣告したのは「被告個人の有罪」であり、「日本国の有罪」ではないということも確認されるべきであろう。なお多数判決とは別に、五名の判事が個別意見書を提出した。

東京裁判の評価は、「文明の裁き」の肯定論が一九六〇年代まで主流であったが、一九七〇年代から「勝者の裁き」の否定論が有力となり、両者の対立が現在まで続いている。この裁判の評価は「昭和戦前期の過去」のとらえ方と不可分であるから、政治的・イデオロギー的・感情的な議論に陥りがちであり、現状では和解困難な「価値の対立」と化しているといえよう。

人物コラム

アウンサン (Aung San)

田辺寿夫

「ビルマ(ミャンマー)独立の父」と国民から慕われている。一九一五年二月一三日、ビルマ(当時は英領)中部ナッマウNatmauk生まれ。四七年七月一九日、独立直前に暗殺される。享年三二歳。八八年以来のビルマ民主化運動指導者アウンサンスーチー(四五年生まれ)はアウンサンの長女である。

ラングーン大学在学中に学生連盟指導者として頭角を現し、反英独立を掲げる政治結社「ドバマ協会Dohbama Asi-ay-one(別名タキン党)」に加わり書記長をつとめる。第二次世界大戦勃発後、独立闘争に向け中国共産党からの援助を求めてビルマを脱出したが日本軍が接触、来日した。日中戦争の戦局打開のため、米英による蔣介石政府への補給路ビルマ・ロードを封鎖したい日本軍と独立を達成しようとするアウンサンは協力関係を結ぶ。鈴木敬司陸軍大佐を長とする軍の諜報機関・南機関が誕生し、三〇人の若者がビルマを脱出、日本軍による軍事訓練を受けた。

アウンサンをリーダーとするこの「三十人志士」と呼ばれる若者たちは南機関の指導の下、一九四一年一二月、タイ国バンコクにおいてビルマ独立義勇軍Burma Independence Army(BIA)を結成した。司令官は鈴木大佐、アウンサンは高級参謀となった。四二年一月、BIAはビルマに侵攻した日本軍とともに母国に進軍し、日本軍は数カ月のうちに英植民地軍を一掃、植民地政府をインド・シムラへ追いやった。入隊希望者が後を絶たず、同年三月には勢力が一万人を越えたBIAはもとよりビルマ民衆のあいだに独立への希望が高まったが、日本軍はビルマ全域を占領し軍政を布いた。

ビルマ軍(名称はBIAからBDA=ビルマ防衛軍、さらにBNA=ビルマ国軍と変わった)の司令官としてアウンサンは表向き日本軍に協力する姿勢を崩さなかった。一九四三年八月、日本政府はビルマに大東亜共栄圏内の一国として「独立」を供与した。戦前からの政治家バモオが首班となり、アウンサンは国防大臣となった。しかし、同時に結ばれた秘密協定によって、日本軍の軍事行動が最優先され、ビルマに主権はなかった。

アウンサンは「独立」直後から対日協力のポーズをとりながら、その一方でひそかに抗日地下組織結成をめざす活動を始めた。アウンサンのタキン党時代の仲間のうち、ビルマ共産党の主だったメンバーはすでに地下へ潜り、ビルマへの反攻をめざす英軍と連絡をとっていた。同じくタキン党を源流とする人民革命党もまた、日本軍支配に反感を持ち、抗日闘争の道を探っていた。アウンサンはこれらの勢力をひとつにまとめるために奔走した。国民を苦しめている日本軍を追い出し、敗勢の明らかな日本軍に代わって英軍がビルマへ帰ってきたときに、イギリスに対して独立を強力に主張できる基盤を作ろうとしたのである。

のちにＡＦＰＦＬ＝Anti-Fascist People's Freedom League（反ファシスト人民自由連盟。ビルマ語略称パサパラ）と改称する抗日地下統一戦線が結成されたのは四四年八月のことだった。アウンサンはこの地下組織の議長（総裁）に就任した。反日決起の準備は日本軍の目にふれないかたちで着々と進行した。一方この時期、日本軍は無謀なインパール作戦の失敗もあり、敗勢一方に追い込まれていた。連合軍はすでにビルマに入り、攻勢を強めていた。パサパラのなかで唯一の武装勢力であるビルマ国軍は一九四五年三月二七日、一斉に対日反乱に決起し、農民によるゲリラ部隊や一部少数民族もこれに参加した。

アウンサン（『写真週報』昭和18年8月25日号表紙）

日本軍敗退後、アウンサンは抗日闘争を経て力を増したパサパラを率いて、植民地支配を再開したイギリスに対し、独立を求めて強腰の交渉を行った。一九四七年一月には代表団を率いてロンドンを訪れ、当時の労働党内閣アトリー首相と話し合い、アウンサン・アトリー協定を結んだ。これによってビルマの早期独立が実現することになった。その直後二月にはイギリスによって間接統治が実施されていたシャン、カチン、チンなど少数民族指導者らと話し合い、ひとつの連邦国家として独立することに合意するピンロン条約に調印した。さらに四月には制憲議会選挙が行われ、パサパラは圧倒的な勝利をおさめた。パサパラ議長アウンサンは独立後首相になることは確定的だった。

四七年七月一九日、総督傘下の行政参事会（実質的な内閣）の開会中、武装した数人の暴漢が乱入、アウンサンを含む参事会メンバー七人が射殺された。アウンサンに恨みを抱く旧政治家ウー・ソオの仕業であった。その半年後、四八年一月四日、英領植民地ビルマはビルマ連邦として独立をはたした。

アウンサンは議会制民主主義のもと、諸民族平等の連邦国家を思い描いていた。いまアウンサンの遺児アウンサンスーチーは「父の作った軍は民衆に銃は向けない」とし、軍人が政治に関与すべきでないと主張している。さらに民主主義と諸民族平等の連邦国家をめざして民主化勢力を率いてたたかっている。父のたたかったのは第一の独立闘争、自分たちのものは第二の独立闘争であるとして。

■岩波オンデマンドブックス■

岩波講座 東アジア近現代通史 第7巻
アジア諸戦争の時代 1945－1960年

2011年2月17日　第1刷発行
2019年8月9日　オンデマンド版発行

発行者　岡本 厚

発行所　株式会社 岩波書店
〒101-8002 東京都千代田区一ツ橋2-5-5
電話案内 03-5210-4000
https://www.iwanami.co.jp/

印刷／製本・法令印刷

ISBN 978-4-00-730911-3　　Printed in Japan